A escrita da história escolar

memória e historiografia

HELENICE ROCHA
MARCELO MAGALHÃES
REBECA GONTIJO
(ORGS.)

A escrita da história escolar

memória e historiografia

FGV
EDITORA

Rua Jornalista Orlando Dantas, 37
22231-010 | Rio de Janeiro, RJ | Brasil
Tels.: 0800-021-7777 | 21-3799-4427
Fax: 21-3799-4430
E-mail: editora@fgv.br | pedidoseditora@fgv.br
www.fgv.br/editora

Impresso no Brasil | *Printed in Brazil*

Este livro foi editado segundo as normas do Acordo Ortográfico da Língua Portuguesa, aprovado pelo Decreto Legislativo nº 54, de 18 de abril de 1995, e promulgado pelo Decreto nº 6.583, de 29 de setembro de 2008.

1ª edição — 2009

Preparação de Originais: Luiz Alberto Monjardim

Revisão: Adriana Alves Ferreira e Aleidis de Beltran

Capa e projeto gráfico: Santa Fé ag.

Ficha catalográfica elaborada pela
Biblioteca Mario Henrique Simonsen / FGV

A escrita da história escolar : memória e historiografia / Organizado por Helenice Aparecida Bastos Rocha, Marcelo de Souza Magalhães e Rebeca Gontijo. — Rio de Janeiro : Editora FGV, 2009.
472 p.

Inclui bibliografia.
ISBN: 978-85-225-0756-6

1. História — Estudo e ensino. 2. Historiografia. 3. Livros didáticos. I. Rocha, Helenice Aparecida Bastos. II. Magalhães, Marcelo de Souza. III. Gontijo, Rebeca. IV. Fundação Getulio Vargas.

CDD – 907

Sumário

Apresentação

O projeto Culturas Políticas e Usos do Passado — Memória, Historiografia e Ensino da História reúne um conjunto de grupos, núcleos de pesquisa e professores brasileiros, quase todos sediados no Rio de Janeiro e atuantes em várias universidades (UFF, UFRJ, Uerj, UFRRJ, PUC, Ucam, Unicamp, Iuperj), tendo como objetivo estabelecer intercâmbios e trabalhos de diversa natureza numa perspectiva interdisciplinar e interinstitucional.

Desde 2007, o projeto tem sido apoiado pelo Conselho Nacional de Pesquisa (CNPq) e pela Fundação Carlos Chagas Filho de Amparo à Pesquisa do Estado do Rio de Janeiro (Faperj), no âmbito do Programa Nacional de Núcleos de Excelência (Pronex). A partir de então, temos desenvolvido atividades de pesquisa; apoiado a participação de professores e pós-graduandos em encontros nacionais e internacionais; realizado oficinas e cursos de extensão; promovido concursos e premiações para as melhores teses e dissertações produzidas sob orientação dos professores participantes do projeto; financiado publicações; e adquirido equipamentos necessários à melhoria da infraestrutura de que dispomos para o trabalho acadêmico.

Resta acrescentar, para que o enunciado dos propósitos seja completo, um de nossos principais objetivos: estabelecer e desenvolver intercâmbios com pesquisadores nacionais e estrangeiros. Nessa perspectiva, organizamos dois seminários em 2008 — Ensino da História: Memória e Historiografia, de âmbito nacional, em junho; e Culturas Políticas, Memória e Historiografia, de caráter internacional, em agosto. Neste ano de 2009, realizamos um terceiro seminário, também internacional, dedicado aos projetos de modernidades alternativas aos modelos liberais (séculos XIX e XX).

Tanto os encontros realizados em 2008 quanto o que foi realizado em 2009 foram pensados e organizados como plataformas para um trabalho conjunto e a longo prazo. Não devem se esgotar em si mesmos, mas se fortalecerem como bases seguras de um diálogo — necessariamente plural, na boa tradição acadêmica — que, desejamos, se estenda e se construa no tempo, enriquecendo-se as referências e as possibilidades da produção (em pesquisa, docência e extensão) de todos os que deles têm participado e participarão.

O presente livro encerra parte dos textos (conferências e comunicações) apresentados e debatidos no primeiro seminário (Ensino da História: Memória e Historiografia), realizado entre 2 e 4 de junho de 2008 no Instituto de Ciências Humanas e Filosofia (ICHF) da Universidade Federal Fluminense (UFF), Área de História (Niterói-RJ).

Do seminário constaram duas conferências e oito mesas-redondas, reunindo 30 pesquisadores que em três dias de intensos debates produziram, estamos seguros, contribuições que enriquecerão a reflexão sobre os temas considerados.

Eis as conferências e os autores, pela ordem de apresentação no seminário:

Abertura — Manoel Salgado Guimarães (UFRJ/Uerj);

Encerramento — Angela de Castro Gomes (UFF/Cpdoc-FGV).

As mesas-redondas foram as seguintes (temas e participantes):

Livros e leituras — Ana Rita Leitão (Faculdade de Letras de Lisboa), Célia Tavares (Uerj), Arlette Medeiros Gasparello (UFF) e Kazumi Munakata (PUC-SP);

Ensino de história da África, cultura afro-brasileira e patrimônio imaterial — Martha Abreu (UFF), Hebe Mattos (UFF), Mônica Lima (CAP/UFRJ), Wlamyra Ribeiro de Albuquerque (Uefs) e Marina de Mello e Souza (USP);

Leituras, imagens e escritas — Ana Maria Mauad (UFF), Cláudia Engler Cury (UFPB) e Magali Engel (Uerj);

Biografia, memória e identidade — Adriana Barreto de Souza (UFRRJ), Márcia de Almeida Gonçalves (Uerj/PUC-Rio), Thais Nívea de Lima Fonseca (UFMG) e Elias Thomé Saliba (USP);

A República na escola: história política, memória e historiografia — Marcelo Magalhães (Uerj), Luís Reznik (PUC-Rio/Uerj) e Jorge Ferreira (UFF);

Escrita, leitura e construção do conhecimento histórico — Flávia Eloísa Caimi (UPF), Maria Lima (UFMS) e Paulo Knauss (UFF);

A oficina da história: caminhos teóricos e práticos — Keila Grinberg (Uni-Rio), Helenice Rocha (Uerj/CPII) e Ana Maria Monteiro (UFRJ);

Autores e livros: memória e história do ensino de história — Rui Aniceto Fernandes (PUC-Rio), Rebeca Gontijo (UFF) e Selma Rinaldi de Mattos (PUC-Rio).

Não poderíamos concluir esta apresentação sem formular agradecimentos, merecidos. No plano institucional, ao CNPq e à Faperj. No âmbito da Universidade Federal Fluminense (UFF), ao Núcleo de Tecnologia e Informação — NTI (Comissão de Desenvolvimento de Novas Tecnologias/ Augusto Fernandes Carneiro) e ao Canal Universitário de Niterói, da Pró-Reitoria de Extensão (José Luiz Sanz de Oliveira), que viabilizaram filmagens e transmissão dos debates pela internet; ao Instituto de Ciências Humanas e Filosofia (ICHF) e ao Programa de Pós-Graduação em História (PPGH), o incentivo e o apoio.

Entre os professores do projeto, cabe ressaltar o trabalho da comissão científica do seminário, constituída por Alessandra Martinez de Schueler (Uerj), Hebe Mattos (UFF), Helenice Rocha (Uerj), Ismênia de Lima Martins (UFF), Luís Reznik (Uerj/PUC-Rio), Magali Engel (Uerj), Marcelo Magalhães (Uerj), Márcia de Almeida Gonçalves (Uerj/PUC-Rio), Martha Abreu (UFF), Paulo Knauss (UFF) e Rebeca Gontijo (UFF). Além disso, deve ser lembrado o excelente trabalho desenvolvido pela comissão organizadora, formada por Helenice Rocha, Marcelo Magalhães e Rebeca Gontijo, responsáveis pela organização do livro. Devemos igualmente um especial agradecimento à doutoranda Janaina Martins Cordeiro, sem cujo senso de organização, decisivo, o seminário não teria alcançado os objetivos a que se propôs. Cabe ainda mencionar o apoio dos seguintes graduandos em história da UFF e da Uerj: Erika Cardoso, Rafael Rocha da Rosa e Thiago Rodrigues Nascimento. Gentis, eficientes, indispensáveis. Nos dias do seminário, a contribuição de todos eles garantiu o bom êxito do encontro.

O seminário Ensino da História: Memória e Historiografia foi um êxito. Cabe-nos agora, a todos os integrantes do projeto, manter e aprofundar o diálogo construído: que ele seja permanente, para se tornar fecundo.

DANIEL AARÃO REIS
Coordenador do projeto Pronex Culturas Políticas e
Usos do Passado — Memória, Historiografia e Ensino da História

A aula como texto: historiografia e ensino de história

HELENICE ROCHA
MARCELO MAGALHÃES
REBECA GONTIJO

Fazer história é contar uma história.
(Furet, apud Mattos, 2006)

A trama que liga o presente ao passado é constituída por múltiplas formas de lidar com a temporalidade, sintetizadas pela noção de *cultura histórica*. Para compreender a cultura histórica é fundamental investigar os usos do passado — tema do projeto de pesquisa ao qual este livro está vinculado —, entre os quais está a história como disciplina escolar.

Lembrando algumas sugestões de Beatriz Sarlo, consideramos importante a diferenciação entre uma história acadêmica, forma específica de produção de conhecimento sobre o passado por meio de uma narrativa metodologicamente controlada, e uma história de grande circulação, que "escuta os sentidos comuns do presente, atende às crenças de seu público e orienta-se em função delas". Essa história de circulação massiva, sensível às demandas do presente, vincula-se ao imaginário social, "cujas pressões ela recebe e aceita mais como vantagem do que como limite". Por conta disso, faz prevalecer um princípio organizador que busca explicações simples, reduzindo o campo de hipóteses ou de possibilidades, de modo a compor grandes esquemas explicativos, algo fundamental para a construção de um sentido para o passado que possa ser amplamente compartilhado. Segundo Sarlo, uma certa história de difusão escolar (as histórias nacionais) também seguiu esse modelo, abalado diante de dois fenômenos observados em alguns países: a quebra da legitimidade das instituições escolares e a incorporação de novos sujeitos e novas perspectivas (sintetizadas pela ideia de "guinada subjetiva") na história.[1]

Partindo dessas colocações, procuramos distinguir a história com objetivos pedagógicos, matéria de ensino nas escolas e objeto de políticas públicas de educação, desse amplo e útil modelo explicativo proposto por Sarlo, e isso por duas razões. Em primeiro lugar, por considerarmos que a história de viés acadêmico, ainda que regulada por regras e práticas específicas, também encontra-se vinculada a um lugar social de produção, que autoriza e interdita, como constatou Michel de Certeau (1982). Além disso, é preciso observar o vínculo entre a pesquisa histórica (na sua tripla dimensão: teórica, metodológica e narrativa) e a vida prática, como destacou Jörn Rüsen (2001).

Em segundo lugar, porque a história escolar — esteja ela regida pelos pressupostos de uma história nacional ou não — necessariamente dialoga, ainda que nem sempre de forma explícita, tanto com a história massiva e o imaginário social que a alimenta quanto com a historiografia de corte acadêmico, diferenciando-se de ambas. Essa diferenciação pode ser compreendida se levarmos em conta não apenas os métodos do ensino de história, mas também seus objetivos.

Os métodos são distintos porque o professor de história na escola mobiliza outros recursos e saberes para além daqueles utilizados na construção da história acadêmica e, também, daqueles utilizados na elaboração de um sentido para o passado pela mídia.

A história acadêmica orienta-se pelas regras de um método de análise crítica das fontes e pelo exercício da narrativa escrita, por meio do qual o conhecimento assume uma forma complexa, que opera recortes, mas propõe grande número de articulações entre eles, de modo a mobilizar os re-

---

[1] Sarlo, 2007.

cursos críticos do leitor e, ao mesmo tempo, estimular sua sensibilidade e, por que não dizer, suas emoções.[2]

A história de circulação massiva opera recortes/reduções que visam, sobretudo, à simplificação do quadro de análises, de modo a produzir uma síntese interpretativa capaz de mobilizar não tanto os recursos críticos do leitor/espectador — visto que ela procura impor a unidade sobre as descontinuidades, a igualdade sobre as diferenças —, mas suas emoções.

Já a história escolar orienta-se por regras pedagógicas próprias, adequadas aos diferentes graus de formação dos alunos; pelas práticas aprendidas e pela erudição obtida mediante a formação intelectual/profissional do professor como historiador; pelos saberes adquiridos na vida e pela experiência em sala de aula.

Quanto aos objetivos, são distintos porque, enquanto a história de circulação massiva está mais preocupada em construir uma síntese reduzindo o número de hipóteses de modo a produzir um passado mais simples e possível de ser amplamente compartilhado, a história acadêmica, hoje, está mais interessada em multiplicar as hipóteses, ampliando o campo de possibilidades. Considerando que a história da pesquisa histórica é marcada pela construção de objetos cada vez mais sofisticados, pode-se dizer que seu objetivo é produzir conhecimento buscando dar conta da complexidade do objeto de estudo, lidando com certa margem de incerteza e refletindo continuamente sobre os procedimentos utilizados e as interpretações construídas. Além disso, seu objetivo inclui a produção de uma narrativa capaz de articular todo esse processo. Por fim, ela não busca o consenso, mas a compreensão das diferenças e similitudes, das mudanças e das permanências, de modo a alimentar tanto o sentimento de pertencer quanto a sensi-

[2] Aqui remetemos aos estudos sobre a narrativa histórica e a questão da poética da história. Para uma introdução ao assunto, ver Prost (2008a, 2008b). Para complexificar a reflexão, ver Pomian (1999); Ginzburg (2002); Lima (2006); Ricoeur (1994); White (1994). Sobre a demanda contemporânea pela emoção e suas implicações no ofício do historiador — que podemos remeter ao ofício do professor de história —, ver Prochasson (2008).

bilidade crítica necessária à orientação num mundo complexo em contínua transformação.

Considerando esse último aspecto e alguns pontos relativos ao método, é possível afirmar que a história escolar aproxima-se mais da história acadêmica do que da história de circulação massiva. Contudo, seus objetivos são significativamente distintos de ambas. Em primeiro lugar, porque a história escolar não visa, obviamente, formar historiadores ou produzir conhecimento erudito, acadêmico, muito menos construir uma narrativa escrita capaz de articular os diferentes elementos que compõem uma história. O conhecimento a que ela visa tem relação com um objetivo de fundo de toda historiografia: suprir a carência de orientação no mundo. Para tanto é preciso construir leituras sobre o mundo e sobre si capazes de favorecer o sentimento de identidade (por conseguinte, de pertencimento) e, ao mesmo tempo, a capacidade crítica para reconhecer e lidar com as diferenças e situá-las no tempo (ou seja, situá-las historicamente). Nesse sentido, pode-se dizer que o objetivo da história escolar é ensinar/aprender a pensar historicamente, rompendo com as naturalizações e abrindo o horizonte de expectativas.

Além disso, é preciso dizer que essas distinções entre uma história de viés acadêmico, uma história de circulação massiva e uma história escolar não implicam uma hierarquização entre esses discursos em termos de qualidade ou veracidade do que é produzido, mas indicam a existência de regimes diferentes de produção do passado, cabendo ao historiador a historicização dessas várias produções, bem como das distintas demandas sociais com as quais interagem.[3]

O foco privilegiado pelos especialistas aqui reunidos é, justamente, essa história de viés pedagógico, destinada *à* e, como não podemos deixar de observar, construída *na* escola. A escolha do título deste livro reflete a preocupação em pensar a escrita escolar da história, com sua dupla dimensão: a historiográfica e a memorialística. Como observou Gérard Noiriel

---

[3] Ver Guimarães (2007).

(1998:214), a diferença comumente estabelecida entre a história (definida como o conjunto de conhecimentos elaborados pelo historiador de acordo com os pressupostos deontológicos e éticos do ofício e apresentados numa forma narrativa particular, ambos regulados por um determinado lugar social de produção) e a memória (compreendida como o saber sobre o passado que todo indivíduo possui, enquanto membro de um grupo social) coloca o problema do estatuto do ensino de história. Entre memória e história, qual seria o seu lugar?

Para Dominique Bourne, por exemplo, o ensino de história possibilita o *desenvolvimento de um exercício crítico*, inseparável das modalidades de sua transmissão. Esse exercício contribui para demonstrar que a história não está dada *a priori*, pois é um constructo cultural dotado de historicidade. Algo indispensável para que os indivíduos compreendam o mundo em que vivem. Mas, além disso, o ensino de história, como foi dito antes, também *promove o sentimento de pertencer a uma comunidade* "livremente escolhida, e não temerosamente preservada (...) aberta a outras solidariedades que não a da nação". Esse sentimento de pertencer é constitutivo das identidades sociais e tem como uma de suas bases a construção da memória. Essa dupla dimensão científica e memorialística do ensino de história explica por que, na maioria dos países, os historiadores são pesquisadores e professores por formação. Certamente, como observou Bourne, a articulação entre essas duas dimensões varia em função do nível do ensino (primário, secundário ou superior). Do mesmo modo, a política do Estado relativa ao ensino de história não é a mesma para todos os níveis.[4]

É interessante observar que a escrita da história é comumente identificada como a prática mais visível que, ao lado da pesquisa, diferencia o trabalho do historiador do trabalho do professor de história. Nas sociedades ocidentais, o valor crescente atribuído à escrita na modernidade desmereceu as práticas vinculadas à memória e à oralidade, tidas como efême-

[4] Bourne, 1998. Ver também Rémond (1988) para um panorama das demandas a que os historiadores estão submetidos (e suas implicações para a pesquisa e o ensino da história) em diversos países.

ras e enganosas, porque submetidas aos desígnios da subjetividade.[5] De modo semelhante, a história da historiografia foi, por séculos, norteada pela afirmação de que "a história começa com a escrita", o que atribuiu um valor negativo às sociedades ágrafas, vistas como pré-históricas. Além disso, o processo de autonomização da história como conhecimento, em meio ao qual uma concepção moderna de história pôde constituir-se, fundou-se num campo de experiências distinto daquele que fundamentava a antiga concepção da história como "mestra da vida", qual seja: um campo de experiências atemporais, fonte de exemplos obtidos por meio de procedimentos como a visão direta (autopsia) por parte do historiador ou de testemunhos orais, recusando as fontes escritas. De modo oposto, a moderna concepção de história recusou a oralidade e a visão, atribuindo um valor maior ao escrito. A cientificização da história no século XIX confirmou essa recusa, elegendo o documento escrito como a matéria-prima do historiador e a fonte por excelência para a construção de fatos "duros como pedra", fundamentos da pesquisa e de uma pedagogia da história então definida. No século XX, a noção de fonte histórica foi ampliada, abrindo novas perspectivas de pesquisa, até o ponto em que o oral conquistou, não sem resistências, seu lugar entre as fontes do historiador.[6]

Ao longo desse processo, a questão da escrita da história foi colocada e respondida de diferentes formas, ainda que frequentemente tratada como algo menor, se comparada às questões relativas à pesquisa. No início dos oitocentos, a escola histórica alemã dava atenção ao problema da escrita. Basta lembrarmos Humboldt e as duas tarefas do historiador: uma metódica e empírica, outra criativa e artística. Ou, ainda, Ranke e a ênfase atribuída tanto à dimensão da pesquisa empírica quanto à dimensão imaginativa da escrita da história.[7] A escola metódica francesa elegeu três tarefas do ofício: a heurística, a análise e a síntese; mas privilegiou as duas primeiras, relegan-

---

[5] Sobre a memória e a questão da escrita, ver, a título introdutório, Pomian (1999a).

[6] Ver, por exemplo, Noiriel (1997, 1998); Pomian (1999a).

[7] Ver Humboldt (1985). Sobre a escrita da história em Ranke, ver, por exemplo, Caldas (2007).

do o problema da síntese a uma questão de estilo.[8] A escola dos Annales valorizou a busca da síntese, mas, ao longo do século XX, é possível encontrar historiadores que relegaram a etapa da escrita a um segundo plano, por vezes situando tal etapa como algo externo ao trabalho do historiador.

Para Henri-Irénée Marrou, por exemplo, "não há dúvida de que o problema da expressão é, em si, exterior à história, e que nela se introduz por força de considerações de outra ordem". O autor considerava que, se a verdade histórica nunca é definitiva, exprimi-la equivalia a cristalizá-la.[9]

Mais recentemente, as discussões suscitadas por Michel Foucault no fim da década de 1960 e pela "virada linguística"[10] na década de 1970 colocaram o texto historiográfico na ordem do dia da reflexão. Paul Veyne (1998), por exemplo, procurou configurar a história enquanto prática eminentemente discursiva. Michel de Certeau (1982) situou o texto em meio à operação historiográfica, destacando sua relação com um lugar social de produção e com as práticas da pesquisa. No início da década de 1980, Jörn Rüsen (2001) também destacou o papel da escrita (ou da apresentação) na pesquisa histórica, como etapa crucial para o estabelecimento da ligação entre conhecimento histórico e vida prática.

Em meio a essa discussão, a associação entre a prática da escrita e o ofício de historiador prevaleceu, como não poderia deixar de ser. É possível dizer que a identidade do historiador está diretamente vinculada ao texto que ele dá a ler — texto por meio do qual ele pode expor os procedimentos utilizados na construção de seu objeto de pesquisa; desenvolver seu trabalho de análise e interpretação; aprimorar sua capacidade de arti-

---

[8] Noiriel, 1999.

[9] Marrou (s.d.) chama a atenção para o caso dos historiadores que passam a vida acumulando conhecimentos, alcançando competência inigualada, mas, "esquecidos de que são homens e não imortais, nada escrevem, 'poços de ciência insondáveis mas que jamais dão água' e um dia morrem, inúteis, sem deixar ficar nada senão um montão de notas garatujadas, sem valor para ninguém". Além disso, lembra que nem sempre escrever bem foi uma meta entre historiadores. O caso de muitos historiadores britânicos que almejavam escrever mal para que seus trabalhos fossem levados a sério é exemplar.

[10] Sobre a "virada linguística", entre muitos títulos, ver, como introdução ao assunto, Iggers (1997). Ver também Chartier (2002).

cular uma diversidade de elementos de modo a constituir um saber, ainda que provisório.

Essa constatação permite indagar acerca da existência de certa hierarquia entre o *exercício da escrita* e o *exercício do magistério*, como se o último fosse algo menor diante do trabalho do historiador, entre outras coisas porque supostamente restrito à exposição ou à transposição de um conhecimento produzido em outra instância;[11] porque restrito a práticas eminentemente orais, que atribuem um grau de efemeridade ao "produto" de sua prática, que é a aula, por oposição ao texto. Certamente, o exercício do magistério possui formas de tornar visível a construção do conhecimento operada no processo de ensino-aprendizagem, mas, devido à efemeridade da aula, lugar por excelência onde esse processo se realiza, essa visibilidade encontra obstáculos. Uma possibilidade de tornar *visível* o conhecimento produzido na aula surge quando nos dispomos a pensar a aula como texto. A noção de texto parece conferir materialidade a algo que é notadamente efêmero e manifesto por meio de recursos orais (dos professores e dos alunos).

O alargamento das noções de *escrita* e de *texto* histórico tem relação, no nosso entendimento, com um contexto marcado pelo surgimento de novas sensibilidades, nascidas no rastro da descolonização e dos novos movimentos sociais após a década de 1960, que contribuíram para a emergência de novos sujeitos (e novas identidades sociais) no cenário político e cultural. Essa transformação pode ser sintetizada pela noção de "virada subjetiva".

Como constatou Ilmar Rohloff de Mattos (2006), observa-se desde então uma abertura para a diferença e o progressivo deslocamento em direção às margens, revelando novos atores e autores. Esse mesmo contexto evidenciou aquilo que Christian Delacroix (2003:195) definiu como uma "nova sensibilidade teórica" nas ciências sociais, em ruptura com os grandes modelos explicativos que privilegiavam as determinações sociais externas, em detrimento dos sujeitos. Essa nova sensibilidade valoriza o cons-

---

[11] Há vários estudos que procuram pensar essa relação entre o saber escolar e o saber acadêmico. Um exemplo são os trabalhos sobre transposição didática, como Chevallard (1991). Outros exemplos são as reflexões de Chervel (1990); Moniot (1993); Lopes (1997).

trutivismo social e a centralidade da ação. O primeiro relaciona-se à ideia de que o mundo social deve ser apreendido como construção histórica dos atores individuais e coletivos, não sendo natural nem dado de uma vez por todas. A segunda remete à intencionalidade dos atores, envolvidos em múltiplas temporalidades e espacialidades.[12]

Além disso, esse contexto também foi marcado por um fenômeno de amplas proporções, com ampla disseminação geográfica, ainda que seu vínculo com o nacional persista: a onda memorialista. Sua disseminação é tão ampla quanto os usos políticos da memória, que vão desde a construção de passados míticos, com o objetivo de legitimar projetos e práticas políticas, até as tentativas de construção de identidades coletivas, negadas ou excluídas por processos englobadores.

Esse *boom* da memória vincula-se a uma intensa busca por outras tradições (as tradições dos "outros") e por propostas revisionistas, a qual tem a historiografia e o ensino de história como campos de disputas. Além disso, o fenômeno caracteriza-se por um "retorno" ao passado que se diferencia da valorização do futuro característica das primeiras décadas do século XX. Por conta disso, observa-se um deslocamento que Andreas Huyssen (2000:9) definiu como "dos futuros presentes para os passados presentes".[13]

Para François Hartog (2003), essa proliferação de usos da memória parece estar relacionada a uma tensão cada vez maior entre "campo de experiência" (passado) e "horizonte de expectativa" (futuro), resultante do aumento da distância entre ambos. Esse distanciamento teria produzido uma espécie de hipertrofia do presente, incapaz de orientar-se para o futuro ou de retornar ao passado, ambos percebidos como cada vez mais afastados. Tal afastamen-

[12] Como diversos autores observaram, entre os quais Jean-François Sirinelli (1998), esse é o momento do retorno do sujeito ativo no refluxo da onda estruturalista e após o recuo progressivo da influência do marxismo nas ciências humanas. Momento em que a história política foi renovada e um novo domínio da história pôde se constituir: a história do tempo presente.

[13] Mas, como bem observou François Hartog (2003), esse passado presente não visa preparar o futuro, mas tornar o presente presente a si mesmo, uma vez que a memória é utilizada como um instrumento presentista. Ver também Koselleck (2006).

to foi compreendido, *grosso modo*, por autores como Walter Benjamin ou Maurice Halbwachs, na primeira metade do século XX, e, mais recentemente, por Pierre Nora, como resultado da perda ou declínio da experiência, esta última identificada à possibilidade de uma tradição compartilhada por uma comunidade humana, tradição retomada e transformada a cada geração. Tal perda acarretaria, também, o desaparecimento das formas tradicionais de narrativa que têm sua fonte nessa comunidade e só podem ter continuidade mediante a existência de certos meios tradicionais de transmissão, cuja ruptura alimenta o medo diante do perigo de esquecimento.[14]

Para Huyssen (2000), esse perigo do esquecimento tem sido combatido com estratégias públicas e privadas que expressam o desejo de ancorar, de construir um porto seguro num mundo caracterizado por crescente instabilidade e aceleração. Daí o desejo de *lembrar, guardar, salvar, preservar, monumentalizar, patrimonializar,* transformando o presente em passado o mais rapidamente possível.

Por isso é possível concordar com a afirmação de que o interesse pela memória fez dela não apenas um objeto de estudo, mas também uma tarefa ética que consiste em "preservar" a memória, "salvar" o desaparecido ou em vias de desaparecimento, "resgatar" tradições esquecidas, vidas, falas e imagens excluídas. Daí a noção de "dever de memória", que tem sido utilizada no espaço público francês, mas, não somente, em meio a disputas pela memória que inevitavelmente envolvem aqueles profissionais socialmente identificados como especialistas em passado: os historiadores.[15] Tais disputas, dotadas de um duplo viés, ético e político, remetem a uma antiga discussão, de ordem epistemológica, acerca das semelhanças e diferenças entre memória e história, questão que, em nossa opinião, é importante para uma reflexão sobre o ensino da história.[16]

---

[14] A esse respeito, ver Huyssen (2000); Gagnebin (2006).

[15] Sobre o debate francês acerca do "dever de memória", ver, entre outros, Heymann (2007).

[16] Ainda que de forma extremamente sintética, cabe observar que o ponto de vista de uma história científica afirma a radical distinção entre memória e história. Enquanto a

Nessa época em que os investimentos nas tarefas da memória possuem grande apelo e visibilidade, suscitando tensões políticas e colocando problemas de ordem epistemológica e, também, de ordem ética para os historiadores de ofício e para os professores de história, um dos pomos da discórdia diz respeito à disputa entre interpretações distintas; outro pomo remete à questão da autoridade (e do direito) para falar sobre temas históricos. Ou seja, a pressão da memória coloca o problema da possibilidade de o historiador ser interpelado fora do campo acadêmico, portanto, fora do mundo dos seus pares. De modo semelhante, o professor de história também enfrenta os desafios colocados tanto pela historiografia como pela história midiática no dia a dia da sala de aula.

Mas, como observou Luciana Heymann (2007), o problema crucial não parece ser aquele que opõe historiadores a não historiadores, mas aquele que divide os próprios historiadores: enquanto alguns defendem o "dever de memória" e o engajamento nas lutas contemporâneas a favor dos grupos e populações excluídos da história, outros preferem frisar a distância entre história e memória, evitando o engajamento direto nas questões públicas. Indo além, diríamos que tais problemas também são colocados para o professor de história na escola, e para este a possibilidade de "frisar a distância entre história e memória, evitando o engajamento direto nas questões públicas" é muito mais difícil. Na escola, o professor de história, cotidianamente envolvido nas questões contemporâneas (que, aliás, ajudam a justificar a necessidade do ensino escolar de história), deve emitir opinião e defender sua posição, diante da demanda constante e direta de seus alunos.

---

memória sacraliza as recordações por meio de um trabalho que conjuga subjetividade e objetividade, a história resulta de uma operação intelectual crítica e objetiva que desmistifica e laiciza as interpretações. A historiografia contemporânea relativiza tal perspectiva ao reconhecer a impossibilidade de aceitar o vazio entre sujeito e objeto, matizando as pretensões à verdade total e definitiva. Relativiza, também, ao assumir que várias características apresentadas como típicas da memória (seleção, finalismo, presentismo, verossimilhança, representação) também se encontram no trabalho historiográfico, desde que este não esteja restrito à busca de explicações causais e à visão linear, acumulativa, homogênea e universalista sobre a história. Ver Pomian (1999a); Catroga (2000).

Todas as questões — aqui brevemente revistas — relativas à memória e à cultura histórica, às práticas de escrita e à oralidade, que integram o campo de experiências do historiador e do professor de história no mundo de hoje, se por um lado criam problemas para a historiografia e para o ensino, por outro também ampliam o horizonte de possibilidades.[17]

Como foi dito antes, ao elegermos a *escrita da história escolar* como tema/título, nós, os organizadores vinculados ao projeto *Culturas Políticas e Usos do Passado*, propomos um alargamento da noção de *escrita*, bem como da noção de *texto* histórico. Alargamento que, entre outras coisas, permite pensar a *aula de história como texto*, e o *professor como autor*, a exemplo do que propõe Ilmar Rohloff de Mattos. Esse exercício, que revela *atores* e *autores*, também enfatiza o papel do *leitor*, que deixa de ser visto como um ser passivo e assume a posição de alguém que dá sentido ao que lê, que apropria e inventa significados, transitando "do mundo da leitura para a leitura do mundo".[18]

Além disso, a ampliação da noção de *escrita* e de *texto histórico* permite evidenciar o fato de que a experiência do ensino (seja ele escolar ou universitário) remete tanto ao uso e à produção de discursos escritos quanto ao uso e à produção de discursos orais. Ao contrário do texto escrito e dado a ler, reconhecemos que a aula é marcadamente efêmera, pois seu "suporte" principal é o discurso oralizado (do professor e dos alunos participantes da aula), ainda que o professor mobilize recursos de outra ordem ao ensinar (textos, imagens etc.), e os alunos mobilizem recursos escritos no processo de apropriação ou (re)elaboração da aula, ao fazerem anotações. No entanto, cabe observar que a efemeridade da aula não decorre simplesmente da sua característica oral (visto que também há escritos efêmeros, como aqueles produzidos para jornais, panfletos, cartas etc.), mas

---

[17] Cumpre reafirmar a importância das abordagens que buscam compreender a dinâmica da temporalidade e da mídia, cujo impacto sobre a percepção do tempo e a compreensão da história ainda não conhecemos. Nesse sentido, é possível concordar com Andreas Huyssen (2000) quanto ao papel da cultura da memória na transformação da nossa experiência temporal e, por conseguinte, na transformação da cultura histórica, e lembrar que o crescimento explosivo da memória é também história.

[18] Mattos, 2006. Ver também Chartier (2002); Ginzburg (2001).

do fato de que toda aula é regida pelo tempo (cada vez mais exíguo no caso das aulas de história), que impõe limites ao trabalho de ensinar e de aprender. Isso não impede que a aula possa ser pensada como *texto*, desde que este seja compreendido como algo que inclui o escrito, mas vai além dele, mobilizando recursos de diversas ordens para "contar uma história". Mais que isso, um *texto* que, submetido ao controle do tempo, faz uso do tempo para compreender e explicar, levando em conta o limite da incerteza do conhecimento histórico e a potencialidade do mesmo para compor significados e constituir sentidos.

A compreensão da *aula como texto* permite articular duas dimensões que não raro são vistas como radicalmente distintas e, por vezes, opostas: a historiografia e a história ensinada. Distinção necessária e evidente, mas que alimenta a perspectiva (política) de que existe hierarquia entre saber acadêmico e saber escolar, promovendo um afastamento que pouco ou nada contribui para o avanço da reflexão sobre cada um e só faz aumentar o fosso que separa a universidade da escola. Ao fim e ao cabo, se, como afirmou François Furet, "fazer história é contar uma história", cabe compreender as especificidades desse *fazer* e explorar as possibilidades desse *contar*, procurando pensar de forma articulada a escrita e o ensino da história.

Como foi dito na nota de apresentação, este livro reúne um conjunto de textos apresentados no *Seminário Nacional Ensino de História: Memória e Historiografia*, realizado entre 2 e 4 de junho de 2008 na Universidade Federal Fluminense, em Niterói.

A obra está organizada em quatro partes, a saber: ensino de história e historiografia; temas e problemas; linguagens na escrita da história escolar; e o livro didático: leituras e usos.

A parte I, "Ensino de história e historiografia", reúne quatro capítulos que tratam da perspectiva de pesquisadores da historiografia[19] *stricto sensu* e

---

[19] Como área de investigação, a historiografia assume, entre outras tarefas, a de interrogar acerca das várias formas de produção (e usos) do passado e dos regimes correlatos de escrita da história, elaboradas para atribuir significado ao conjunto de experiências vividas. Sobre a historiografia como campo de estudos, ver Guimarães (2007).

do ensino de história, apresentando sua relação com a memória social e os sentidos investidos por alunos e professores em seu ensino-aprendizagem. Essa parte se inicia com o texto de Manoel Luiz Salgado Guimarães, "Escrita da história e ensino da história: tensões e paradoxos", que discute as relações entre a escrita da história como parte de um ofício específico do historiador e a sua escrita como parte do processo de formação pedagógica, ensejando de forma densa o início de nossa busca de diálogo. A seguir, temos o capítulo de Elias Saliba, "Na guinada subjetiva, a memória tem futuro?", que trata das possibilidades do trinômio biografia, memória e identidade, destacando o *revival* do texto biográfico. O autor problematiza o lugar do ensino da história no contexto da informação via internet, buscando evidenciar que a história e seu ensino podem contribuir para o estabelecimento de sentido de relevância sob a enchente de informações a que somos submetidos cotidianamente.

Ainda nesta primeira parte, "História escolar e memória coletiva: como se ensina? Como se aprende?", de Flávia Eloisa Caimi, procura apresentar indicadores que justifiquem a manutenção da história como disciplina escolar no cenário contemporâneo, bem como possíveis elementos para a superação dos desafios que emergem dos processos de ensino e aprendizagem da história em contextos escolares. O capítulo de Helenice Rocha, "Aula de história: que bagagem levar?", apresenta resultados de pesquisa sobre a compreensão dos alunos nas aulas de história, a partir de categorias nativas, com destaque para a "bagagem" dos alunos. A autora estabelece relações entre a compreensão do conhecimento histórico escolar e os sentidos atribuídos por alunos e professores ao ensino-aprendizagem dessa disciplina.

A parte II, "Temas e problemas", compõe-se de dois tipos de reflexão. Um deles aborda temas presentes no ensino de história, em especial nos livros didáticos, problematizando-os a partir da historiografia. O outro enfrenta um problema que diz respeito ao ensino universitário, de modo geral, e ao ensino de história, em particular, pois envolve um dos temas clássicos da historiografia, que é a história da escravidão e da inserção dos ex-escravos e seus descendentes na sociedade brasileira, mobilizando inúmeros historiadores.

O primeiro conjunto reúne trabalhos que tratam de heróis nacionais, tema ainda recorrente nas aulas de história pelo Brasil afora. "Os heróis nacionais para crianças: ensino de história e memória nacional", de Thais Nivia de Lima e Fonseca, desenvolve reflexões sobre Tiradentes a partir dos eixos religioso e cívico, em torno dos quais algumas ideias e representações se fundiram. Já "Um herói para a juventude: o duque de Caxias nas biografias e livros didáticos", de Adriana Barreto de Souza, pretende entender como, em diferentes momentos históricos, a figura do duque de Caxias foi representada em biografias e livros didáticos. A utilização do cruzamento de fontes permite pensar os sentidos pedagógicos atribuídos às ideias de nacionalidade e de patriotismo e às instituições militares.

Além disso, inclui dois capítulos que abordam o ensino de história da África. "Aprendendo e ensinando história da África no Brasil: desafios e possibilidades", de Mônica Lima, apresenta um quadro da instalação do ensino de história da África na escola brasileira, procurando identificar aspectos como a formação de professores, o conjunto de textos produzidos por ocasião do estabelecimento da Lei nº 10.639, que tornou obrigatório o ensino de história da África no Brasil, e suas possibilidades. Já "História da África: um continente de possibilidades", de Marina de Mello e Souza, trata da introdução do ensino de história da África, apresentando diferentes momentos de interesse por essa história. A autora recupera diversos temas e fontes para tal ensino, oferecendo uma contribuição para o currículo da disciplina após a promulgação da referida lei.

Por fim, fechando a segunda parte, o trabalho de Martha Abreu, Hebe Mattos e Carolina Vianna Dantas, "Em torno do passado escravista: as ações afirmativas e os historiadores", discute o atual sistema de cotas e suas implicações sociais e historiográficas, que, de certo modo, repercutem na escola e constituem um tema-chave na atual discussão acerca dos usos do passado.

Na parte III, "Linguagens na escrita da história escolar", discute-se a diversidade de linguagens e seus efeitos possíveis na escrita dessa história.

Considera-se que cada modalidade de linguagem, da verbal à imagética, propicia inteligibilidade diversa acerca do que é a história, constituindo-se em mais do que um mero condutor de conhecimentos. Neste sentido, "As *WebQuests* e o ensino de história", de Anita Correia Lima de Almeida e Keila Grinberg, volta-se para a atividade de ensino, tendo como objetivo discutir algumas possibilidades de realizar a transposição entre o conhecimento produzido na universidade e aquele construído na escola, através da produção de propostas metodológicas — denominadas *oficinas* — que permitam ao professor trazer para a sala de aula questões presentes no cotidiano de seus alunos e na realidade ao seu redor. "A expressão linguística dos saberes: aspectos da relação entre a aprendizagem da língua escrita e o desenvolvimento da consciência histórica", de Maria Lima, apresenta os resultados de estudo acerca dos aspectos da relação entre língua escrita e consciência histórica, focalizando o aluno em sua atividade de aprendizagem e transformação, e mapeando alguns processos cognitivos ativados na complexidade dessa relação.

Tratando das linguagens visuais, tão presentes na atualidade, "Linguagens contemporâneas no ensino e na pesquisa: história oral, fotografia e produção de documentários", de Cláudia Engler Cury, apresenta projeto de pesquisa/ensino com a utilização de fotografias e filmagens, realizado na Universidade Federal da Paraíba. O texto mostra o campo historiográfico com que esse projeto dialoga e quais as articulações possíveis com o ensino de história. O capítulo de Ana Maria Mauad, "Ver e conhecer: o uso de imagens na produção do saber histórico escolar", avalia, como o próprio título indica, o uso didático das imagens e o seu papel na produção do conhecimento na sala de aula. Paralelamente, reflete sobre as relações entre ver e conhecer como procedimentos epistemológicos associados ao campo dos estudos históricos.

Finalmente, na parte IV, "O livro didático: leituras e usos", temos um conjunto de textos que tratam do livro didático de história de hoje e ontem, tema recorrente nos estudos sobre ensino de história. Focalizando tanto os usos dos livros didáticos quanto as formas com que estes abordaram temas diversos, os capítulos aí reunidos evidenciam permanências e rupturas e convidam a desnaturalizar tradições de interpretação dos temas e conteúdos presentes nesses materiais, bem como a questionar suas formas de análise e exposição, exercício necessário para os professores de história na escola e interessante para o historiador, frequentemente disposto a contrastar a produção historiográfica com a produção didática.

"O livro didático como referência de cultura histórica", de Arlette Medeiros Gasparello, procura ressaltar alguns aspectos que ligam a história do livro e do livro didático no Brasil à expressão de uma cultura histórica. "Devem os livros didáticos de história ser condenados?", de Kazumi Munakata, dialoga com tendências contemporâneas de aproximação entre a historiografia e o ensino de história. Assim, propõe como alternativa a adoção de uma perspectiva histórica na reflexão sobre o ensino de história e especialmente sobre o livro didático, objeto de suas pesquisas. O capítulo intitulado "Por onde anda a história na atualidade da escola: ensino médio, livros didáticos e ensino de história", de Paulo Knauss, apresenta um balanço sobre a implantação do Programa Nacional do Livro para o Ensino Médio, situando a expansão desse nível de ensino na ordem do sistema de ensino formal brasileiro.

Iniciando a análise de temas presentes em livros didáticos, "Transferência da Corte: abordagens nos manuais escolares de Portugal e Brasil", de Célia Tavares, Ana Rita Leitão e Carla Delgado de Piedade, apresenta um estudo comparado sobre a transferência da Corte portuguesa para o Brasil, refletindo sobre a relação entre a difusão de um saber escolar e sua associação com as representações sociais das quais são resultantes. "Memórias e histórias dos balaios: interpelações entre os saberes acadêmicos e a história ensinada", de Magali Gouveia Engel, mapeia as diferentes vertentes interpretativas presentes nas abordagens historiográficas a partir das quais foram construídas e veiculadas memórias e histórias sobre o movimento que ficou conhecido como "Balaiada" ou "revolta dos balaios".

O capítulo intitulado "Um livro para contar a história fluminense. O primeiro manual didático de história do estado do Rio de Janeiro", de Rui Aniceto Nascimento Fernandes, apresenta um estudo sobre a obra *História do estado do Rio de Janeiro. Resumo didático para uso nas escolas primárias*, de João Pinheiro Ribeiro, e o contexto histórico e educacional da produção desse manual.

"O presente como questão: a República nas histórias do Brasil de João Ribeiro (1860-1934) e a proposição de uma 'ética da atualidade'", de Marcelo Magalhães e Rebeca Gontijo, explora o problema da escrita da história escolar no Brasil do início do século XX, procurando compreender como a questão do tempo presente é tratada por um dos livros didáticos mais difundidos à época: a *História do Brasil*, de João Ribeiro, nas versões destinadas ao curso superior e às escolas primárias.

"1946-1964: histórias que os livros didáticos nos contam", de Jorge Ferreira, tem como objetivo de reflexão identificar temas comuns a três livros didáticos de história para caracterizar o período, mostrando como eles contribuem para a compreensão dos alunos sobre a questão democrática no Brasil.

Finalmente, Luís Reznik, no capítulo "História da historiografia: a era Vargas nos livros didáticos", ocupa-se da relação que se estabelece entre a historiografia acadêmica e a historiografia escolar. Mapeando um conteúdo específico entre as matérias presentes nos livros didáticos de história do Brasil, a "era Vargas", procura mostrar quais eram e como estavam dispostos os conteúdos desse tópico nos livros didáticos entre a década de 1940 e os dias atuais, e de que modo tais conteúdos se relacionam com as interpretações acadêmicas de sua época.

Cabe por fim afirmar que as ideias expostas ao longo desta introdução refletem a perspectiva de seus organizadores e não são necessariamente compartilhadas por todos os autores reunidos neste livro. Além disso, são ideias que apenas começam a ser esboçadas, sob o estímulo de um projeto maior, cujo viés notadamente historiográfico não deixou de dar lugar à questão do ensino (o projeto Pronex Culturas Políticas e Usos do Passado — Memória, Historiografia e Ensino de História) e sob a orientação de um grupo de pesquisa emergente, o Oficinas da História,[20] vinculado ao Departamento de

[20] O grupo Oficinas de História, atualmente coordenado pelo prof. dr. Marcelo Magalhães, do Departamento de Ciências Humanas da Uerj, reúne pesquisadores de diversas instituições, a saber (em ordem alfabética): Ana Maria Monteiro (UFRJ), Angela de Cas-

Ciências Humanas da Universidade do Estado do Rio de Janeiro. No âmbito desse grupo é que as reflexões anteriormente expostas foram plantadas e, esperamos, poderão produzir bons frutos. Além disso, ao propor o seminário e organizar este livro, não almejamos construir um consenso, mas constituir mais um lugar de reflexão sobre o ensino de história, capaz de preservar diferentes tipos de enfoque sobre o tema e, também, o que é crucial para nós, promover a aproximação entre os estudos sobre historiografia e as pesquisas sobre o ensino de uma disciplina que desde há muito vem sendo considerada "a mais difícil das ciências".[21]

---

tro Gomes (UFF e Cpdoc-FGV), Carmen Teresa Gabriel Anhorn (UFRJ), Eunícia Fernandes (PUC-Rio), Helenice Rocha (Uerj), Luís Reznik (PUC-Rio e Uerj), Márcia de Almeida Gonçalves (PUC-Rio e Uerj), Maria Lima (UFMS), Marieta de Moraes Ferreira (UFRJ e Cpdoc-FGV), Martha Abreu (UFF), Mauro Cezar Coelho (UFPA), Rebeca Gontijo (UFF), Selma Rinaldi de Mattos (PUC-Rio).

[21] Bloch, 2001:47.

Parte I
Ensino de história e historiografia

Capítulo 1
Escrita da história e ensino da história: tensões e paradoxos

MANOEL LUIZ SALGADO GUIMARÃES

O ensino da história como tema relevante das reflexões dos historiadores vem ganhando espaço nos últimos anos. Se percorrermos as páginas dos catálogos e anais de encontros de história, faremos a constatação de que o tema parece ter ganhado cidadania entre os pesquisadores de nossa área, com simpósios dedicados ao ensino da história nos encontros regionais da Associação Nacional de História, assim como nos seus últimos simpósios nacionais. Igualmente, os encontros bianuais Perspectivas do Ensino de História, já em sua sexta edição, realizada em 2007 na Universidade Federal do Rio Grande do Norte, tornaram-se referência para as discussões que envolvem a produção do conhecimento em história e sua transformação em matéria ensinável, em discurso pedagógico. Na pauta desses encontros, de acordo com os objetivos definidos por seus organizadores, está o estímulo ao diálogo entre o profissional do ensino fundamental e médio e o pesquisador e professor universitário, a fim de que esses dois mundos não permaneçam estranhos entre si. Algumas hipóteses podem ser levantadas para explicar tal interesse: a crise do ensino de história, pouco sensível às enormes transformações por que passou o campo nos últimos anos em termos do avanço da pesquisa acadêmica. Em direta relação com esse problema, a constatação de uma enorme defasagem entre o que se produz na universidade, fruto em grande parte do avanço dos programas de pós-graduação, e seus resultados para o ensino de história realizado nos colégios. Essas constatações obrigam-nos igualmente a refletir sobre a relação entre a universidade e o sistema de ensino, lugar fundamental para a formação de futuros quadros da população universitária. Neste capítulo pretendo discutir não essas questões, que demandariam uma pesquisa específica, mas as relações entre a escrita da história como parte de um ofício específico do historiador e essa escrita como parte do processo de formação pedagógica. Tal discussão me parece significativa em nossa contemporaneidade, não apenas para nós como profissionais especializados em construir narrativas do passado, mas, sobretudo, como cidadãos para os quais pensar e escrever acerca do passado implica discutir as demandas por orientação implícitas nessa tarefa de reflexão sistemática e crítica acerca do passado. Implica, portanto, assumirmos nossas responsabilidades diante do presente, abrindo mão do papel de profetas de um futuro que, como bem nos adverte Otávio Paz, não pode estar contido em nenhum livro de história, posto que ele, o futuro, é um segredo!

Introdução

A questão que nos propomos examinar neste capítulo sugere abordagens diversas, impossíveis de serem tratadas em conjunto nos limites deste texto. Mas essa questão nos impõe igualmente um limite: falar em ensino de história traz consigo implícita a ideia de que ela, a história, é matéria de ensino e, portanto, já se constituiu num corpo de conhecimento — em uma matéria efetivamente organizada sob um sistema que prevê seu ensinamento, sua transmissão. Isso implica concebê-la segundo certas regras, resultantes de certos procedimentos que não poderiam ser encontrados antes de sua transformação em disciplina — o que significa dizer antes do século XIX e de sua transformação em pedagogia escolar com fins políticos. Ainda que inventada como gênero entre os gregos no espaço da pólis democrática, não assumira aí o caráter de um ensinamento, tão necessário à *paideia* do homem moderno, à constituição do cidadão nacional. Como parte importante da cultura humanista nos começos da modernidade, a história também não assumiria uma finalidade de matéria a ser ensinada e objeto de um currículo pedagógico. Pensar, portanto, a relação entre ensino e história é já se colocar em certo momento da história da história, perceber suas particularidades e as demandas que estão na base de um projeto que veio a se tornar comum para as sociedades modernas: a necessidade de ensinar história e torná-la parte obrigatória de um currículo.

Outra abordagem possível para a questão proposta seria privilegiar aspectos de natureza mais metodológica, pensando, a partir de um viés mais pragmático, na eficiência a ser obtida com o processo de ensino da história. Por esse caminho, certamente aspectos da cultura tecnológica contemporânea teriam de ser abordados, tendo em vista seu impacto na construção de nossa relação com o passado a partir de seus vestígios. A crescente capacidade de armazenamento e memória propiciada pelas novas tecnologias não necessariamente corresponde a igual capacidade de processá-las através de narrativas históricas. Dessa maneira, o aumento da capacidade técnica de produzir e armazenar vestígios do passado não assegura imediatamente maior capacidade de transformá-los em narrativas acerca das experiências vividas. Segundo Christophe Prochasson (2008), falta ao historiador contemporâneo a "falta" que possibilitaria exatamente o trabalho de reflexão acerca dessa ausência. Como pensar em nossa atualidade o ensino de história desconsiderando o arsenal de inovações tecnológicas disponíveis que exercem forte atrativo sobre o público escolar?

O caminho que escolhi, no entanto, foi privilegiar uma reflexão — e uma proposta de discussão para essa questão — que, partindo de uma interrogação acerca do que está implícito na ideia de "ensino de história", procurasse pensá-lo como parte de um uso que se procura dar, entre tantos outros possíveis e historicamente articulados, à tarefa de escrever história. Portanto, deixo de imediato claro meu ponto de partida: *essa discussão não pode ser levada a bom termo se a desvinculamos de uma reflexão mais geral acerca dos problemas de uma escrita da história; portanto, de uma reflexão em torno da historiografia e da teoria da história.* Nesse sentido, pensar o ensino de história implica necessariamente, segundo meu juízo, articular escrita e ensino como parte da produção do conhecimento histórico. É bem verdade que não estou supondo que esses procedimentos são os mesmos, submetidos a regras e procedimentos da mesma natureza, com objetivos e finalidades semelhantes. Afirmar suas diferenças igualmente não traz como pressuposto hierarquizá-los segundo critérios de maior ou menor importância. Mas pensá-los como campos autonomizados traz enormes prejuízos para a história como campo disciplinar e de conhecimento, cujos impasses me parecem hoje claros, sintomatizados por uma percepção da falência do ensino de história, do desprestígio do papel do professor, mesmo nos espaços sagrados da academia, e que com certeza são inquietações que parecem estar na base do seminário que deu razão a este texto. Daí sua importância e relevância como parte dos problemas que afetam diretamente o exercício de nosso ofício.

Mas, que significa exatamente esse pressuposto que fundamenta as considerações que serão aqui expostas? Significa, antes de tudo, que pensar o ensino de história como um dos usos possíveis que foram formulados para aqueles que se ocuparam de escrever sobre o passado articula-se a um tempo e às formas próprias desse tempo de conceber a escrita da história. Implica, também, pensar o ensino da história em sua dimensão particular e específica de uso do passado, o que implica igualmente pensar a dimensão política subjacente a essa forma de uso social do passado. Finalmente, pensar o ensino de história por essa chave de leitura impõe-nos refletir acerca da memória e dos mecanismos de sua reprodução, muitas das vezes a cargo das estratégias pedagógicas do ensino de história. Entender como certos procedimentos de ritualização memorialística estão embutidos num corpo de ensinamentos reificados a partir de conteúdos solidamente estabelecidos, mas pouco interrogados em sua historicidade, aproxima-nos dos procedimentos de uma historiografia como campo de investigação e interrogação acerca dos fundamentos do nosso ofício. Podem e devem contribuir para diminuir os espaços de silêncio e desconfiança mútua entre a escola e a universidade.

Por essa chave de leitura que propomos, pensar uma teoria da história é parte indissociável da própria pesquisa e da reflexão em torno do ensino da história.[1] Cabe, no entanto, um esclarecimento quanto ao que estamos entendendo por uma teoria da história, que de imediato não se deve confundir nem com uma filosofia geral da história, nem com a preocupação de formular uma teoria geral da história. Não estamos considerando a teoria como um movimento desvinculado da pesquisa histórica, cuja função seria fornecer à pesquisa o arsenal conceitual e metodológico definidor de procedimentos a serem operacionalizados pela pesquisa. Não serve, neste sentido, às finalidades práticas da pesquisa histórica. A teoria da história coloca em questão, propondo interrogações, a própria práxis do historiador, tornando-a objeto do próprio conhecimento. Dessa maneira, não apenas preocupa-se com os procedimentos adotados para a realização de uma investigação de natureza histórica, como também leva em consideração as demandas que são formuladas para essa produção específica de conhecimento que é tarefa dos historiadores de ofício, tomem elas as mais diferentes formas que as demandas por orientação no presente sejam capazes de formular (como demanda) para o conhecimento histórico: em nossa contemporaneidade, certamente o papel das mídias é central para a abordagem dessa questão, realizando, talvez de forma privilegiada, aquilo que Aleida Asmann (1994) denomina *mise en scène* do passado. No conjunto dessas demandas está também o problema do ensino da história.

Em suma, uma teoria da história é uma reflexão que interroga as formas pelas quais o pensamento histórico pode se constituir em uma especificidade científica. Assim estamos considerando a própria historicidade dessa reflexão, tendo em vista o projeto de constituição de uma ciência da his-

[1] Para uma discussão acerca do papel da teoria da história e suas relações com a escrita da história, ver as importantes sugestões de Rüsen (2007a, 2007b).

tória como esforço particular da cultura histórica oitocentista. E como parte dessas preocupações é que podemos entender o papel central que vai assumir o ensino da história.

Uma segunda consideração, que se articula intrinsecamente àquela anteriormente formulada, impõe que se deixe claro que uma reflexão teórico-historiográfica não estabelece uma distinção, em termos de importância e significado, entre as formas de produção e as formas de apresentação dos resultados da pesquisa histórica. Isso porque a apresentação desses resultados não é mera decorrência da pesquisa realizada, mas obrigatoriamente deve considerar o público-alvo para o qual os resultados da pesquisa se direcionam. Esse ator deve ser parte ativa nas considerações acerca do uso específico do passado através de uma pedagogia escolar. Nesse sentido, o público-alvo, parece claro, não está constituído apenas pelos pares da academia, mas também pelos diferentes públicos que demandam narrativas do passado, entre eles os alunos que devem aprender história nas escolas. É preciso, pois, considerar como parte dos problemas da interrogação teórico-historiográfica a reflexão em torno do ensino e da didática da história, abandonando o sentido pragmático e domesticador de certas concepções e apreensões de uma reflexão em torno de uma didática da história. Procedimento que tendeu a encarar a didática como uma reflexão em torno da *aplicação pedagógica da história*, um uso, por isso mesmo, externo ao saber histórico produzido, desvinculando-o das condições efetivas de sua produção por especialistas e profissionais do ofício. Sua expressão mais bem acabada e formulada em termos de política acadêmica veio a se concretizar na separação departamental entre as duas esferas no âmbito de nossos espaços universitários, com as consequências que hoje vemos. É bem verdade que, recentemente, algumas experiências departamentais têm procurado reverter esse quadro, trazendo para os espaços da produção do conhecimento específico a reflexão em torno de seu ensino. Em outras palavras, parece-nos importante ressaltar a importância de uma reflexão racional e crítica acerca das formas de exposição/apresentação dos resultados da pesquisa histórica realizada como prática acadêmica a partir de certos protocolos formais, como a pesquisa documental, por exemplo. E isso conjugando-a com a demanda específica própria ao uso da história como pedagogia escolar.

Na verdade, a consideração do público-alvo como parte dos esforços para refletirmos acerca da história e de sua escrita em diferentes contextos é tradição antiga, que aproximou a história da retórica. Como parte de uma das formas dos procedimentos retóricos — aquele que investe na construção lógico-formal de argumentos —, a história constituía-se em fonte de exemplos, em referências que ajudariam nas tarefas da persuasão pela palavra. Integrava assim um conjunto de esforços necessários às tarefas de convencimento para a ação e indispensáveis para a vida de uma comunidade política fundada em princípios abstratos, como a pólis ateniense. Por esse caminho veio a se constituir naquilo que Cícero transformaria em sua célebre afirmação: *a história como mestra da vida*. É, portanto, a partir de um contexto eminentemente retórico que passamos a acreditar nessa capacidade do passado para ensinar os homens do presente, definindo assim uma função para o conhecimento da história. Se as demandas contemporâneas pelo ensino da história fundam-se a partir de outros contextos, importa, contudo, considerar a tradição retórica e sua reatualização, de importância central para constituir um sentido "pedagógico" para a história.

Cultura da memória, presentismo e ensino da história

O retorno do passado nem sempre é um momento libertador da lembrança, mas um advento, uma captura do presente.
(Sarlo, 2007)

Vivemos um tempo de intenso investimento em relação ao passado, supondo que esse investimento pode se revestir de diferentes atitudes: o trabalho da memória com a sucessiva produção dos seus "lugares de memória"; o crescimento da produção acadêmica em história, com significativa procura pelos cursos de história nos vestibulares das universidades públicas; a midiatização do passado através dos meios de comunicação de massa e, evidentemente, a patrimonialização a que as sociedades contemporâneas, marcadas pela experiência de uma globalização acelerada, têm-se submetido. Este ano, especialmente, estamos assistindo a uma avassaladora produção de lembranças dos 200 anos da chegada da Corte portuguesa às terras americanas. Por que e para que lembrar? Seria possível traçarmos uma história da própria lembrança, supondo que ela se articula à vida de uma comunidade social num tempo determinado? Lembrança que implica necessariamente o seu contraponto: *o esquecimento*. Até que ponto lembrar não poderia também significar uma forma de esquecer? Escrever como forma de fixar uma memória implica a igual capacidade de esquecer: se estiver escrito, não tenho mais necessidade de lembrar. Estranho paradoxo este que constitui a relação entre memória e esquecimento, largamente tematizado ao longo da cultura ocidental, num movimento em que o esquecer ora deve ser enfrentado pela narrativa dos feitos grandiosos a serem memorizados, ora é condição positiva para a ação no mundo, atitude salutar para os que pretendem investir na vida. Kant, ao comentar a assertiva platônica de que a arte de escrever liquidou com a memória, acrescenta: "nessa frase há algo de verdade".[2]

Assistimos a uma febre de preservação dos bens materiais, a um respeito sagrado pela memória e pelas lembranças, numa espécie de corrida contra o tempo que parece ter adquirido uma aceleração comprometedora, em última instância, das próprias condições de continuarmos nos lembrando. Sob risco de uma amnésia, contra-atacamos com uma inflação de memória. Tudo pode e deve ser arquivado como condição para a produção de uma supermemória, talvez aquela do personagem do conto de Borges, Funes, o Memorioso, que com a sofisticação da capacidade de registrar os dados passados e vividos tornou-se inválido para a vida a ser vivida. Mas se

---

[2] Ver, a esse respeito, o importante trabalho de Weinrich (2001).

tudo pode e deve ser arquivado, levando-nos à compulsão pelos arquivos, tendemos a reificá-los como suportes da memória, garantidores do não esquecimento, deixando de vê-los como uma escrita, por isso mesmo submetida também ao jogo da lembrança e do esquecimento. Nesse mesmo movimento tendemos a confundir essa inflação de memória e de narrativas acerca do passado com a própria história, esquecendo-nos de que a memória nos fala de certezas (do sagrado e imutável), e a história, de possibilidades construídas a partir de hipóteses racionais e controláveis que podem a qualquer tempo sofrer a crítica. À unidade da memória, lugar do reencontro consigo mesmo, contrapõe-se a pluralidade necessária da história, lugar do estranhamento e da dúvida, mas igualmente lugar de abertura de horizontes. Parece que assistimos a uma mutação nas formas pelas quais experimentamos e elaboramos a passagem do tempo em nossa contemporaneidade, mudança que por estar em pleno curso ainda não nos permite perceber seus resultados efetivos, ainda que sintomas expressivos possam ser apontados. Igualmente, esse processo de mutação em nossas formas de elaborar a passagem do tempo — analisadas por François Hartog (2003) em seu livro acerca dos regimes de historicidade — não implica supor que não possamos conviver com outras formas de significação dessa passagem do tempo. O presentismo que marca esse regime contemporâneo não fez desaparecer a possibilidade de convivência com um regime marcadamente moderno de perceber o tempo a partir de seu sentido que se realizaria num futuro. No entanto, coloca-nos diante de novas formas de experimentar o transcurso do tempo, em que a aceleração, com suas consequências, parece pôr em risco nossa capacidade de fixar pela lembrança e pela memória o que acabou de ser vivido e experienciado, tornando o futuro algo incerto e cada vez mais desprovido de significado.

São inúmeros os exemplos dessa mutação indicados por Hartog em seu livro, e não cabe aqui enumerá-los, mas apenas dizer que têm consequências para a formulação de qualquer projeto de escrita da história em nossa contemporaneidade. Não por acaso, uma importante querela historiográfica nos anos 1980, aquela que então envolveu parte significativa dos historiadores alemães, deu-se em função de um diagnóstico acerca de um passado que parecia não querer passar para a sociedade alemã. Um passado ainda presente. Exatamente o passado da II Guerra Mundial e do regime nazista, com seu desdobramento mais evidente e traumático da experiência do holocausto. É ainda do campo historiográfico alemão e em torno da história contemporânea daquele país que surge a questão acerca dos fundamentos que embasaram uma escrita da história do período recente, mais especificamente do nacional-socialismo: uma história que para ser escrita recorreu prioritariamente ao testemunho como fundamento de sua verdade. E quando esse testemunho se inviabiliza, em virtude do desaparecimento das gerações daqueles que viveram as experiências narradas, pergunta-se o historiador Norbert Frei, professor da Universidade de Jena e especialista no período em questão, como continuar a escrever essa história, sem os mesmos fundamentos de sua verdade?[3]

As transformações experimentadas em nossa relação com o tempo substituem a confiança no futuro pela necessidade de preservação no presente como forma de salvaguardar-nos das incertezas desse tempo à nossa frente. A explosão recente das narrativas memorialísticas, dos discursos testemunhais e da febre patrimonial articula-se a esse processo de mudanças com relação à nossa percepção da passagem do tempo e de seus efeitos. É preciso, contudo, ter claro que a esse crescimento vertiginoso do trabalho da lembrança não corresponde necessariamente uma relação mais crítica em relação ao passado. Christophe Prochasson (2008) diagnostica esse tempo como sendo o de uma certa confusão entre história e memória, quando os apelos da emoção parecem mais adequados ao enfrentamento do passado do que as armas da crítica histórica. Segundo ele, o historiador contemporâneo deve, sobretudo, emocionar, mais do que convidar à reflexão crítica, ela mesma menos confortadora e apaziguadora. Para o historiador francês, os historiadores contemporâneos estariam submetidos a um novo regime

[3] Ver especialmente o instigante estudo de Frei (2005) sobre como os alemães construíram suas lembranças de 1945.

emocional. O retorno do drama faustiano que marcou a experiência da modernidade parece novamente presente, apontando-nos os paradoxos do ser moderno: a necessidade de preencher com certezas — e com lembranças — aquilo que é incerto por sua própria condição: o passado que, como existência efetiva, para nós não é mais presente a não ser por uma condição de vicariato.

Parece-me que a questão fundamental a ser formulada é justamente acerca do papel do ensino de história em meio a essa cultura da memória que, se por um lado é particularmente importante para o trabalho do historiador, por outro não deve ser confundida com o próprio exercício da crítica histórica, tarefa essencial da operação historiográfica. As diferenças são assim indispensáveis para o futuro da disciplina como atividade crítica e forma diferenciada de conhecimento das experiências passadas, a qual, dialogando com as construções da memória, as torna parte da própria experiência histórica dos homens vivendo no mundo entre outros homens.

História, ensino de história e formação

A história distingue-se das demais ciências por ser, simultaneamente, arte. Ela é ciência ao coletar, achar, investigar. Ela é arte ao dar forma ao colhido, ao conhecido e ao representá-los. Outras ciências satisfazem-se em mostrar o achado meramente como achado. Na história, opera a faculdade da reconstituição. Como ciência, ela é aparentada à filosofia; como arte, à poesia.
(L. von Ranke, *Die Idee der Universalhistorie*, 1835)

Somente o clima estimular-me-ia a preferir o lado de cá ao lado de lá das montanhas; afinal, a terra natal e o hábito são grilhões poderosos. Eu não gostaria de morar aqui, bem como em lugar algum onde eu não tenha uma ocupação; no momento o novo dá-me muito o que fazer. A arquitetura ergue-se da tumba feito um espírito do passado, incita-me a estudar seus ensinamentos como os de uma língua morta: não para aplicá-los ou para deles desfrutar ativamente, mas para reverenciar em silêncio a nobre existência de uma época para sempre passada. Como Palladio sempre remete a Vitrúvio, adquiri também a edição de Galiani; o problema é que esse in-folio pesa em minha bagagem tanto quanto o seu estudo em minha cabeça.

(J. W. Goethe, *Viagem à Itália*, 1786-88)

Seja como for, a história, como ciência especializada, está sempre em relação íntima com a educação, a política e a arte.

(Jörn Rusen, 2007a)

1. O contexto de formulação de um projeto de *Bildung* na Alemanha e suas relações com a história

A semântica da palavra *Bildung*, derivada do verbo *bilden*, cuja tradução remete-nos aos sentidos de formar, dar forma e expressividade quando articulada ao papel da história e de sua escrita, sugere-nos uma particularidade no tratamento dessa escrita. O termo, em sua relação estreita com o campo das artes que transformam matérias-primas em expressões artísticas, indica-nos o quadro de referências para pensar a história em sua estreita relação com esse campo. A citação de Leopold Von Ranke, tido como o pai inconteste dos modernos procedimentos da história científica, entendida por nós em radical oposição às tarefas da arte, parece falar-nos de algo distinto. Cabe a pergunta: por que não o escutamos nos termos de sua formulação, preferindo lê-lo como aquele que afirma definitivamente o estatuto científico da história? Igualmente, a semântica do termo o vincula estreitamente a uma relação com o que é geral, por oposição à formação voltada para competências técnicas específicas, cada vez mais demandadas e valorizadas por uma modernidade associada às realizações de ordem tecnológica.

Nesse contexto semântico, que é também político, a história sempre esteve associada à dimensão de uma formação de quadros para as exigências da experiência moderna, cuidando, no entanto, que essa formação redefinisse, a partir desse novo contexto, a tradição humanista e seus valores. É assim que a Antiguidade clássica, especialmente os gregos, tornam-se uma referência central para a cultura letrada alemã — caminho aberto pela inovadora reflexão de Winckelmman na segunda metade do século XVIII.[4] A história como disciplina nos quadros da *Bildung*, de uma *paideia* humanista moderna, não pode ser vista de forma diferenciada do trabalho de transmissão, educação e ensino, entendidos menos em sua dimensão prática e instrumentalizada e mais em sua dimensão formativa. Igualmente, seu ensino e estudo não poderiam estar dissociados de outras áreas de conhecimento.

Falamos acima de um contexto político de formulação da *Bildung*, que pode por isso mesmo ser entendida também como parte de um projeto de Estado, mais especificamente do Estado prussiano em sua tarefa de construir-se por oposição ao Estado francês, àquela altura uma presença militar efetiva em territórios alemães em virtude da política napoleônica. Segundo Aleida Assmann (1994) em seu estudo acerca da *Bildung* alemã, a percepção de um certo atraso alemão em relação a outras sociedades europeias agudiza-se a partir da Revolução Francesa e, sobretudo, a partir da política napoleônica. É nesse contexto que se insinua um projeto não apenas intelectual de uma *Bildung*, mas também um projeto político acerca das especificidades nacionais alemães. Vale ressaltar que é no campo da cultura que essa temática nacional ganhará força no espaço alemão, secundarizando os aspectos mais propriamente políticos da questão. São exemplos desses investimentos no campo da cultura em sua articulação com a questão da identidade nacional o projeto da universidade de Berlim, fundada pelos irmãos Humboldt, e a ideia de Nethammer e Goethe, em 1808, de elaborar um livro nacional que contivesse a base da formação geral da nação. Segundo seus idealizadores, o projeto editorial deveria, entre outras características, ser monumental — sugerindo com isso a ideia efetiva de um monumento em tamanho e

---

[4] Sobre o papel de Winckelmann e as questões referentes ao significado da Grécia para a cultura letrada alemã, ver especialmente Décultot (2000); Pommier (2003); Marchand (2003).

volume — e não estar condicionado e submetido às exigências do mercado. Seus equivalentes mais próximos seriam a Bíblia e a obra de Homero, mostrando assim as referências universais que estariam na base desse projeto. Ainda como parte desses investimentos no campo da cultura, especialmente da memória, o projeto de um templo da pátria aos heróis alemães que combateram e foram derrotados em Iena e Auerstedt em 1807. O grande monumento nacional — o Walhalla — veio a ser inaugurado em 1842.

2. A formação — *Bildung* — como articulação entre conhecimento, transmissão e apresentação sob determinada forma

Considerar a *Bildung* implica necessariamente compreendê-la como um processo de socialização e individuação. Diz respeito, portanto, aos processos de construção de formas de vida coletiva, assim como de individualidades em relação com o mundo. Significa, pois, um conjunto de competências de interpretação do mundo e também de si mesmo que visam aspectos da práxis, do saber e da subjetividade, reforçando seu caráter abrangente e não unilateral de formação especializada. Contrapõe-se à crescente atomização do homem produzida pela experiência da modernidade. Lembremos que é no contexto dos processos de modernização que essa questão torna-se candente, como parte dos desafios impostos aos homens vivendo em coletividade e demandando novos padrões de organização e conduta para fazer frente a esses mesmos desafios.

A história formulada como *Bildung* contrapõe-se radicalmente a uma perspectiva de tecnicização do passado, reinscrevendo-a no campo artístico, em seu sentido de criação, como forma de fazer frente a dois riscos importantes: primeiro, a cientificização da história, entendida apenas por uma vertente metodológica, à qual inclusive se busca associar a figura de Ranke, como se os problemas históricos estivessem resumidos à equação de problemas de ordem metodológica; segundo, a fuga do sujeito do campo de preocupações da reflexão histórica. Considerar a história nessa perspectiva significa não desvinculá-la dos processos didáticos voltados para a sua apresentação tendo em vista o público, necessariamente o ator central desse processo de conhecimento do passado, para quem essa tarefa de investigação deve ter algum sentido.

Por esse caminho, uma didática da história não pode mais ser encarada como algo alheio à história como ciência e campo disciplinar e, portanto, distante das questões e interrogações formuladas no campo, sob pena de continuarmos a vê-la como mera fornecedora, a um aluno ou a um público receptor de exposições museológicas, dos resultados produzidos pela pesquisa submetida às regras disciplinares do campo. A continuar nessa chave de compreensão, arriscamo-nos a anular do campo de preocupações e interrogações teóricas que devem orientar a pesquisa acadêmica as demandas sociais de um público, abrindo mão daquela perspectiva que confere sentido à investigação do passado, à operação histórica em si, em outras palavras, ao próprio exercício de um ofício como o de historiador.

Ainda nessa perspectiva, teoria da história e didática da história articulam-se a partir de sua relação com a consciência histórica, entendida como forma peculiar de elaborar uma relação temporal com o passado, ainda que persigam evidentemente finalidades e objetivos diversos. A história, desse ponto de vista, não deve e não pode confundir-se com o simples aprendizado de conteúdos, mas deve perseguir a possibilidade de adquirir competências específicas capazes de fundamentar uma reelaboração incessante da experiência temporal com relação às experiências passadas. Mais do que transmitir conteúdos através de uma boa didática, esta teria que dar condições de criar as bases para o estabelecimento de relações com o passado que são necessariamente distintas segundo os presentes vividos.

Conclusão

Por que integrar a discussão acerca do ensino da história ao campo das preocupações do exercício de nosso ofício? Particularmente entre nós, no Brasil? Longe de mim imaginar que seja possível apresentar um elenco dessas razões em sua complexidade. Marcados por uma avassaladora cultura da memória, conforme assinalado acima, parecemos condenados a ver o passado como um presente eterno, para o qual não haveria alternativas a não ser o refúgio seguro do passado que existiu e se materializaria nas fontes documentais. Este aparece sempre como projeção estática desse presente eterno, impedindo-nos de adotar uma perspectiva mais generalizante porque alargadora de nossos horizontes do presente. Por outro lado, igualmente atemorizados por uma barbárie cada vez mais presente e possível em nossos cotidianos, repensar a história e seu ensino, nesses termos, pode nos ajudar a refazer nossa humanidade esgarçada, tornando o passado não o lugar seguro para as respostas que nos angustiam, mas a fonte — aquele peso saudável ao qual se referia Goethe na citação usada como epígrafe — para nossa ação no mundo. E com isso talvez contribuir para que assumamos nossas responsabilidades, não para com o futuro, que é segredo, mas para com o presente, que é a vida que temos a partilhar com outros homens para sermos, como eles, humanos.

Capítulo 2
Na guinada subjetiva, a memória tem futuro?

ELIAS THOMÉ SALIBA

É difícil falar sobre os três temas que constituem o assunto geral deste livro — biografia, memória e identidade — sem experimentar um sentimento de repetir obviedades num tom algo melancólico. Parece que, ao mesmo tempo em que a biografia ganhou prestígio, a memória experimenta uma crescente perda da sua vocação crítica, e a identidade se vê cada vez mais maltratada. Não há dúvida de que das três é a biografia que vem experimentando um ressurgimento mais duradouro e renitente. Pelo menos se considerarmos aqui não a historiografia propriamente dita — ou a produção acadêmica —, mas aquilo que Beatriz Sarlo (2007) designa como história de produção maciça — um tipo de produção que, com os devidos cuidados, podemos estender à dimensão pedagógica da história. O primeiro e mais visível sintoma do paradoxo da atual conjuntura é apontado entre o aumento da capacidade técnica de armazenamento do passado e a velocidade temporal que limita e modifica radicalmente a experiência histórica. Tal sintoma aparece nas duas dimensões de regimes distintos de produção cognitiva do passado: uma história de circulação massiva e uma história de corte acadêmico. Aumentamos a capacidade técnica de armazenamento do passado, mas a velocidade e a aceleração da vida acabam por estiolar nossas concepções de tempo, incluindo a concepção do próprio passado, uma premissa indispensável à própria ideia de história. E não há como negar que isso vem afetando as três dimensões da história: a história de circulação massiva, a história de corte acadêmico e a história com finalidades pedagógicas.[1]

De qualquer forma, a explosão das biografias é real — e talvez a tendência mais saliente da forte guinada subjetiva da cultura como um todo. Nos dois últimos anos — isto é, entre 2006 e 2007 —, entre os livros que resenhei para revistas e jornais, as biografias ganharam disparado, em primeiro lugar. Só nos dois últimos anos tivemos publicações de biografias de Cristina da Suécia, Carlos Magno, Maria Antonieta, Gilles de Rais (o Barba Azul), Antônio Vieira, Napoleão, Cagliostro, Hitler, Stalin, Trotski, Lenin, Karl Marx, Harpo Marx e, é claro, Papai Noel.[2] É um autêntico maremoto de biografias de grandes personagens históricos, aparecidas nos últimos anos. Distinguir um padrão nesse caudal é como tentar encher um copo de água num hidrante.

De qualquer forma, tais biografias, muitas delas bem documentadas e apoiadas em incansáveis pesquisas, são produções que se legitimam em função do gosto do público e da aceitação pelo mercado. Elas tendem a criar elementos que são apenas espetaculares — embora incapazes de gerar algum consenso de significados —, pois pulverizam o interesse pelo passado, transformando-o em mera curiosidade. A história colocada apenas sob o filtro da biografia embarcou também na mesma onda de espetacularização geral proporcionada pela mídia. Vejamos, entre muitos, o notável exemplo de Waterloo.

Se não a mais famosa, pelo menos a mais popular descrição literária da batalha de Waterloo está em *Os miseráveis*, de Victor Hugo, que a define

---

1 O debate sobre tais questões é extenso, mas, para uma síntese das referências mais recentes, ver Salgado (2007).

2 Citar todas as referências iria sobrecarregar demasiado o texto. Todas as biografias citadas foram publicadas no Brasil entre os anos de 2006 e 2008. A biografia recente do Papai Noel foi escrita por Bowler (2007). Meu comentário sobre tal livro está em Saliba (2007).

não como uma batalha, mas "como uma mudança na face do Universo", já que "Napoleão havia sido derrotado por Deus", e não pelos exércitos comandados pelo duque de Wellington. A afirmação de Hugo não era assim tão fantasiosa, pois se apoiava num incidente real: o auge da batalha teria ocorrido na famosa "ravina da morte", desconhecida pelos exércitos franceses, que mergulharam no enorme buraco pantanoso, morrendo junto com os seus cavalos. Até hoje, em Waterloo, há um memorial em homenagem a Victor Hugo que faz referência a essa espécie de contingência do destino que determinou a derrota dos franceses, com uma placa que eternizou a famosa sentença do escritor: "Napoleão incomodava Deus". Retomada nos folhetins de Alexandre Dumas, essa descrição mereceu crédito, engendrou uma tradição literária que incendiou a imaginação coletiva e, até hoje, é parte da versão popular de Waterloo. Sua versão mais acabada, em imagens soberbas, aparece no filme *Waterloo*, de 1971, com Rod Steiger (no papel de Napoleão) e Christopher Plummer (no de Wellington).

Mas, para frustração das tradições populares, a tal "ravina da morte" — chamada pelos belgas da região de *chemin creux d'Ohain* ("depressão do caminho de Ohain") — não chegava a ser nem uma ravina, mas simplesmente um caminho rural comum, ligeiramente abaixo do terreno e facilmente transponível pelas tropas. Esta é uma das muitas revelações de Andrew Roberts (2005) em *A batalha de Waterloo*, uma narrativa enxuta da batalha que foi uma espécie de encruzilhada da modernidade na história mundial. Empreendimento difícil, não apenas pela óbvia abundância de fontes e referências, mas sobretudo porque o material disponível sobre o tema ultrapassa, em muito, o que uma pessoa seria capaz de ler — e dominar — no seu tempo de vida.

Batalhas não constituem temas atraentes para bons historiadores. A exceção fica por conta de Georges Duby, em *O domingo de Bouvines*, primorosa narrativa de uma batalha que durou apenas um dia na história da França medieval e que se tornou um modelo de como reconstruir um acontecimento rápido e decisivo. Como um incansável repórter do passado, o historiador deve se dispor a verificar como o acontecimento foi transmitido e alterado por centenas de pontos de vista conflitantes. Roberts indica a variedade das interpretações, incorporando-as na sua narrativa, sem excessos, apenas na medida em que elas aparecem no jogo das estratégias de combate e do movimento de tropas. Waterloo está entre as 10 ou 15 carnificinas mais espetaculares da história, embora a batalha de Leipzig, em 1813, tivesse sido maior, mais longa, mais mortífera e, de longe, mais importante, pois mostrou que só através de uma coalizão de forças é que Napoleão poderia ser derrotado. Sem fantasias, Roberts realiza uma espécie de etnografia da prática militar no começo do século XIX. Napoleão tinha realmente um exército maior que o de Wellington e Blücher — que formavam a coalizão anglo-prussiana —, porém menor do que os dois reunidos. Como todas as batalhas, a campanha de Waterloo envolveu erros táticos e estratégicos de ambos os lados, incluindo sérios tropeços dos serviços de comunicação e de inteligência, trágicos incidentes de "fogo amigo", falta de iniciativa de muitas tropas e vários episódios de deserção. "Todo homem tem o seu dia de Waterloo". Este famoso ditado, que virou lugar-comum na língua inglesa, foi apenas o sintoma mais saliente de que Napoleão perdeu porque, afinal, a maioria desses erros — em número e gravidade — foi cometida pelos exércitos franceses.

Sem concessões às narrativas literárias, a *Última jogada de Napoleão* é uma síntese clara e equilibrada do essencial à compreensão de Waterloo. Mas não dá roteiro de filme e, certamente, é contraindicado aos leitores que não gostariam de ver a famosa "ravina da morte" de Waterloo transformada num simples e inofensivo buraquinho no campo de batalha.

Outro exemplar das dificuldades do empreendimento biográfico na historiografia é lidar com estruturas sobreviventes dispersas, controversas ou, até, inexistentes. Veja-se o exemplo de Cagliostro. Como reconstruir a biografia de um homem que não deixou "obras completas", cuja vida baseou-se apenas em ações obscuras, clandestinas ou ilegais e cujo espólio afetivo misturava sedução sutil, cultos sacrílegos e crimes misteriosos com doses cavalares do mais empedernido ódio? Quem nos fornece a resposta é o historiador australiano Iain MacCalman (2005), ao reconstruir a vida do siciliano

Giuseppe Balsamo, mais conhecido pelo famoso nome de Alessandro di Cagliostro. A dificuldade já começa com as fontes: de um lado, a narrativa fantasiosa, quase folhetinesca, cujo protótipo é Joseph Balsamo, de Alexandre Dumas — que iria inspirar óperas, filmes, canções e até histórias em quadrinhos sobre o polêmico conde; de outro, documentos altamente comprometidos, provenientes dos inumeráveis inimigos ou dos vigilantes processos inquisitoriais. Acrescente-se que, durante os seus 52 anos de vida, Cagliostro, acompanhado de sua bela esposa Seraphina, nunca ficou mais de um ano numa mesma cidade: explorou ao limite a porosidade das fronteiras europeias no século XVIII, percorrendo mais de 26 cidades, incluindo, além de Roma, Londres e Paris, lugares como São Petersburgo, Basileia, Varsóvia, Estrasburgo e Mitau (na atual Letônia). MacCalman refez essa geografia complicada da peregrinação do conde, vasculhando arquivos com registros nas mais diversas línguas. O resultado é uma biografia detalhadíssima, bem-documentada e cheia de ironias — a maior delas, na própria organização do livro em (cabalísticos) sete capítulos, conforme as sucessivas facetas de Cagliostro —, que o leitor pode reorganizar como quiser: maçom, necromante, xamã, copta, profeta, rejuvenescedor e herege.

Cagliostro foi tudo isso e um pouco mais, cruzando seu destino com figuras emblemáticas do Século das Luzes, como Catarina II da Rússia, Luís XVI, Maria Antonieta, Giácomo Casanova ou Goethe, que deixaram testemunhos irados a respeito do conde, execrando-o como o mais nefasto vigarista da Europa e alimentando o (ainda hoje persistente) mito de que ele seria um profeta da Revolução Francesa. MacCalman vai muito além disso mostrando, ao contrário de muitos de nossos manuais de história, que o Século das Luzes foi muito mais obscuro do que iluminado. Voltaire divertia-se com cartomantes, Antoine Lavoisier rodeava-se de espíritas, e Benjamin Franklin consultava astrólogos. Os contemporâneos de Cagliostro viam um mundo muito diferente daquele que vemos hoje e tentavam decifrá-lo da melhor forma possível, misturando ciência, misticismo, religião e cultos secretos. Nascido em Palermo, no paupérrimo bairro mouro de Albergheria, Caliostro, cujo nome original era Giuseppe Balsamo, passou sua juventude brincando e roubando em mercados que vendiam não apenas frutas, legumes e verduras, mas uma quantidade imensa de talismãs mágicos, com inúmeras barracas comandadas por videntes, pitonisas, herbanários, adivinhos, astrólogos e vendedores de amuletos — um microcosmo no qual valia qualquer coisa para obter alguma forma de conexão com o mundo espiritual, para compensar a descrença em qualquer valor mais alto, transcendente ou, pelo menos, superior àquela despedaçada e miserável sociedade, prestes a ruir. Até os 25 anos, Balsamo passou por um anárquico aprendizado de alquimia, mineralogia, desenho, pintura, cabala e leitura de alguns manuscritos raros, a respeito das origens egípcias da maçonaria. Um aprendizado perfeitamente afinado com a cultura do século, embora suas aulas práticas tenham sido ministradas por meliantes famosos como Nicastro, com o qual aprendeu a falsificar cartas de crédito, letras de câmbio e documentos de promoção militar — que depois utilizaria em seu próprio proveito.

Esse caldo cultural encontrou uma personalidade singularíssima, decididamente vocacionada para realizar um *bricolage* de lendas populares, cultos maçônicos e símbolos alquímicos: "olhar de narcótico, postura altaneira, gestos magnéticos e uma voz tonitruante, misteriosa em si mesma, já que misturava italiano, francês e árabe num estranho linguajar" — enfim, um exímio ator e inigualável *showman*, alguém que podia se transformar em qualquer coisa para qualquer plateia. Pressentindo que aquela era realmente uma época de quebra de hierarquias e de fronteiras, Cagliostro juntou o que havia de mais explosivo, imiscuindo-se na medicina, na alquimia, no ocultismo, na magia e na religião. Acreditava que o islamismo e o judaísmo eram tão sagrados quanto o cristianismo, e que a sua seita, a maçonaria egípcia — uma forma de religião secular disfarçada de fraternidade secreta — poderia unir as três religiões. Resultado: conseguiu desagradar a todos. Produzia seus próprios bálsamos, tônicos, afrodisíacos, pastilhas, sem contar a famosa água mineral Cagliostro. Contemporâneo de Franz Mesmer, utilizou também o magnetismo animal (a futura hipnose) para tratar de seus pacientes. Entre 1780 e 1785, passada a febre dos balões (os aeróstatos) e do mesmerismo, grande parte da Europa mergulhou na febre coletiva da *cagliostromania* — um exército de doentes, aleijados, surdos, cegos, indigentes, desesperados e famintos procurava o conde, sobretudo quando este passou a atender e a distribuir seus remédios gratuitamente. O último alquimista atraía as pessoas pela promessa de sossegar duas das suas esperanças mais tocantes: a de conhecer o futuro e a de prolongar a vida. E, convenhamos, qualquer coisa parecia menos letal do que os médicos e cirurgiões-barbeiros ortodoxos, com seu arsenal de cautérios, purgantes, solventes, umectantes, laxantes e as terríveis sangrias.[3]

MacCalman monta um convincente painel da época para mostrar que, enquanto Cagliostro permaneceu na esfera de um passatempo da nobreza palaciana ou tirou vantagens nos círculos do clero ou nas redes europeias das fraternidades maçônicas, ele permaneceu na moda. O problema foi quando ele chegou às massas, tornando-se perigoso, de mau agouro e subversivo. Catarina II colocou espiões nos seus calcanhares, os *bourbons* franceses trancaram-no na Bastilha, depois do rumoroso caso do colar de diamantes de Maria Antonieta. Finalmente, a Inquisição o prendeu como herege, mantendo-o na terrível Fortaleza de San Leo, até sua morte em 1795.

A bem-pesquisada biografia de Cagliostro atenua e, no limite, contraria frontalmente as fantasias que o público projeta sobre a controversa figura do conde. Para quem ainda está atrás de místicos, alquimistas ou profetas de revoluções, a história recontada por MacCalman ensina que eles simplesmente não existem — e que Cagliostro funcionou como um ímã para as mais diversas fantasias de pessoas que perderam qualquer senso de realidade, pois se viram provisoriamente privadas de pensar um futuro coletivo. Santo ou pecador, charlatão ou profeta, o certo é que o fantástico personagem catalisou um ambiente vulcânico de paixão e indignação moral que virou do avesso a sociedade do Antigo Regime, preparando a Revolução.

Bem ou mal, a explosão da história biográfica, portanto, não passa de mais um sintoma da crise de identidade provocada pela forte guinada sub-

[3] Além do citado livro de MacCalman, ver também Darnton (1988); Gould (1999).

jetiva da nossa cultura. Embora nem sempre seus resultados possam ser avaliados em toda a sua extensão, a história de circulação maciça opera segundo um princípio reducionista: um princípio organizador simples exerce sua soberania explicativa sobre acontecimentos que a história acadêmica considera influenciados por princípios múltiplos. Essa redução do campo das hipóteses sustenta o interesse público e produz uma nitidez argumentativa e narrativa que falta à história acadêmica. Não só a história de massas recorre ao relato, como não pode prescindir dele — portanto impõe unidade sobre as descontinuidades, oferecendo uma linha do tempo consolidada em seus nós e desenlaces. A esse modelo também corresponderam as "histórias nacionais" de difusão escolar: um panteão de heróis, um grupo de excluídos e réprobos, uma linha de desenvolvimento unitário que conduzia até o presente. A quebra de legitimidade das instituições escolares em alguns países e, em outros, a incorporação de novas perspectivas e novos sujeitos afetaram também as "histórias nacionais" de estilo tradicional.[4]

São versões que se sustentam na esfera pública porque parecem responder plenamente às perguntas sobre o passado. Garantem um sentido e, por isso, podem oferecer consolo ou sustentar a ação. Seus princípios simples reduplicam modos de percepção do social e não apresentam contradições com o senso comum dos seus leitores, mas o sustentam e se sustentam nele. Ao contrário da boa história acadêmica, não oferecem um sistema de hipóteses, mas certezas, embora sejam fundamentalmente certezas vicárias. Como se trata de um assunto vasto, gostaríamos de expressar nossa preocupação com outro aspecto relevante dessa guinada subjetiva da cultura.

Embora não faça justiça à complexidade da questão, gostaria de colocar a questão sob forma de uma pergunta simples: como ensinar história num mundo marcado pela internet e pela "googleficação" geral? Em muitos trabalhos, alunos usam a internet como ferramenta de informação. O que me parece válido — já que a informação está ali, de forma acessível, fácil e rápida. O problema é quando há exageros e ela substitui toda a pesquisa realizada em

---

[4] Ver Passerini (2006).

bibliotecas, arquivos, livros ou materiais impressos. No final do ano passado recebi um trabalho de um aluno — o tema era a "questão da verdade em história", recomendando-se a leitura de um ou dois livros desde o início do curso — totalmente calcado em informações que ele retirara de diversos sites e ainda composto de um anexo com vários diálogos. Os diálogos eram cheios de trivialidades e lugares-comuns sobre a verdade, incluindo fartas citações bíblicas de segunda mão etc. Perguntei a ele quais eram as referências daqueles diálogos, e ele me disse simplesmente que eram do seu blog pessoal.

A internet é hoje uma ferramenta extremamente valiosa e útil — e é quase impossível não utilizá-la. Mas temos aí alguns problemas muito sérios, que, além de ocasionarem um impacto negativo na forma de ensinar história, já começam a provocar seus efeitos.

O primeiro é que a grande maioria dos sites da internet, salvo raríssimas exceções, faz um trabalho muito ruim ou inexistente no sentido de documentar suas fontes ou oferecer referências básicas. Coisa lamentável — todas as informações vêm com uma forte embalagem de onisciência —, ou seja, toda a história ou toda a narrativa se passa como se fosse destituída de referência ou fonte. Nesse aspecto, a internet é ao mesmo tempo uma bênção e uma maldição. Ela tem a largura de uma galáxia e a profundidade de um dedo. Embora útil, na maioria das situações a internet tornou-se a maior fábrica de rumores da história, na qual afirmações falsas são multiplicadas milhares de vezes e estabelecem sua veracidade pelo peso das infinitas repetições. Informações falsas, superficiais ou tendenciosas vivem do milagre da multiplicação das informações.

O segundo efeito tem a ver com o excesso de informações. Pois todos sabemos que tirar informação da internet é como tentar beber água de um hidrante com um copinho de café. É fácil e rápido buscar informações pelos sites de busca que nos oferecem tudo que há disponível sobre determinado assunto. Mas, se não selecionamos ou filtramos o que nos interessa, o excesso de informações ou nos esmaga ou nos afoga. Umberto Eco já comparou a internet a um imenso Funes — o personagem de Borges, vítima de um processo de desumanização por incapacidade de esquecer e que não conseguia se mexer, nem agir, nem sequer pensar, porque pensar é esquecer diferenças e é, sobretudo, filtrar. Até há pouco tempo, a sociedade filtrava para nós as informações, através dos manuais de ensino, por exemplo. Com a internet, todas as informações possíveis, mesmo as mais impertinentes, estão lá acessíveis.

Como reagir a isso? Que pode fazer o profissional de história a esse respeito? Conto uma anedota que pode ilustrar o dilema. Moscou, depois da queda do muro em 1989 e depois da abertura. Como se sabe, na época da guerra, os russos atribuíam todas as grandes invenções aos seus próprios cientistas. Um turista, visitando a famosa Galeria dos Inventores em Moscou, ouvia as breves explicações do guia, conforme passavam por uma sucessão de retratos de cientistas: "este é Popov, que inventou o rádio antes de Marconi. Este é Lodygin, que inventou a lâmpada antes de Edison. Este é Mozhaisky, que inventou o avião antes dos irmãos Wright e de Santos Dumont". E assim foi, até que chegaram ao final da galeria, quando passaram por um último retrato — em destaque, por ser bem maior do que todos os outros. Diante do mutismo do guia, o turista perguntou: "e este, você não vai me dizer quem é?" E o guia, displicente: "este é Ivanov, que inventou todos aqueles outros dos retratos". A anedota, além de retratar o procedimento padrão dos soviéticos — na época da Guerra Fria — de reivindicar prioridade em todas as áreas do conhecimento, ilustra uma das regras de ouro da história da ciência e da tecnologia: toda descoberta ou invenção será inútil se não tiver alguém que conte a história — e não há coisa mais sujeita a controvérsia do que a paternidade das grandes invenções.

Pode ser que eu seja visto como antiquado. Não será a primeira vez. Ao professor de história nada mais resta a fazer senão aumentar, criar ou até recriar ao máximo o nosso quadro de referências. Autores, obras, perspectivas temporais — cada vez mais vamos perdendo nossa capacidade de juntar tais dados e refletir sobre eles. O que é muito grave. Outro dia li sobre a noção de verdade entre os Kitawanos — habitantes da ilha de Kitawa na costa da Papua-Nova Guiné, estudados pelo antropólogo Giancarlo Scoditti, por vota dos anos 1970. Ali a transmissão oral da cultura da tribo é de responsabilidade de determinados indivíduos. Eles têm uma noção muito original do que seja a verdade. Quando eles dizem que uma história é verdadeira, eles querem dizer que aquela pessoa é a verdadeira dona da história e, consequentemente, esta é verdadeira. Ora, por mais simples que seja tal noção, eles têm, de qualquer forma, uma referência subjetiva forte para a sua noção de verdade.

Assim, para restabelecer alguma informação confiável, se não verdadeira, não nos resta afinal outra alternativa senão, como na fábula do turista, saber quem é que contou a história.

Mas, da perspectiva do ensino, gostaria ainda de examinar outra questão. O exemplo do aluno que entregou um trabalho usando todas as opiniões do blog levanta uma questão que diz respeito à própria legitimidade do nosso trabalho como profissional de história.

O trabalho do aluno foi trivial porque ele apenas reforçou suas próprias opiniões com os amigos ou com pessoas com culturas semelhantes. O trabalho acabou saindo fraco e sem nenhuma riqueza, porque a internet é *realmente o império daquilo que é feito sob medida*: em vez de congregar as pessoas nas vizinhanças onde elas vivem, elas podem encontrar suas almas irmãs na internet — apicultores podem falar com apicultores, astrônomos com astrônomos etc. Mas isso também cria um universo "balcanizado", onde as pessoas procuram e se associam somente com outras pessoas que pensam como elas mesmas. Uma das principais virtudes que continuo encontrando no jornal diário impresso é que ele nos expõe um pouco de cada coisa e de tudo: virando as páginas para encontrar uma seção favorita, esbarra-se numa história científica, numa notícia local que nos intriga ou numa opinião contrária que nos aborrece ou nos surpreende. Como o jornal de interesse geral tem de prover algo para todo mundo, é escrito e editado de uma maneira mais ampla, para atender às necessidades de milhares de leitores diferenciados — e lê-lo é se colocar num lugar comum, como se estivéssemos numa praça pública apinhada que temos de dividir com os outros. Ao contrário, o jornal feito sob medida na internet (sob a forma de blog, diário ou comunidades tipo Orkut) apenas amplifica nossas tendências existenciais, em vez de desafiá-las. (Noutras palavras, é uma *fábrica de certezas*). É o que Nicholas Negroponte chamava de "O Eu Diário".

Já Mark Bauerlein observa que a maioria das crianças não consegue armazenar grande parte das informações e só acessa a rede para encontrar material e "passá-lo adiante" como num sistema de *delivery*. Mesmo com um colosso de informações disponíveis online, os jovens preferem dedicar uma quantidade inacreditável de tempo a vasculhar vidas alheias e expor as suas próprias em redes de relacionamento como o Facebook e o MySpace. Também o excesso de informações faz com que crianças e adolescentes percam a capacidade de diferenciar o significativo do insignificante e, com isso, de embasar argumentos. "Nossa memória cultural está morrendo", escreve Bauerlein (2008:181). A discussão não incide, afinal, sobre as ferramentas da internet em si, mas sobre o seu uso. Mesmo o mais entusiasta defensor da mídia, como Steven Johnson (2007) — que defende que os *games*, a internet e a TV potencializam as faculdades cognitivas das pessoas, ao exigirem elaboração constante de raciocínio —, reconhece que está realmente ocorrendo um ligeiro declínio na habilidade de estruturar argumentos extensos.

Mas a história pode indicar caminhos para sair desse marasmo perigoso. Nossa necessidade de significado na vida ainda está fortemente relacionada à compreensão da nossa história. Para ficar num exemplo da mídia eletrônica, sabemos que, no ano de 2007, os websites de genealogia foram classificados apenas atrás dos de pornografia na internet (só os mórmons já colocaram o nome de 400 milhões de pessoas mortas online) — o que sugere, ainda, que o desejo de encontrar as próprias raízes se classifica logo abaixo do prazer erótico — entre as mais profundas necessidades da raça humana.

Como ensinar história nesse quadro? Não há alternativa senão imaginar o professor como um provocador, no modelo do guru indiano, do *ashran* hindu, o diretor de meditação, imprevisível e pessoal, capaz de provocar a imaginação dos alunos. De qualquer forma, é preciso apreender ou reaprender a seleção das informações — mas, com base em quê? Numa narrativa dotada de suficiente credibilidade, complexidade e força simbólica para nos permitir organizar a vida em torno dela. Uma narrativa sobre como é o mundo, como as coisas têm de ser e o que nos reserva o futuro, ou seja, aquilo que o mundo de hoje não tem. Podemos chamar isso de teoria, mito, ideologias ou ilusões — as definições e as preferências são muitas —, mas o fato é que, apesar de estarmos em crise, não cessamos de ansiar ou criar histórias e futuros para nós mesmos por meio de alguma narrativa. Sem uma narrativa a vida não tem sentido. Sem um sentido a aprendizagem da história não tem um significado. Sem significado não superamos a necessidade de gerar sentido para a vida.

Os homens morrem, mas os significados permanecem. E para que o leitor não se afogue conosco no mais profundo da melancolia, vale sempre lembrar a trajetória e a lição de Mikhail Bakhtin: ele sabia como nenhum outro o papel da escrita na permanência das coisas. Formado na riquíssima cultura da *belle époque* russa, Bakhtin começou a escrever entre os anos de 1928 e 1930, mas só viu suas obras publicadas mais de 40 anos depois. Sobrevivente dos expurgos estalinistas, preso e exilado no Cazaquistão nos anos 1930, sofreu a vida inteira de osteomielite, que o obrigou a amputar uma perna. Seus trabalhos foram escritos em condições adversas, censurados, depois reformulados e revisados dezenas de vezes por um autor que tratou de uma profusão de assuntos e ideias, com vocabulários os mais variados e, não raro, disfarçado sob outros nomes — sem contar que escrevia apenas a lápis, para terror dos editores e especialistas em manuscritos. Bakhtin, que adorava pregar peças e ouvir narrativas de inversões excêntricas, chegou mesmo a fumar — devido à escassez de papel durante a guerra — grande parte do manuscrito de uma de suas obras que acabou se perdendo, pois a única cópia de segurança dos originais encontrava-se no prelo de um prédio que foi bombardeado. Só sobrou menos do que meia página, e foi lá que ele escreveu algo que eu achei apropriado para terminar esta breve reflexão: "nada de conclusivo aconteceu ainda no mundo, e nada é absolutamente morto: todo significado terá algum dia o seu festival de regresso ao lar".[5]

[5] Apud Emerson, 2001:186.

Capítulo 3
História escolar e memória coletiva: como se ensina? Como se aprende?

FLÁVIA ELOISA CAIMI

As sociedades, os sistemas de ensino, as escolas e universidades enfrentam, em nossos dias, novas e complexas demandas formativas, em face das exigências postuladas pelo crescente volume de redes informacionais e de diversificação cultural a que as pessoas são submetidas em seus cotidianos. Estudos recentes sobre os processos do pensar e do aprender, em suas diversas vertentes, acentuam o papel ativo dos sujeitos/alunos em seus percursos de aprendizagem e o protagonismo do professor na promoção de situações educativas que favoreçam o desenvolvimento de habilidades de pensamento, traduzidas na construção de competências cognitivas para o "aprender a aprender", e que, ao mesmo tempo, possam educar os jovens com base nos valores contemporâneos.

Em tal contexto, ganharam destaque nos últimos anos, no âmbito das políticas educacionais públicas e também nas discussões acerca da história escolar, as preocupações efetivas com os resultados do trabalho pedagógico, ou seja, com a qualidade da aprendizagem dos estudantes. No que diz respeito às políticas educacionais, pode-se referir o Parecer CNE/CP nº 9/2001,[1] que

[1] Brasil, 2002.

orienta as *Diretrizes curriculares nacionais para a formação de professores da educação básica, em nível superior, curso de licenciatura, de graduação plena* e estabelece três indicativos de compromisso do professor com a problemática da aprendizagem, a saber: orientar e mediar o ensino para a aprendizagem dos alunos; comprometer-se com o sucesso da aprendizagem dos alunos; assumir e saber lidar com a diversidade existente entre os alunos.

No âmbito das discussões sobre o ensino da história, preocupações dessa natureza estão se fazendo cada vez mais presentes e partem de uma importante definição sobre as finalidades de ensinar e aprender história na educação básica, as quais se distinguem, em alguma medida, das finalidades de ensinar e aprender história na formação de professores, em cursos de graduação plena. Em estudo recente, Bittencourt (2004:47) demonstra que "a disciplina acadêmica visa formar um profissional: cientista, professor, administrador, técnico etc.", ao passo que "a disciplina ou matéria escolar visa formar um cidadão comum que necessita de ferramentas intelectuais variadas para situar-se na sociedade e compreender o mundo físico e social em que vive". Com tal pressuposto, a autora não está postulando que a primeira possua um status mais elevado, que requeira mais rigor científico, tampouco que os conhecimentos escolares possam prescindir das ciências de referência ou que sejam mera simplificação dos conhecimentos ditos acadêmico-científicos. O que está em discussão é a especificidade da história escolar e as suas finalidades nos processos formativos das crianças e jovens que frequentam a escola básica.

Nesse contexto, os desafios que se colocam para os profissionais da história que atuam nos níveis iniciais de escolarização — ensino fundamental e médio — são gigantescos e podem ser traduzidos na seguinte ideia: temos de trabalhar para a superação da tradição verbalista da história escolar, cuja ênfase recai, invariavelmente, na aquisição cumulativa de informações factuais sobre o passado que podem tornar-se mais ou menos atrativas na medida em que sejam "adornadas" com determinados elementos de ordem metodológica e/ou temática. A renovação do ensino da história ocorre, em muitas situações escolares que temos acompanhado, tão somente pela incorporação superficial de técnicas e recursos pedagógicos como o uso de imagens, filmes, músicas, ou pelo apelo a elementos culturais manifestados em curiosidades e fatos pitorescos da vida cotidiana das sociedades estudadas. Contudo, não se desestrutura a perspectiva cronológico-linear, verbalista, memorística, de verdades prontas e acabadas que tem sido característica central da história ensinada.

Na esteira de transformações que permeiam os estudos históricos, muitos historiadores, professores e estudiosos de história têm procurado encontrar respostas para a intrigante questão: *para que serve a história?* Um dos mais célebres, Marc Bloch (1997), afirmou que a história serve, antes de tudo, para divertir, para o deleite, para a fruição do prazer. Da escola metódica temos a indicação de que a história serve para estudar o passado, compreender o presente e projetar o futuro, como se aos historiadores fosse concedido o dom de fazer profecias, prevendo os acontecimentos futuros. Por sua vez, da tradição escolar vem a ideia de que a história serve para desenvolver o espírito cívico e constituir uma identidade nacional indivisa. Georges Duby (1999) indaga ao mesmo tempo em que responde: "para que serve a história senão para ajudar seus contemporâneos a ter confiança em seu futuro e a abordar com mais recursos as dificuldades que eles encontram cotidianamente?"

A despeito das muitas respostas que têm sido dadas à questão, nenhum consenso pode ser apontado, uma vez que cada historiador/professor tem de procurar responder a si mesmo, conforme seu contexto de atuação profissional. Procurarei, nos limites deste capítulo, apontar indicadores que justifiquem a manutenção da história como disciplina escolar no cenário contemporâneo e apresentar possíveis elementos para a superação dos desafios que emergem dos processos de ensino e aprendizagem da história em contextos escolares, tendo como tela de fundo a indagação apontada no título, qual seja: "história escolar e memória coletiva: como se ensina? Como se aprende?"

Linhas de investigação no campo da aprendizagem histórica

Diversas teorias oferecem hoje um amplo leque de possibilidades explicativas sobre o fenômeno da aprendizagem, podendo-se extrair-lhes como característica central o seu caráter reconstrutivo. É consenso entre as tendências contemporâneas a compreensão de que o aprender implica um processo construtivo/reconstrutivo do sujeito, dado que o conhecimento não se copia nem se transmite, mas se estrutura progressivamente nas interações qualificadas entre o sujeito e o meio físico, social, simbólico. Durante anos, por uma leitura superficial e equivocada dos estudos de Jean Piaget, propagou-se a ideia de que a aprendizagem dependia, incondicionalmente, do desenvolvimento biológico, razão pela qual se postulava a ideia de que as crianças não tinham condições maturacionais para a aprendizagem de conceitos históricos e de noções temporais antes dos 11 ou 12 anos, quando iniciavam a passagem do pensamento operatório-concreto para o pensamento formal ou hipotético-dedutivo.

Entretanto, os estudos contemporâneos — e refiro-me especialmente aos que tratam da aprendizagem histórica — têm demonstrado a superação desse equívoco, aportando as investigações em situações concretas de ensino-aprendizagem na educação básica e procurando demonstrar as potencialidades das interações em sala de aula para a construção do conhecimento histórico. Em linhas gerais, as pesquisas apontam duas principais tendências interpretativas para a compreensão do fenômeno da aprendizagem histórica que podem ser traduzidas em: estudos da cognição; e educação histórica.

Os chamados "estudos da cognição" reúnem um conjunto de pesquisas que evidenciam preocupação com o desenvolvimento das noções espaço-temporais das crianças e jovens, com a construção de conceitos históricos e a aprendizagem da causalidade e da causalidade histórica. Tais estudos são encontrados predominantemente sob o formato de dissertações e teses, incorporando-se muito timidamente ao mercado editorial, e estão focalizados no diálogo entre dois campos analíticos: um proveniente das teorias da história e outro, da psicologia cognitiva da aprendizagem e do desenvolvimento. Nesse diálogo, os pesquisadores buscam responder a questões fulcrais acerca dos processos de ensinar/aprender história, como por exemplo: como se dá, no desenvolvimento cognitivo, a compreensão das relações entre o tempo vivido e o tempo histórico (ou, dito de outro modo, entre a memória e a história)? Que recursos cognitivos estão implicados nos modos de pensar historicamente? Em que medida as noções de temporalidade e causalidade histórica estão relacionadas ao desenvolvimento do pensamento lógico? Qual a relevância das aquisições de reversibilidade, reciprocidade e descentração para a aprendizagem dos fenômenos históricos?

Ao buscar responder a tais questionamentos, os pesquisadores propugnam que a sala de aula se constitua num espaço rico de possibilidades de interações entre os estudantes, as quais favoreçam a tomada de consciência[2] de sua própria historicidade, relacionada à história do outro e das coletividades. Desse modo, advogam que a aprendizagem histórica é possível já nos anos iniciais de escolarização, desde que as intervenções pedagógicas se façam a partir "da memória que as crianças guardam da sua própria existência e da memória social de seus grupos de referência, para buscar, através dessas, promover as relações com a memória histórica de sua sociedade, em outros tempos e lugares".[3] Também, no diálogo entre o campo da história e o da psicologia cognitiva, admitem que os aspectos socioculturais constituem intervenientes importantes para o desenvolvimento de noções e conceitos históricos, cabendo à escola oportunizar situações de aprendizagem em níveis crescentes de complexidade, incorporando o conhecimento prático dos sujeitos e as suas experiências de interação e comunicação social ao estudo dos objetos de conhecimento histórico.

A vertente denominada *educação histórica* é fundamentada, predominantemente, em referenciais da epistemologia da história, mas mantém diálo-

---

[2] Piaget, 1978.

[3] Siman, 2005:124.

go com a metodologia de investigação em ciências sociais. Especialmente apoiada em autores como Jörn Rüsen, Isabel Barca, Peter Lee, Rosalyn Ashby, Joaquín Prats, Maria Auxiliadora Schmidt, entre outros, busca reconhecer as ideias históricas de alunos e professores, centrando a atenção "nos princípios, fontes, tipologias e estratégias de aprendizagem em história".[4] Tais estudos não procuram desvendar os processos universais da cognição, nem estabelecer padrões gerais de funcionamento e regulação do pensamento histórico, mas sim focalizar, prioritariamente, as ideias históricas que os sujeitos constroem a partir das suas interações sociais, o que leva os pesquisadores a ressaltar a natureza situada dessa construção e a relevância do contexto social nos percursos de aprendizagem. Nas palavras de Barca (2005:18), "o meio familiar, a comunidade local, os *media,* especialmente a televisão, constituem fontes importantes para o conhecimento histórico dos jovens que a escola não deve ignorar nem menosprezar". A autora vai além, afirmando que "é a partir da detecção destas ideias — que se manifestam ao nível do senso comum, e de forma muitas vezes fragmentada e desorganizada — que o professor poderá contribuir para as modificar e tornar mais elaboradas".

Seguindo os elementos até aqui expostos, pode-se dizer, *grosso modo*, que essas duas vertentes investigativas sobre a aprendizagem histórica possuem muitos pontos de confluência e, no mínimo, duas diferenças, quais sejam: os estudos da cognição, embora se situem em zona fronteiriça entre a epistemologia da história e a psicologia cognitiva, tendem mais para a segunda, ao passo que a educação histórica dialoga mais estreitamente com os referenciais da epistemologia da história; e, ao investirem mais fortemente nos fundamentos da psicologia cognitiva — apoiados em autores como Piaget, Vygotsky, Bruner[5] —, os estudos da cognição acabam por dar maior ênfa-

[4] Barca, 2005:15.

[5] O suíço Jean Piaget (1896-1980), o russo Lev S. Vygotsky (1896-1934) e o norte-americano Jerome Bruner (1915) realizaram os mais importantes estudos do século XX no campo da aprendizagem e desenvolvimento cognitivo, constituindo as bases do que conhecemos hoje acerca da cognição humana.

se aos processos de construção do conhecimento em detrimento dos conteúdos da aprendizagem. A educação histórica, em contraposição, focaliza prioritariamente suas investigações nos produtos da aprendizagem escolar, buscando compreender as ideias substantivas dos estudantes sobre o conhecimento e a conceituação histórica.

Considerando-se o caráter ainda lacunar das pesquisas no campo da aprendizagem histórica, em virtude de haver poucos pesquisadores debruçados sobre ele, acredito que as duas vertentes são fundamentais e se complementam na tarefa de explicitar os meandros do pensamento histórico das crianças e jovens que frequentam a educação básica.

Ensinar e aprender história na contemporaneidade: quais são os desafios?

Conheço um sábio provérbio que diz: "para ensinar história a João é preciso entender de ensinar, de história e de João". Há algumas décadas se pensava que para ensinar história bastaria entender de história, pois o ensino dessa disciplina consistia num processo de transmissão de conhecimentos históricos protagonizados pelo professor, e, conquanto este utilizasse técnicas e recursos adequados, a aprendizagem "de João" seria uma consequência natural. Há que se considerar, no entanto, que nos processos de ensinar e aprender história estão implicados três elementos indissociáveis, quais sejam: a natureza da história que se escolhe ensinar, com seus conceitos, dinâmicas, operações, campos explicativos; as opções e decisões sobre aspectos de natureza metodológica, a transposição didática ou o "como ensinar"; e a especificidade da aprendizagem histórica, que pressupõe o desenvolvimento de estratégias cognitivas, de noções e conceitos próprios dessa área de conhecimento com vistas à construção do pensamento histórico por crianças, jovens e adultos.

Desde que se admitiu, em assuntos pedagógicos, que o conhecimento não é uma cópia da realidade e que para conhecer um objeto não basta simplesmente olhá-lo e dele fazer uma imagem mental, a tarefa de ensinar — ensinar história, em especial — tornou-se uma das mais complexas e desafiadoras da nossa época. Compreende-se hoje que, para conhecer um objeto, é necessário agir sobre ele, pressupondo a ação não apenas como ação motora/manipulação, mas também como atividade mental interiorizada e reversível, a qual Piaget (1976) caracterizou como operação. O que entra em jogo num processo de aprendizagem é a transformação de algo que vem de fora em algo reconstruído por dentro, uma vez que conhecer consiste em modificar, transformar para si o objeto, compreender como ele é construído e o processo de sua transformação. Nesse cenário ganham centralidade discussões pautadas em temas como relação entre história e memória, entre conteúdo e método, entre história narrativa e história-problema, sobre os quais nos debruçaremos na sequência do texto.

Em estudo recentemente divulgado, Carretero e colaboradores (2007) procuram estabelecer diferenças entre memória e história demonstrando que, embora ambas se refiram ao estudo do passado, distinguem-se na medida em que a memória vincula-se ao experimentado individual e/ou coletivamente, reservando-se o direito de escolher mais ou menos voluntariamente (na verdade, de maneira negociada) o que deseja lembrar e o que necessita esquecer. Nas palavras dos autores,

> essa dinâmica de recordações e esquecimentos faz com que a memória (pessoal e coletiva) seja sempre dinâmica. Cada presente não oferece apenas sucessos, mas também fabrica registros para a memória futura; não apenas registra fatos e ignora outros que acontecem neste momento, mas escolhe recordar ou esquecer também o que recebe do que já é passado neste momento. Por isso, um coletivo, para seguir sendo, tem que negociar sua memória coletiva: o que lembrar, o que esquecer e como negociar o que é glorioso ou vergonhoso para todos os seus componentes ou para alguns deles.[6]

[6] Carretero et al., 2007:20.

A memória compartilhada, nesse sentido, cumpre papel relevante na constituição e manutenção das sociedades, contribuindo — para o bem e para o mal — para o estreitamento de laços, unidade de valores e sentimentos, produção das identidades nacionais etc. Diz-se para o bem e para o mal porque, ao mesmo tempo em que pode tornar-se enganosa, maquilando o passado e escolhendo lembranças e esquecimentos, "permite-nos imaginar futuros melhores, mesmo que também, ao fazê-lo, corramos o risco de esquecer as lições que podem ser apreendidas via escrutínio do que não é cômodo registrar nem lembrar".[7]

A história distingue-se da memória na medida em que deve não só se preocupar com os usos e a manutenção das lembranças herdadas, mas também, e sobretudo, buscar as lembranças esquecidas, descrevê-las, explicá-las. Nesse sentido partilhamos com Rosa (2007:54) a ideia de que a história consiste num "conjunto de artefatos intelectuais para a constituição da experiência coletiva, para dar-lhe significado, entendê-la em nosso presente e para preparar o futuro". O esforço dos historiadores para recordar, descrever, explicar e dar sentido ao passado, utilizando-se de métodos de investigação histórica extraídos de uma determinada matriz disciplinar, é um componente importante para estabelecermos as bases do ensino e da aprendizagem escolar da história.

Ainda que a memória individual e coletiva deva ser prestigiada nos processos de ensinar e aprender história como ponto de partida para a construção do pensamento histórico, uma vez que nela se constitui a base de conhecimentos prévios dos estudantes, o ensino de história deve ter como parte de suas preocupações a administração das recordações, relatos e transmissões do passado, auxiliando os alunos a desenvolverem habilidades de pensamento e instrumentos para evitar as naturalizações do passado e a mera recepção das tradições herdadas. Enfim, existe hoje uma compreensão consensual de que "o ensino de história é um instrumento para a emancipação individual e social da população", razão pela qual requer

[7] Carretero et al., 2007:20.

"uma metodologia que ofereça aos alunos os instrumentos de conhecimento precisos para enfrentar seu presente e seu futuro. Uma metodologia de trabalho que prepara para a reflexão, para a análise, para a dúvida e para a valorização dos argumentos".[8]

Outro aspecto relevante nos debates contemporâneos acerca da aprendizagem e do ensino da história escolar diz respeito à relação entre conteúdo e método. Frequentemente, essa relação é apresentada em termos opostos, defendendo-se ora a primazia dos conteúdos, ora a primazia dos métodos, como se estes dois elementos pudessem ser dissociados nos processos pedagógicos. Na trajetória da disciplina escolar identificamos momentos em que os conteúdos foram concebidos como fins em si mesmos, cujo propósito era a memorização de grandes acontecimentos com vistas à erudição ou à formação cívico-patriótica dos jovens. Noutros momentos, em especial nas décadas de 1940 e 1950, os métodos ganharam destaque nos debates acadêmicos, consolidando-se os chamados currículos científicos, de inspiração norte-americana, nos quais se defendia a necessidade de neutralidade e de objetividade mediante a utilização de métodos adequados.

A despeito dessa perspectiva, muitas experiências de renovação metodológica que postulavam uma nova articulação entre conteúdo e método foram implementadas na década de 1960 em diversas regiões do país, restabelecendo a função social e política da história escolar. Práticas autoritárias do regime militar[9] desarticularam tais experiências, contribuindo para transformar as discussões relativas ao método em técnicas de ensino, num cenário em que predominou o tecnicismo educacional. Em certa medida, tornou-se difícil falar em renovações metodológicas na década de 1980, em virtude dessa herança tecnicista. Atualmente advoga-se a articulação conteúdo-método, entendendo-se o primeiro como "conteúdo significati-

---

[8] Rosa, 2007:59.

[9] Entre as principais pode-se referir o próprio desmantelamento da disciplina de história na educação básica, subsumida na proposta de "estudos sociais", o controle do trabalho pedagógico dos professores, a implantação de disciplinas como educação moral e cívica, organização social e política do Brasil. Ver Fonseca (2003); Caimi (2001).

vo", e o segundo, como "método investigativo", ou seja, seleção de conteúdos e definições metodológicas constituem a base do trabalho do professor e estão associadas a diversas situações, que vão desde a apropriação das tendências teórico-historiográficas — não esquecendo o óbvio: há sempre uma epistemologia por detrás do método — até a especificidade dos contextos escolares e as condições de aprendizagem ali existentes. Nesse sentido, reiteramos que a produção sobre o ensino de história precisa incorporar os estudos recentes acerca dos modos de aprender e ensinar, assumindo que a organização e a construção do conhecimento pressupõem o desenvolvimento do pensamento, o que, por sua vez, pressupõe métodos e procedimentos sistemáticos do pensar.

No bojo dessa discussão conteúdo-método coloca-se também a questão entre a história-narrativa e a história-problema. Critica-se, atualmente, uma forma de narrativa que se configurou nos livros didáticos a partir de enredos quase ficcionais, nos quais, segundo Bittencourt (2004:144),

> os acontecimentos são apresentados de forma mais amena e emotiva, com personagens divididos entre bons e maus, heróis, vítimas e carrascos, que se movimentam em uma história maniqueísta, com linguagem criada para facilitar a memorização do conteúdo, mas não para se tornar objeto de interpretação, de questionamentos e indagações sobre os sujeitos e suas ações.

Como contraponto apresenta-se a proposta da história-problema, defendida pela primeira geração dos Annales, buscando estabelecer relações entre passado e presente na escrita da história. A história-problema é uma história fundamentalmente conceitual, na qual o historiador não se limita a contar o que se passou, mas faz escolhas sobre o passado, constrói e delimita seu objeto de estudo colocando-lhe questões seletivas, problemas para serem resolvidos. Em certa medida, diz Furet, o historiador reduz suas ambições de constituir uma história total, em favor de descobertas setoriais, investimentos nos métodos e hipóteses conceituais, o que não significa, todavia, a morte da narrativa, pois "a história oscilará provavelmente sempre entre a arte da narrativa, a inteligência do conceito e o rigor das provas". No entanto, afirma esse autor, "se essas provas forem mais seguras, os conceitos mais explicitados, o conhecimento ganhará com isso e a arte da narrativa nada perderá".[10]

Diríamos que também no ensino de história, não obstante a perspectiva de trabalhar com a história-problema, como mecanismo para desprender-se do ensino factual e memorístico e para a construção de conceitos integrados numa rede de significações, a boa narrativa, a narrativa contextualizada, constitui o cerne da prática historiográfica e contribui essencialmente para a conceitualização; afinal, conceitos se constroem sobre conteúdos e experiências, não sobre o vazio. Então, problematizar a história consiste em mobilizar conteúdos que não tenham caráter estático, desvinculados no tempo e no espaço, como fins em si mesmos, mas que permitam aos estudantes compararem as situações históricas em seus aspectos espaço-temporais e conceituais, promovendo diversos tipos de relações pelas quais seja possível estabelecerem diferenças e semelhanças entre os contextos, identificarem rupturas e continuidades no movimento histórico e, principalmente, situarem-se como sujeitos da história, porque a compreendem e nela intervêm.

Ensinar e aprender história na contemporaneidade: algumas potencialidades formativas

Como já dissemos, novas demandas de aprendizagem nos são colocadas pelas especificidades do nosso tempo. Vivemos numa sociedade com ritmos de mudança muito acelerados e que requer conhecimentos e habilidades em múltiplos domínios, exigindo dos professores e estudantes uma capacidade de integração e relativização de conhecimentos que vai muito

[10] Furet, s.d., p. 98.

além da mera assimilação mecânica de informações. Ora, nesse contexto, tanto evolui *o que* temos de aprender quanto *a forma* como temos de aprender, o que significa dizer que precisamos "não apenas aprender mais do que nunca, mas, principalmente, de uma forma diferente da tradicional aprendizagem reprodutiva ou memorística".[11]

Se os processos de aprendizagem, de qualquer natureza, contêm dificuldades que lhes são inerentes, pode-se dizer que, no que tange à aprendizagem da história, existem dificuldades específicas que tornam o trabalho ainda mais complexo. Prats (2006:201-204)[12] sumariza tais dificuldades em seis aspectos:

- o estudo da história pressupõe altos níveis de pensamento abstrato e formal, bem como a compreensão de variáveis e relações que não podem ser isoladas de uma totalidade social dinâmica;
- a impossibilidade de reproduzir os fatos do passado exige que o conhecimento histórico se efetive por métodos de investigação, o que pressupõe um trabalho de análise, crítica e relação que envolve certa especialização técnica;
- não existe um consenso sobre a natureza da disciplina como ciência social, tampouco um vocabulário conceitual único e leis gerais de aproximação ao campo empírico;
- a percepção dos alunos em relação ao estudo da história, entendida como matéria que se aprende por memorização;
- a instrumentalização da história pelos governos, interessados em configurar determinada consciência histórica em cada época;
- por fim, há o próprio trabalho dos professores de história, o qual não raro corrobora tais concepções ao apresentar a história como um conjunto de informações prontas.

---

[11] Pozo, 2002:18.

[12] Joaquín Prats, "Ensinar história no contexto das ciências sociais: princípios básicos", *Educar em Revista*, n. especial, Curitiba, UFPR, 2006, p. 201-204.

Uma alternativa para o enfrentamento de tais dificuldades e que vem sendo defendida pelos pesquisadores interessados no campo da aprendizagem histórica diz respeito à introdução do método histórico na sala de aula, contemplando o trabalho com uma diversidade de fontes. Tal proposição se justifica pelo argumento de que "é imprescindível que a história seja trabalhada nas aulas incorporando toda sua coerência interna e oferecendo chaves para o acesso a sua estrutura como conhecimento científico do passado".[13] Ou, ainda, pelo argumento de que o uso de documentos pode favorecer o desenvolvimento do pensamento histórico, permitindo compreender os processos de produção do conhecimento histórico "pelo entendimento de que os vestígios do passado se encontram em diferentes lugares, fazem parte da memória social e precisam ser preservados como patrimônio da humanidade".[14]

Aprender a *historiar* ou aprender o ofício do historiador não significa almejar que o estudante se torne um pequeno historiador, até porque as finalidades do trabalho do historiador ao produzir conhecimento histórico são distintas das finalidades do trabalho do professor ao ensinar história. O historiador toma as fontes como matéria-prima para desenvolver o seu ofício e, como especialista, reconhece todo o contexto de produção antes mesmo de delimitá-las para o seu estudo, ao passo que "os jovens e as crianças estão aprendendo história e não dominam o contexto histórico em que o documento foi produzido".[15] Assim, ensinar o ofício do historiador consistiria em construir com os alunos uma bagagem conceitual e metodológica que lhes permitisse compreender (e utilizar, em certo nível de complexidade) os instrumentos e procedimentos básicos da produção do conhecimento histórico.

Em Joaquín Prats encontramos a formalização de uma proposta metodológica para a história escolar que vai ao encontro das expectativas de romper com o verbalismo das aulas centradas no professor, orientando-se

---

[13] Prats, 2006:204.

[14] Bittencourt, 2004:333.

[15] Ibid., p. 329

para a perspectiva de formação de um estudante ativo, cujas competências se voltam para o domínio dos instrumentos básicos de operação do trabalho científico em história e em ciências sociais. A apropriação de tais instrumentos implicaria uma organização didática que contemplaria alguns elementos, sumarizados por Prats (2006:208) nos seguintes passos: "aprender a formular hipóteses; aprender a classificar fontes históricas; aprender a analisar fontes; aprender a analisar a credibilidade das fontes; e, por último, a aprendizagem da causalidade e a iniciação na explicação histórica".

Tal perspectiva formativa não é consensual entre os pesquisadores da área: para alguns, trata-se de um modismo, como tantos outros que já passaram pelo debate acadêmico-escolar; para outros, a despeito da relevância da proposta, não haveria possibilidades de produzir conhecimento histórico na sala de aula, uma vez que essa é uma tarefa de ordem científica, que exige competências cognitivas que estariam além das condições de professores e estudantes da educação básica. E outros, ainda, defendem a possibilidade, se não de produção de conhecimento histórico escolar, no mínimo, de construção de conhecimento histórico escolar. A diferença não estaria no resultado do conhecimento, mas no processo que os sujeitos percorrem para a elaboração desse conhecimento. Nesse cenário, importaria valorizar a dimensão construtiva do saber, a natureza aberta do conhecimento histórico, os conhecimentos prévios dos estudantes e os modos como estes mobilizam tais conhecimentos para estabelecer processos construtivos próprios, apropriando-se de ferramentas que lhes permitam pensar historicamente e dar inteligibilidade ao contexto em que vivem.

Capítulo 4
Aula de história: que bagagem levar?

HELENICE ROCHA

> *Ler será, portanto, fazer emergir*
> *a biblioteca vivida, quer dizer, a memória*
> *de leituras anteriores e de dados culturais.*
> (Goulemot, 1996:112)

Este capítulo propõe uma reflexão sobre a possibilidade de formação de uma comunidade de sentidos a partir das aulas de história, considerando o problema da compreensão dos conteúdos dessa disciplina pelos alunos do ensino fundamental.[1] Em pesquisa realizada em escolas, busquei conhecer as condições de produção da compreensão na aula de história considerando, entre elas, os sentidos atribuídos ao ensino-aprendizagem da disciplina pelos alunos.

Sustento que a compreensão, em seu sentido ampliado, corresponde à operação realizada na leitura, como construção de sentidos para além do que está escrito, envolvendo tanto o que está no texto da aula[2] quanto o

[1] Parafraseio a proposta de Borne (1998:133).

[2] Mattos (2006) apresenta a metáfora da aula como texto e do professor como autor desse texto. Compreendendo a aula como atividade interativa, entendo que a aula tem um autor principal, que lhe confere seu ritmo, e um coautor. Na aula canônica, o autor principal é o professor, mas, se pensarmos na desinstitucionalização da escola, a autoria da aula pode mudar de mãos.

"fora do texto" que o aluno leitor traz para essa operação. Assim, quando o professor apresenta o conteúdo programático da história para seus alunos, de uma forma ou de outra conta com uma "biblioteca" de leituras e vivências, sua e dos alunos, que poderá contribuir na atribuição de diferentes sentidos ao conteúdo e à própria disciplina. Neste capítulo focalizo principalmente a biblioteca dos alunos, denominada "bagagem" pelos professores e apontada como um dos problemas para a compreensão na aula de história.

Para esta reflexão, tomo por base apontamentos de pesquisa realizada em 2004 em escolas de ensino fundamental.[3] Tal pesquisa teve inspiração etnográfica, com a realização de trabalho de campo na escola e na sala de aula de história. O foco na questão da compreensão visou elucidar uma afirmação recorrente dos professores de história de escolas públicas, acerca das dificuldades de compreensão de seus alunos. Procurei vislumbrar algumas das condições sociais que produziam as representações de professores e alunos acerca das dificuldades de compreensão na escola pública. Para isto, na pesquisa considerei os pontos de vista de alunos e professores, focalizando sua interação oral e escrita, em torno do conhecimento histórico escolar.

No detalhamento, os componentes da bagagem necessária para a compreensão na aula de história foram designados pelos professores como uma alfabetização de melhor ou pior qualidade, um repertório cultural mais ou menos amplo, e a maior ou menor capacidade de memorização. Como veremos adiante, em alguma escala, essas características se unem na condição de inserção do aluno na cultura escrita.

Muitas vezes, tal ponto de vista é recusado por pesquisadores, devido à depreciação que sugere, levando-se em conta a origem da clientela da escola pública. Ou seja, ele manifestaria um preconceito do professor em relação ao aluno de origem popular e, por conta disso, não deveria ser levado em conta. Na pesquisa procurei considerar o ponto de vista dos pro-

[3] O trabalho de campo realizou-se em duas escolas do Rio de Janeiro: uma da rede pública e outra da rede privada.

fessores como teoria nativa,[4] no sentido de que essas explicações possuem significado construído e aceito no senso comum[5] escolar, estabelecem perspectivas e propiciam determinadas ações por parte dos professores, na busca de resolver seus problemas na sala de aula. Assim, compreendo que a categoria bagagem, bem como as explicações que a detalham, devem ser objeto, sem preconceito, da atenção do pesquisador.

Tendo como referência as explicações oferecidas pelos professores da escola pública, busquei conhecer e compreender como os alunos, com suas bibliotecas ou bagagens, interagiam com a linguagem específica da aula de história. Procurei indicadores de sua inserção na cultura escrita e possíveis efeitos dessa inserção no processo de interação da aula. Seguramente a categoria bagagem envolve mais do que a inserção na escrita, sendo o conjunto da experiência do aluno no mundo, escrito ou não. Mas, na pesquisa, essa foi uma escolha especialmente provocada pelo fato de a história ser ensinada e aprendida numa forte relação com a escrita, o que mencionarei adiante. Por conta das explicações apresentadas pelos professores, também fiz o movimento de compreender como ocorria a rememoração dos conteúdos trabalhados. No ensino de história, a escrita das tarefas escolares se apresenta como tecnologias da memória.[6]

Posteriormente, realizei investigação semelhante numa escola particular, em condições potencialmente diversas daquelas encontradas na escola pública para a compreensão nas aulas de história. Naquela escola os professores não apontavam a compreensão dos alunos como um problema geral, entendendo que apenas alguns alunos apresentavam rendimento inferior ao da turma, o que era atribuído a dificuldades de aprendizagem específicas, ou então a desinteresse dos mesmos ou de suas famílias. Procurei conhecer

---

[4] Essa expressão é de inspiração etnográfica e nesse contexto tem a ver com as representações dos professores a respeito do que acontece em suas aulas, sobre o que eles elaboram, teorias ou categorias nativas que devem ser consideradas como tais, já que mobilizam sua ação e suas novas hipóteses sobre o ensino e a aprendizagem possível (ver Malinowski, 1976).

[5] Senso comum, de acordo com proposta de Hersfeld (1997), é considerado aqui como o que é natural para as pessoas de uma mesma cultura.

[6] Le Goff, 2003:419-476.

as condições existentes para a compreensão dos alunos dessa escola a partir das categorias explicativas já oferecidas pelos professores da escola pública. Os professores afirmavam que esses alunos tinham bagagem, confirmando que essa categoria também estava ali presente. Com essa orientação, procurei saber se e como as referências culturais, com destaque para o letramento,[7] funcionavam no sentido de propiciar a compreensão dos alunos.

Durante a pesquisa foi preenchida diariamente uma ficha de observação das aulas. Nela, o trânsito entre o oral e o escrito, bem como a especificidade e variedade dos gêneros discursivos da escrita histórica escolar foram detalhadamente registrados. Foram realizadas entrevistas e conversas informais com os três professores da escola pública e com os dois da escola privada, visando conhecer as categorias nativas que utilizavam para explicar o problema apontado no processo de ensino-aprendizagem. Também foram realizadas conversas individuais e coletivas com alunos e preenchidos questionários que contribuíram para a compreensão de suas perspectivas no que se refere à dinâmica de ensino-aprendizagem na aula de história. Aqui utilizo especialmente os registros de diários de campo relativos às observações, conversas com professores e alunos e respostas dos alunos aos questionários.[8]

A perspectiva aqui adotada é que tanto aquilo que o professor apresenta e ensina na aula de história quanto o que o aluno compreende e aprende fazem parte da interação pela linguagem que é constitutiva da aula e do conhecimento histórico escolar.[9] Também considero que toda enunciação, ao constituir conhecimento, irradia valor positivo ou negativo acerca dele a partir do que é considerado importante pelos professores e alunos, do que faz sentido para eles. Ou seja, toda enunciação e sua resposta possuem uma carga axiológica e argumentativa.[10] Quando os professores apresentam o

---

[7] Conforme conceitua Soares (1998).

[8] Responderam ao questionário cerca de 166 alunos (de cinco turmas) da escola pública e 60 alunos (de três turmas) da escola particular. Para conhecer a caracterização das escolas e clientela, ver Rocha (2006).

[9] Ibid.

[10] Bakhtin, 1992.

conteúdo programático, está implícita sua argumentação a favor ou contra a disciplina história. Por conta disso inseriu-se no questionário dos alunos uma pergunta sobre a finalidade do estudo da história e cuja resposta é analisada aqui.

A partir dessas premissas e esclarecimentos, o texto se divide em duas partes. Na primeira, apresento alguns dados da pesquisa no que se refere à finalidade do estudo da história para os alunos. Alio à análise algumas considerações de professores e alunos sobre como viam o processo de ensino-aprendizagem de história e o que esperavam uns dos outros nesse processo. Na segunda parte reflito sobre a rememoração de temas estudados pelos alunos nas aulas acompanhadas durante a pesquisa, também informada através do questionário citado. Em ambas as partes estabeleço um diálogo entre as representações e expectativas de professores e alunos e algumas posições historiográficas sobre o tema, considerando a possibilidade de constituição de comunidades de sentido a partir da aula de história.

Para que estudar história?

Os alunos da escola pública pesquisada pertencem a segmentos populares: seus pais são empregados domésticos e prestadores de pequenos serviços, com concentração nas atividades de pedreiro, doméstico e comerciário. O grau de instrução dos pais vai desde a condição de analfabetismo, com predomínio quantitativo na formação em nível fundamental incompleto, até a formação em nível médio.[11]

Inicio com os dados resultantes do questionário respondido pelos alunos da escola pública ao final do primeiro mês da pesquisa. A pergunta orientadora foi: *para que você estuda história?* A resposta era livre, e a tabela 1 sintetiza as respostas.

[11] Para mais detalhes acerca da caracterização dos alunos das escolas pesquisadas, ver Rocha (2006). Sobre as possibilidades de elaboração de perfil social a partir de indicadores econômicos, profissionais e educacionais, ver Lahire (2002:11); Cerutti (1998:234).

Tabela 1

Finalidade do estudo da história: escola pública

Finalidades	**Turma 502**	**Turma 505**	**Turma 603**	**Turma 702**	**Turma 802**	**Total**
Para entender/ conhecer o passado	09	05	08	12	09	43
Para aprender a disciplina história	08	06	06	04	09	33
Para entender/conhecer o passado remoto	—	07	08	08	08	31
Para conhecer o passado, relacionando-o ao presente e/ou ao futuro	09	03	01	02	—	15
Para aprender	02	06	03	04	01	16
Para ajudar na profissão futura	01	02	04	02	01	10
Não respondeu	03	02	03	—	01	09
Para aproveitamento escolar	—	02	02	02	01	07
Para nada	—	—	—	—	01	01
n.	32	35	35	32	31	165

Nota: A separação entre as respostas tem relação direta com o tempo (passado/presente/futuro) e outras são explicativas do estudo por diversos motivos.

Como vemos, existe uma concentração das respostas em dois grupos: um que estuda história para aprender sobre o passado, especialmente um passado remoto ou muito remoto. Assim, estabelece o foco na ação de aprender história, ou aprender simplesmente (138 alunos). E outro que apresenta uma finalidade pragmática, para fora do objeto de aprendizagem, priorizando o rendimento escolar ou oportunidades futuras de trabalho (17 alunos). Nove alunos não responderam, evidenciando recusa ou dificuldade de atribuir sentido à disciplina, e um afirmou que estudar história "não serve para nada", mostrando desinteresse efetivo pela disciplina.

Predomina o número de alunos que compreendem que se estuda história com um fim em si mesmo, de estudar algo. Eles parafraseiam o que seus professores definem como história, como o estudo do passado, mais ou menos remoto. Assim, constituem uma tautologia, prática escolar de repetição sempre presente em exercícios escolares. Para que se estuda esse passado não representa uma questão para esses alunos. O segundo grupo estabelece para o estudo da história o lugar de dever escolar ou propiciador de oportunidades futuras.

Tais pontos de vista indicam um problema para o ensino de história. Parte relevante dos alunos da escola pública não consegue explicar para que estuda história com palavras que ultrapassem o que lhes foi falado na aula. Outro tanto considera que só se estuda história para outros fins, não relacionados ao conhecimento em questão; e para alguns esse estudo não tem valor em si, como uma aquisição relevante para sua biblioteca. Como participar de uma comunidade de sentidos propiciada pela história?

Buscando estabelecer uma relação entre compreensão e atribuição de sentidos para a disciplina, conversei com os alunos em mais de uma ocasião. Eles afirmaram que alguns de seus professores não davam explicações, fazendo apenas leitura (comentada). De fato, na escola pública observada predominou essa estratégia didática, com poucos momentos de explicação ou diálogo, práticas mais presentes na escola particular pesquisada. Os professores da escola pública atribuem essa característica de suas aulas à sua avaliação sobre a capacidade de leitura de seus alunos. Eles não possuem a competência de leitura autônoma necessária para que essa atividade seja realizada fora da aula, em tarefas de casa.[12] Os profes-

[12] Lahire (1997:54-55) explica a recorrência da autonomia como categoria valorizada pelos professores para definir o sucesso ou fracasso dos alunos. Ele define a autonomia como autodisciplina corporal (saber conter desejos, portar-se bem, ficar calmo, escutar, levantar a mão antes de falar, imprimir regularidade ao trabalho, ao esforço etc.) e como autodisciplina mental (saber fazer os exercícios sozinho, fazer leitura silenciosa e resolver por si mesmo um problema, saber se virar sozinho ao fazer um exercício escolar somente com as indicações escritas etc.).

sores atribuem essa ausência ao ensino-aprendizagem insuficiente da língua escrita nas séries iniciais do ensino fundamental, por problemas escolares ou familiares.

Do meu ponto de vista, de fato, uma parcela dos alunos, que varia de turma para turma, por suas especificidades de trajetória escolar, apresenta problemas relativos ao letramento e, mais especificamente, à alfabetização, o que não desenvolverei aqui. Para além das explicações oferecidas, essa opção pela leitura como principal estratégia didática acarreta implicações relativas à compreensão. Ou seja, entra como uma nova condição para a não compreensão. Se já existe um problema, essa estratégia adotada pelos professores exclui a possibilidade de ocorrerem explicações que aproximem o conteúdo programático da aula dos conhecimentos já existentes no repertório desse aluno, em sua bagagem ou biblioteca. Isso ocorre inclusive porque o tempo da aula é consumido predominantemente em leituras e exercícios de recuperação do que foi lido.[13] Assim, as formas de ensinar dos professores parecem constituir uma condição importante não só para a compreensão dos conteúdos programáticos, mas também para a atribuição de sentidos ao estudo de história para além do dever escolar.[14]

Vejamos as respostas dos alunos da escola particular. Eles são originários de segmentos sociais médios e altos, com pais profissionais liberais (advogados, médicos, dentistas) e funcionários públicos (juízes, professores, petroleiros), que têm formação universitária, muitos deles em nível de pós-graduação.[15] Como se apresentam as respostas à mesma pergunta nessa escola?

---

[13] Para conhecimento detalhado das práticas didáticas e do que denomino circuito da aula, o conjunto das atividades realizadas e propostas pelos professores na aula, ver Rocha (2006).

[14] Em pesquisa sobre as representações de alunos, Marilda Silva (2002) apresenta explicação semelhante.

[15] Ver nota 11.

Tabela 2

Finalidade do estudo da história: escola particular

Finalidades	**5ª série**	**6ª série**	**7ª série**	**Total**
Para conhecer o passado, relacionando-o ao presente e/ou ao futuro	06	04	10	20
Para entender/conhecer o passado	08	—	03	11
Para compreender melhor a sociedade de hoje	—	—	09	09
Para saber a história das coisas	02	—	—	02
Para aprender/para saber mais/ para ser mais inteligente	—	01	05	06
Para nada/não sabe porque/ porque é obrigado	01	08	—	09
Para aproveitamento escolar	—	01	—	01
Não respondeu	—	01	01	02
Total	**17**	**15**	**28**	**60**

Nota: A separação entre as respostas tem relação direta com o tempo (passado/presente/futuro) e outras são explicativas do estudo por diversos motivos.

Percebemos que, num total de 60 alunos, 48 deram respostas que podem ser arroladas no primeiro grupo, o que se aproxima da relação entre grupos na escola pública. Entretanto, nesse grupo a maioria dos alunos atribui um sentido a essa aprendizagem para além de explicar o que é a história, como é na segunda linha (11 alunos). Ela teria uma tarefa explicativa da realidade social para 29 alunos (primeira linha, 20 alunos; e terceira linha, nove alunos). E ainda contribuiria para outros fins (quarta e quinta linhas, oito alunos). No segundo grupo há um aluno que estuda história apenas para aprovação escolar. Há um número relativamente expressivo de alunos que consideram o estudo da história sem sentido (nove), alegando que ela não tem o que dizer ao mundo contemporâneo. Essas respostas exigiriam uma contextualização, pois alguns alunos enfrentavam dificuldades com a professora de história. Entretanto, é possível cogitar que tais alunos apresentem efetivo desinteresse pela disciplina. Em comparação com a escola pública, há nessa escola um número menos expressivo de alunos que se voltam apenas para o ato em si de aprender, ou apenas para tirar notas que garantam a aprovação escolar. Assim, proporcionalmente, um número maior de alunos atribui sentido positivo ao estudo da história como área de conhecimento e estabelece relações de sentido entre o passado e o presente — e essa ação significa uma relação entre esses tempos. Tais respostas sugerem que nessa escola a história ganha um sentido que favorece a inclusão de seus alunos em determinada comunidade.

Na escola particular pesquisada os professores investem intensamente na apresentação da história com estratégias discursivas diversas, visando a compreensão dos alunos. Utilizando a categoria nativa de explicação, eles explicam a matéria, além de lidar com os alunos como seus semelhantes em termos culturais. No que se refere ao lugar da leitura nas aulas dessa escola, os professores solicitam que os alunos leiam os textos em casa, deixando para a aula a tarefa da explicação.

Para um dos professores dessa escola, que também atua na rede pública e que utilizou esse termo, "bagagem" é o conjunto de condições que diferencia os alunos da escola pública em que ele trabalha dos alunos da escola privada. Efetivamente, bagagem poderia se traduzir como capital cultural, sendo a relação entre aquilo que o aluno traz e o que a escola requisita ou espera dele.[16] No caso específico da aula de história, tal bagagem ou capital se traduz nas informações prévias que se aproximam dos conhecimentos históricos escolares.

Nessa escola, o capital cultural constitui uma biblioteca partilhada entre alunos e professores, pois as referências culturais são próximas, e uns e outros vivenciam práticas culturais semelhantes. Muitas vezes, como ob-

---

[16] Bourdieu (1998b) pensou a noção de capital cultural como uma hipótese para dar conta da desigualdade de desempenho escolar de crianças provenientes das diferentes classes sociais. Ele diferencia três estados do capital cultural, o incorporado (resultado de um esforço pessoal de internalização), o objetivado (sob a forma de bens culturais materiais) e o institucionalizado (como os certificados).

servamos, veem os mesmos filmes e noticiários, conhecem as mesmas histórias, conversam sobre assuntos semelhantes, com diferenças de preferências relativas à faixa etária.

A bagagem do aluno, como repertório ou capital cultural, envolve uma experiência familiar e escolar que possibilita apropriar-se de um léxico ampliado mais característico da linguagem escrita, em seu processo de letramento.[17] A faceta específica de alfabetização, nesse letramento, contribui especialmente no que se refere ao domínio proficiente da escrita e da leitura, o qual é generalizado nessa escola. Na escola pública, muitos alunos que chegam ao sexto ano ainda não o possuem.

Destacou-se ainda, na observação da sala de aula, a disponibilidade dos alunos para a realização de tarefas, evidenciando sua incorporação do ofício de aluno.[18] Habitualmente os professores passavam tarefas de casa, que requeriam leitura e realização de exercícios, além de tarefas extras, como redações e outros trabalhos. O ofício de aluno tem a ver com o compromisso (explicitado ou não) com as tarefas estabelecidas na rotina escolar: tarefas de casa, tempo para estudo, realização de trabalhos, aplicação nos estudos para realização de trabalhos e provas. Ele é decorrente de um envolvimento que passa pela escola, atribuindo tarefas, mas também pela família, ao cobrar do aluno que as execute, e pelo aluno, por ser importante para a realização de tais atividades e rotinizá-las em seu tempo pessoal.[19] Essa disponibilidade também tem forte relação com o letramento, pois os alunos não conseguem realizar tarefas que requeiram a escrita se não tiverem proficiência nela.

[17] Bourdieu (1998a), em sua elaboração sobre as desigualdades sociais e a escola, evidencia os contrastes entre as características linguísticas dos alunos e as das tarefas escolares.

[18] Ofício de aluno é o conjunto de práticas, delimitadas por normas e sanções escolares, que caracterizam o aluno na relação de ensino-aprendizagem formal. Ver Perrenoud (1995); Lahire (1997).

[19] Na sociologia, alguns autores já vêm observando o quanto a diferença de investimento familiar, o que passa por destinação de tempo e espaço para o estudo, a valorização das tarefas escolares e outras práticas podem contribuir para a produção do ofício de aluno. Ver Lahire (1997:28); Bernardin (2003).

Comparando-se com as práticas observadas na escola pública quanto ao desempenho do ofício de aluno, lá os professores diminuíam as tarefas que poderiam caracterizar tal ofício. Ou seja, raramente solicitavam a realização de tarefas de casa, promovendo a maior parte das atividades em aula. Eles alegam que essa não solicitação era decorrente do problema da autonomia e do fato de que os alunos não cumpriam as tarefas, quando solicitados. Pesquisando em escolas públicas e particulares, Basil Berstein (1996) já apontara a existência de diferença de investimentos de professores, quando têm alunos considerados com ou sem "bagagem", evidenciando a importância dessa representação na organização da aula e na seleção de determinadas tarefas escolares.

Numa formulação clássica, Dilthey (1942) apresenta as formas de inteligibilidade do conhecimento nas ciências humanas e nas ciências exatas.[20] Mas quando os professores afirmam que seus alunos não conseguem compreender, ou quando os alunos afirmam que os professores não explicam, há mais do que a oposição diltheyana apresenta. Eles se referem à representação que fazem uns dos outros na interação da aula, com tarefas diversas no ensino-aprendizagem, no que se refere ao conhecimento histórico.

Quando os professores de história afirmam que os alunos não compreendem o conteúdo de suas aulas, estão dizendo que eles não conseguem compreender o que é apresentado através de qualquer estratégia didática. Já quando os alunos dizem que professores não explicam, estão afirmando a ausência de uma ação didática necessária, do seu ponto de vista, e explicitando as ligações entre coisas até então desconexas para eles. Eles criticam a atitude do professor que apenas lê o que já está escrito no livro, uma das práticas recorrentes nas aulas observadas. Assim, a diferenciação afir-

---

[20] Dilthey apresenta a distinção de que se compreende o homem, e explica-se a natureza. Como os objetos das ciências da natureza são distintos dos das ciências humanas, também seus objetivos e vias do conhecimento não poderiam ser os mesmos. A forma de inteligibilidade própria da história seria a do sentido, sendo sua abordagem indireta, restrita à compreensão ou interpretação. Mesmo considerando a pertinência da distinção, o contraste absoluto entre essas duas categorias vem sendo refutado. Para uma argumentação neste sentido, ver Prost (2008:138-140).

mada por Dilthey não esclarece o problema de professores e alunos no ato de ensinar e aprender história, pois uns e outros estão em polos opostos do processo de conhecimento, com representações e expectativas diversas.

Para tratar das formas de ensinar e aprender história, busquemos uma tipologia sobre a compreensão proposta por L. Mink, filósofo americano. Ele afirma que a compreensão humana abarca três modalidades: a teórica, a categorial e a configuracional, de acordo com o objeto de conhecimento. O interesse aqui é pela caracterização da compreensão configuracional:

> A [modalidade] teórica — definida pela sujeição dos casos particulares a uma lei; a categorial — determinada pelas categorias com as quais um objeto é compreendido; e a configuracional — determinadora do "complexo singular e concreto de relações" que especifica certo objeto. Ao passo que a compreensão teórica é própria da ciência, que a categorial constitui a meta ideal dos filósofos sistemáticos, a configuracional abrange objetos ou ações formados por elementos à primeira vista heteróclitos, cuja conjunção se trata de compreender em sua especificidade, sem os separar em constantes, que seriam os suportes dos dois primeiros tipos de compreensão.[21]

O autor destaca que as modalidades teórica e categorial visam à generalização, como formas de conhecimento. Já a compreensão configuracional é "um ato individual de ver as coisas juntas". Assim, para Mink, tanto a interpretação de sentidos quanto a explicação de categorias ou leis são objeto de compreensão por parte de quem aprende em modalidades de compreensão diferentes, o que pode contribuir para a questão colocada aqui.

É importante considerar que o modo configuracional se aplica a tipos de conhecimentos cotidianos, mas também conceituais ou teóricos, porém sua principal característica é reunir informações, conhecimentos que não têm uma relação natural em si mesmos. A relação que possuem é produzida por

---

[21] Apud Lima (1988:82-83).

alguém que os enuncia, num esforço de interpretação. Tal trabalho pode ser feito por qualquer pessoa que relata algo que vivenciou, um jornalista, um professor ou um historiador. Imaginemos um acontecimento contado na perspectiva de cada um desses sujeitos. Seguramente os eventos, os conceitos, as explicações dessas pessoas seriam diversas, com pontos de coincidência relativos aos elementos factuais do relato. A narrativa histórica (como qualquer narrativa) requer o modo configuracional de compreensão, visando constituir o significado de mudanças em objetos diversos.

Professores e alunos compartilham da percepção de que "são muitos conhecimentos para compreender e memorizar: datas, nomes, lugares, acontecimentos, relações de causalidade, simultaneidade, sucessão, processos, conceitos". O modo configuracional de compreensão, tal como descrito, sugere uma boa explicação para as possíveis dificuldades na assimilação do conhecimento histórico, dada a necessidade de estabelecer relações entre os componentes desse conhecimento em sua natureza heteróclita, por parte de quem explica e por parte de quem aprende. Outros autores, como Jön Rüsen (2007) e Antoine Prost (2008), atualizam a descrição do conhecimento histórico e permitem compreender melhor essa composição heterogênea do conhecimento histórico.

Rüsen propõe três formas de elaboração do conhecimento histórico: a nomológica, a intencional e a narrativa. A estrutura nomológica, envolvida na ambição de cientificidade para a história, buscaria descobrir ou utilizar leis históricas, tal como no positivismo e no marxismo. A intencional procura explicar os atos praticados indicando as razões que possam ter orientado esses atos. E a narrativa seria ao mesmo tempo outra forma de organizar o conhecimento histórico através de histórias e também uma forma de conferir inteligibilidade à forma nomológica e à intencional.[22] De certo modo, podemos dizer que o conhecimento histórico escolar é legatário dessas diversas formas de elaborar e apresentar tal conhecimento.[23]

---

[22] Prost (2008:225) afirma que a explicação e a argumentação são próprias da narrativa histórica, concordando, de certo modo, com Rüsen.

[23] Rüsen, 2007:23-25.

A narrativa histórica possui certa linearidade horizontal entre seus componentes (acontecimentos, personagens, datas e locais), o que é próprio do modo configuracional, mas também verticalidade, ao buscar explicar processos à luz de causas, conceitos e leis. Assim, a narrativa histórica constitui uma linguagem social com especificidades que extrapolam a narrativa ficcional, requerendo do professor, para que tenha êxito em suas explicações, a habilidade de compartilhar "modos de ver as coisas juntas", os quais envolvem a interpretação compartilhada do modo configuracional, ou seja, dos modos de ver as coisas juntas, e generalizações próprias dos modos teórico e categorial de compreender, segundo a proposta de Mink anteriormente referida.

Aprender determinado modo de articulação do conhecimento requer socializar conexões que são estabelecidas na linguagem. Se meu aluno não possui repertório discursivo semelhante ao meu, o que inclui o domínio de determinada linguagem social e o que ela carrega — léxico e sintaxe específicos, contextos e modalidades de uso próprios —, como pode ele estabelecer coerência entre coisas desconexas e díspares? Sugiro que a resposta está em transitar em direção à sua linguagem.

Sobre a relação com o mesmo e o outro no que se refere ao conhecimento histórico, Henri Marrou (1975) afirma:

> O outro só é compreendido por sua semelhança com nosso ego, com nossa experiência adquirida, com nosso próprio clima ou universo mental. Só podemos compreender aquilo que, em grande medida, já é nosso e com que mantemos laços fraternos; se o outro fosse completamente dessemelhante, estranho cem por cento, seria impossível compreendê-lo.

Tal afirmação nos leva a pensar tanto na relação entre a biblioteca do aluno e o conhecimento histórico estabelecido como na relação entre as bibliotecas do professor e dos alunos. Jerome Bruner (2000:14) afirma que "a narrativa é forma privilegiada de conhecimento, sendo através dela que construímos uma visão de nós mesmos no mundo, e é através de sua narrativa que a cultura oferece modelos de identidade e de ação a seus membros". Podemos concluir que o conhecimento histórico, para ser aprendido e ensinado, possui duplo papel em sua forma narrativa: requer identidade e propicia a formação de identidades ou alteridades.

A disciplina escolar história, situando-se predominantemente no modo configuracional de compreensão, requer do professor a busca de compartilhamento dos conectores de sentido da narrativa histórica com seus alunos. Parece-me que a perspectiva dos alunos acerca das finalidades e sentidos da história pode funcionar tanto como uma condição quanto como uma consequência da compreensão possível nessa aula. Como condição, estabelece um enquadramento para o valor potencial atribuído aos conhecimentos que os professores pretendem transmitir-lhes, contribuindo para a interação necessária ao processo. Em consequência, se os alunos não compreenderem o que o professor explica, não conseguirão atribuir uma finalidade ao que pretensamente teria sido ensinado.

Memória ou rememoração?

Segundo os professores de história, um dos aspectos das dificuldades de compreensão percebidas em seus alunos tem a ver com a memorização ou rememoração dos conteúdos ministrados nas aulas. Ou seja, eles avaliam que, nas aulas seguintes ao trabalho com determinado conteúdo programático, os alunos não se recordam do mesmo, o que seria um fator de dificuldade para sua compreensão. No início do ano letivo das escolas públicas é corriqueiro o anúncio de que é preciso fazer uma revisão dos últimos assuntos tratados no ano anterior, pois os alunos não se lembram de nada.

Há algumas décadas a exigência de memorização vem sendo condenada como uma ambição do professor de história, pois evoca a caricatura de um ensino de história tradicional, memorialista, calcado apenas em acontecimentos, nomes e datas. Mas será possível ensinar história sem exigir dos alunos a capacidade de memorização, levando em conta que a massa de informações que se utiliza para realizar uma análise histórica é bem extensa? Recordemos que o modo de configuração da compreensão do conhecimento histórico apresenta como especificidade a articulação de informações desconexas, até que se atribua sentido ao conjunto. Se essas informações não forem minimamente retidas, a compreensão também não ocorrerá.[24]

Vejamos a síntese do que os alunos dizem sobre o que lembram, ou não, das aulas de história no momento da pesquisa:

Tabela 3

Síntese das respostas sobre temas em estudo: escola pública

Respostas sobre temas	Turma 502	Turma 505	Turma 603	Turma 702	Turma 802	Total
Tema pertinente	13	31	9	34	23	110
Tema impertinente	2	—	15	—	1	18
Não se lembrou	11	2	9	—	—	22
Não respondeu	6	—	2	—	7	15
n.	32	33	35	34	31	165

A pergunta feita aos alunos era: "qual é o assunto que você está estudando na aula de história?". Tema pertinente significa o título da unidade ou qualquer palavra pertencente ao campo semântico do tema tratado, e tema impertinente, aquele que não tem nenhuma aproximação com o tema da unidade. Vemos que, na maioria das turmas, os alunos

[24] Lieury (1997:79-88) afirma ser um equívoco a escola desvalorizar a memória e sobrevalorizar o raciocínio. Pesquisas mostram que, para algumas disciplinas, o raciocínio é mais preponderante como fator de sucesso na aprendizagem, enquanto para outras a memorização é um fator mais forte, por sua vinculação com a linguagem verbal.

conseguem lembrar-se do do tema: 110 contra 55. Há uma concentração de respostas com temas impertinentes na turma em que os alunos afirmam que a professora não explica a matéria, apenas lê o livro. Tal ênfase nos remete à questão anterior, relativa ao fato de a compreensão depender de uma interação que articule sentidos na relação de ensino e aprendizagem.

No momento de detalhar essa rememoração, respondendo sobre o tema tratado em aula, vejamos como os alunos se saíram:

Tabela 4

Detalhamento dos temas em estudo: escola pública

Detalhamento	Turma 502	Turma 505	Turma 603	Turma 702	Turma 802	Total
Detalhou tema	07	20	08	21	09	65
Não se lembra	09	01	09	09	06	34
Não respondeu	09	06	03	—	15	33
Citou outros temas	0	0	0	0	0	0
Detalhou outros temas	01	02	15	05	—	23
Repetiu tema	06	04	—	—	01	11
n.	32	33	35	35	31	166

A questão era: "fale o que você se lembra sobre o assunto que está estudando". Os alunos responderam, em regra, com uma frase. Enquanto 65 alunos conseguiram detalhar minimamente o que foi estudado, 80 não se lembraram ou detalharam outros temas. E 11 alunos apenas conseguiram repetir o tema apresentado na resposta anterior. Há que se considerar que a tarefa de síntese não é das mais fáceis, pois envolve a articulação entre eventos ou conteúdos. Por conta disso foram aceitas alusões e respostas fragmentárias. Percebemos que o número de alunos que conseguem fazer essa síntese rememorativa é bem inferior ao da primeira pergunta. Assim, lembrar palavras-chave do conteúdo é mais comum do que lembrar as relações entre elas.

Vejamos as respostas dos alunos da escola particular acerca das mesmas perguntas:

Tabela 5

Síntese das respostas sobre temas em estudo: escola particular

Respostas sobre temas	5ª série	6ª série	7ª série	Total
Tema pertinente	16	14	27	57
Tema impertinente	01	—	01	02
Não se lembrou	—	01	—	01
n.	17	15	28	60

Observamos que a maioria absoluta lembrou os temas estudados. Com relação ao detalhamento dos temas, os alunos dessa escola mantiveram o padrão de respostas:

Tabela 6

Detalhamento sobre temas em estudo: escola particular

Detalhamento	5ª série	6ª série	7ª série	Total
Detalhou tema	14	11	24	49
Detalhou outros temas	01	—	01	02
Não se lembra	02	01	02	05
Fez outras declarações	—	03	—	03
Não respondeu	—	—	01	01
n.	17	15	28	60

Considerando os números relativos das duas escolas, vemos que os alunos da escola particular conseguem rememorar mais conhecimentos que os da escola pública. O que explicaria isso? Parece-me que eles conseguiram articular mais partes de explicações e seus elementos, relação que facilita sua memorização. Sabe-se que é mais fácil memorizar coisas articuladas, relacionadas, pois nossa memória semântica se constitui de forma compreensiva.[25] Assim, vemos uma relação entre memória e compreensão que resulta em mais compreensão. Na escola particular, contribuíram para esse resultado tanto as explicações dos professores, já comentadas, quanto a biblioteca que alunos e professores trazem para a aula. Lembremos que nessa escola os professores afirmam que os alunos possuem uma bagagem. Por que a bagagem do aluno contribui para seu grau de compreensão e memorização?

As três condições apontadas anteriormente como essenciais para a compreensão — repertório cultural; letramento, traduzido pelo domínio proficiente da leitura e da escrita e pela realização das tarefas (escritas); e efetivação do ofício de aluno — também propiciam a memorização porque a rememoração de informações compreendidas é mais fácil de ocorrer pelas relações estabelecidas entre elas. Ou seja, porque a forma de juntar coisas aparentemente sem nexo propicia a compreensão e a rememoração do conjunto formado na narrativa.

As representações que os professores constroem sobre a bagagem do aluno, com ênfase na condição letrada, determinam escolhas de formas de organização das aulas, com uma carga maior ou menor de leitura em sala e, por conseguinte, maior ou menor investimento na interação oral, seja em exposições orais, seja em diálogos em torno dos temas tratados; e, ainda, maior ou menor quantidade de tarefas escolares a serem feitas pelo aluno e que incluem leitura e escrita como tecnologias da memória. O retorno consciente e metódico no ofício do aluno aos conteúdos trabalhados atua como tecnologia da memória, para a recuperação, organização e memorização de uma quantidade expressiva de informações. Relacionadas pelo sentido, tais informações vão contribuir para a compreensão da história em sua longa narrativa.

Le Goff (2003) elabora a relação intrínseca entre memória e escrita, mostrando como, ao longo de séculos, a memória individual e a social — ou,

---

[25] A memória verbal, que é a memória da linguagem verbal, é a síntese da memória lexical (da morfologia das palavras) e da memória semântica (do sentido das palavras). Ver Lieury (1997:107).

como ele denomina, a "nebulosa memória" — constituem o registro (por meio de desenhos, ícones, escrita) quando a mente humana já não consegue documentar e registrar tudo o que considera importante através da memória. A partir do surgimento da escrita, expressão da memória artificial, e com a criação da escola, passa a haver a educação da memória através de técnicas mnemônicas que incluem a leitura e a escrita entre seus recursos.

Se concordarmos com Halbwachs, quando afirma que "a memória individual não é possível sem instrumentos, como palavras e ideias, os quais não são inventados pelos indivíduos, mas tomados emprestados de seu meio, e que tudo o que nos lembramos do passado faz parte de construções coletivas do presente",[26] teremos de levar em conta os instrumentos de que dispõem os alunos para constituírem sua memória individual e sua memória social, e que podem ser evocados ou não pelo professor.

Arrumando as malas para a viagem da história...

As formas de transmissão do conhecimento histórico escolar são impregnadas de diversas características da cultura da escrita. A fala dos professores em suas exposições, suas anotações para cópia e leitura, os textos escritos propostos para a leitura, tudo isso está mergulhado na linguagem escrita que se elabora ao longo do tempo na história e na escola. Elas funcionam no sentido da compreensão e da memorização (na tarefa de rememorar) e esperam o compartilhamento de sentidos por parte de professores e alunos, o que os inclui (ou não) em uma comunidade de sentidos da cultura escrita. Jean Hébrard (1999) fala do papel da escola nessa inclusão:

> A escola forma, em seu espaço próprio, sujeitos que leem, escrevem, mas também ordenam o mundo conforme as categorias que o *corpus* dos textos e a palavra do professor tornam quase naturais. Comunida-

[26] Apud Santos, 1998.

de de interpretação inaugural, a escola é obrigada a produzir uma recepção compartilhada dos textos, pelo único fato de que, sem a certeza de sentido, não haveria nem ensino possível, nem aprendizagem.

Devido a um processo de precarização das instituições públicas que se acentua há décadas, a escola pública pesquisada não possui condições mínimas para acolher alunos com uma bagagem diversa daquela esperada na escola, expressa especialmente nas práticas de escrita e leitura em sala de aula, o que evidencia um nível de letramento diferenciado. Os professores, por sua vez, não se percebem como professores de múltiplas linguagens, atendo-se à tarefa de ensinar história. Eles também não identificam a sua biblioteca ou bagagem àquela dos alunos. Isso dificulta o compartilhamento de significados que constituem o modo configuracional de compreensão. Ou seja, do lugar cultural em que estão, não conseguem oferecer ligações para coisas desconexas passíveis de compartilhamento com os alunos. O problema assim criado é que, para aprender e lembrar a história, os alunos precisam possuir bagagem suficiente, o que inclui determinada inserção na cultura da escrita, repertório cultural e disponibilidade para o ofício do aluno. Como sair desse círculo vicioso?

Os efeitos da diferença de bagagem cultural dos alunos em relação às expectativas dos professores podem ser resumidos naquilo que Magda Soares (2004) denominou "efeito Mateus", no que se refere às aprendizagens de leitura e escrita. Ela utiliza a parábola bíblica para afirmar que, também na escola, àqueles que mais têm, mais será dado, e dos que menos têm, mais será tirado. De fato, através da pesquisa realizada pudemos perceber que os alunos menos contemplados com recursos para sua aprendizagem, especialmente no que se refere ao aparato cultural requerido para a aprendizagem da história, são os que têm menos oportunidades de aprendê-la, pois os meios disponíveis para isso, especialmente a leitura em sala, não lhes são oferecidos. É possível perceber o resultado perverso dessa diferença de condições na análise comparativa realizada. Essa perversidade não é coisa de professores mal-intencionados, mas está arraigada no modo de funcionar da escola precarizada e permeia todo o sistema de ensino público.[27]

Vimos que a bagagem do aluno é uma categoria nativa com poder explicativo a ser considerada sem preconceito, contribuindo fortemente para a definição das formas de ensinar dos professores. Mas é preciso pensar também sobre a bagagem do professor. Entendo que ela precisa constar de uma reflexão permanente dos formadores de professores sobre a natureza do conhecimento histórico escolar, bem como sobre os modos de ensinar e de aprender na aula de história hoje. Só a partir de uma compreensão efetiva do conhecimento histórico escolar em sua característica de produto da interação entre professor, aluno e conhecimento histórico tal como chega à sala de aula poderemos criar melhores condições para a livre escolha das comunidades de sentido propiciadas pela história.

[27] Para mais detalhes sobre esse processo de precarização, ver Rocha (2007).

Parte II
Temas e problemas

Capítulo 5
Os heróis nacionais para crianças: ensino de história e memória nacional

THAIS NIVIA DE LIMA E FONSECA

O processo de elevação de Tiradentes a herói nacional, logo após a proclamação da República, tem sido objeto da atenção de muitos pesquisadores nas últimas décadas. São bem conhecidos os movimentos dos grupos republicanos, atraídos pela força da imagem do alferes condenado à morte por conspirar contra a Coroa portuguesa. Mantendo-se viva na memória coletiva, a execução de Tiradentes, ponto culminante do drama da Inconfidência Mineira, nutriu-se de tradições, de sentimentos e de referências que abriram caminho à construção de uma representação aceitável e simpática do alferes. Mais do que isso, transformou-o no herói cívico ideal e no mito político quase sem concorrentes que hoje conhecemos. Também já é notório o papel desempenhado nesse processo pela tradição cristã, sustentada por eixos que, articulando e organizando ideias e imagens, dão coerência à narrativa e facilitam a adesão ao sistema de representações em torno da construção mítica do herói nacional. No caso de Tiradentes podemos trabalhar com os eixos religioso e cívico, em torno dos quais algumas ideias e representações se fundiram. Procurarei desenvolver algumas reflexões, tentando orientá-las, ao final, para o papel da educação em geral, e do ensino de história em particular, no movimento da circulação e consolidação dessas representações no imaginário brasileiro.

Uma primeira possibilidade de análise conduz às relações entre o mito e o sagrado. Partes integrantes do imaginário social, os mitos políticos e suas representações estão alicerçados em aspectos da realidade cultural de uma sociedade, o que pode ser verificado na análise da construção do mito Tiradentes, processo que, culminando numa elaboração sacralizada, sustentou-se numa realidade culturalmente marcada pelo catolicismo. Nela moviam-se os personagens da Inconfidência, dos conspiradores à população que não teve participação direta, e os membros do aparato institucional de repressão, dos juízes aos carrascos. Isso explica por que os primeiros relatos contemporâneos sobre a Inconfidência estavam impregnados do léxico religioso. Termos como *sacrilégio, culpa, salvação, paganismo, idolatria, confissão, martírio, imortalidade, contrição, caridade, penitência, pecado, arrependimento, vida eterna, ato cristão, glorificação, eternidade, fé, suplício* perpassam esses relatos e denotam o significado dado ao crime de conspiração contra a Coroa, de lesa-majestade em seu sentido político, mas também de um crime de natureza religiosa, um atentado ao sagrado direito divino dos monarcas.[1]

O monarquista Joaquim Norberto de Souza Silva, ao publicar seu livro *História da Conjuração Mineira*, em 1873, usou, além dos autos de devassa, as narrativas dos confessores de Tiradentes, tecendo acres comentários sobre o comportamento do alferes, condenando-o por ter sido contaminado pela constante presença dos frades na prisão e, por isso, renunciado à sua condição de revolucionário, morrendo como um beato. Na contracorrente, os

---

[1] O *Código philippino* (1870:1153-1154), então em vigor, definia assim o crime de lesa-majestade: "quer dizer traição cometida contra a pessoa do rei, ou seu real Estado, que é tão grave e abominável crime, e que os antigos sabedores tanto estranharam, que o comparavam à lepra; porque assim como esta enfermidade enche todo o corpo, sem nunca mais se poder curar, e empece ainda aos descendentes de quem a tem, e aos que com ele conversam, pelo que é apartado da comunicação da gente: assim o erro da traição condena o que a comete, e empece e infama os que de sua linha descendem, posto que não tenham culpa".

republicanos produziram sua versão da Inconfidência — na qual Tiradentes era enaltecido, aparecendo como mártir e herói —, usando também as referências religiosas, só que de modo reverso. Esta acabou por tornar-se a versão predominante da história da conspiração, trabalhada com um amálgama poderoso: as tradições religiosas fortemente presentes na cultura brasileira entre o final do século XIX e início do XX. Nesse esforço exaltador do movimento e de seus personagens, a historiografia tradicional tendeu a aceitar que os três anos de prisão teriam amenizado a falta de ímpeto revolucionário dos inconfidentes, acabando por valorizar o seu sofrimento, aproximando-os do heroísmo religioso, similar ao heroísmo cívico.

Encontrados desde a Antiguidade em várias tradições culturais e religiosas, o martírio e o sacrifício têm, evidentemente, um significado especial para a cultura cristã, pois são os elementos fundadores da ideia de salvação na vida após a morte. Seguindo o exemplo de Jesus, que aceitou a morte e sacrificou-se pela humanidade, uma multidão de cristãos, desde os primeiros tempos, tem-se mortificado e entregado. Como recompensa para todos, a salvação; para alguns, ainda, a santidade. O sacrifício seguido de morte reveste-se de significados ainda mais profundos e liga-se a crenças de fundamental amplitude nessa tradição religiosa. No que se refere à ideia do sacrifício político, a entrega corajosa de si à morte adquire conotações importantes na cultura política nacional, encontrando-se na base de inúmeros casos de construção de heróis e de modelos cívicos e patrióticos.[2] No Brasil, além do próprio Tiradentes, apontamos as figuras emblemáticas de Getúlio Vargas e de Tancredo Neves, para falar apenas daqueles cujas mortes repercutiram de forma mais intensa. Se esse tipo de sacrifício puder ser associado à moral cristã, mais eficiente se tornará quando utilizado como mito político, ainda mais quando relacionado a episódios violentos, que resultam numa condenação tornada sacrifício, tendendo a coroar de excepcionalidade a figura do sacrificado. Muito próxima do sacri-

[2] Há muitos exemplos célebres, como o da francesa Joana D'Arc; Emiliano Zapata, no México; Solano López, no Paraguai; e Tupac Amaru, no Peru.

fício na sua conformação imaginária, a ideia do martírio também é fundamental nos preceitos cristãos. Ligado à noção de sofrimento e de suplício, o martírio está intimamente vinculado à história do cristianismo e de muitos de seus seguidores que sucumbiram a perseguições e padecimentos. Presentes no imaginário cristão há muitos séculos, sacrifício e martírio encontram particular florescimento na cultura ibérica trazida ao Brasil, principalmente numa perspectiva barroca da religião.

Todos esses significados e símbolos permitem compreender mais claramente a rede de analogias e de sentidos ao redor da execução de Tiradentes, no processo de sua construção como mito político.[3] A morte-passagem e o martírio-sacrifício redentor são ideias-força feitas de encomenda para uma historiografia que, entre o final do século XIX e a primeira década do XX, pretendia explicar êxitos e fracassos de determinados eventos da história da nação. Se a Inconfidência Mineira não obteve sucesso imediato, teria plantado, através da morte de Tiradentes, as sementes da conquista da independência, 30 anos depois; e teria semeado, também, as ideias republicanas, tornadas regime político após um século.

Além do martírio e do sacrifício, o corpo é outro elemento fundamental no conjunto de práticas e de representações em torno da morte, depois da qual ele se torna objeto de rituais e de procedimentos que visam conservá-lo, depositá-lo em segurança, isolá-lo ou até mesmo destruí-lo. No processo de construção da imagem sacralizada de Tiradentes, a ausência de rituais fúnebres e de sepultura para ele tem provocado sentimentos de piedade e até de horror, diante da negação de um direito tido como essencial de todo cristão e, até mesmo, de todo ser humano. Isso certamente significa um elemento a mais na consolidação das representações cristianizadas de Tiradentes. Pode-se bem imaginar o impacto do corpo morto, esquartejado e exposto à visão pública. Apesar de ser um procedimento previsto no sistema penal português da época, não seria exagerado imaginar as rea-

---

[3] Sobre os mitos e mitologias políticas ver Girardet (1986); Eliade (1998); Félix e Elmir (1998); Montero (1995).

ções de repulsa e aflição diante da negação da sepultura cristã e dos devidos cuidados rituais com o cadáver. Sobretudo para a população branca, o horror e o sentimento de piedade poderiam ligar-se ao constrangimento de ver um homem branco e livre submetido a uma execução humilhante. Para a população de origem africana, os significados poderiam relacionar-se a situações do universo da escravidão, principalmente o castigo físico e sua pedagogia. Nesse sentido pode-se supor a existência de elementos favoráveis à identificação da população setecentista com o condenado e com seu destino, lançando as bases culturais que facilitariam a legitimação do mártir construído *a posteriori*.[4] Nesse longo processo, o corpo de Tiradentes aparece como a peça central, síntese do drama, materialização da paixão vivida pelo inconfidente. Objeto da violência institucionalizada, ele se tornou a representação máxima da opressão metropolitana, consubstanciada nas ideias do sacrifício e do martírio cívico e cristão, complementando convincentemente as analogias com a paixão de Cristo.

O impacto provocado pela sentença cumprida à risca explica sua constância em narrativas contemporâneas, nos textos da historiografia tradicional, nos livros escolares, nos discursos políticos e, como uma de suas expressões mais influentes, nas artes plásticas. Os contornos simbólicos dados ao corpo de Tiradentes encontram principalmente em sua cabeça elemento de particular interesse e de múltiplos significados. Ela tem ocupado lugar de honra nas narrativas e nas representações, e a imagem trágica da decapitação de Tiradentes reafirma suas dimensões políticas e religiosas. É o que atestam, por exemplo, as lendas sobre o desaparecimento dela, quando exposta na praça central de Vila Rica, e que foram incorporadas a textos de vários autores, não se distinguindo de outros episódios mais seguramente documentados. Um dos textos mais célebres sobre esse tema é o conto "História de uma cabeça histórica", de 1867, de Bernardo Guimarães (1976). Nele o autor viaja pelas peripécias imaginárias da cabeça de Tiradentes, roubada da praça central de Vila Rica. No conto, a população

[4] Toda essa discussão encontra-se desenvolvida em Fonseca (2001).

observa, numa revolta muda, o crânio descarnado do valoroso alferes, até que alguém o livra dessa posição ultrajante. Muitos anos depois, aparece o venerável crânio na casa de um pobre velho da cidade, conhecido pelo estranho hábito de prostrar-se diante daquele resto humano, como se fosse uma relíquia. Após a sua morte, descobriu-se, finalmente, que aquele era o crânio de Tiradentes, e o velho, seu corajoso guardião. Trata-se de uma obra de ficção alimentada por narrativas populares, eternizadas por algumas obras da historiografia exaltadora, pelos livros escolares, pela imprensa e até pelo turismo. É sugestivo o fato de muitos guias turísticos de Ouro Preto, principalmente os nativos, afirmarem que o crânio de Tiradentes encontra-se enterrado sob a sua estátua, no centro da praça que leva seu nome. Até mesmo Joaquim Norberto de Souza Silva (1882) escreveu um canto épico no qual uma mulher tenta reaver a cabeça de seu amado alferes e, não conseguindo tirá-la do poste, acaba por receber ajuda de um misterioso velho que dali o derruba a golpes de espada. Ao final, a satisfação do povo com o ocorrido, e as especulações sobre quem seria o autor da façanha.[5]

Morte, sacrifício e corpo, como partes constitutivas da tradição cultural na qual se fez a construção historiográfica e imaginária sobre Tiradentes, fundem-se nas diversas leituras e elaborações discursivas produzidas ao longo do tempo. A historiografia sobre a Inconfidência Mineira, sobretudo aquela nacionalista e exaltadora — como as obras que comentarei em seguida —, não se furtou a concentrar-se nos momentos que têm a execução de Tiradentes como elemento central. A produção de textos nos quais as ideias da morte, do sacrifício e do corpo mutilado assumem o papel

[5] Outras partes do corpo de Tiradentes também têm gerado especulações e entrado para o imaginário das populações vizinhas aos locais onde elas teriam sido expostas. Em 1971, o município de Paraíba do Sul-RJ foi sacudido pela notícia da descoberta de ossos que poderiam ser de Tiradentes. Num de seus distritos, Inconfidência, antiga Cebolas, teria sido exposta uma de suas pernas. A notícia teve repercussão na imprensa e a revista *O Cruzeiro* fez vasta reportagem sobre as escavações que se iniciaram na cidade e as providências tomadas pelo prefeito para proteger os achados, auscultando as impressões da população sobre o assunto.

principal foi profusa. Até pelo menos o final da década de 1950, essas ideias circularam além dos livros, frequentando também os jornais e revistas de grande tiragem. Isso sem falar dos livros escolares que, em boa medida, foram escritos tomando aquela historiografia como referência. Não apenas com textos dramáticos, mas com ilustrações que ajudavam na visualização do drama; esses livros, adotados pelas escolas brasileiras durante décadas, manuseados cotidianamente por milhares de estudantes, contribuíram sobremaneira para a consolidação do mito.[6]

A conformação das representações de Tiradentes encontra, ainda, muitas correspondências nas definições mais clássicas do herói. Transgressão, sacrifício, morte, salvação e utopia são alguns dos elementos que compõem os traços predominantes desses personagens e que podem ser encontrados nas representações de parte considerável dos heróis nacionais.[7] No que diz respeito a Tiradentes, é importante começar por aquilo que justificaria, antes de tudo, sua condição heróica. Ele teria tido uma causa, um elevado ideal que explicaria seu envolvimento na conspiração, e esse ideal se desenvolvera graças ao seu irreparável caráter. A historiografia tradicional (muitas vezes oficial) procurou enfatizar esse aspecto de Tiradentes, que explicaria sua transgressão e seu comportamento diante da repressão. Entre as principais obras dessa vertente, algumas primam pela idealização do perfil de Joaquim José da Silva Xavier. Waldemar de Almeida Barbosa, ocupado em contestar as afirmações de Joaquim Norberto de Souza Silva, não economizou adjetivos:

> É indiscutível que tem dado bom resultado a campanha no sentido de mostrar a *verdadeira personalidade* de Joaquim José da Silva Xavier, homem de bem, honesto, inteligente, leal com os companheiros de infortúnio, desprendido, abnegado ao extremo, incapaz de uma ação ou

---

[6] É significativo o número de livros escolares dessa natureza publicados no Brasil desde as primeiras décadas do século XX. Sobre esse tema, ver Fonseca (2003, 2004 e 2005).

[7] Para uma discussão acerca dos heróis, conforme tratada neste texto, ver Bauzá (1998); Félix e Elmir (1998); Héros et nation...

> de uma palavra que prejudicasse a quem quer que fosse, homem de fibra, que se esqueceu completamente de sua pessoa, para se preocupar apenas com os outros, homem de extraordinária nobreza de caráter, de que deu provas, nos depoimentos, nas acareações, nas cenas das leituras das sentenças; homem de argúcia que, nos interrogatórios, soube, muitas e muitas vezes, despistar [sic] os ministros, não em defesa própria, mas tentando salvar outros indiciados, homem que possuía legítima vocação para líder.[8]

Além dessas qualidades, ele teria ainda *formidável poder de persuasão*, era capaz de *indiscutível domínio sobre aqueles dos quais se aproximava*, sendo também *eloquente na pregação de suas ideias*, defendendo-as até a morte, segundo as palavras apaixonadas de Augusto de Lima Júnior (1955:106). Também Lúcio José dos Santos (1972:474) muniu-se de considerável conjunto de adjetivos laudatórios, caracterizando Tiradentes como um homem dotado de "bravura, inteligência, competência, fidelidade, energia, inquieto, empreendedor, valoroso, intrépido, audaz, sereno, corajoso, digno, nunca disposto ao desânimo, amigo sempre do trabalho". Com tantas qualidades, não admira que Tiradentes, para Lúcio dos Santos, se destacasse "no meio de todos como chefe incontestável, não somente por ser o iniciador audaz, mas também pelo devotamento com que se entregou a essa nobre causa, devotamento tão grande que tem podido parecer a muitos como atingindo as raias da loucura".

Em consonância com essas obras, vários outros tipos de texto acrescentaram ao perfil de Tiradentes outras qualidades, às vezes risíveis. Muito comuns em artigos publicados nos jornais, em determinados momentos eles adquiriram características interessantes, como acontecia, por exemplo, na década de 1950.[9] Nesses textos elogiosos, chegava-se a fazer manobras mirabolantes para elaborar um retrato idealizado do herói republicano:

---

[8] Barbosa, 1979:445 (grifo meu).

[9] Sobre as características desses textos jornalísticos, ver Fonseca (2002).

> Era alto, forte e moreno. Perfil de galã de cinema nacional. Uns traços parecidos com Rodolfo Maier e Anselmo Duarte. Alguns companheiros de conjura quiseram insultá-lo, depreciando-lhe o físico. Mas veio padre Manoel Rodrigues da Costa (...) e contestou. De uma simpatia envolvente como o sr. Juscelino Kubitschek quando alicia eleitores ou como o sr. Getúlio Vargas quando ilude os trabalhadores, Tiradentes conquistava os circunstantes. Daí a razão da catequese bem-sucedida quanto ao aliciamento de figuras categorizadas para o movimento revolucionário de Vila Rica.[10]

Nos anos 1950, parecia haver certa sedução na comparação de Tiradentes com astros do cinema nacional. Também publicado em jornal, em 1954, outro texto presta-se muito bem como exemplo da construção de uma história pessoal de Tiradentes que já contivesse elementos determinantes para seu heroísmo, a começar por seus modos e aparência:

> Tinha um perfil cinematográfico de artista da Vera Cruz ou da Atlântida. Era alto, moreno e simpático. As mocinhas românticas não o viam sem suspiros mais profundos que a barragem da Pampulha. Trazia no olhar a energia e a doçura dos predestinados. Fala mansa e dura ao mesmo tempo. Adorava as criancinhas e respeitava com humildade as impertinências dos velhos. Uma coisa o irritava, e muito, a covardia. Nunca levantou a voz contra os escravos, os humildes, os pobres, as desvalidas mulheres que expunham a carne aos magarefes da honra alheia. Inflamava-se, adquiria vigor profético de apóstolo quando testemunhava alguma violência policial. Então era outro homem. Capaz de tudo em defesa da liberdade. E foi pela liberdade que ele entrou no panteão da glória. Ofereceu a vida pela liberdade dos outros.[11]

---

[10] Os amores do alferes...

[11] Tiradentes, herói...

Movido, portanto, pelo ideal da liberdade, Tiradentes teria pautado toda a sua vida pela defesa dessa causa, agregando aos seus planos políticos a solução de alguns dos mais importantes problemas de ordem material que afligiam sua gente. Ele teria, nessa perspectiva, o traço marcante do herói, defensor dos fracos e oprimidos, dono de um caráter irretocável e por isso tomado como modelo por suas ações.[12] Essa marca do herói é recorrente nas mitologias políticas nacionais desde o século XIX, e a elevação de alguns indivíduos a essa condição coincidiu, naquela época, com o esforço empreendido em muitos países da Europa e da América na construção de suas histórias nacionais e dos elementos fundadores de suas identidades. A organização de arquivos e a publicação de grandes sínteses de história nacional, a reorientação dos estudos acadêmicos de história e de seu ensino nas escolas elementares foram partes essenciais desse processo. No Brasil, como em muitos países latino-americanos, a conquista da independência política desencadeou esse movimento, evidenciado a partir da fundação do IHGB, que buscava tal identidade na monarquia e na herança portuguesa, passando pela valorização, às vezes romântica, da herança indígena. Com a proclamação da República, em 1889, uma nova identidade seria necessária — se não de todo nova, acrescida de alguns elementos mais próprios ao novo regime. Daí a necessidade de um herói que não tivesse ligações com a monarquia recém-derrubada. Assim despontaria Tiradentes, entronizado defensor, *avant la lettre*, da República no Brasil.

Como modelo moral e ético, Tiradentes acabaria recebendo dos republicanos os traços que o marcariam daí em diante, em parte corroborados pela leitura e interpretação dos registros existentes sobre seu comportamento durante a devassa. Acompanhando-se a produção, em vários locais, dos textos laudatórios — principalmente artigos de jornal, discursos e poemas —, do final do século XIX até a década de 60 do século XX, percebe-se uma nítida continuidade na forma de exaltação, nas imagens, comparações e recursos estilísticos utilizados. Pode-se argumentar, é verdade,

[12] Bauzá, 1998:5.

que é exatamente isso o que caracteriza a exaltação dos heróis nacionais, e não seria incomum que tais elementos se mantivessem por longo tempo. Não obstante, deve-se considerar, também, que essa continuidade passou por conjunturas diferentes, por distintas formas de exercício do poder político — democracias e ditaduras — e diferentes posicionamentos ideológicos, sem sofrer alterações dignas de nota. Se, em sua essência, a continuidade do discurso heróico não é tão admirável, a constatação de sua longa existência ilumina-se pela diversidade de situações nas quais é invocado e pela forma como isso é feito. No caso de Tiradentes os elementos da exaltação não mudam, embora mudem as situações e as motivações.

À natureza moralmente exemplar dos heróis acresce o fato de eles serem personagens transgressores e de sua transgressão ser movida por uma utopia.[13] Esse espírito de abnegação, se aliado a punições severas, torna-se um forte componente na conformação do herói cívico, cujo desprendimento está invariavelmente relacionado a uma causa pelo bem da coletividade. Eles nunca pensam apenas em si mesmos, e suas motivações pessoais devem ser condizentes com as aspirações em prol de seus semelhantes. A solidez dessa representação do alferes mineiro tem dificultado a difusão e, é claro, a aceitação de análises revisionistas. E nesse caso incluem-se tanto as tentativas de detração pura e simples, num exercício banal de inversão de valores, quanto as revisões historiográficas sérias, que buscam uma compreensão mais ampla do movimento inconfidente. Essas características do herói e os elementos constituintes de sua ação migraram também para a educação, particularmente para o ensino de história, desde as primeiras décadas da República, povoando os livros didáticos, os impressos destinados a professores, os cartazes, cartilhas de leitura, capas de cadernos etc.

O material escolar tem sido, de fato, um dos grandes responsáveis pela permanência de discursos fundadores da nacionalidade, principalmente os livros didáticos, através dos quais é possível perceber as relações entre política, cultura e educação. O ensino de história marcado por essas caracterís-

[13] Bauzá, 1998:5.

ticas consolidou-se na primeira metade do século XX, por meio dos programas oficiais de ensino e da produção de vasto material escolar. Isso foi particularmente forte durante o primeiro governo de Getúlio Vargas, período que tenho estudado com maior interesse. Na busca da recuperação do passado no quadro do ideário nacionalista, a ênfase em grandes feitos e grandes heróis marcou a valorização de um passado no qual pudesse haver exemplos do trabalho em prol do coletivo, do serviço prestado à nação e do sacrifício pela pátria. O discurso sacralizado sobre Tiradentes seria, portanto, perfeitamente adequado aos objetivos do Estado, sobretudo quando, no final da década de 1930, estaria em curso a reabilitação da Inconfidência Mineira, com o repatriamento das cinzas dos inconfidentes mortos no exílio e com a criação do Museu da Inconfidência em Ouro Preto.

Assim, ao lado das referências culturais de base religiosa, verificou-se a ênfase no civismo e no patriotismo de Tiradentes, elementos explorados pela propaganda varguista, num esforço de produção de sentimentos capazes de soldar as relações sociais no processo de construção de uma identidade nacional, tornando a ideia de sacrifício pela pátria um elemento precioso na pedagogia do Estado Novo. A ideia de um sentimento patriótico, nacionalista e convergente, que justificaria o trabalho em prol da pátria e até mesmo o sacrifício supremo por ela, encontrou na atuação de Tiradentes o terreno ideal para deitar as raízes das diretrizes morais e cívicas do regime. Associando referências iconográficas às ideias veiculadas pelos programas de ensino e pelos livros didáticos, o Estado Novo consolidava as representações de uma nação una. Cartazes distribuídos nas escolas promoviam a ligação entre passado e presente, conectando Tiradentes a Getúlio Vargas, como partes de uma mesma tradição política. Para o Estado Novo, preocupado com a valorização do trabalho, Tiradentes aparecia, sem dúvida, como o protótipo do brasileiro laborioso, talentoso e esforçado, como se vê num livro didático da época:

> Entre os mais afeiçoados à ideia libertadora, figurava um alferes de cavalaria, Joaquim José da Silva Xavier, o Tiradentes. Era um homem pobre, de coração generoso, inteligência viva, amante do progresso,

> um autodidata, cheio de ardor e capaz de grandes empreitadas. (...) Não era nem sonhador, nem entusiasta vulgar. Tinha senso da realidade, espírito prático, realizador, produto que era de um meio, onde se cultivavam as letras, empreendiam-se organizações, lutava-se com a aspereza da terra e procurava-se disciplinar a fortuna. (...) Era o tipo representativo do brasileiro do século XVIII, cujas virtudes e qualidades os pósteros herdaram, nos seus cometimentos e empresas pela libertação moral, intelectual e econômica do Brasil, entre os quais citamos José Bonifácio, Cairú, Mauá, Rebouças e tantos outros.[14]

A valorização do trabalho nesse trecho de Artur Viana[15] encontra clara ressonância na obra doutrinária do Estado Novo, em que essa questão figurava como uma das centrais na definição da nova cidadania que se desejava construir. Identificar Tiradentes como um homem trabalhador só reforçaria sua imagem como exemplo a ser seguido pela juventude. As ideias de pobreza honrada, progresso, inventividade, capacidade empreendedora e espírito coletivo aparecem claras em vários textos de propaganda do Estado Novo, tal como no trecho didático citado. A preocupação com a educação moral e cívica do jovem brasileiro levava à inclusão, ao final do estudo dos principais episódios da história pátria, de uma lição para a formação do cidadão. Para isso a Inconfidência Mineira continuava a fornecer os subsídios necessários. O cotejo dos textos desses livros didáticos com os textos escritos por estudantes da escola primária e secundária na mesma época permite inferir sobre a circulação das representações predominantes de Tiradentes e seu poder de influência sobre as concepções que se iam formando a partir do ensino de história. Um desses textos, uma composição publicada no caderno infantil do jornal *Estado de Minas*, afirmava que

[14] Viana, 1944:336.

[15] Artur Gaspar Viana (1901-44), autor de diversas obras escolares, foi professor, inspetor escolar, tendo trabalhado no Ministério da Educação durante o primeiro governo de Getúlio Vargas. Escreveu em diversos jornais do Rio de Janeiro, tendo também dirigido o órgão católico *A União*.

Tiradentes morreu na forca só porque amava o Brasil. O nome era: Joaquim José da Silva Xavier. Era mascate. Chamava-se Tiradentes porque nas horas vagas tirava dentes com muita habilidade.

Nesse tempo o Brasil era colônia de Portugal; por isso os impostos estavam muito altos, o rei não deixava fundar fábricas, escolas e nem abrir casas comerciais. A população não aguentava. Tiradentes, então, tramou uma conspiração a qual se chamava: "Conjuração Mineira" ou "Inconfidência Mineira". (...) O plano era o seguinte: No dia da "derrama" Tiradentes sairia pelas ruas da cidade a avisar o povo. Prenderiam o visconde de Barbacena e proclamariam a República, com capital em São João d'El-Rey!

Mas, Joaquim Silvério dos Reis, coronel dos dragões, devia ao rei a quantia de 700 contos. Então ele pensou: entro para a Inconfidência Mineira e depois que eu souber tudo, contarei ao rei pedindo-lhe perdão pela minha dívida. Tiradentes foi ao Rio de Janeiro para arranjar mais gente. Então Joaquim Silvério, aproveitando-se da ocasião, foi contar ao visconde de Barbacena, tendo este lhe perdoado a dívida. O visconde mandou prender Tiradentes e os outros inconfidentes. Cada um ficou na cadeia três anos. Depois de cumprida a pena, todos se reuniram para ouvir a sentença que viera de Portugal. A primeira foi que todos seriam enforcados. Depois veio nova sentença em que só Tiradentes seria enforcado e os outros iriam exilados para a África, num porão frio de um navio sem conforto. No dia 21 de abril Tiradentes subiu à forca. Antes de morrer, recebeu os sacramentos e rezou.

O céu estava tão belo que parecia para receber Tiradentes. A única coisa que Tiradentes pediu ao carrasco foi que lhe matasse bem depressa. Tiradentes antes de morrer disse: jurei morrer pela independência do Brasil, cumpro a minha palavra. Tenho fé em Deus e peço a ele que separe o Brasil de Portugal.

Por isso nós todos devemos amar Tiradentes. Viva Tiradentes! Viva os inconfidentes![16]

Essa composição, de um aluno do Grupo Escolar Barão de Macaúbas, conceituada escola de Belo Horizonte, impressiona pela incidência de incorreções históricas, pela fusão entre o fato e o discurso sobre o fato, e pela incorporação de elementos melodramáticos. Nela não há dúvidas quanto à liderança de Tiradentes e sua condição heróica, ideias firmemente colocadas na frase categórica de outro menino de Belo Horizonte, na abertura de sua composição: "No tempo em que o Brasil era apenas colônia, havia um grupo de homens dos quais Tiradentes era chefe".[17] A convicção acerca da liderança de Tiradentes era ainda sustentada pelas imagens que ilustravam os textos didáticos, nos quais ele aparecia em posição de destaque, quando representado junto a seus companheiros de conspiração ou a outros personagens. Essa certeza chega a ser desconcertante e, ao mesmo tempo, preocupante, se nos lembrarmos de que ainda há muitos grupos e pessoas — inclusive poderosos formadores de opinião — que se batem contra a desconstrução dessas certezas.[18]

Décadas de ensino de história pautado por concepções dessa natureza certamente foram eficazes na sua sedimentação e na permanência de tais representações. Fazendo um exercício de inferência ainda maior, não admira que, ultrapassada a fase da escola elementar, essas representações continuassem a circular, a aparecer em textos jornalísticos, publicitários, e também no discurso político. No movimento de circulação dessas imagens no universo escolar há outros instrumentos de reforço, capazes de promover a interpenetração entre as narrativas histórica e literária, estando esta última muito próxima da literatura de contos de fadas. Uma coleção muito popular nas escolas mineiras

[16] Composição sobre os...

[17] Tiradentes...

[18] Não têm sido incomuns, nos últimos anos, debates nos jornais mineiros, principalmente de Belo Horizonte, opondo essas convicções do senso comum, externadas por jornalistas, às novas interpretações dos historiadores acerca da Inconfidência Mineira e do papel de Tiradentes na conspiração.

desde a década de 1950, "As mais belas histórias", reunia fábulas de origem europeia e contos populares brasileiros, para leitura nas escolas primárias. No seu terceiro volume, ao lado daqueles textos, aparece, surpreendentemente, o capítulo "Um herói: Tiradentes". Trata-se de uma biografia infantilizada e romanceada, que mostrava o menino predestinado ao heroísmo:

> Joaquim José era o nome todo do menino e, como se vê, devia ser um diabrete vivo e incansável. Não parava um momento. Muito curioso, queria aprender tudo. Muito metediço, não havia coisa em que não se metesse. Muito ativo, não sabia o que era preguiça. Onde quer que estivesse, havia discussão e movimento, porque sabia agitar o seu pequeno mundo. Criança ainda, era ele o que resolvia as principais dificuldades da fazenda. Fazer uma conta depressa, escrever uma carta, dar um recado, pegar um cavalo arisco, consertar uma fechadura, tapar uma goteira, apanhar lenha, tudo fazia com desembaraço e boa vontade. Era bom, e todos gostavam dele, principalmente os humildes.
>
> Um dia, como um escravo chorasse de dor de dente, disse-lhe: deixe estar que eu lhe tiro esse malvado. Dente aqui, dente ali, acabou por aprender melhor a arte do que o dentista da terra, e, por isso, dentro de pouco tempo, todo o mundo passou a chamá-lo Tiradentes.[19]

Com livros de leitura como esse, além dos livros didáticos de história, retratos de Tiradentes nas paredes das salas de aula, cartazes, álbuns, cadernos com capas ilustradas, não admira que as crianças se apropriassem dessas representações heroificadas e cristianizadas e produzissem, elas próprias, um discurso eivado desses elementos.

A força da ideia do sacrifício na luta pela liberdade tornou o episódio da execução de Tiradentes extremamente valorizado na celebração da Inconfidência Mineira, e isso não passou despercebido no âmbito da escola e do

[19] Casasanta, 1958:53-54.

universo infantil. Em 1949, o jornal *Estado de Minas* promoveu um concurso de desenhos sobre Tiradentes; dos nove trabalhos publicados, sete fizeram menção direta ou indireta ao seu enforcamento. Três deles representaram o momento da própria execução, apropriando-se de uma mesma obra de pintura, o *Martírio de Tiradentes*, de Aurélio de Figueiredo. À primeira vista seriam apenas cópias do quadro, mas uma observação atenta mostra pequenas, porém significativas alterações. A pintura foi, na essência, refeita pelas crianças, embora todas elas tenham excluído os detalhes dos pássaros e a paisagem de fundo. Tiradentes e o frade foram mantidos, assim como parte considerável da estrutura da força. Curioso foi o destino dado ao carrasco, desaparecido num dos desenhos e desprovido de sua identidade étnica nos demais, sendo representado como um homem branco. Esse é um dado importante, se considerarmos que parte significativa dos textos didáticos da época não faz menção a esse personagem ou, quando o faz, omite sua condição de escravo e sua cor. Embora relativamente pouco considerada plasticamente, a imagem do esquartejamento de Tiradentes raramente é esquecida pelos textos didáticos, como também não o foi pelas crianças, ao menos em seus textos escritos. Além da lembrança do esquartejamento, evidenciava-se a preocupação com o destino dado às partes do corpo, principalmente a cabeça. Na composição intitulada "A vida de Tiradentes", uma estudante procurou o detalhe na tragédia do herói:

> O corpo foi depois decapitado, esquartejado. A cabeça foi enviada para Vila Rica (Ouro Preto) e colocada num poste. Os braços foram enviados para Barbacena e Paraíba, e as pernas pregadas em postes, na estrada das Minas no sítio de Varginha. (...) A data de sua morte, 21 de abril, foi consagrada à comemoração dos precursores da Independência do Brasil, pois seu sangue, ao jorrar por terra, fez com que germinasse a semente, que já estava lançada: a da libertação de nossa pátria do jugo do Portugal.[20]

[20] A vida de Tiradentes...

É quase impossível não evocar Olavo Bilac, cujas obras foram presença constante nas escolas brasileiras até os anos 60 do século XX, através de seus poemas laudatórios e seus compêndios cívicos, fonte de inspiração para muitos professores e estudantes da época. No texto de um desses compêndios, sugestivamente ilustrado com a mesma obra de Aurélio de Figueiredo, *Martírio de Tiradentes*, o autor lembra às crianças que "as gotas de sangue do herói não caíram em terreno estéril, porque a árvore de sacrifício se fez árvore de redenção, e a República é o fruto da semente de martírio lançada à terra nessa manhã de abril".[21]

O relevo conferido à comemoração do 21 de abril, ao menos nas décadas de 1930 e 1940, esteve ligado à política educacional do Estado que, particularmente preocupado com a formação cívica do cidadão, intervinha na programação escolar. Em 1937, o Ministério da Educação determinava a realização de uma série de atividades que recordassem o "episódio glorioso da Inconfidência Mineira", em cumprimento às metas de "fortalecimento da nacionalidade, pela prática de um civismo construtor". Para isso, além de conferências sobre "os nossos grandes mortos", o ministro determinava ao Departamento Nacional de Educação Extraescolar uma programação concentrada nas principais emissoras de rádio, que transmitiriam programas infantis, palestras cívicas, músicas patrióticas, todos sobre Tiradentes, às vezes montando peças radiofônicas em programas como a *Hora do Brasil* ou em emissoras oficiais como a Rádio Inconfidência, do estado de Minas Gerais [22]. Em algumas ocasiões, as ações governamentais recebiam o reforço de entidades como a Liga de Defesa Nacional, que organizava, no dia 21 de abril, sessões cinematográficas para crianças das escolas primárias, "destinadas a desenvolver o mais possível o sentimento cívico".[23]

A relação entre o passado e o presente, como força mobilizadora, também era levada em conta pelo Estado Novo nessa dimensão comemorativa. Tanto o Ministério da Educação quanto as secretarias estaduais manti-

---

[21] Bilac e Coelho Netto, 1924:202.

[22] Tiradentes na *Hora do Brasil*...; A Inconfidência e a semana...

[23] Uma grande data nacional...

nham a mesma política, instruindo as escolas quanto às estratégias que deveriam ser aplicadas nesse processo. As adaptações conjunturais se faziam sentir nessas instruções, como em 1944, quando a Secretaria de Educação de Minas Gerais transmitiu às escolas orientações motivadas pela situação de guerra, indicando que as comemorações do 21 de abril daquele ano deveriam estimular o espírito de sacrifício pela pátria.

Livros didáticos, composições, desenhos infantis, pinturas e obras historiográficas apontam para uma percepção da história da nação como obra de espíritos elevados e de atos de heroísmo, destinada a ser mais celebrada do que compreendida. Uma história de caráter sacralizado, visível na interpretação dos episódios que cercam o martírio de Tiradentes, indicando as bases de um universo cultural fortemente marcado pela religião, sobretudo pelo catolicismo. A análise das representações de Tiradentes no universo escolar mostra, ainda, como a educação é um poderoso instrumento de legitimação política e ideológica, o que foi percebido com muita lucidez pelos grupos que assumiram o poder em 1930. As bases de formação cívica e nacionalista por eles lançadas deitaram raízes profundas: sobreviveram ao regime que as criara e, com certeza, ainda produzem efeitos nos dias atuais.

Saltando no tempo, volto a atenção para as obras didáticas de história mais recentes, resultado de um processo de transformações propostas para o ensino dessa disciplina, iniciado no ocaso do regime militar. Desde então, temos observado insistente trabalho de desconstrução de muitas dessas concepções tradicionais e de imagens correlatas. Esse esforço tem gerado a produção de livros que não só se aproximam mais das tendências da historiografia contemporânea, como apresentam propostas menos direcionadas e mais participativas para o ensino de história. No entanto, ainda é possível encontrar obras didáticas que mantêm premissas hoje questionadas no que diz respeito ao tratamento dado à história e à memória nacionais e aos seus mais emblemáticos episódios e personagens, entre eles Tiradentes. Isso pode ser observado, inclusive, em obras avaliadas e aprovadas pelo Programa Nacional do Livro Didático, do Ministério da Educação. Algumas poucas sugerem um tratamento mais crítico, discutindo a construção do mito e do herói nacional.

Outras, embora não sendo enfáticas ou mesmo explícitas na apresentação heroificada de Tiradentes, deixam entrever as antigas ideias acerca desse personagem e de seu papel na conspiração, como o fato de, por ser o mais pobre, ter sido o único condenado à morte, ou de ter assumido sozinho a responsabilidade pelo movimento, eximindo seus companheiros de qualquer culpa. Em quase todos eles, no entanto, surgem as mesmas representações iconográficas, já enraizadas no imaginário e reforçadoras do mito, como as obras de Pedro Américo, Aurélio de Figueiredo, Décio Villares e Antônio Parreiras.

Muitas transformações ocorreram na historiografia, nas artes, no ensino de história. No entanto, as mesmas ideias ainda ecoam em nossos dias e, mesmo que aparentemente não despertem mais interesse, continuam a ser repetidas e, de certa forma, a fazer sentido. Assim é que, sob os auspícios do governo do estado de Minas Gerais, as escolas públicas mineiras receberam, em abril de 2001, um livrinho intitulado *Joaquim José: a história de Tiradentes para crianças*.[24] Escrito e ilustrado por um publicitário e artista plástico de Belo Horizonte, ele comprova o quanto as representações tradicionais de Tiradentes ainda são caras à defesa de uma identidade nacional ou regional — sobretudo desta última, no caso — e o quanto ainda podem servir a interesses políticos. O livro foi publicado e distribuído como parte das estratégias de propaganda do governo estadual, usando a Inconfidência Mineira como instrumento de combate à privatização das estatais e de oposição ao governo federal. O Tiradentes-Cristo ainda está presente no texto, mas sobretudo nas primorosas ilustrações do autor, que ao mesmo tempo heroificam e sacralizam o personagem, apresentando-o como militante, bandeira na mão, pregando a revolução, cercado por seus companheiros-discípulos, elevado à sacralidade por anjinhos sorridentes.

Tal fato ajuda a confirmar, de certa maneira, minhas afirmações iniciais sobre a força desse mito político e de suas representações, que, construídas sobre bases cultural e politicamente sólidas, têm sobrevivido no imaginário, demonstrando ter fôlego suficiente para serem apropriadas com razoável diversidade ao longo da República.

[24] Faria, 2001.

Capítulo 6
Um herói para a juventude: o duque de Caxias nas biografias e livros didáticos

ADRIANA BARRETO DE SOUZA*

Só existe um recurso verdadeiramente eficaz que possa inocular na escola uma conduta cívica e patriótica. É o exemplo dos grandes cidadãos, a história dos que a fizeram a ela própria, sobressaindo sobre a atividade anônima das massas, dirigindo-a aos seus destinos e aos seus ideais.

(João Ribeiro)

Essas frases foram escritas por João Ribeiro — poeta, romancista, crítico literário e professor de história universal do Colégio Pedro II — em prefácio à primeira edição do livro de Silvio Romero *A história do Brasil ensinada pela biografia de seus heróis*, de 1890. O prefácio, bem como o livro, integrava um amplo debate, de perspectiva missionária, sobre a "educação como redenção nacional". A instrução popular, em pauta desde 1870, depois da abolição da escravidão e da proclamação da República, passava a ser compreendida como um "problema social", único meio possível de inserção do homem livre na vida política e no mercado de trabalho.[1] O

* Agradeço a eficiente colaboração de Naylla Oliveira da Silva, bolsista Proic-UFRRJ.

[1] Gontijo, 2003.

tema era sem dúvida polêmico e foi abordado sob tantas óticas quantas as que dividiam politicamente os intelectuais da virada do século XIX para o XX. Mas havia um ponto comum entre elas: concordavam quanto à necessidade de se dedicarem ao ensino da história pátria.

Desse modo, *A história do Brasil ensinada pela biografia de seus heróis* era um livro em meio ao crescente investimento didático que vinha atraindo e envolvendo, desde o final do Império, renomados "homens de letras". Uma questão central para essa geração era definir um meio eficaz de cultivar nas crianças e jovens brasileiros uma conduta patriótica. Aos republicanos não bastava substituir o governo, era preciso redesenhar a nação. Isso significava criar entre os brasileiros um espírito de iniciativa, uma consciência coletiva que os tornasse menos dependentes do Estado. Ou, como disse Silvio Romero a seus "meninos":

> Lembrai-vos que, como disse o poeta, *a pátria somos nós*! (...) Queremos formar aqui uma mansão democrática do congraçamento, *não dos deserdados da Europa* somente, mas dos deserdados de todo o mundo e, pela reunião, pela igualdade de todos, formar o povo do porvir, o *tipo novo*, que não é oriundo do exclusivismo europeu, ou africano, ou asiático, ou americano, o tipo novo que há de ser a mais perfeita encarnação do cosmopolitismo do futuro.[2]

O "tipo novo" de brasileiro desenhado pelo autor exigia a redefinição de três princípios conservadores. Primeiro, deveria ser expressão de "todos nós", tomando como referência a pátria, e não o Estado. Em seguida, e como decorrência do primeiro, deveria integrar elementos de diversas culturas, ser a expressão de um congraçamento entre europeus, americanos, africanos e asiáticos. Por fim, sendo expressão do povo, o desenho deveria voltar a ele, cultivando nas novas gerações seus valores e ideais. Não por acaso, logo no ano seguinte à proclamação da República, Silvio Romero

[2] Romero, 1890:3 (grifo nosso).

escrevia um livro de "educação cívica" para as "classes primárias". Nele mantinha um diálogo estreito e tenso com a tradição historiográfica do século XIX e, ao definir um subtítulo para sua introdução, escreveria: "como se deve entender a história do Brasil".[3]

A referência ao clássico texto de Karl von Martius (1844) pretendia fixar diferenças de visão e interpretação da "questão nacional". A nação, cujos contornos von Martius se propôs a traçar, era marcada pelo esforço de definir uma gênese da nação brasileira, inserindo-a numa tradição de civilização: ser brasileiro era, antes de tudo, ser branco e compartilhar valores da cultura civilizada europeia. A melhor expressão da força dessa perspectiva historiográfica estava no próprio sistema de ensino do período imperial. A história do Brasil como disciplina autônoma só surgiria em 1895. Até lá, seu conteúdo misturou-se com o da história universal.[4]

Mas, além disso, vale destacar que o projeto imperial tinha como público-alvo um pequeno círculo de letrados que, sob proteção do imperador, investia no trabalho de pesquisa histórica, na coleta, preservação e publicação de documentos da história do Brasil. O objetivo era fundamentar cientificamente um conceito de nação marcado pela exclusão.[5]

Ao substituir o verbo *escrever* por *entender*, Silvio Romero reclamava uma expansão do debate sobre o nacional.[6] Seu público eram os "pequenos compatriotas". O projeto é de base democrática, a construção de uma "mansão do congraçamento".

Os melhores exemplares dessa mansão deveriam servir de modelo às novas gerações. Daí a ideia de uma história do Brasil ensinada pela biografia de seus heróis. Essa é uma herança do século XIX que persistia: a concepção de história como "mestra da vida", como aquela que deve oferecer

---

[3] Romero, 1890:1.

[4] Bittencourt, 2007.

[5] Guimarães, 1988.

[6] Aproprio-me aqui da reflexão de Selma Mattos (2000:85) sobre a diferença entre escrever e difundir a história do Brasil.

modelos de ação e conduta. A principal tarefa do livro, portanto, era reconfigurar o panteão nacional. Pensando desse modo, é curioso encontrar, entre os heróis de Silvio Romero, Luís Alves de Lima e Silva — o duque de Caxias. Mais curioso é pensar que foi um republicano tão engajado o primeiro a narrar a biografia do duque de Caxias para crianças e a pensá-la como meio de cultivar uma conduta patriótica entre os brasileiros.

A proposta deste capítulo é entender como, em diferentes momentos históricos, a figura do duque de Caxias foi representada em biografias e livros didáticos. A opção por cruzar fontes tão distintas deve-se à força política do general, que, ainda jovem, já era homenageado com biografias. A escrita desses textos confundia-se com a construção de memórias políticas que, por meio da progressiva difusão do ensino público, logo chegavam aos livros didáticos. Esse cruzamento de fontes permite, ainda, outro exercício: pensar os sentidos pedagógicos atribuídos às ideias de nacionalidade e de patriotismo e às instituições militares.[7]

De hábil político a herói nacional

Luís Alves de Lima e Silva (1803-80), o duque de Caxias, é oficialmente cultuado como "patrono do Exército". No dia de seu nascimento, 25 de agosto, celebra-se o Dia do Soldado. A criação da data faz parte de um lento e disputado processo de invenção das tradições no Exército brasileiro,[8] e o sucesso do empreendimento, iniciado ainda na Primeira República, em 1923, nos legou uma imagem forte do general, esculpida em bronze e difundida por meio de uma centena de textos biográficos.[9] Segundo essa memória, Caxias era um general extremamente disciplinado, rigoroso e totalmente avesso à política.

[7] A ideia de buscar definir o sentido pedagógico de determinados conceitos é de Mattos (2007:213-218).

[8] Castro, 2002.

[9] Souza, 2008.

Mas nem sempre foi assim. Uma memória sobre Caxias começa a se formar bem cedo, quando ele ainda era apenas Luís Alves de Lima, coronel comandante das forças de repressão aos balaios no Maranhão. Quando embarcou para a província, em fins de 1839, o coronel contava apenas 36 anos de idade. Nomeado pela regência conservadora, era a primeira vez que comandaria um "exército pacificador" e, nesse desafio, contou com um auxílio precioso: foi secretariado por Domingos José Gonçalves de Magalhães.

Gonçalves de Magalhães era um "amigo leal" e, ao que parece, foi escolhido pelo próprio coronel Lima para secretariá-lo durante a campanha. O jovem poeta estava no Brasil há pouco mais de dois anos e possuía um currículo admirável. Aos 28 anos de idade, era membro do Instituto Histórico da França e do Instituto Histórico e Geográfico Brasileiro (IHGB), havia integrado a Legação de Negócios na Corte francesa e já era conhecido por seus *Suspiros poéticos e saudades*. Desde que regressara ao Brasil, em 1837, vinha se dedicando a projetos culturais e ao magistério no Imperial Colégio Pedro II.[10]

A função dos secretários de governo, segundo insinuação do próprio Gonçalves de Magalhães, era redigir textos oficiais e auxiliar o presidente nos assuntos civis da administração da província.[11] Mas, nesse caso, o secretário era também um "homem de letras". A experiência no Maranhão resultou em duas obras literárias. Uma delas é o livro, hoje clássico, *A revolução na província do Maranhão desde 1839 a 1840*. Desde 1836, o secretário vinha se dedicando a estudos sobre a literatura nacional, sobre sua singularidade e marcas inconfundíveis de brasilidade, e, durante o tempo em que esteve no Maranhão, aproveitou para pesquisar e conhecer melhor "nossos costumes e naturais tendências".[12] A outra foi uma obra poética, *Ode ao Pacificador do Maranhão*.[13]

A *Ode* de Gonçalves de Magalhães elevava pela primeira vez Luís Alves de Lima, ainda coronel, a pacificador e herói. O secretário passava, então, de uma narrativa histórica cuidadosa, atenta ao trabalho de pesquisa, para

[10] Lima, 1964.

[11] Magalhães, 1858:45.

[12] Süssekind, 1990:16.

[13] Magalhães, 1841.

uma escrita poética. Na verdade, não reconhecia essas fronteiras. Nos versos, a história fundamentava a palavra do poeta:

> Ante mim apareça/ Quem diga: mente a Musa./ Consinto que pereça/ Meu nome, e minha glória,/ Si seu abono a história/ Ao canto meu recusa./ Nem mais do céu mereça/ O vate ser ouvido/ Oh! graças! Desmentido/ Jamais, jamais serei;/ Verdades só cantei. Complete meu canto/ A pátria agradecida/ E mostre ao mundo a quanta/ Alta virtude estima,/ De quem como o meu Lima/ Por ela oferece a vida/ Com amor puro e santo.

A legitimidade de seu canto era dada pela história, e ele foi acreditado. Tão logo Luís Alves chegou à Corte, o imperador o promoveu ao posto de brigadeiro de seus exércitos, primeiro do generalato, e o agraciou com o título de barão, deixando à sua escolha o nome com o qual seria admitido nos círculos da nobreza. Luís Alves de Lima escolheu Caxias, cidade símbolo da rebelião subjugada.

Três anos depois, em 1843, os feitos do heroico barão de Caxias no Maranhão eram surpreendentemente representados no primeiro manual de história do Brasil: *Compêndio de história do Brasil desde o seu descobrimento até o majestoso ato da coroação do sr. d. Pedro II*, escrito por José Inácio de Abreu e Lima.

Nascido em Recife, Abreu e Lima também era oficial do Exército. Parte de sua carreira militar desenvolveu-se nas lutas de independência da América espanhola, como general do exército de Simon Bolívar. Após a execução de seu pai, líder do movimento de 1817, o então capitão tinha-se exilado nos Estados Unidos e foi de lá que iniciou sua viagem pela América do Sul. A experiência da fragmentação político-territorial da América espanhola o marcou profundamente, e, ao voltar ao Brasil, declarou-se monarquista, dedicando seu *Compêndio de história do Brasil* a d. Pedro I.[14] É

---

[14] Uma análise historiográfica do compêndio pode ser encontrada em Mattos (2007).

a partir dessa experiência — acredito eu — que podemos entender sua narrativa sobre a Balaiada e a atuação de Luís Alves de Lima:

> As notícias do Maranhão eram *aterradoras*; porque além dos bandos de Raymundo Gomes, e de outros *facinorosos de igual jaez*, apareciam partidas de escravos armados debaixo da direção de um tal negro Cosme (...). Nesta conjuntura *teve o governo o bom acordo de nomear o coronel Luiz Alves de Lima presidente e comandante de armas daquela província.* Os rebeldes foram sucessivamente batidos em vários encontros (...) Sem embargo a marcha desses felizes acontecimentos era bem lenta por mil contrariedades, que a cada passo se ofereciam ao *gênio incansável do coronel Lima.*[15]

A narrativa é muito semelhante à que vinha sendo amplamente difundida no Parlamento e na imprensa pelos conservadores. Os acontecimentos do Maranhão eram aterradores porque ameaçavam a sociedade pela desordem e, tal como nas repúblicas americanas, colocavam em risco a nação, não reconhecendo o princípio de autoridade.[16] Não por acaso, Abreu e Lima apoiava a recuperação de uma medida de força adotada pelo primeiro imperador e com tradição entre os Bragança: fortalecer o comandante das forças repressivas, dando-lhe a direção militar e civil da província. Luís Alves de Lima deixou o Rio de Janeiro como presidente e comandante de armas do Maranhão.

Em ambas as narrativas, tanto na poética como na didática, a atuação militar de Caxias é destacada — era o comandante das "batidas". Mas há também nelas espaço para seu "gênio incansável" em face das "contrariedades", aquilo que Gonçalves de Magalhães, em sua ode, denomina "governança das leis" em meio à "intriga insana". O sentido que se atribuía ao papel dos militares era, antes de tudo, preservar as fronteiras sociais, combater os "facinorosos" e defender a ordem herdada dos tempos coloniais.

---

[15] Lima, 1843:126 (grifo nosso).

[16] Para uma análise das narrativas conservadoras, ver Souza (1999).

A face política dos sucessos de Caxias na pacificação é a marca das biografias anteriores à Guerra do Paraguai. Elas são duas: a primeira, escrita por Patrício Augusto da Câmara Lima, foi publicada em 1846, ano seguinte à pacificação do Rio Grande do Sul. A segunda é na verdade um ensaio biográfico e foi escrita por José de Alencar em 1867, quando Caxias foi nomeado comandante das forças em operação no Paraguai. Nelas Caxias se destaca por sua habilidade política. Para esses biógrafos, sua trajetória se encontra enredada numa intrincada trama política, que tem início como herança, com privilégios de nascimento, e é atualizada por meio de sua atuação militar.

Câmara Lima não vê qualquer problema em afirmar que a pacificação dos farrapos no sul do país deveu-se mais à moderação e à atuação política de Caxias do que às armas.[17] Em seu livro, ele é o organizador de uma "política sã", que conseguiu unir "perseverança" e "coragem" para "lisonjear e afagar" o povo, vencendo as paixões. O próprio tratamento que é dispensado a Caxias nesses textos é diferente. Em raros momentos se faz referência à sua patente militar. Ele é sempre apresentado com os títulos de nobreza com que foi distinguido pela monarquia, ou ainda pelo termo "chefe político".[18]

É também na rede conformada pelas relações políticas da primeira metade do século XIX que José de Alencar situa a rápida ascensão de Caxias no Exército. Lembra que o menino Luís Alves era o primogênito de uma "família distinta" da sociedade imperial e que isso lhe "assegurou alguns privilégios". Para esses autores, a heroicidade do futuro duque de Caxias reside em sua capacidade de "governar homens", de ocupar a posição de "chefe político-militar". Não há, nessas narrativas, descrições de batalhas. O sucesso de Caxias — tanto para Câmara Lima quanto para José de Alencar — é resultado de um plano político. Em nenhum momento imaginam a ação solitária de um "eu" vocacionado para o Exército.

---

[17] Lima, 1846:3.

[18] Alencar, 1867:2.

Só em 1878, com a publicação de *A vida do grande cidadão brasileiro Luiz Alves de Lima e Silva*, é que uma imagem independente e apolítica de um duque de Caxias herói nacional começa a ser desenhada pelos biógrafos. Nesse ponto, é importante não perder de vista que essa obra-marco foi escrita por um membro do IHGB e legítimo representante do discurso saquarema — o padre Joaquim Pinto de Campos. No século XIX, o instituto era o centro oficial de produção da memória nacional. Coube ao instituto delinear um perfil para o Brasil, fundamentando na história um projeto nacional com seus mitos e heróis.[19]

Com nada menos que 496 páginas, a *Vida do grande cidadão brasileiro* fundou o que tenho chamado de uma "matriz discursiva", ou seja, uma narrativa forte cuja estrutura vai-se repetir quase inalteradamente até as últimas publicações do gênero produzidas na década de 1980. A orientação geral dessa matriz é erguer o duque de Caxias como herói. Nela, a vida de Caxias é um deslocamento linear com um sentido previamente fixado. Cada etapa deve revelar — sem dúvidas e conflitos — sua vocação militar. Para atingir tal objetivo, a narrativa do padre Pinto de Campos opera dois cortes e destaca um aspecto da trajetória de Caxias.

O primeiro corte elimina informações sobre sua formação. Para se ter uma ideia mais precisa, basta dizer que a todo período anterior à Balaiada, ou seja, a 36 anos da vida de Luís Alves, o padre Pinto de Campos dedica apenas 24 das 496 páginas de seu livro. O corte seguinte apaga os traços de sua atuação política. O Caxias oficial do Exército é separado do político, e os inúmeros cargos ocupados pelo chefe militar são apresentados como uma exigência imposta pelas circunstâncias nacionais. Não por acaso, Pinto de Campos considera que Caxias atingiu "sua alta individualidade" durante a Balaiada.[20] É aí que as duas regiões de silêncio se sobrepõem. No Maranhão, Caxias comandou pela primeira vez uma grande campanha militar. Ao reprimir o movimento, foi agraciado com o título de barão de

[19] Guimarães, 1988.
[20] Campos, 1878:36.

Caxias — cidade que era o centro da resistência dos balaios — e promovido a brigadeiro. Ingressava assim no grupo dos oficiais generais — mais alto escalão do Exército — e na nobreza brasileira. Esse era o ponto de partida ideal para iniciar a narrativa de sua trajetória. Com isso, a imagem realçada é a do general bem-sucedido e neutro politicamente. O título era a expressão de seus sucessos militares, e estes representavam a luta por um ideal superior — pôr fim a guerras fratricidas.

A imagem legada ao século XX é, portanto, a de glorificação do indivíduo. O jovem Luís Alves era dotado de uma natureza especial que se revelou com toda a sua pureza no Maranhão. Um herói militar justo, coerente e fiel servidor das causas superiores. Não era preciso dedicar-se a recompor a história de seus primeiros anos de vida porque todas as suas realizações eram independentes de sua inserção social, fosse esta familiar, profissional ou política. Estava acima da medida humana.

A República entre Osório e Caxias

Essa imagem quase santificada do duque de Caxias é a que vai se difundir após a década de 1930 entre os brasileiros, mas o movimento de sua instituição não foi linear. A República em seus primeiros anos a recusou, preferindo realçar no panteão nacional que construía a figura de outro militar: o general Manoel Luís Osório.

Recolhidas as tropas que em 15 de novembro haviam proclamado a República, tinha início nos principais jornais do Brasil um outro evento não menos importante: a batalha pela construção de uma versão oficial dos fatos. A carta de Aristides Lobo, publicada no jornal paulista *Diário Popular* apenas três dias após o 15 de novembro, dava o tom do debate. Nessa carta, o propagandista republicano comparava, com certo desencanto, a proclamação da República a uma parada militar. O que tornou o texto famoso entre os historiadores foi a percepção de que a falta de participação popular no ato de fundação comprometia o novo regime.

Aquele que deveria ter sido o protagonista dos fatos assistira a tudo bestializado.[21]

Mas há nesse depoimento outra constatação que não pode ser esquecida — os militares ocuparam o lugar do povo; eles foram os protagonistas. Essa simples constatação acabou por impor às novas lideranças políticas a tarefa de promover, no plano simbólico, uma associação entre Exército e povo. Foi motivado por esse debate que o primeiro presidente da República, um marechal do Exército, recuperou com especial entusiasmo a história e, acima de tudo, a imagem do general Osório.

O debate sobre o investimento do novo regime no general Osório como herói nacional e as razões pelas quais se preferiu recuperar lideranças militares do império para transformar — usando uma expressão de Raul Pompéia — os militares na "tradição de virilidade de um povo" escapam aos interesses desse texto.[22] Por ora, gostaria apenas de destacar que nessa época o duque de Caxias caiu num relativo esquecimento. Toda a grandeza que Pinto de Campos lhe imprimira através das páginas de sua biografia era agora interpretada de forma negativa. Caxias surge em grande parte dos discursos da época como um general "sereno, sofredor, impassível", a quem faltava a capacidade de "impressionar com viveza o espírito das massas". Em contrapartida, Osório era o nome popular, a quem "o Brasil amou com entusiasmo".[23]

Os livros didáticos desse período acompanham as linhas gerais do debate. Na história do Brasil que contam às crianças, o duque de Caxias é um personagem secundário. Em 1917, Rocha Pombo havia dedicado um livrinho às crianças e aos homens simples do povo. Acreditava que "nesses dias que alvorecem tão novos" era preciso "criar um culto à pátria" e, por conta disso, escreveu um texto com preocupações claramente didáticas: de

[21] Carvalho, 1999. Sobre as apropriações da frase de Aristides Lobo, ver Magalhães (2005).

[22] Sobre o tema, ver Souza (2001). Trabalho semelhante foi realizado por Luigi Bonafé de Felice (2007) sobre a construção de Joaquim Nabuco como herói nacional.

[23] Para a citação sobre Osório, ver Souza (2001:231). Para Caxias, ver Castro (2002:17).

linguagem acessível e "ilustrado com muitas gravuras explicativas".[24] O pequeno livro pode ser considerado um sucesso editorial, tendo atingido a marca de 40 edições. Em suas páginas, o nome de Caxias só é citado uma vez, no item intitulado "governo das regências". Referindo-se à pacificação da farroupilha, Rocha Pombo afirma que foi "o general que isso conseguiu em 1845, como já havia conseguido acabar com várias outras revoltas". A imagem que ilustra essa frase é a da estátua esculpida por Rodolfo Bernardelli para a composição do panteão da nascente república. Nela Caxias é o aristocrata e estrategista, monta um cavalo estático, tem a espada embainhada e um binóculo na mão.

Quem surge como herói no item dedicado à Guerra do Paraguai é o general Osório. Mantendo-se fiel à sua proposta, a descrição de Rocha Pombo é simples e direta: "então, o nosso Exército invadiu o Paraguai, sendo o general Osório, com seus bravos, o primeiro a pisar em território inimigo". Caxias nem sequer é lembrado. Duas imagens de Osório ilustram o trecho. Uma delas, dialogando diretamente com a imagem escolhida para representar Caxias, é a de sua estátua equestre. Também esculpida por Bernardelli, que trabalhou nas duas obras simultaneamente, a estátua retrata um guerreiro: com o cavalo em movimento, Osório porta uniforme de campanha e tem a espada empunhada. Ao lado dessa imagem, há um retrato do general.

O livro de Pedro do Coutto, *Pontos de história do Brasil*, publicado em 1920, é o mais generoso com o duque de Caxias. Em suas páginas, a atuação do general vai para além da pacificação da revolução farroupilha, e ele passa a ser lembrado também como um "cabo de guerra de alta valia" na repressão aos movimentos de 1842 em São Paulo e Minas Gerais, e na luta contra Oribe e Rosas. Só na descrição da Guerra do Paraguai a memória do general Osório continua roubando-lhe a cena. Ao tratar do tema, Pedro do Coutto — diferentemente dos outros autores — apresenta o general-marquês de Caxias como comandante das operações de guerra, mas ele é, antes de tudo, o general da perseguição a Lopes. O herói é Osório. Ao

[24] Pombo, 1917.

narrar a batalha de Estero-Bellaco, conta que o general Venâncio Flores, cercado pelo inimigo, considerava-se já perdido quando "foi salvo pelo auxílio do general Osório, que destroçou os atacantes, tomando-lhes os canhões de que se haviam apoderado e obrigando-os a refugiarem-se nas matas".[25]

Em meio a essa batalha de memórias, apenas duas vozes se mostraram de fato favoráveis ao duque de Caxias, reclamando uma análise cuidadosa e menos parcial do valor histórico do duque — a de Capistrano de Abreu e a de Silvio Romero.

Capistrano de Abreu foi — na opinião de José Honório Rodrigues — "o primeiro a ter iniciado na historiografia o exame do papel de Caxias". Em 1903, como parte das comemorações do centenário de nascimento do duque de Caxias, escreveu para a *Gazeta de Notícias* um artigo que se tornaria uma referência. Intitulado "O duque de Caxias", o pequeno texto altera a "matriz discursiva" da memória elaborada pelo padre Pinto de Campos em 1878. Nele Capistrano de Abreu dedica um bom espaço à análise da fase inicial da vida de Caxias, inclusive de seus anos de formação. Menciona a passagem pela Real Academia Militar e, para além dela, destaca a importância da família (de 11 generais em três gerações) em sua formação profissional. Por fim, ainda identifica cada um dos cargos políticos — nomeados ou eletivos — exercido por Caxias.

Capistrano, no entanto, permaneceu no campo historiográfico, enquanto Silvio Romero politizou o debate, colocando seus escritos e seu prestígio como historiador a serviço da luta contra o que chamava "federalismo caudilhista". E foi exatamente para travar essa luta que recuperou a memória do duque de Caxias.

Quando Silvio Romero publicou, em 1890, seu livro dedicado aos "pequenos compatriotas", empenhava-se — como já vimos — na construção de um projeto de base democrática. Opondo-se à tradição política do Império, seu "tipo novo de brasileiro" deveria positivar a miscigenação, pro-

[25] Coutto, 1920:210.

pondo um projeto de nação que, centrado no tema da integração dos elementos de diversas culturas, ampliaria sua base social.[26]

Mas esse projeto não nega toda a tradição política do Império. Por isso, Silvio Romero pôde propor, mesmo sendo um republicano tão engajado, a biografia do duque de Caxias como meio de cultivar uma conduta patriótica entre os brasileiros. *A história do Brasil ensinada pela biografia de seus heróis* foi, e continuaria a sê-lo por três décadas, o único livro de caráter didático a ter o nome de Caxias no título de um dos capítulos — mais precisamente, o nome de Luís Alves. Nesse capítulo, intitulado "As guerras do Segundo Império e Luís Alves de Lima e Silva", só em poucos trechos Silvio Romero refere-se a Luís Alves como Caxias.[27] A razão disso é simples: o título de nobreza destaca sua vinculação com a monarquia. Não à toa, em meio a esse embate simbólico, o novo regime se empenhou para apagar da memória popular a "nobreza" de Osório, feito marquês de Herval pela mesma monarquia. Até hoje, para os brasileiros, Herval é apenas o general Osório, um militar popular entre os soldados e o povo.

Ainda que o título do capítulo enfatize as guerras do Segundo Reinado, o texto de Silvio Romero concentra-se na trajetória de Luís Alves. Retomando o estilo de narrativa anterior ao do padre Pinto de Campos, os anos iniciais da vida de Caxias são recuperados nesse capítulo a fim de lembrar à República o valor do "distintíssimo marechal". As duas grandes obras do segundo imperador — destaca Silvio Romero — foram "a garantia da unidade nacional pela repressão ao caudilhismo provincial e o serviço à civilização americana pela repressão do caudilhismo do Prata". Ambas orquestradas por Caxias. Imaginando que a reação seria forte, Silvio Romero já se defende:

---

[26] Romero, 1890:3.

[27] O título original é "As guerras do Segundo Império e Luís Alves de Lima e Silva. A República e Manoel Deodoro da Fonseca". Portanto, tomei a liberdade de recortar o trecho que interessa mais diretamente a esta narrativa. Mas vale destacar que Silvio Romero não analisa a trajetória do marechal Deodoro da Fonseca.

> Nós somos republicanos e uma das virtudes da república deve estar no amor à verdade e à justiça. É por isso que a severidade da história nos manda destacar os serviços dentre os inúmeros erros da monarquia. E o *homem que foi o braço direito da nação nos melhores feitos do segundo reinado foi o distintíssimo marechal Luiz Alves de Lima e Silva, duque de Caxias.*[28]

Era, portanto, em amor à verdade e à justiça que, apesar de republicano, Silvio Romero podia reconhecer e se colocar categoricamente favorável a um diálogo com a herança política imperial. Reconhecia como sua principal obra a unidade nacional e, por isso, tentava abrir espaço no panteão que então se construía para o nome do general a quem a monarquia devia esse feito. Por isso, também, conclamava seus "pequenos compatriotas" a honrarem o nome de Luís Alves de Lima e Silva, o duque de Caxias.

Defender a memória de Caxias não levava Silvio Romero a desqualificar a de Osório. Para ele, os dois generais eram "gigantes de cem côvados na epopeia gigante da Guerra do Paraguai, dois caracteres de bronze e duas almas de ouro, fortes e bons". Mas, sem dúvida, ao apresentá-los às crianças, acabava hierarquizando o valor histórico de cada um deles. Em *A história do Brasil ensinada pela biografia de seus heróis*, Manuel Luís Osório — o marquês de Herval, lembra Romero — "era o imortal companheiro de Caxias". Essa hierarquização, no entanto, devia-se à atuação de Caxias na repressão aos movimentos de contestação à ordem imperial, ou seja, àquilo que Silvio Romero chamava de "caudilhismo provincial". Nesse sentido, a trajetória de Osório — segundo Romero — só ganha projeção nacional quando, lutando sob o comando de Caxias, ele põe fim à revolução farroupilha. É, pois, uma trajetória subordinada à de Caxias, a trajetória de um "imortal companheiro".[29]

Sem questionar os predicados atribuídos a cada um dos generais pela nascente república, Silvio Romero trabalhava para redimensioná-los, atri-

---

[28] Romero, 1890:97.

[29] Ibid., p. 101.

buindo um sentido tão positivo ao "caráter" de Caxias quanto o que era atribuído ao de Osório:

> Um era *o homem da tática, da ordem, da disciplina e da coragem, por assim dizer, metódica e acertada*; o outro tinha o *olhar de águia, avistava longe o perigo e metia-se nele*; completavam-se portanto (...). Um mesmo raio de glória indissoluvelmente ligou aqueles dois gládios imortais que marcam uma larga trajetória a nossa querida pátria. *Honra eterna a Caxias e Herval.*[30]

Recuperando e valorizando a imagem usada pela República para desqualificar o duque de Caxias — a imagem da coragem metódica e acertada, a do estrategista —, Silvio Romero não apenas exigia um lugar para Luís Alves no novo panteão nacional, como, por meio dele, se posicionava contra o projeto republicano federalista. Uma posição que, após a instituição da política dos governadores por Campos Sales, se tornava ainda mais virulenta, levando Romero a engajar-se com afinco na recomposição da memória do homem que teria sido — em sua opinião — o "distinto fator da vida unitária nacional".

Em agosto de 1903, por ocasião das comemorações do centenário de nascimento do duque de Caxias, Silvio Romero, movido por essa virulência, aceitou fazer uma conferência na Federação dos Estudantes Brasileiros, intitulando-a "O duque de Caxias e a integridade do Brasil". Nela, o elogio a Caxias está diretamente vinculado a sua frustração em relação à política contemporânea. Criando a figura retórica do "gênio da história", Romero indaga-lhe, diante de uma plateia de jovens brasileiros, que mal teríamos feito para que nos respondesse "com a desolação do presente, o amargo descrer do dia, a turva algidez das esperanças mortas". Mas, se aceitara o convite para estar ali, naquele evento, era para afirmar que, a "despeito das vinte oligarquias que nos matam", ainda havia esperança, que "não está tudo irremediavelmente perdido".[31]

---

[30] Romero, 1890:102.

[31] Ibid., p. 10-11.

A conferência evidencia então uma concepção de heroicidade que não aparecia claramente formulada em *A história do Brasil ensinada pela biografia de seus heróis*: o herói é aquele dotado de uma ação agregadora capaz de fazer do país uma "mansão de congraçamento", unindo diferentes culturas, e essa ação se origina de um impulso presente nas raças superiores:

> Este *belo tipo ariano* ocidental transplantado para as regiões brasílicas representa a continuidade da *tradição étnica* dos Vidaes de Negreiros, dos Gomes Freire de Andrade, a ação civilizadora de coesão do povo, da nação, contra as tendências dispersivas da desagregação tribal de índios e africanos que se acham incorporados em nossa vida.[32]

Na descrição do duque de Caxias como um "belo tipo ariano" que representa a continuidade com uma tradição portuguesa é possível destacar dois pontos. O primeiro deles é a tensão que permeia a proposta interpretativa de Silvio Romero para a história do Brasil. Ainda que seja extremamente original em sua valorização do Brasil mestiço, quando o tema em debate é o federalismo, Romero recupera de imediato os traços que filiavam o Brasil às raízes europeias.[33] O outro ponto é a emergência de uma noção de herói sustentada por um discurso racial. Se, para a historiografia romântica, a luta contra essas forças de dispersão fazia emergir um sujeito coletivo — o povo —, em Romero a ação agregadora dependia da ação de um "eu" talhado por uma etnia — o herói.

A conferência era — na definição do próprio Romero — um "fichamento" da obra do padre Pinto de Campos,[34] porém com uma diferença-chave: a glorificação do duque de Caxias devia-se não mais a uma subjetividade especial, e sim a uma tradição étnica.

Silvio Romero passa, então, a narrar os feitos do heroico general, destacando, a cada ponto, sua "segurança nos planos, na tática inteligente, na

[32] Apud Mota, 2000:93.
[33] Ibid., p. 92.
[34] Romero, 1903:36.

linha inabalável, seu talento, sua energia de disciplinador e sua capacidade para mandar e administrar". Positivando a imagem do estrategista, Romero parece ter achado o ponto de interseção entre o militar bem-sucedido de Pinto de Campos e o chefe político de José de Alencar, e, tanto quanto este, o conferencista se deixa fascinar pela capacidade de Caxias para "governar homens", para colocar em prática um plano de ação político-militar.

A longa conferência se encerra, todavia, com Silvio Romero deixando de lado o tom professoral de quem ministra "lições de história" para assumir o de propagandista político. Entusiasmado, diante da plateia, Romero não titubeia e ataca as "vinte tiranias, as vinte satrapias nefárias, os vinte antros de corrupção, as vinte pornocracias nojosas, que transformam essa bela pátria, amada por homens como Caxias, na mais corroída organização política". Depositando suas esperanças na juventude, conclama-a, então, a reagir: "reação, reação meus senhores, em vista do futuro, em nome de Caxias!".[35]

A reação em nome de Caxias

A reação política reclamada por Silvio Romero em 1903 só teve início 20 anos depois, em 1923. Até lá o general Osório seguiu sendo o modelo ideal de soldado brasileiro. Nos livros didáticos, era ele quem sobressaía como o maior herói da Guerra do Paraguai e o mais popular dos generais brasileiros. Os únicos textos biográficos dedicados ao duque de Caxias nas três primeiras décadas republicanas foram os de Capistrano de Abreu e Silvio Romero. Em contrapartida, todo dia 24 de maio, quando se comemorava a vitória brasileira na Batalha do Tuiuti, considerada a maior batalha campal já travada na América do Sul, a República rendia "culto" ao general Osório.

O processo de substituição do "culto a Osório" pelo "culto a Caxias" foi lento, e seu sucesso está diretamente vinculado às graves divergências dou-

---

[35] Romero, 1903:91.

trinárias, políticas e organizacionais que dividiam o Exército brasileiro nas décadas de 1920 e 1930. A própria integridade da instituição esteve, durante todos esses anos, em questão, e para solucioná-la criou-se um conjunto de elementos simbólicos inteiramente novos.

A recuperação e ressignificação da memória do duque de Caxias — como já bem demonstrou Celso Castro — é parte desse processo maior de "invenção" do Exército brasileiro.[36] Nesse sentido, o que vou destacar aqui são alguns pontos importantes para mostrar os sentidos pedagógicos assumidos por esse movimento e como eles passam a organizar as narrativas didáticas sobre a história do Brasil.

O primeiro ponto que vale realçar é o lugar social de emergência da proposta de "culto a Caxias": o Instituto Histórico e Geográfico Brasileiro. Tentando reassumir a posição que ocupara no Império, central na produção de um panteão nacional, o IHGB propôs em 1923, através de um de seus sócios, Eugênio Vilhena de Moraes, a criação de uma festa oficial em homenagem a Caxias. A ocasião era oportuna. Aproveitavam-se, então, as comemorações do 120º aniversário do duque de Caxias e de seu centenário militar para instituir um "culto" tal como já era praticado, na mesma época, ao general Osório e ao almirante Barroso. A proposta contou com a rápida adesão do ministro do Exército, Setembrino de Carvalho, e, dois anos depois, em 1925, o dia de nascimento do duque de Caxias passou a ser oficialmente comemorado como Dia do Soldado.[37]

Ainda em 1925, Caxias aparece também como patrono de uma turma de oficiais formada na Escola Militar do Realengo. Era a primeira apropriação claramente político-pedagógica da imagem do duque de Caxias. Aliás, a "turma Caxias" foi a primeira a ser batizada com o nome de um patrono. Mesmo sendo um movimento com fronteiras bem delimitadas,

---

[36] Esse processo de institucionalização do "culto a Caxias" foi devidamente estudado por Castro (2000). Para uma análise do conjunto dos símbolos criados nesse processo de "invenção do Exército", ver Castro (2002).

[37] Todos esses dados foram retirados de Castro (2000:105-106).

que procurava agir sobre um tipo específico de aluno, ele evidenciava com clareza o modelo de militar que o patrono deveria inspirar. A "turma Caxias" havia ingressado na Escola Militar em 1923. A Escola estava, então, praticamente vazia devido à expulsão de parte de seus alunos, envolvidos na revolta de 5 de julho de 1922. Como afirmava Pedro Cardolino de Azevedo, professor de história militar brasileira da Escola, a figura de Caxias devia ser entendida como "figura central e inexcedível do período de lutas em que estiveram à prova a unidade e integridade nacionais".[38]

O tema de Silvio Romero voltava a debate. A imagem do general Osório como herói da Guerra do Paraguai tinha de fato um forte apelo popular. Ela também havia cumprido seu papel político, permitindo à nascente república elaborar uma solução simbólica para o fato de ter sido fundada por militares. A associação entre Exército e povo fez-se por meio da noção de "soldado-cidadão", cujo símbolo maior era Osório.

Todavia, nos anos 1920, o general Osório parecia comprometer a ordem. Para aproximá-lo do povo, a imagem que a República veiculava do general era pouco militar e começava a gerar problemas para o Exército. Expressões como "soldado-cidadão", por exemplo, eram amplamente difundidas sem que houvesse cuidado na definição de seu conteúdo. Depois de 1889 e de cinco anos de governo militar, ela adquiria um sentido claramente intervencionista.[39]

O "culto a Caxias" prosseguia e gradativamente ganhava novos simpatizantes. No plano simbólico, ele passava a expressar a afirmação do valor da disciplina, da legalidade e do afastamento da política em nome da unidade nacional. Um modelo de militar que, sobretudo após o ciclo tenentista, interessava tanto ao Exército quanto a setores da sociedade civil.

Em 1931, o primeiro Dia do Soldado posterior à Revolução de 1930, a cerimônia militar em frente à estátua de Caxias sofreu uma alteração em sua rotina. A partir de então, o presidente Getúlio Vargas passou a presti-

---

[38] Apud Castro, 2000:107.

[39] Para uma caracterização do ideal do "soldado-cidadão", ver Carvalho (1974).

giar o evento com sua presença. Em 1936, demonstrando grande interesse pela data, o governo adotou várias medidas para consolidar o "culto a Caxias"; entre elas, encomendou a reimpressão da biografia do padre Joaquim Pinto de Campos para distribuí-la gratuitamente no Exército.[40]

Os novos rumos da política nacional logo alteraram as narrativas didáticas sobre a história pátria. A consagração definitiva de Caxias se deu em agosto de 1949, quando, com uma grande festa nacional, o governo do general Eurico Gaspar Dutra inaugurou um panteão ao duque de Caxias na avenida Presidente Vargas (centro do Rio de Janeiro), transferindo para o local sua estátua equestre. Nesse mesmo ano, uma portaria do Ministério da Educação, datada de 14 de março, já havia alterado o programa oficial de história do Brasil. A partir de então, a atuação militar do duque de Caxias passou a ser unidade do programa oficial de ensino de história, intitulada "As guerras civis: a ação pacificadora de Caxias".

A biografia do duque de Caxias deixava de formar apenas os alunos da Escola Militar do Realengo. O herói militar era, agora, também herói nacional. Uma imagem muito precisa então se consolidava, como mostra o livro de Joaquim Silva:

> Luiz Alves de Lima, duque de Caxias, foi uma das mais nobres figuras de nossa história. Nos agitados anos da Regência, como no primeiro decênio do Segundo Reinado, *quando a unidade nacional periclitava, salvou-a o grande soldado (...) o sentido da disciplina que nele era insuperável* (....) e por mais de meio século honrou Caxias nosso glorioso Exército, que o fez seu patrono. A República o glorificou consagrando ao Dia do Soldado seu aniversário.[41]

Autor dos manuais de história do Brasil mais vendidos da época, Joaquim Silva, nessa 26ª edição da *História do Brasil para o quarto ano ginasial*,

[40] Castro, 2000:110.

[41] Silva, 1950.

cumpria o programa exigido pelo Ministério da Educação. No alto do sumário, fez questão de escrever: "os títulos são os do programa oficial modificado pela portaria ministerial de 14 de março de 1949". Uma versão da biografia do duque de Caxias passava a formar, assim, crianças e jovens brasileiros. Incentivada por Getúlio Vargas, fosse diretamente, por meio da publicação de coleções cívicas pela Biblioteca Pátria,[42] fosse através de histórias em quadrinhos voltadas para o público jovem, como as do prestigioso *Suplemento Juvenil*,[43] essa versão — da qual somos herdeiros — é consagrada e forma gerações de brasileiros. Nela o duque de Caxias é, antes de tudo, um general disciplinado, avesso à política e defensor da integridade nacional.

---

[42] Ver *Grandes figuras do Brasil*...

[43] 20 jan. 1940.

Capítulo 7
Aprendendo e ensinando história da África no Brasil: desafios e possibilidades

MÔNICA LIMA

Agora é lei

A aprovação da Lei nº 10.639, de 9 de janeiro de 2003, que tornou obrigatório nas escolas de todo o país o ensino de história da África e da história dos africanos no Brasil, além de atender a uma antiga e justa reivindicação, trouxe uma série de consequências para o ensino da disciplina em sua totalidade e para a formação dos profissionais que atuam no magistério, em especial aqueles dessa área específica — a história. As mudanças ocasionadas pela lei ainda estão em processo e não influenciarão apenas os educadores. Elas podem trazer resultados para a ampla "clientela"[1] que pretende atingir. Crianças, adolescentes, jovens, adultos entrarão em contato com o tema. O alcance das transformações pode ser grande — e muito positivo. E elas poderão ser aceleradas ou adquirirem um ritmo mais lento, conforme a capacidade dos setores interessados em intervir no processo.

Muito mais recentemente, essa legislação foi ampliada com a inclusão dos conteúdos de história dos povos indígenas do Brasil — e, a meu ver,

[1] Para usar o jargão muito comum na área educacional.

da América como um todo — nos currículos escolares. Isso veio em 10 de março de 2008, com a Lei nº 11.645, que alterou a LDB (Lei nº 9.394, de 1996) e a referida Lei nº 10.639. Vale dizer que essa mudança não anulou o disposto nesta última, apenas acrescentou novos aspectos — e sujeitos históricos.

O impacto da medida merece certamente estudos aprofundados, preferencialmente tendo como base dados vindos de diferentes partes do país, com suas diversas experiências. Porém, vale recordar que o trabalho com história da África como conteúdo curricular no ensino universitário, pós-universitário e mesmo na educação básica não nasce no Brasil como invenção da lei, havendo histórias de mais longa duração que se relacionam diretamente com o cenário que hoje vislumbramos. Diversas organizações e instituições já haviam promovido iniciativas e experiências educacionais com enfoque nesses estudos. Em algumas universidades, a existência de cursos de história da África data de algumas décadas, e desde meados do século XX vêm sendo criados centros de estudos e pesquisas sobre o tema.[2] A demanda por uma ampliação desse quadro foi-se tornando crescente e cada vez mais fundamentada em argumentos acadêmicos e políticos de peso.

No entanto, as dificuldades nada naturais para transformar o pretendido em obtido fizeram tardar anos até que a introdução desses temas nos estudos das ciências humanas chegasse a virar uma lei de alcance nacional com as resoluções dela derivadas. E não sem razão esse caminho to-

[2] Por exemplo, a Universidade Federal da Bahia (UFBA), a Universidade de São Paulo (USP) e a Universidade Candido Mendes (Ucam) criaram, respectivamente, o Centro de Estudos Afro-Orientais, em 1959, o Centro de Estudos Africanos, em 1965, e o Centro de Estudos Afro-Asiáticos, em 1973. Esses centros de estudos têm mantido revistas acadêmicas de circulação nacional, especializadas no tema há mais de três décadas. A Ucam criou em 1996 o primeiro curso de pós-graduação *lato sensu* em história da África (hoje ampliado, contemplando a história do negro no Brasil, para atender à legislação e à demanda por formação de professores). E a UFBA fundou em 2005 o Programa de Pós-Graduação em Estudos Étnicos (*stricto sensu*), com mestrado e doutorado, além de possuir, desde longa data, uma linha de pesquisa sobre escravidão e liberdade no Programa de Pós-Graduação em História.

mou as vias da obrigatoriedade no ensino fundamental e médio, gerando efeitos na formação dos educadores que atuam nesses segmentos da educação. A legislação surgiu, portanto, mais diretamente vinculada a reivindicações por direitos de cidadania e políticas de inclusão, ainda que com um longo histórico no campo acadêmico. Nesse processo, o movimento negro e as entidades estudantis e de professores tiveram importante papel.[3]

Há certamente muitas críticas que podem ser feitas aos conteúdos presentes na lei e em seus documentos derivados — como a resolução do Conselho Nacional de Educação de 2004, entre outros. Porém, nada mais equivocado que dizer que se tratou de algo "de cima para baixo". Se não foi com a necessária consulta prévia aos especialistas, sem dúvida foi fruto de uma demanda alimentada por muitos fóruns, inclusive acadêmicos. Não há como negar que houve uma demanda fundamentada de setores da sociedade, por meio de movimentos sociais, com destaque, como já foi dito, para a militância do movimento negro.

Podemos identificar alguns problemas nos textos legais, sim. Mas há igualmente uma ampla margem que nos permite contorná-los. Há ausências, sem dúvida. Mas estas podem ser preenchidas e até mesmo propiciar uma pluralidade de abordagens, o que talvez seja muito positivo. Nada mais condenável, do ponto de vista educativo, sobretudo no campo das ciências humanas, do que uma imposição curricular estreita e detalhada. Não obstante, devemos enfrentar a discussão sobre possíveis vias de tratamento desses conteúdos na formação de professores-pesquisadores no nosso país. E há que se reconhecer que em grande medida esses documentos trazem discussões pertinentes, que conformam campos de estudo nos quais o trabalho dos historiadores pode contribuir para o aprofundamento das reflexões.[4]

---

[3] Ver especialmente Santos (2005).

[4] Nesse sentido, e de forma muito especial, o artigo de Hebe Mattos e Martha Abreu (2008) lança luzes sobre o oceano de possibilidades aberto aos profissionais de história pelas Diretrizes Curriculares no ensino de História e Cultura Afro-Brasileira e Africana.

Algumas palavras sobre formação de professores

Nas duas últimas décadas, vem-se fortalecendo no campo das discussões sobre o ensino de história (muito presente inclusive no grupo de trabalho da Anpuh sobre esse tema) a ideia de que o professor, no seu trabalho, não apenas repassa/reproduz conhecimentos, mas cria e produz um saber próprio ao ofício. É a ideia do saber escolar produzido na relação ensino-aprendizagem, tendo o professor o papel de intermediador entre os conhecimentos acadêmicos e o universo de compreensão dos estudantes, considerando os objetivos a serem atingidos com a área de estudos e aqueles conteúdos em especial.

Sendo assim, acreditamos que, ao pensar sobre os caminhos da introdução de estudos de história da África, ou de estudos sobre as populações negras no Brasil, devemos considerar, no que tange à formação de professores, que estamos lidando com um campo no qual os profissionais não apenas reproduzem, mas produzem reflexões, influenciam posturas e contribuem para a construção de ideias e de visões de mundo. Portanto, é fundamental estarmos conscientes que a formação de professores — regular e continuada — é item fundamental nesse processo de resgate da história africana para os estudantes brasileiros.

Acreditamos também que o professor, para desempenhar com segurança o seu ofício, deve ser também um pesquisador, alguém familiarizado com o processo de construção do conhecimento histórico. E, por certo, minimamente atualizado em termos historiográficos sobre o tema, capaz de saber procurar uma informação consistente e sistematizá-la para sua própria compreensão e para o ensino.

Sabemos que será nas salas de aula que grande parte dos jovens brasileiros poderá tomar contato pela primeira vez com o continente africano visto como local de produção de saberes, técnicas, ideias e riqueza humana. Isso certamente contribui não apenas para ampliar seus conhecimentos sobre a história da humanidade, mas também para adquirir outra visão da África e dos africanos — ou seja, para fortalecer seus argumentos internos contra o racismo, visando uma compreensão da identidade brasileira (e latino-americana, e também americana) com todos seus matizes.

Logo, esse profissional — o professor — tem papel primordial na interação desses cidadãos e cidadãs brasileiras com os temas da história africana, com a nossa africanidade viva. Pensar em como fortalecer esse profissional, em subsidiá-lo em sua formação e em termos dos recursos disponíveis para seu trabalho é dar instrumentos essenciais a quem melhor saberá utilizá-los.

Trata-se de um grande equívoco, que cometem muitos analistas dos possíveis efeitos da introdução desses temas, imaginar que entre os professores de história brasileiros não exista uma massa crítica capaz de reagir a visões equivocadas e idealizadoras da história da África e dos africanos no Brasil. Há quem diga que a apropriação, pelos docentes, de uma historiografia mais recente sobre a escravidão tem produzido um ensino que criaria uma visão "benigna" do cativeiro africano no Brasil, devido à valorização das ações de resistência empreendida pelas novas vertentes de estudos históricos.[5] Esse raciocínio, ainda que seja válido por alertar para um perigoso deslize no ensino de história do Brasil, de certa maneira subestima a capacidade crítica dos professores para dialogar com esses novos aportes da pesquisa histórica. A incorporação de novas abordagens sobre a vida dos escravizados pode ser feita sem se perderem de vista certos aspectos essenciais do Brasil escravista. Há todo um longo histórico de formação nos cursos de história sinalizando a presença de um projeto social violento e excludente. Até na história do Brasil fica difícil imaginar que parte significativa dos professores de história conduz a essa visão.

Evidentemente, estamos conscientes de que não se educa apenas em sala de aula. Mas a escola e a universidade ainda são lugares de grande influência na formação de posturas e visões de mundo. E igualmente não podemos estar seguros de que a introdução dos estudos sobre a história da África e do negro no Brasil garantam uma mudança. Mas o longo tempo

[5] Pereira, 2008:36.

de ausência e negação dessas histórias certamente contribuiu para fortalecer o preconceito e a intolerância que tanto queremos combater.

Ventos de mudança

Durante a elaboração dos diversos documentos relativos à Lei nº 10.639/2003, outros textos e reflexões foram produzidos. Pareceres, orientações, sugestões de conteúdos são fundamentais, sem dúvida, e as diretrizes curriculares se destacam nesse conjunto.[6] De igual maneira, as experiências vividas e em processo já nos trazem dados a respeito. Há uma estrada já trilhada, que nos revela um profundo interesse por parte dos estudantes, uma atitude de busca de caminhos por parte de diversos educadores e uma disposição para multiplicar e dar significado aos conhecimentos obtidos.

Dos cursos de história da África saíram multiplicadores que, em suas instituições de ensino, criaram iniciativas e hoje participam de forma mais efetiva de fóruns de debate e ações do movimento social, havendo também aqueles que prosseguiram em seus estudos, pois se sentiram estimulados para tanto. Tratar de estudos sobre África, sobre os africanos e seus descendentes no Brasil não poucas vezes cria uma sensação de proximidade, de identificação, de reconhecimento por parte dos alunos em relação ao tema, e isso estimula o ambiente de aprendizagem. E não apenas entre os alunos negros. Um dado não se deve perder de vista: o aspecto mobilizador desses estudos.

No entanto, não podemos nem devemos deixar de considerar as dificuldades. Aquelas derivadas da falta de uma formação adequada, da falta de apoio institucional e da ausência de políticas acadêmicas específicas. Mas ainda há outras, algumas das quais que se situam no campo educacional mais geral, como os embates com as programações curriculares.

---

[6] A Resolução nº 1 de 17 de junho de 2004, do Conselho Nacional de Educação, institui as Diretrizes Curriculares Nacionais para Educação das Relações Étnico-Raciais e para o Ensino de História e Cultura Afro-Brasileira e Africana no Brasil.

> a busca de um currículo multicultural para o ensino é uma outra manifestação de um problema mais amplo: a capacidade da educação para acolher a diversidade. (...) a diversidade é possível apenas quando existe a variedade, e o problema fundamental está no fato de que nem o currículo, nem as práticas pedagógicas, nem o funcionamento da instituição admitem muita variação.[7]

Devemos lembrar que, no pensamento educacional contemporâneo, um currículo real é mais do que uma listagem exaustiva de conteúdos e de objetivos a serem atingidos. Trata-se de um conjunto que envolve metodologias e análise dos exemplos utilizados pelos professores, das relações sociais entre os alunos, das formas de agrupá-los para as atividades, enfim, de tudo o que é exigido na sua avaliação. Ou seja, a simples informação sobre os conteúdos não forma satisfatoriamente professores de história da África, considerando o contexto em que vivemos, o país em que vivemos, e a concepção dominante dos cursos universitários no país. Isso não quer dizer que tenhamos que esperar por um movimento de mudança de pensamento e postura para iniciar a formação desses professores. Ao contrário, sabemos que o contato com esses temas (de história da África), a pesquisa, a discussão e a reflexão sobre os mesmos podem contribuir imensamente nesse processo.

Acreditamos que o processo de aprendizagem se dá em grande parte pela via do afeto — fundamental para uma mudança de atitude. O afeto é entendido aqui na sua acepção mais ampla, de deixar-se e fazer-se conquistar pelo tema de trabalho e pesquisa, de abrir-se para compreender a relevância do tema para um melhor entendimento não somente da realidade, mas de si próprio dentro dela. O conhecimento deve adquirir significado afetivo, criar interesse, estimular, desafiar — essas são as chaves da aprendizagem. E no campo da história da África e dos africanos no Brasil, em especial, deve agregar valores e contribuir para negar preconceitos e

[7] Sacristán, 1995:82, 84.

visões deturpadas. Esse é um importante objetivo a atingir. E para abrir as portas da aprendizagem também é preciso romper as barreiras do preconceito, da negação. Ou seja, é também um caminho necessário, além de uma meta a ser alcançada.

Outra grande dificuldade ou, melhor dizendo, outro desafio é dar espaço ao múltiplo nas Áfricas presentes, reinventadas e vividas no nosso país.

Muitas Áfricas[8]

É muito difícil falar de África no singular, ou de uma África no Brasil. São muitas as sociedades, diversas em seu desenvolvimento, diversas em sua origem, diversas em sua cultura. Muitas cores na África, muitas Áfricas no Brasil...

Sabe-se que a própria ideia de "africano" não existia entre os escravos e libertos brasileiros trazidos cativos do continente, antes do século XIX. Não que inexistissem identidades entre eles antes — ao contrário, havia-as, e foram descobertas, criadas, reforçadas. Mas a visão de uma África como terra de todos e de uma identidade africana foi surgindo articulada às formas de reinvenção de identidades característica dos oitocentos e originou-se naquele momento específico da relação com a sociedade dominante.

Da mesma forma, sabemos que, na luta pela libertação do jugo colonial na África do século XX, foi fundamental a criação de vertentes ideológicas que ressaltassem os aspectos comuns, como as ideias de negritude, pan-africanismo etc. Todas essas ideias tiveram um papel na história: negar os discursos dos colonizadores e forjar as integrações necessárias. Mas não eram verdades absolutas. Os que as tomaram como verdades sem matizes logo se sentiram derrotados ao perceberem que pertencer ao continente como nativo não os fazia necessariamente irmãos uns dos outros.

---

[8] Os parágrafos iniciais deste item estão em artigo anterior de minha autoria (Lima, 2004).

No entanto, não se pode desconsiderar os aspectos comuns, dentro de uma visão de totalidade, abrangendo amplas regiões da África. Podemos falar, sim, de grandes aspectos, de histórias compartilhadas, de longos períodos de interações e trocas. Regionalmente, em grandes áreas geoculturais e linguísticas, há africanidades que formam aspectos comuns de caráter amplo, explícito, profundo. Assim como no Brasil, o contato entre povos de regiões próximas criou vocabulários e comunicação próprios,[9] contribuindo para produzir novas estratégias de resistência. Somente a pesquisa histórica que se detenha nos aspectos desse cotidiano, do tecido aparentemente difuso da vida dessas pessoas pode revelar a presença dessas Áfricas no Brasil. Hoje se caminha nessa direção, e há boas pesquisas em curso, mas ainda é preciso fazer essas notícias chegarem mais às salas das universidades e às salas de aula da educação básica.

Certamente devemos tomar cuidado com as idealizações e uniformizações que permeiam nosso olhar sobre a África e os africanos. E estar atentos ao nos debruçarmos sobre a literatura produzida, que muitas vezes reproduz estereótipos e cristaliza uma visão de uma África homogênea, idílica ou selvagem, distante da rica multiplicidade das paisagens e vidas reais.

Caminhos em processo

Sabemos que na distância entre a intenção e o gesto pode existir um espaço que não é simples de ser ocupado. Pensar em inserir conteúdos de história da África, da história dos africanos no Brasil e de cultura afro-brasileira nas instituições de ensino significa necessariamente repensar a nossa própria história e a maneira como ela se apresenta nos currículos atualmente. Significa perguntar: onde queremos chegar? E como chegar? Res-

[9] A esse respeito, especialmente importante é o trabalho do historiador Robert Slenes (1991, 1999).

ponder a essas perguntas nos coloca diante de outras questões muito profundas. Se resgatar essa memória é elaborar uma nova matéria-prima da nossa identidade como povo, estamos em face de um desafio: quem somos? E mais: quem desejamos ser?

Não é simples pensar em "como fazer", quando a questão envolve séculos de desconhecimento e distanciamento intelectual. Não há como recuperar a africanidade de nossa história sem recuperar a própria história da África. E, nesse caso, trata-se de construir referências, de recuperar memória, de trazer à tona tudo aquilo que não encontrou estímulo para sedimentar-se na cultura individual e coletiva sobre o significado das relações com a África na nossa história. E também sobre as estratégias criadas por africanos e africanas, e por seus descendentes mais diretos, ao lidarem com as condições adversas em que se encontravam, seja para sobreviver ou mesmo para viver melhor.

Alguns desafios postos à nossa frente merecem reflexão. Um dos mais sérios: a amplitude de nossa área de interesse. Sim, pois a história da África é mais ampla que a história das relações Brasil-África. É muito maior e mais profunda que a (longa) história do tráfico atlântico de escravos. A história de nossos ancestrais não se inicia nem se encerra na escravidão. Ela remonta os primeiros passos da humanidade, à criação das primeiras formas gregárias de vida dos humanos e sua interação com a natureza. Migrações, descobertas, conhecimentos técnicos estiveram presentes nas histórias mais remotas dos grupos humanos que viveram no continente africano. Os programas de história nas universidades e institutos de formação de professores devem ser pensados numa perspectiva que ultrapasse não apenas a história eurocêntrica, como também uma concepção de estudos históricos que vem sendo orientada pela história do capitalismo, ou das chamadas revoluções — que são também, sobretudo, europeias.

No que tange à história do Brasil (e, em especial, à história dos negros e, se alargamos nosso olhar, à história dos indígenas em nosso país), há que rever marcos temporais demasiadamente vinculados a uma história política. Deveríamos incluir novos sujeitos — os quais, junto com os africanos e os afrodescendentes, compunham a maioria da população. O estudo de suas crenças, suas práticas, seus saberes, sua capacidade de adaptação e mudança poderá revelar faces ocultas da nossa história e da nossa identidade. Muito já se vem produzindo nesses campos de estudos históricos. Mas esses avanços historiográficos devem chegar às salas de aula das universidades e institutos de formação de professores através de textos e artigos a serem lidos e discutidos por aqueles que multiplicarão esses conhecimentos nas escolas. O peso do desconhecimento e das visões equivocadas da história da África e dos africanos no Brasil não deve ser esquecido — estamos diante de uma tarefa que exige esforço e determinação.

Pontos de um breve diagnóstico

O que se pode observar nos cursos de história da África destinados à formação — regular e continuada, isto é, após a graduação — de professores são reivindicações e dificuldades que, se não pudermos atender e solucionar como um todo, ao menos podemos encaminhar, abrindo caminhos para a reflexão sobre as mesmas.

Destaco, portanto, alguns pontos, iniciando pelas ausências sentidas:

- desses estudos na formação universitária ("não fomos preparados");
- de uma bibliografia de boa qualidade, adequada, acessível ("não temos como nos preparar");
- de material didático para utilizar com os alunos ("não temos como trabalhar em sala com eles");
- de apoio para uma capacitação, para uma preparação, por parte dos responsáveis (governos, gestores escolares).

E ainda:

- não estariam convencidos da importância do tema (perguntam: "por que esse tema merece atenção tão especial?");

- haveria dificuldades pessoais (resistência, incompreensão);
- achariam muito difícil a compreensão desse "outro"; sentem que lhes faltam referências.

Quanto às ausências, é preciso pôr mãos à obra. São reais, causam dificuldades reais, e para solucioná-las necessitamos de uma série de ações no campo acadêmico que visem fortalecer nossa área de estudo. Precisamos encontrar formas de estimular a produção de textos para a formação universitária e de material para a reflexão pedagógica, bem como a produção de outros materiais (visuais, iconográficos) ou mesmo a obtenção (tradução) de similares já produzidos por outros grupos em outras partes do mundo. O fortalecimento do diálogo com associações e instituições dedicadas a esse fim deve ser uma meta a ser atingida pelos que trabalham na área.

Há, paralelamente, um caminho de militância (ainda que pese a alguns o uso de palavra tão desgastada) política e acadêmica para a ampliação das oportunidades de acesso a cursos de formação inicial e continuada em estudos sobre a África e os negros no Brasil. Militância que, a meu ver, é parte de nossa tarefa. Em praticamente todos os levantamentos realizados sobre as dificuldades sentidas pelos professores diante da necessidade de implementação do ensino de história da África, o ponto de maior destaque, em geral o primeiro a aparecer em tom de reivindicação, é a demanda por cursos de capacitação.[10] Portanto, trata-se de atender a um pedido legitimamente encaminhado.

O não reconhecimento do valor desses estudos por parte de alguns pode ser sanado com o contato com os mesmos, abrindo-se assim uma ampla janela para o Brasil e o mundo, muito mais diversos e ricos do que se esperava. As resistências devem ser minadas pelo dado acadêmico ("saber mais"), bem como pelo fascínio e o encantamento que podem ser despertados pelas

[10] Essa informação foi veiculada em diferentes trabalhos apresentados por educadores de várias partes do país durante o V Congresso da Associação Latino-Americana de Estudos de Ásia e África do Brasil, realizado em setembro de 2008 na Universidade Candido Mendes, no Rio de Janeiro.

boas fontes de informação, as leituras, discussões e palestras sobre o tema. E quando essas resistências se fundamentarem em preconceitos, o caminho é o bom combate. Sem subterfúgios, sem negociação. Claro que com todo o respeito pelas pessoas, mas sem nenhuma tolerância com o racismo.

Acredito que trazer o tema aos que dele se aproximam pela primeira vez venha a ser o menos difícil: vale um exercício de olhar o Brasil com profundidade e interesse, com a visão aberta de quem investiga a sua própria história, seja afrodescendente ou não. Mas olhar com uma postura crítica, de estudo, estabelecendo relações, tentando ir além do aparente. Criar situações de aprendizado pelo contato, por presença ou memória, com as Áfricas no Brasil.

Tudo isso requer, da parte dos professores e pesquisadores em formação, muito estudo. Não devemos negar: dá trabalho. E é necessário apropriar-se de conteúdos, de discussões teóricas, escolher caminhos e inventar caminhos. Nada disso é simples, mas, ao mesmo tempo, pode tornar-se muito fascinante. Sobretudo se pensarmos nos resultados acadêmicos, sociais e políticos de nosso trabalho — resultados que não chegarão apenas ao final de um processo, mas no curso de nossos estudos.

Pensando possibilidades

Deveríamos pensar em iniciar uma grande tarefa de reformulação curricular que não se limitasse a inserir uma história da África descolada da história da humanidade, mas que, ao contrário, alargasse os limites espaciais da história como um todo. O que não significa apenas inserir conteúdos e mais conteúdos, mas rever assuntos e temas considerando aspectos essenciais da formação de professores-pesquisadores. Em outras palavras, trata-se de pensar aonde queremos chegar com o ensino da história para professores que deverão trabalhar com esses temas.

Seria uma reformulação que levasse em conta as concepções mais atuais de currículo, que envolvesse diferentes maneiras de aprender e, portanto, de ensinar. A introdução da história da África e da história dos africanos e afrodescendentes no Brasil pode ser uma grande oportunidade para revermos alguns paradigmas da própria área do conhecimento na formação universitária e na educação básica.

Não nos seria suficiente enquadrar os novos agentes históricos trazidos pela história da África e dos africanos no Brasil nos limites estreitos de uma história que não foi concebida para contemplá-los. Eles ficariam nela eternamente como apêndices. Não seria o caso, tampouco, de inventar uma história de base semelhante, apenas substituindo os antigos sujeitos históricos pelos que elegemos. Novamente, a camisa conceitual apertada de uma história tradicional vai parecer inadequada. E não chegaríamos ao mais lindo desafio que esses conhecimentos sobre a história de nossos ancestrais nos apresentam: colocar em questão o sentido de todo esse trabalho, ou seja, a que se destina o ensino-aprendizagem da história da África no Brasil.

Igualmente, não se trata de valorizar estereótipos nem discursos vazios de consistência em nossos estudos — isto é, evitaremos usar um tom "panfletário". O que não quer dizer que seria um estudo não comprometido. Ao contrário, o compromisso é parte indissociável de nosso trabalho. Mas tudo deve ser muito fundamentado, procurando sempre ir além de nossos discursos indignados e de nossas (muitas vezes) justas denúncias. Tomar essa estrada exige trabalho, pesquisa séria, rigor, superação de maniqueísmos e sectarismos. As idealizações podem enfraquecer nossa compreensão. Devemos colaborar para a construção de uma autoestima que compreenda o caráter multifacetado da alma humana dos africanos e afrodescendentes ao longo de suas histórias, e que absorva suas ambiguidades e sua diversidade como elementos de suas trajetórias, e não como pseudodesvios de um processo em que só caberiam a pureza e a correção absolutas.

No âmbito acadêmico, o ensino da história da África deveria procurar interagir com estudiosos nesse campo nas Américas e na própria África, além (certamente) dos europeus. Do ponto de vista da definição dos sentidos de sua própria existência, poderia se apropriar das questões que os diferentes povos na África elegeram e elegem como fundamentais na sua história passada e presente. E dialogar com pesquisadores e docentes nas Américas e no Caribe, numa troca de experiências na qual teríamos muito o que aprender. A história dos africanos no Brasil deveria incorporar as questões que a nova produção de pesquisas e livros traz à tona, mas com atenção e cuidado, para estudá-las com mente aberta e bom espírito crítico. Poderia haver também um esforço para torná-la mais ampla e mais conectada com as Américas negras, com suas muitas diferenças e semelhanças. Podemos e devemos, como já foi dito antes, buscar aprender com outros grupos de estudiosos e professores. Conhecer experiências e aprender com elas. Afinal, deveríamos saber lidar com o conceito de diáspora africana não apenas como objeto de estudo.[11] Essa experiência comum nos abre também a chance de uma aprendizagem a partir de contribuições de historiadores e cientistas sociais de todo um continente com forte presença africana em sua formação. Olhar mais de perto a nossa história africana e afrodescendente pode nos aproximar do restante da América e também do Caribe.

Um dos possíveis caminhos dessa conexão pode ser o estudo de temas articulando diferentes áreas geográficas e favorecendo estudos de história comparada. Se pretendermos conhecer a história da África dos grandes manuais, do nascimento da humanidade até ontem, não conseguiremos conhecer a fundo certos assuntos que fazem muito sentido nos estudos históricos num país como o nosso.

Eis a magnitude dos problemas que nos coloca a chegada da história da África aos nossos estabelecimentos de ensino — e a consequente necessidade de preparar pessoas para selecionar e ministrar esses conteúdos. Rever elementos da formação da nossa identidade requer novas escolhas, e estas pressupõem uma nova visão de mundo a ser definida.

Na sua profundidade, a história do Brasil deveria ser mais negra em sua alma, ou seja, mais próxima do que há de presença africana em todos nós.

[11] Sobre o conceito de diáspora africana nas Américas, ver Gilroy (2001).

E esse "nós" pode e deve ser amplo como as dimensões da diáspora negra, em cuja história há tanta dor, mas também tanta criação e tanta beleza — que em grande parte nos fizeram ser o que somos.

Capítulo 8
História da África: um continente de possibilidades

MARINA DE MELLO E SOUZA

Hoje em dia é grande o interesse por temas relacionados ao continente africano, e isso se deve não apenas à introdução da área de história da África no ensino básico, mas também aos problemas e inquietações trazidos pelo tempo presente.

No contexto do conhecimento ocidental, o interesse por várias partes do continente africano vem de longa data. Registros foram feitos em diversos momentos e situações por viajantes, aventureiros, comerciantes, exploradores, missionários, militares, eruditos, funcionários administrativos — europeus, árabes e africanos muçulmanos —, que contavam sobre o que viam no continente africano e outras terras distantes.[1] Adequados aos interesses daqueles que produziam tais relatos, pensando nos que iriam lê-los e nas suas implicações políticas e econômicas, eles são fontes para a reconstrução da história do continente, mas também refletem as especificidades referentes aos diferentes momentos da presença dos estrangeiros que escreviam suas experiências.

Do século XV ao século XVIII, as relações entre europeus e africanos foram orientadas por interesses comerciais e diplomáticos, sendo grande a

[1] Silva, 2003; Curtin, 1980.

presença de árabes em algumas partes do continente. Nos séculos XIX e XX, os europeus dominaram a cena e agiram no sentido de subjugar política, militar e economicamente as sociedades africanas. A necessidade de conhecê-las para melhor dominá-las se coadunava com o impulso que o conhecimento científico tomou à medida que o pensamento racional ocidental ganhava mais vigor. Nesse contexto foram produzidos estudos acerca de assuntos africanos, descrevendo povos e lugares, identificando recursos a serem economicamente explorados, sem que desaparecesse também o interesse pelo exótico, pelo diferente, que moveu muitos dos estudiosos e exploradores do século XIX.

Mas, para os historiadores ocidentais, a África não era objeto de interesse, uma vez que a maioria de suas sociedades era iletrada e, portanto, não produzira registros escritos, tidos como instrumento básico para a construção da história. Além disso, entendia-se que essas sociedades não haviam passado por transformações significativas ao longo do tempo, e eram justamente tais mudanças que constituíam o principal interesse da disciplina. Assim, para os europeus, a maior parte da África não tinha uma história antes de sua chegada, o que denotava grande ignorância acerca dos processos históricos ali verificados, conhecidos desde há muito pelos árabes e povos letrados do continente, como os islamizados.

Com as inovações na historiografia ocorridas na segunda metade do século XX, quando foi questionada a exclusividade de uma abordagem apenas política e institucional, propondo-se como alternativa a elaboração de uma história do cotidiano, abriram-se novas possibilidades para a história da África. A introdução de novas metodologias e novas perspectivas, a incorporação, ao campo de interesses da história, dos grupos sociais destituídos de poder, e a aproximação com outras disciplinas, como a antropologia, a geografia, a linguística, a arqueologia e a estética, tornaram a história da África um campo especialmente propício para a prática da interdisciplinaridade. Tal história só pode ser feita com o recurso a várias áreas do conhecimento, tanto assim que Wyatt MacGaffey (1978) chegou a dizer que ela havia se tornado o decatlo das ciências sociais. Portanto, uma das possibilidades abertas pela historiografia africanista é uma reflexão de ordem metodológica e epistemológica sobre o próprio fazer da história.

Ainda no que diz respeito a aspectos metodológicos, um tema interessante a ser explorado são as fontes ocidentais disponíveis. Estas se enquadram em dois grandes conjuntos: aquelas relativas ao momento em que regiões da África foram integradas ao mundo atlântico por meio do comércio de escravos, principalmente; e aquelas relativas ao momento em que os interesses no continente se articulavam com as economias industriais europeias em expansão e não mais com as economias coloniais americanas. Se no primeiro momento as narrativas de viajantes, missionários, comerciantes e administradores coloniais estavam em grande parte orientadas não só pelos interesses mercantis, mas também pelo discurso da conversão dos gentios ao catolicismo, no segundo momento, quando a África despertava interesse pelas matérias-primas que podia oferecer aos europeus, estes a viam segundo a perspectiva evolucionista e racista então em vigor. A partir do século XIX, destinaram-se verbas para a exploração do continente, permitindo que este fosse cortado de ponta a ponta por gente que mapeava e registrava tudo o que encontrava, assim criando condições para sua posterior ocupação. E isso não teria sido possível sem os guias e carregadores africanos, profundos conhecedores daqueles territórios, que conduziam os europeus por espaços até então impenetráveis e lhes transmitiam seus próprios conhecimentos.

Mas não foram apenas as mudanças ocorridas dentro da disciplina que abriram as portas para que as realidades africanas fossem abordadas pelo viés da história. O momento político vivido pelo continente nos anos 1960, quando se livrou do jugo europeu e os países assumiram os limites que conhecemos hoje, favoreceu o interesse das elites locais em traçar as suas histórias, buscando nos elementos do seu passado a legitimação para as unidades políticas que então se afirmavam. A partir de então, a história da África começou a se consolidar, devido não só às transformações da própria disciplina, mas também aos interesses políticos, econômicos e ideológicos de africanos e estrangeiros.

No caso brasileiro, em particular, esses temas sempre foram mais delicados pelo fato de nossos vínculos com o continente africano estarem associados à presença da escravidão na nossa história e por causa da contribuição africana na constituição de nossa população. No final do século XIX, era difícil para a elite política e intelectual brasileira, alinhada às ideias evolucionistas do pensamento europeu, dar conta do projeto de integração da jovem nação republicana ao mundo civilizado irradiado a partir da Europa, pois nosso país era formado em grande parte por descendentes de africanos, considerados inferiores tanto pelas perspectivas racistas quanto pelas evolucionistas.[2] A saída encontrada para a efetivação de um afastamento da África e da carga de primitivismo a ela associada foi promover a incorporação da população negra à população branca por meio da miscigenação, percebida como o caminho possível para o branqueamento do país. De forma mais ou menos velada, essa postura foi predominante durante grande parte do século XX, resultando num afastamento daquilo que dissesse respeito à África, como se assim pudéssemos nos desligar dela. Alguns estudiosos, entretanto, como Nina Rodrigues, Gilberto Freyre, Artur Ramos, Edison Carneiro, Câmara Cascudo e Roger Bastide, consideraram sempre em seus horizontes de análise a estreita ligação entre o Brasil e a África.

Paradoxalmente, a forte presença dos descendentes de africanos no Brasil, com tudo de negativo que lhes era associado, fez com que aqui os estudos sobre assuntos africanos demorassem a ganhar espaço, a despeito da inegável influência de culturas daquele continente sobre a brasileira, considerada em seu conjunto. O foco na miscigenação destacou os resultados originais das contribuições africanas, não havendo interesse pelo que dizia respeito ao continente de onde vieram os escravizados, pois estes só passavam a ser considerados a partir do momento em que entravam no navio negreiro. A presença do negro era, portanto, assunto exclusivamente brasileiro. Isso fez com que mesmo intelectuais negros empenhados em de-

---

[2] Sobre essa questão, ver Schwarcz (1993, 2001).

nunciar o racismo e as desigualdades fundadas em fatores raciais não se alinhassem às posições do movimento diaspórico da negritude criado por artistas e intelectuais do Caribe e de algumas regiões da África, principalmente as colonizadas pela França, país a partir de onde o movimento se articulava.

O interesse pela África no Brasil só tomou corpo depois dos anos 1960, quando os estados nacionais africanos começaram a se organizar e, no campo do conhecimento, o padrão ocidental passou a ser questionado como o mais adequado a todos, passando-se a abordar as sociedades a partir de suas lógicas internas. As ideologias racistas caíam por terra (o holocausto era um fantasma bastante presente), o etnocentrismo era cada vez mais questionado, e o relativismo cultural ganhava força. As discussões internacionais acerca da opressão do negro, o pan-africanismo no campo político, a negritude no campo cultural e a campanha pelos direitos civis nos Estados Unidos acabaram por levar os intelectuais negros brasileiros e militantes pela igualdade de direitos, que antes viam as matrizes africanas como fontes de atraso e superstições, ao diálogo com o debate em curso fora do Brasil.

Enquanto vigorou a ideia da democracia racial, seja como crença na sua existência, seja como meta a ser atingida, a África foi assunto ignorado, pois o que estava em jogo era a constituição de um povo uno, homogêneo, mestiço, brasileiro e civilizado. Com o entendimento de que a adesão a essa ideia implicava a negação do preconceito — que apesar de negado era vivenciado cotidianamente —, seus tons conservadores ficaram mais evidentes. Chegou então o momento de, na onda dos movimentos internacionais, valorizar as matrizes africanas enquanto atribuidoras de diferenças constitutivas de identidades específicas. Desde então, a questão do negro passou a ser mais valorizada que a da mestiçagem, num contexto de afirmação das diferenças, de valorização intrínseca dos negros, afastando-se de comparações hierarquizantes. No campo das políticas públicas e das leis, a pressão que os grupos representantes dos interesses e reivindicações das pessoas autoidentificadas como negras exerceram sobre o conjunto da sociedade produziu efeitos significativos e que são parte importante das transformações pelas quais vêm passando as relações raciais no Brasil.[3]

Nesse novo contexto, no qual se tende a não tomar as sociedades e os processos históricos a partir de uma evolução linear e unidirecional, buscando o conhecimento pela chave da multiplicidade de modelos e do multiculturalismo, penso ser fundamental conhecer a África em todas as suas dimensões, também para destruirmos os preconceitos raciais. São, portanto, processos específicos do tempo presente que atuam na construção de um campo de interesses voltados para o continente africano. Entre eles podemos citar as reivindicações de grupos de negros e mestiços historicamente marginalizados, e os interesses econômicos e políticos gerados pelas novas configurações internacionais em que os países africanos emergem mais uma vez como potenciais fornecedores de matérias-primas, fontes de energia e consumidores de bens e serviços.

Uma vez localizado o contexto em que o ensino de história da África passa a ser uma questão da qual precisamos dar conta, podemos falar de forma mais específica a respeito de como achamos que isso pode ser feito. Antes de mais nada, é bom deixar claro que se trata de uma disciplina forjada no contexto da produção de conhecimento do mundo ocidental, europeu, diferente das formas africanas de lidar com o passado, como a oralidade e os mitos. Os resultados que se buscam com a produção de história da África dizem respeito à disciplina acadêmica, e não a formas africanas de vivenciar e reproduzir os feitos e ensinamentos do passado.

Como já mencionado, no século XIX e em parte do século XX, a África despertava interesse pelo que podia oferecer aos europeus, que entendiam o mundo a partir de uma perspectiva evolucionista e racista. Exploradores, missionários, funcionários coloniais, colonos, todos eles veículos do interesse europeu em conhecer o continente para explorá-lo e ocupá-lo, produziram muitos relatos, fundamentais para a reconstrução das histórias africanas. As sociedades de geografia, articuladas aos interesses das

---

[3] Ver Guimarães (2002).

elites econômicas e políticas de seus países, financiavam viagens de exploração ao continente, que atiçava espíritos aventureiros e projetos de exploração econômica. Também alguns jornais financiaram expedições à África, como as que fez Stanley por volta de 1875, com a missão de encontrar Livingstone, afamado explorador da região sul do continente e do qual há anos não se tinha notícia. Ao enviar para Londres relatos periódicos de seu périplo, Stanley fez aumentar em muito a vendagem do periódico que bancava seus gastos e publicava seus artigos.[4] Mas, sem guias locais que transmitissem aos europeus parte do que sabiam, sem carregadores que viabilizassem a locomoção das expedições de exploração, estas não existiriam. Sem eles, de pouco serviriam o dinheiro dos financiadores e as habilidades dos exploradores, que dependiam das estruturas locais para coletar informações sobre o continente.

Essa presença dos exploradores europeus no continente africano é um tema interessante para ser trabalhado num curso de história da África. Num nível mais avançado, como já dito, por meio dele é possível abordar questões metodológicas e de crítica documental relativas ao uso desses textos como fontes. Mas, antes disso, o fator de aventura presente nessas situações e relatos pode ser um meio de capturar a atenção de um adolescente. Entre muitíssimos exemplos extremamente ricos, além dos já mencionados Livingstone e Stanley, podemos citar Mungo Park, que percorreu o baixo rio Níger e no início do século XIX desvendou o seu curso para o mundo europeu; as aventuras de Richard Burton, Speke e Grant, que buscaram as tão intrigantes nascentes do Nilo e desvendaram o complexo de rios e lagos que o constituíam em meados do mesmo século XIX; ou ainda os exploradores portugueses, que buscaram com suas viagens ligar Angola a Moçambique e assim garantir uma fatia central do continente para Portugal.[5]

---

[4] Dugard (2004) e Hochschild (1999) dão uma ideia bastante viva dessas expedições e dos interesses a que elas serviam.

[5] Ver os livros de Hermenegildo Capello e Roberto Ivens, *De Benguela às terras de Iaca* (1881) e *De Angola à contra-costa* (1886), e o de Alexandre A. da Rocha Serpa Pinto, *Como eu atravesse a África do Atlântico ao mar índico, viagem de Benguela à contra-costa* (1881).

Antes desses exploradores e geógrafos europeus, eruditos árabes ou africanos islamizados fizeram vários relatos das coisas que viram, ouviram falar e pesquisaram em documentos a que tiveram acesso. Essas fontes muçulmanas, com algumas traduções para línguas europeias, como Al-Bakri, Al-Masudi, Ibn Batuta, Ibn Kaldun, As-Saadi e Yuhanna al-Asad (mais conhecido como Leão Africano), permitem-nos conhecer muito da história do norte e da costa oriental da África, do Sahel e mesmo de regiões mais ao sul, com as quais os mercadores islamizados negociavam e de onde traziam notícias de povos que habitavam as florestas e as proximidades da costa. No período que vai do século X ao século XVII, a região do Sahel esteve envolvida em intensas redes comerciais que a ligavam aos portos do Mediterrâneo, e nela se desenvolveram várias sociedades que a historiografia classifica como impérios, reinos e cidades-Estados, cujas histórias são contadas pelas fontes muçulmanas. Esse também é um capítulo interessantíssimo, frequentemente chamado de história da África medieval.

Mas, a despeito da complexidade dos processos ocorridos nesse período e da existência de fontes escritas a seu respeito — a maior parte em árabe, é bom lembrar —, aos olhos da Europa imbuída do espírito neocolonial o continente como um todo só passou a ter história depois que nele chegaram os europeus. As instituições lá existentes foram consideradas estáticas, perpetuando uma tradição quase imutável — portanto, objetos de estudo da antropologia. Caberia a essa disciplina tratar das sociedades consideradas sem história e que, por desconhecerem a escrita, não possuíam fontes especificamente historiográficas. Havia então por parte dos europeus um total desconhecimento dos processos históricos internos da África, tidos mesmo como inexistentes. Já alguns letrados muçulmanos não só discorreram sobre a história do Sahel, mas também deixaram algumas crônicas, como a de Es Saadi sobre Songai no século XVII, assim como faziam os letrados europeus na mesma época ou antes — por exemplo, as crônicas de Duarte Pacheco Pereira e João de Barros sobre Portugal.

Além de abordar a história da África pelo viés das narrativas escritas, não só considerando as informações nelas contidas, mas expondo os contextos de produção desses textos, pode-se também estudar o continente utilizando as informações de natureza geográfica. As descrições dos ecossistemas existentes, dos cursos dos principais rios, das feições das diversas economias desenvolvidas nas diferentes regiões e resultantes de adequações específicas do homem ao meio tanto têm interesse por si próprias como servem de suporte para uma compreensão mais completa dos processos históricos ocorridos em cada uma dessas regiões. Desertos, savanas, florestas, altiplanos, a grande costa, os minérios, os produtos da fauna e da flora, tudo isso são elementos importantes para a construção das histórias africanas.

A descrição dos sistemas ecológicos e das adaptações dos homens a eles permite entender a complementaridade existente entre as diferentes áreas e entre os povos a elas adaptados, explicando as trocas e as relações comerciais, que têm importância central em grande parte das sociedades. Geralmente as trocas de produtos vêm acompanhadas de trocas culturais, sendo essas duas esferas elementos importantes na compreensão de histórias locais. Assim, recorrendo à interdisciplinaridade, no caso, à geografia física e humana, chegamos a um entendimento mais completo dos processos históricos. A eficácia da utilização de mapas numa primeira aproximação do continente e de suas populações comprova a necessidade de assentarmos as histórias africanas no espaço. Diante da falta de familiaridade com relação ao continente, ainda predominante, além do conhecimento dos sistemas ecológicos, o mapeamento do curso dos rios também ajuda a situar, mesmo que aproximadamente, as diferentes sociedades aí estabelecidas, principalmente no passado, quando as divisões internas eram diferentes das existentes hoje.

A história das sociedades africanas deve ser inserida na história da humanidade como um todo. Assim, além de fazer parte da dita pré-história do homem, sendo berço dos nossos antepassados mais diretos, o continente abrigou várias formações sociais que devem ser incorporadas à história da humanidade, para ficarmos no campo propriamente historiográfico. Considerando-se a cronologia em vigor na disciplina, forjada no âmbito do pensamento europeu — pré-história, Antiguidade, Idade Média, história moderna e contemporânea —, é possível abordar a África em todos esses períodos.

A investigação acerca das origens do homem leva à África. A metalurgia, importante marco nos processos que tornaram as sociedades humanas mais complexas a partir de aquisições tecnológicas, está presente no interior do continente desde cerca de 2000 a.C. As sociedades africanas deixaram vestígios arqueológicos, como cerâmicas, instrumentos de ferro e construções funerárias, que dão testemunho de seus modos de vida e de suas culturas. Na ausência de registros escritos ou orais, os vestígios materiais indicam movimentos populacionais e contatos entre povos de diferentes lugares, de dentro e de fora do continente. Dessa forma, as histórias internas e as ligações com outras regiões do globo podem ser reconstruídas a partir de instrumentos de outras disciplinas, como a arqueologia, o que permite a articulação do continente com seu entorno em diferentes períodos da história da humanidade.

Na Antiguidade, além da ligação do norte da África com fenícios, persas, gregos, romanos e turcos, os povos das regiões do chamado Chifre (separado da península arábica pelo mar Vermelho) e da costa oriental (ligada à Arábia e à Índia pelo sistema de ventos das monções) mantiveram estreitas relações comerciais, políticas e culturais com várias sociedades do Oriente. Cascos de tartaruga, chifres de rinoceronte, dentes de elefante, penas de avestruz, peles, essências e ouro eram trocados por pérolas, pedras preciosas, contas, conchas, sedas chinesas, algodões indianos, especiarias, adagas. Os comerciantes levavam mercadorias e conhecimentos, criavam novas possibilidades de troca e davam abrigo aos eruditos que queriam conhecer e descrever o mundo.

Com o fim do império romano e as invasões germânicas, a Europa se fechou em feudos, que pouco a pouco se organizaram em reinos, enquanto o comércio cresceu em certos burgos localizados em regiões por algum motivo especialmente propícias ao estabelecimento de redes de troca. Já a Idade Média africana foi marcada pela expansão muçulmana. Logo depois da morte de Maomé, em 632 da era cristã, alguns de seus seguidores promoveram uma rápida e eficiente conquista de fiéis a leste e oeste da península arábica, espalhando o islamismo e a cultura muçulmana por todo o norte e noroeste da África, seja pela força das armas, seja pela persuasão do discurso. Foi por essa mesma época que a criação e uso do camelo se disseminaram entre as populações nômades do deserto do Saara, permitindo a montagem de uma ampla rede de trocas em que o sal minerado no deserto e o ouro extraído de minas das regiões onde nascem os rios Senegal e Níger eram as principais mercadorias negociadas.

O trânsito das caravanas de camelos, a ligar o norte e o sul do Saara, conduzidas pelos berberes do deserto, levando negociantes árabes ou africanos islamizados, sempre acompanhados de peregrinos que iam ou voltavam de Meca, serviu também de veículo à disseminação do islamismo, que assumiu uma variedade de feições locais em função de situações particulares. Foi essa a época dos grandes impérios na região do Sahel, nas margens sul e sudoeste do Saara, sendo Gana, Mali e Songai os mais documentados. A Idade Média africana é outro tema rico em atrativos para o aprendiz de história da África.

Mais próximo de nossa própria história está outro capítulo da história da África, ligado à abertura de sua porção ocidental para o Atlântico e à constituição dos chamados tempos modernos. A partir da circunavegação do continente pelas expedições marítimas lideradas pelos portugueses, seguidos por espanhóis, holandeses, ingleses e franceses, estreitaram-se as conexões entre a África, a Europa e a América, esta última também incorporada à história europeia pelas navegações oceânicas e os empreendimentos de exploração e colonização. A África tornou-se então um celeiro de mão de obra escrava, havendo uma expansão crescente do comércio de gente entre os séculos XVI e XIX, com a adequação de alguns sistemas comerciais e políticos locais às demandas euro-americanas. Essa é uma história com abundância de fontes, mas é bom lembrar que apenas parte da África participou dela. A partir de então é inegável a presença crescente de estrangeiros, mas extensas regiões do interior ainda permaneceram por muito tempo sem contato com povos de fora do continente.

Para nós, brasileiros, são temas de interesse nesse período o tráfico de escravos, as formas de apresamento e envolvimento das sociedades locais com o abastecimento dos navios negreiros ancorados em fortalezas europeias e portos de comércio, quem eram e como viviam em suas terras natais os escravizados que aqui desembarcaram. Embora as condições para o estabelecimento do tráfico já estivessem presentes nas sociedades africanas contatadas pelos europeus interessados em comprar gente, esse comércio provocou transformações drásticas nos processos históricos de vastas regiões do continente, assim como já as haviam provocado em sociedades do sul do Saara o interesse dos comerciantes do deserto por escravos.[6]

Se a África deve ser incorporada nas pesquisas históricas acerca dos impérios coloniais, para nós interessa mais de perto seu lugar no império português. Nesse tópico, além do tráfico atlântico de escravos, devemos considerar a inserção de regiões do continente nos sistemas coloniais mercantis e a disputa entre europeus de diversas nacionalidades pelo monopólio do comércio com os comerciantes africanos. A esse respeito, é importante destacar a agência africana na construção do mundo atlântico, como tão bem nos indicou John Thornton (2004).

Ao abordarmos a África pelo viés do império português, chegamos às conexões da África com o Brasil — outro tema importante no ensino de assuntos ligados à África e às contribuições africanas presentes no Brasil. Para isso é importante conhecer as direções do tráfico, de onde vieram e para onde foram as populações escravizadas. Há que pensar o tráfico em sua totalidade, no que acontecia no interior do continente africano e na Europa, e não só no desembarque do negreiro na América, sedenta de mão de obra.[7] O conhecimento das histórias e culturas daqueles que vieram escravizados para o Brasil permitirá uma compreensão mais precisa de suas contribuições para a sociedade brasileira. Contextos particulares, agentes específicos, combinações e reinterpretações diversas criaram práticas religiosas, como os candomblés, festivas, como as congadas, lúdicas, como os batuques, belicosas, como as capoeiras, e de comunicação, como a integração de palavras bantas no português falado no Brasil.

---

[6] Ver, sobre esse período, Silva (2002).

[7] Pioneiro nessa vertente é o livro de Florentino (1995).

Esses temas já foram tratados por alguns autores que incorporaram as histórias africanas em estudos que buscaram articular escravidão, tráfico e cultura afro-brasileira com processos que tiveram início no interior do continente africano.[8]

Outro tema importante e que desperta muito interesse, até por seu componente polêmico, diz respeito ao tráfico e à escravidão na África. Muitas vezes, a apresentação dos mecanismos de apresamento, transporte e comercialização internos da África soa como se quiséssemos livrar o homem branco da responsabilidade por esse comércio cruel, jogando-a para costas alheias, ou seja, africanas. Como não é de responsabilidades de que trata a história, e sim de processos ocorridos no tempo, de agentes e contextos, temos que ter algum domínio sobre o tema para dar conta dos debates que geralmente o cercam. Para nos munirmos de instrumentos para a apresentação e discussão do problema, dispomos de alguns bons textos, até porque, no que tange à história da África, os temas mais bem estudados nas Américas em geral se ligam ao tráfico.[9]

Seja qual for o tema abordado, deve-se fazer a história das sociedades africanas buscando olhar também de dentro para fora do continente, e não apenas o contrário, como é mais comum, e considerando sempre que as fontes e metodologias que empregamos são alheias às formas de conhecimento propriamente africanas. Mesmo assim, devemos buscar interpretar os processos históricos e os eventos vividos pelos homens a partir das motivações internas do continente, e não apenas a partir dos estímulos vindos de fora — sem desconsiderar o lugar destes.

Ao examinarmos os processos internos do continente, as fontes são mais escassas para os tempos anteriores ao contato com gente letrada, de fora dele, como os árabes e, posteriormente, os europeus. Como as fontes es-

---

[8] Ver, por exemplo, Slenes (1999); Reis (2003); Pares (2006); Soares (2000); Alencastro (2000); Rodrigues (2005); Castro (2001); Souza (2002).

[9] Uma boa introdução ao tema da escravidão está em Silva (2002). Um trabalho mais aprofundado é o de Lovejoy (2002). Entre os muitos livros acerca do tráfico atlântico de escravos, ver especialmente Klein (2006).

trangeiras são fundamentais, é de grande importância, no estudo da história da África, a crítica documental — e aqui voltamos a um aspecto metodológico propício para ser trabalhado nessa disciplina. É sempre preciso entender os contextos de produção dos documentos, as intenções dos agentes produtores, as formas de recepção e utilização das fontes. Eu, pessoalmente, acredito na possibilidade de conhecer as histórias dos povos através de fontes exógenas; por isso acredito na validade dessas fontes. A história é sempre uma reconstrução resultante de uma variedade de partes que são agrupadas pelo pesquisador. Informações produzidas por fontes exógenas ou endógenas sofrem transformações ao serem registradas, transmitidas, absorvidas por outros que, por sua vez, as retransmitirão por via escrita ou oral. Quando os africanos adotaram a escrita para registrar certos acontecimentos, certas decisões de governo, certas coisas importantes para as famílias e as comunidades — como o fizeram, por exemplo, as sociedades islamizadas do Sahel ou os dembos de Angola —, acaso estariam fazendo registros mais precisos do que aqueles dos tradicionalistas, depositários da história oral?

O Atlântico foi a última fronteira fechada do continente a se abrir para o exterior. A partir das expedições promovidas no final do século XVIII e, principalmente, no século seguinte, também o interior da África passou a ser percorrido por europeus, e estes, no final do século XIX, chegaram a um acordo que dividia entre eles os territórios africanos que lhes fosse possível conquistar e dominar. Abriu-se aí um novo capítulo da história do continente, cujas populações passaram a ser alvo de empreendimentos coloniais de um novo tipo, muitas vezes chamado de neocolonialismo. Chega-se então à história contemporânea, para a qual as fontes são mais abundantes, sejam as fontes escritas produzidas por africanos ou as coletadas por registros da oralidade, fundamentais para a reconstrução de sociedades que se mantiveram à margem dos contatos com os europeus.

O período colonial, que durou cerca de 80 anos, talvez tenha sido o que mudou mais radicalmente a face do continente como um todo. É nele, em grande parte, que devemos buscar as explicações para muitas das situações de intensos conflitos e desigualdades que aparecem atualmente no noticiário. As distâncias tecnológicas entre os modos de vida tradicionais africanos, ainda em uso em muitas regiões do continente, e aqueles das sociedades industrializadas, informatizadas e integradas em economias e culturas globalizadas tornaram-se enormes, fazendo com que o confronto entre os mais fortes e os mais fracos, presente em qualquer esfera da vida, ficasse cada vez mais intenso e desigual. Nesse quadro, o continente africano tornou-se depósito de recursos naturais para os países mais ricos e com tecnologias mais sofisticadas. Ou, quando muito, espaço onde culturas exóticas expressam tradições que enriquecem a existência da humanidade como um todo, e espécies animais e vegetais testemunham as maravilhas da mãe natureza. O aprimoramento das tecnologias modernas amplia cada vez mais a distância entre os que dispõem delas e os que não dispõem, aumentando as possibilidades de dominação de uns sobre os outros.

Com relação à história contemporânea, é interessante trabalhar com notícias atuais, discutir o que está acontecendo agora na África e, a partir do tema em questão, aprofundar o conhecimento sobre o continente. A ideia de fundo aqui proposta é, no campo propriamente historiográfico, trazer a África para o conjunto de acontecimentos estudados e pensar as histórias de forma conectada. Qualquer que seja o período estudado, a África deve ser nele incorporada — assim como todas as partes do mundo.

Certamente são diferentes das nossas as formas africanas tradicionais de fazer história, como os mitos, lendas, ritos, genealogias, relatos de migrações e de fundação de reinos. Seu principal veículo é a oralidade. Por outro lado, todas as formas de lidar com o passado ajudam na construção de memórias, identidades e normas de conduta. Mas, além das formas mais diretamente articuladas à evocação do passado e à manutenção da sua existência no presente, ou seja, mais diretamente históricas, podemos também considerar as cosmogonias ou filosofias, a cultura material e estética, o estudo das insígnias, adereços, máscaras, teatralizações etc. para chegarmos a uma compreensão mais acurada das sociedades estudadas. Aí a postura tem um viés antropológico acentuado. Se quisermos nos aproximar das maneiras africanas de pensar, podemos tentar incorporar aos mecanismos da análise histórica as formas africanas de compreensão da realidade, tanto do presente quanto do passado. Para trabalhar nessa chave, é interessante a utilização de obras literárias, utensílios, formas arquitetônicas e musicais, recorrendo a fotografias sobre os temas tratados. O recurso a imagens é especialmente frutífero quando os assuntos se relacionam à esfera da cultura.

Mas, como fazemos história a partir da nossa inserção no presente e das preocupações e possibilidades que ele nos oferece, a meu ver não devemos menosprezar o aspecto mais político do estudo da África, assim como da valorização da ascendência africana. Acredito que a integração da África no conjunto dos nossos conhecimentos contribuirá para mudar o papel do negro na sociedade brasileira, para entendermos como ele até agora esteve associado à escravização e como o foco mudou para a aceitação das diversidades culturais, permitindo a igualdade na diversidade. Se o racismo e o evolucionismo reprimiram por muito tempo o interesse pelo estudo de assuntos africanos, a luta para ultrapassá-los tornou obrigatório o seu ensino. Dessa forma, devemos caminhar para a construção de uma imagem positiva das pessoas negras e mestiças, historicamente desvalorizadas na escola, tanto nas relações nela existentes quanto nos conteúdos ensinados. Um primeiro passo nesse sentido seria explicitar o eurocentrismo do ensino e das perspectivas culturais predominantes, desvendando as matrizes do preconceito racial. Isso tem que ser trabalhado com cada grupo a partir de suas realidades e possibilidades, e o professor deve mostrar-se sensível às questões a serem tratadas e às maneiras de tratá-las. Um dos meios de abordar questões delicadas, como as relativas às maneiras de entendermos o negro e o africano, é usar situações reais para refletir sobre elas, recorrendo a exemplos da vida cotidiana das pessoas.

No meu entender, o momento atual é de suma importância, pois permite-nos preencher uma lacuna na formação da maioria de nós. Para isso os professores devem dominar os conteúdos a serem ensinados atualizando sua formação através do estudo constante, assim como devem ter uma compreensão acurada dos mecanismos dos preconceitos raciais para que eles sejam realmente superados.

Capítulo 9
Em torno do passado escravista: as ações afirmativas e os historiadores

MARTHA ABREU, HEBE MATTOS
CAROLINA VIANNA DANTAS

Nos últimos tempos, em diversas partes do mundo, ganharam importância as reivindicações de políticas de reparação por parte de grupos que foram oprimidos ou derrotados em algum período de sua história, em condições contrárias às convenções universais de direitos humanos. Essas reivindicações envolvem não só direitos a reparações, como também o que se convencionou chamar de *dever de memória*. Ou seja, a garantia, por parte do Estado e da sociedade, de que determinados acontecimentos não serão esquecidos, mas continuarão lembrados na memória de grupos e nações e registrados na história do país. Os grupos detentores de memórias de sofrimento, nessa perspectiva, podem e devem receber reconhecimento.[1]

O passado, como já se tem discutido, tornou-se, em função de memórias concorrentes, objeto de interesse e de uso político de muitos grupos, independentemente da ação ou explicação dos historiadores. Como bem argumentou Manoel Salgado Guimarães (2007), "vivemos um tempo nas sociedades ocidentais contemporâneas em que ganharam força os

[1] Sobre essa discussão, ver Heymann (2007).

investimentos sociais nas tarefas de memória". As memórias e narrativas sobre o passado alcançaram grande visibilidade, por meio de sua patrimonialização e/ou musealização, através da mídia ou mesmo de muitas recordações e testemunhos que se impõem como versões legítimas do passado. São evidentes em nossos dias as demandas sociais e políticas pelo passado.

Em meio à produção de muitas e diferentes visões e usos do passado, como ficamos nós, historiadores? E a nossa própria disciplina? Qual o papel da história, enquanto conhecimento controlado, produzido a partir de determinadas regras compartilhadas, sobre questões específicas propostas ao passado, em relação à explosão da memória, entendida como presença do passado no presente, como força política? Que fazer com os passados que se recusam a passar? Qual o papel ou contribuição do especialista da história, em contextos de conflito, a respeito dos usos do passado e das reivindicações que tomam como base a noção de *dever de memória*?

Para exame dessas questões propomos, num primeiro momento, a apresentação das justificativas e leituras do passado presentes em documento educativo fundamental para a defesa do *dever de memória* e das ações afirmativas no Brasil: as *Diretrizes Curriculares Nacionais para a Educação das Relações Étnico-Raciais e para o Ensino de História e Cultura Afro-Brasileira.* Na segunda parte, colocamos em foco um caso significativo recente: as polêmicas na imprensa, envolvendo historiadores, sobre as políticas governamentais de ação afirmativa que conferem direitos especiais às populações afrodescendentes. Aí destacaremos aquilo que se refere à obrigatoriedade do ensino da história da África, da educação das relações raciais e da cultura afro-brasileira, privilegiando alguns artigos, escritos por nosso colega José Roberto Góes e por nós mesmas. Historiadores da escravidão, compartilhamos com Góes uma formação semelhante, mas nos posicionamos de forma oposta em relação à questão.[2] Conjugando divulgação científica

[2] A escolha de José Roberto Góes justifica-se pela nossa proximidade acadêmica e pela discussão das *Diretrizes* nos textos do historiador.

e opinião política, tais polêmicas envolvem a posição dos historiadores como especialistas e relacionam-se com diferentes leituras e usos políticos do passado escravista brasileiro, constituindo caso expressivo para análise.

Desde a década de 1950, algumas iniciativas do governo brasileiro indicavam uma espécie de "dever do Estado" assumido em relação às populações afrodescendentes. Em 1951 foi sancionada a Lei Afonso Arinos (Lei nº 1.390), que tornou o preconceito racial contravenção penal. Em 1985 a lei foi ampliada, incluindo entre as contravenções penais a discriminação baseada não só na raça/cor, mas também no sexo ou no estado civil. Era a chamada Lei Caó (Lei nº 7.437).

Dos anos de 1990 para cá intensificaram-se as discussões sobre ações afirmativas e direitos de reparação para as populações afrodescendentes. Mas, sem dúvida, seus fundamentos repousam na Constituição Federal de 1988, quando ficou clara a necessidade de implementar medidas capazes de promover, de fato, a igualdade sancionada pela lei e a valorização da diversidade étnica e cultural brasileira. A Constituição de 1988 garantiu, nos arts. 215 e 216, proteção às manifestações das culturas populares, indígenas e afro-brasileiras, e estendeu a noção de direito às práticas culturais. No art. 68 do Ato das Disposições Constitucionais Transitórias (ADCT nº 68), concedeu direito à terra aos descendentes de escravos através da titulação dos quilombos.[3]

Desde então as discussões cresceram muito e tomaram corpo quando o Estado, através de suas inúmeras agências, começou a intervir diretamente,

[3] O art. 215 da Constituição Federal de 1988 dispõe: "§1º. O Estado protegerá as manifestações das culturas populares, indígenas e afro-brasileiras, e das de outros grupos participantes de processo civilizatório nacional; §2º. A lei disporá sobre a fixação de datas comemorativas de alta significação para os diferentes segmentos étnicos nacionais". O art. 216 da mesma Constituição dispõe: "constituem patrimônio cultural brasileiro os bens de natureza material e imaterial, tomados individualmente ou em conjunto, portadores de referência à identidade, à ação, à memória dos diferentes grupos formadores da sociedade brasileira". No seu §5º estabelece que ficam tombados todos os documentos e os sítios detentores de reminiscências históricas dos antigos quilombos. O art. 68 das Disposições Transitórias da Constituição Brasileira de 1988 especifica: "aos remanescentes das comunidades dos quilombos que estejam ocupando suas terras é reconhecida a propriedade definitiva, devendo o Estado emitir-lhes os títulos respectivos".

propondo ações e políticas sobre a questão. Por exemplo, cotas nos concursos do funcionalismo público, apoio do Incra às comunidades quilombolas, verbas especiais para a pesquisa e saúde dos afrodescendentes, cotas nas universidades públicas, preferências para obtenção dos financiamentos do Prouni e políticas educacionais e culturais especiais implementadas pelo MEC, através de vários programas, como os inventários dos patrimônios imateriais e pontos/pontões de cultura.

Podemos marcar bem nitidamente o adensamento desse movimento a partir do ano de 2000, quando, no governo Fernando Henrique Cardoso e, principalmente, no início do governo Lula, foram normatizadas várias reivindicações encabeçadas por movimentos negros e que diziam respeito a direitos de memória e políticas de reparação. Entre elas, a publicação do Decreto nº 3.551, de 4 de agosto de 2000, que instituía um patrimônio cultural e imaterial a partir da valorização da cultura afro-brasileira; e a promulgação do Decreto nº 4.228, de maio de 2002, que instituiu o Programa Nacional de Ações Afirmativas no âmbito da administração pública federal.

No governo de Luiz Inácio Lula da Silva foi regulamentada, em janeiro de 2003, a Lei nº 10.639, que estabelecia as *Diretrizes Curriculares Nacionais para a Educação das Relações Étnico-Raciais e para o Ensino de História e Cultura Afro-Brasileira.*[4] Em novembro do mesmo ano foi criada, pelo Decreto nº. 4.886, a Secretaria Especial de Políticas de Promoção da Igualdade Racial (Seppir), para coordenar as ações necessárias à implantação da Política Nacional de Promoção da Igualdade Racial. O Decreto nº 4.887, de novembro de 2003, ainda regulamentava e agilizava o direito à terra para os descendentes de escravos. Paralelamente, a partir desse ano, várias manifestações culturais afro-brasileiras receberam o título de patrimônio cultural do Brasil, como o samba de roda, o jongo e o acarajé.

Como já propôs Angela de Castro Gomes (2007:50), é "matéria de particular valor para o historiador compreender as leituras de passado *que*

---

[4] Em março de 2008, a Lei nº 11.645 alterou a Lei nº 10.639, de 9 de janeiro de 2003, ao estabelecer a obrigatoriedade da temática "história e cultura afro-brasileira e indígena".

as memórias coletivas empreendem, sobretudo se estão relacionadas a políticas governamentais explicitamente dirigidas ao enquadramento da memória nacional". Parece-nos igualmente importante compreender o papel dos historiadores nesse tipo de processo. Em casos de disputas políticas por diferentes leituras do passado, como podemos (ou devemos) nos posicionar como profissionais da história, professores e pesquisadores?

Os fundamentos para as ações reparadoras estabelecidas pelas *Diretrizes*

Ao se defenderem ou combaterem ações afirmativas no presente, está em jogo uma dada visão do passado — especialmente da escravidão e das relações raciais —, a qual é disputada por diversos agentes sociais e políticos. Para a análise dos argumentos a favor dos direitos à reparação e diretamente ligados a determinada leitura do passado, vamos nos concentrar no documento das *Diretrizes Curriculares Nacionais para a Educação das Relações Étnico-Raciais e para o Ensino de História e Cultura Afro-Brasileira* e seus principais fundamentos.

Logo nas "Questões introdutórias", o documento declara querer "oferecer uma resposta, entre outras, na área de educação, à demanda da população afrodescendente, no sentido de políticas de ações afirmativas, isto é, de políticas de reparações, e de reconhecimento e valorização de sua história, cultura e identidade". As reparações justificam-se da seguinte forma.

> A demanda por reparações visa a que o Estado e a sociedade tomem medidas para ressarcir os descendentes de africanos negros, dos danos psicológicos, materiais, sociais, políticos e educacionais sofridos sob o regime escravista, bem como em virtude das políticas explícitas ou tácitas de branqueamento da população, de manutenção de privilégios exclusivos para grupos com poder de governar e de influir na formulação de políticas, no pós-abolição. Visa também a que tais me-

> didas se concretizem em iniciativas de combate ao racismo e a toda sorte de discriminações.[5]

Quanto às determinações mais específicas para o ensino da história e da cultura afro-brasileira e africana, a preocupação maior é dar visibilidade à diversidade da experiência negra antes e após a diáspora, principalmente no Brasil. Em vez da mera substituição do etnocentrismo europeu pelo africano, propõe-se ampliar as balizas dos currículos escolares para a diversidade brasileira. Daí a orientação para que o ensino de história do Brasil não dê destaque aos negros e seus descendentes somente no tempo da escravidão e do ponto de vista da submissão. A importância do estudo da história de organizações negras, como os quilombos e seus remanescentes, de irmandades religiosas ou associações recreativas, artísticas, políticas e culturais negras, por exemplo, vincula-se também à exigência de que as instituições escolares repensem as relações étnico-raciais e pedagógicas em seu espaço e entorno. Personagens históricos negros com diferentes inserções em seus tempos também são mencionados no documento como forma de se divulgar e estudar a participação efetiva dos africanos e seus descendentes na história do Brasil, seja na economia, na política, na cultura, na ciência, nas artes ou nos esportes. Para as *Diretrizes*, o passado dos descendentes de africanos precisa ser contado de outras maneiras.

Já o ensino da cultura afro-brasileira, segundo as *Diretrizes*, mesmo correndo o risco de não valorizar as mudanças e os hibridismos nas relações culturais, deve incluir tanto os jeitos de ser e de viver dos negros e seus descendentes no cotidiano quanto celebrações como as congadas, as rodas de samba, os maracatus etc. O documento ainda propõe que a história e a cultura africanas não sejam ensinadas apenas com o foco voltado para a miséria e para as discriminações sofridas, mas procurem dar visibilidade à história do continente africano e sua importância para o desenvolvimento da humanidade, bem como à participação dos africanos e de seus descen-

[5] *Diretrizes Curriculares Nacionais...*, p. 10.

dentes na diáspora, na história mundial e no processo de construção das nações africanas em diferentes áreas.

Para tanto, o documento se ancora no art. 205 da Constituição Federal, que assinala: "*o dever do Estado de garantir indistintamente, por meio da educação, iguais direitos para o pleno desenvolvimento de todos e de cada um, enquanto pessoa, cidadão ou profissional*". O documento recupera ainda o art. 3, IV, que repudia todas as formas de preconceito e discriminação, assim como o art. 208, IV, que reconhece que todos são portadores de singularidade irredutível.

As políticas de reparação, segundo as *Diretrizes*, devem fomentar ações afirmativas baseadas também no Programa Nacional de Direitos Humanos,[6] na Convenção da Unesco de 1960, direcionada ao combate ao racismo em todas as formas de ensino, bem como na III Conferência Mundial de Combate ao Racismo, Discriminação Racial, Xenofobia e Discriminações Correlatas, realizada em 2001 na África do Sul.

No caso de reparações na área de educação, o documento defende medidas que ofereçam "garantias a essa população [os afro-brasileiros] de ingresso, permanência e sucesso na educação escolar, de valorização do patrimônio histórico-cultural afro-brasileiro, de aquisição das competências e dos conhecimentos tidos como indispensáveis para continuidade nos estudos".[7]

É destacada a necessidade de valorização e reconhecimento da diversidade, "daquilo que distingue os negros dos outros grupos que compõem a população brasileira". Mais do que isso, as *Diretrizes* propõem que se conheça a história e cultura dos negros através do combate a uma das mais vigorosas leituras e memórias coletivas sobre o passado nacional brasileiro: a democracia racial. Para as *Diretrizes*, deve-se buscar

> especificamente desconstruir o mito da democracia racial na sociedade brasileira; mito este que difunde a crença de que, se os negros não atingem os mesmos patamares que os não negros, é por falta de com-

---

[6] Ministério da Justiça, 1996.

[7] *Diretrizes Curriculares Nacionais...*, p. 11.

> petência ou de interesse, desconsiderando as desigualdades seculares que a estrutura social hierárquica cria com prejuízos para os negros.[8]

O texto global das *Diretrizes* foi alvo de muitas controvérsias e se presta pouco, de fato, como todo documento legal de grande envergadura, a avaliações maniqueístas. Muitos dos especialistas (historiadores, antropólogos, educadores) favoráveis à sua implementação destacaram a existência de imprecisões no texto aprovado. Também destacaram a oscilação entre uma perspectiva pluralista e historicamente construída das identificações raciais, e outra naturalizada e essencialista na construção de quem seria "branco" ou "negro" na sociedade brasileira.[9] Em meio aos problemas, especialistas favoráveis às *Diretrizes* consideraram que essas oscilações e as diferentes tendências na construção da identidade negra expressavam variadas perspectivas e demandas sociais presentes nos movimentos negros, legitimamente organizados e capazes de se fazerem representar na proposição de políticas públicas. Sua implementação também seria alvo de negociações, e nela os professores de história, formados nas universidades brasileiras, teriam papel fundamental.

Os críticos do documento, por sua vez, enfatizaram o caráter "revanchista" da lei, na medida em que a palavra "revanche" efetivamente aparece no documento associada à ideia de reparação.[10] Também questionaram a produção e divulgação de uma visão reificadora das identidades raciais, que teria a capacidade de criar no país ódios e conflitos até então inexistentes. Nesse contexto, as leituras sobre o passado escravista e sobre a questão racial na sociedade brasileira presentes nas *Diretrizes* irão ocupar importante espaço nas críticas dos seus opositores.

---

[8] *Diretrizes Curriculares Nacionais*..., p. 12.

[9] Sobre as possibilidades e limites das *Diretrizes*, ver Abreu e Mattos (2008).

[10] "Se não é fácil ser descendente de seres humanos escravizados e forçados à condição de objetos utilitários ou a semoventes, também é difícil descobrir-se descendente dos escravizadores, temer, embora veladamente, revanche dos que, por cinco séculos, têm sido desprezados e massacrados" (*Diretrizes Curriculares Nacionais*..., p. 14).

As repercussões das *Diretrizes* e os diferentes sentidos do passado escravista

Nesta parte do capítulo pretendemos levantar algumas questões sobre o papel do profissional de história nas discussões sobre ações afirmativas e direitos de reparação para as populações afrodescendentes, valendo-nos de algumas manifestações publicadas na imprensa escrita brasileira. Além de jornalistas conhecidos, historiadores intervieram no debate, combatendo ou apoiando as medidas implementadas, o que mostra o quanto a questão divide o meio acadêmico.[11] Os historiadores que abordaram a temática no jornal, posicionando-se como especialistas e discutindo o legado da escravidão e as relações raciais no Brasil, escolheram como cidadãos participar da disputa sobre os significados da memória da escravidão e da sociedade escravista no Brasil de hoje.[12]

Para além das divergências intelectuais e acadêmicas, o debate sobre as ações afirmativas envolveu e envolve discussões acerca do papel da história na validação de ações políticas e culturais de caráter afirmativo. Mais ainda, está em jogo a própria legitimidade do historiador para intervir no julgamento sobre eventos do passado que possam justificar ou não, no presente, os direitos de grupos sociais, os *deveres da memória* e as políticas afirmativas.

Consideraremos a seguir alguns dos artigos publicados por historiadores na imprensa diária, contrários ou a favoráveis às ações afirmativas, entre elas as próprias *Diretrizes*. Interessa-nos tomar o debate como um estudo de caso que possa ilustrar as formas concretas pelas quais se dão as relações entre conhecimento histórico, leituras políticas do passado e for-

---

[11] Para exemplos de publicações na imprensa, ver Góes (2004, 2006, 2007); Maggie (2004); Carvalho (2004); Vianna (2004); Toledo (2006) Santos e Maio (2004); Fry e Maggie (2002); Leitão (2006); Abreu (2006); Mattos (2006).

[12] Também registramos publicações acadêmicas contrárias e favoráveis às ações afirmativas. Ver Maggie e Fry (2004); Azevedo (2004); Fry (2005). Na defesa das ações afirmativas, ver Guimarães (2009); Silva e Silvério (2003).

mação de memórias coletivas. Além de mostrar uma história pressionada pela memória, como muitos historiadores no Brasil e na França têm sinalizado, queremos entender como a história interfere e se mantém como elemento importante nas disputas memoriais. Não se trata de fazer uma história dos debates realizados, mas de buscar perceber como e quando o conhecimento histórico foi acionado como instrumento político nos confrontos públicos em torno do passado e do enquadramento de uma determinada memória coletiva — no caso, a memória da escravidão no país e seus significados.

José Roberto Pinto de Góes, importante historiador da escravidão no Brasil, foi um dos que mais se destacaram nesse tipo de combate de memória. Além das contradições e fragilidades por ele apontadas no texto aprovado para as *Diretrizes*, muitos de seus achados de pesquisa dos últimos anos sobre a história da escravidão serviram para embasar sua argumentação contra as ações afirmativas de maneira geral.

O poder da pesquisa histórica sobre a experiência escrava para desestabilizar determinados enquadramentos da memória coletiva sobre a sociedade escravista não é exatamente uma novidade. Um bom exemplo foi o artigo acadêmico "Entre Zumbi e Pai João, o escravo que negocia", publicado em 1989 por dois também importantes historiadores da escravidão, João José Reis e Eduardo Silva. Os autores, com sua pesquisa e reflexão, dialogaram com o maniqueísmo das construções memoriais em torno do escravo submisso (Pai João) ou rebelde (Zumbi). Desafiaram a construção memorial em torno de Zumbi, cuja luta representaria a única forma possível de combate à escravidão, ao colocarem em relevo a resistência cotidiana presente na vida dos que permaneceram na escravidão. Historicamente, em momentos diferentes, Pai João e Zumbi poderiam ser a mesma pessoa.

Góes (2004) evocou exatamente a capacidade de negociação dos escravos, destacada pela historiografia — "o engenho e a arte" dos escravos, em seus próprios termos — para minimizar o peso do estigma de ser descendente de seres humanos escravizados, "desprezados e massacrados, por cinco séculos", como sustenta o texto das *Diretrizes*.[13] Mas, o fato de terem "engenho e arte" anularia a experiência de opressão e estigma? Esse é certamente um ponto de tensão entre os historiadores, suas interpretações e leituras do passado. Como as polêmicas historiográficas não cansam de demonstrar, o conhecimento empírico comum não implica leituras semelhantes do passado.

Segundo Martha Abreu (2006), a pesquisa histórica vinha amplamente comprovando o "engenho e arte" dos escravos, mas tais atributos deviam ser entendidos como parte ativa da resistência dos afrodescendentes à escravidão. Os descendentes de africanos, embora aviltados desde o início da escravidão nas Américas por ideias que os qualificavam como subordinados e inferiores, encontraram sempre caminhos de reconstrução de suas identidades e de seu próprio valor, nos mais variados campos da vida. Nas irmandades religiosas, nos quilombos, nos encontros festivos, nos grupos familiares e recreativos, eles criaram organizações evidentemente políticas, que consolidaram a sua presença, a despeito de todas as tentativas de exclusão e marginalização. Impuseram-se culturalmente num país onde os intelectuais, depois da abolição da escravidão, tiveram que aceitar sua contribuição, mesmo que fosse para sonhar, um dia, com a existência de uma cultura e população mestiças — sem marcas africanas.

Mas, afinal, quem são os descendentes de africanos?

A esse respeito, o âmago da argumentação dos opositores das políticas afirmativas em base raciais, historiadores ou não, está claramente exposto no artigo de Góes (2004) intitulado "O racismo vira lei". Para o autor, "a ideia de raça é preconceituosa, não devendo o indivíduo agir ou se relacionar com base em critérios raciais". Defensor de políticas universalistas para minorar as diferenças "raciais", Góes considerou que qualquer política em bases raciais afrontava o espírito da Constituição republicana.

De fato, a noção de raça é o cerne da discussão. De um lado estão os que consideram as identidades raciais, e a identidade negra em especial, como

[13] *Diretrizes Curriculares Nacionais...*, p. 14.

construção histórica engendrada na experiência coletiva de opressão e discriminação ligada à memória da escravidão moderna. Defendem, portanto, a ideia de um passado que precisa ser reparado. De outro, os que pensam, como Góes, que a noção de raça não pode ser separada de sua origem biológica pretensamente científica e hoje definitivamente abandonada. Não seria, então, possível identificar ou reparar as pessoas a partir desses atributos. O passado escravista não poderia ser reivindicado para reparações no presente.

Mais até do que "o engenho e arte dos escravos", a mestiçagem e a marcante presença dos afrodescendentes no mundo dos livres durante o período escravista — evidência cada vez mais colocada em relevo pela historiografia em geral — são o principal argumento histórico trazido à cena pública por especialistas da história para deslegitimar as políticas afirmativas e atuar nas disputas pelo enquadramento da memória da escravidão no país. Enfatiza-se especialmente o altíssimo número de afrodescendentes livres proprietários de escravos.

Para ilustrar seu ponto de vista sobre o despropósito da reparação, Góes (2004) refere-se ao sofrimento de uma escrava chamada Inês, violentamente espancada e morta por seu feitor. Para o autor, nada poderia servir-lhe de reparação; afinal, ela já estava morta. Ao contrário, "uma boa homenagem é não permitir que se use o seu triste destino como desculpa para a criação de novas formas de discriminação e privilégios (...). Essa não era, certamente, a luta dela".

Em outro artigo, citou como exemplo a cidade de Sabará, na qual, por volta de 1830, 43% dos domicílios de pessoas de cor possuíam escravos. Em Campos, no estado do Rio de Janeiro, um terço da classe senhorial seria "de cor", o que também teria ocorrido na Bahia e em Pernambuco, por exemplo. Isso só foi possível, segundo Góes, porque no Brasil a escravidão "não encontrava legitimidade em bases raciais". Para ele, tais dados eram suficientes para mostrar que não há o que ser reparado pela sociedade brasileira em relação aos descendentes de africanos escravizados, uma vez que a escravidão não estava baseada na ideia moderna de raça, que o mercado de escravos estava aberto a todos e que houve intensa mestiçagem. Afinal, como distinguir os afro-descendentes escravizados dos afrodescendentes proprietários de escravos, para fins de reparação?

> A ideia de que o negro é um personagem historicamente excluído parece coisa de gente que menoscaba muito a nossa prosápia como povo. Na verdade, isso é uma invenção de sociólogos paulistas, nos anos 1950, que ficou guardada na estufa acadêmica até recentemente, quando grupos de ativistas, políticos e intelectuais resolveram disseminá-la na sociedade em geral, no âmbito de um amplo e ambicioso projeto de reengenharia social, ao final do qual a sociedade brasileira terá substituído o orgulho da mestiçagem e da mistura pelo orgulho de ser negro ou de ser branco. As bases de uma sociedade bicolor, onde os brancos são responsabilizados pelo sofrimento dos negros, estão sendo montadas a todo momento. Mas é um despropósito e não guarda nenhum laço de verdade com nosso passado histórico, como vimos.[14]

Outros historiadores, porém, entre os quais nos incluímos, consideram que, apesar da diversidade que marcou a experiência escrava no Brasil (ou de todo "engenho e arte" dos escravos), da diversidade também da experiência dos afrodescendentes livres e dos intercâmbios positivos produzidos pela mestiçagem, longe de ser um despropósito, é até mesmo politicamente necessário falar em direitos de reparação.

Segundo Martha Abreu (2006), essa reconhecida e diversificada presença dos descendentes de africanos na sociedade e cultura coloniais e posteriormente nacionais foi, possivelmente, uma das razões que impediram a criação de mecanismos legislativos explícitos de exclusão e segregação. Mas isso não quer dizer que faltaram, historicamente, inúmeras tentativas nesse sentido, como as discussões, no período imperial, sobre os direitos de voto dos libertos e, no período republicano, sobre o caráter degenerativo

[14] Góes, 2007.

das populações descendentes de africanos, ou ainda as propostas políticas de branqueamento — tese defendida por médicos, juristas e muitos intelectuais de respeito.

Ao lado da experiência dos que se tornaram proprietários de escravos, seria preciso também considerar os que lutaram contra as proibições dos candomblés, jongos, maracatus e sambas — bandeiras de luta pelo direito a um patrimônio construído nos tempos do cativeiro e que continuariam a ter sentido por muito tempo. Toda a memória do jongo ativada na última década pelos descendentes de escravos para construir suas identidades e conquistar direitos pode ser tomada nessa direção.[15] É inegável que se legitimaram — com apoio de setores intelectuais — também como brasileiros e abriram espaços de visibilidade e reconhecimento de sua presença, em termos musicais, religiosos, esportivos, educativos e políticos.

Portanto, para além das controvérsias históricas e historiográficas, é a memória coletiva que está em jogo, a presença do passado no presente, suas formas de apropriação e representação. Aquelas vitórias não asseguraram uma igualdade de condições educacionais e econômicas, tampouco conseguiram impedir evidentes expressões do racismo no Brasil. Seria necessário colocá-las em relevo nos currículos escolares, como as *Diretrizes* apontam.

Hebe Mattos (2006) também declarou não acreditar que as políticas afirmativas estivessem inaugurando uma nova identificação pela raça ou pela cor, como se isso nunca tivesse existido. Uma das primeiras pesquisadoras a apontar a presença dos afrodescendentes entre a população livre e também entre os senhores de escravos, ela considera que tal presença esteve longe de conseguir diminuir ou combater o racismo no país. Baseada na pesquisa histórica recente sobre processos de racialização, Mattos afirma que, no máximo, ela teria engendrado uma espécie de ética do silêncio em relação à cor da população livre em situação formal de igualdade, mas que

---

[15] Cabe citar, por exemplo, os documentários *Memórias do cativeiro* (2005), com direção acadêmica de Hebe Mattos e Martha Abreu; e *Jongos, calangos e folias: música negra, memória e poesia* (2007), com direção geral de Hebe Mattos e Martha Abreu.

continuava estigmatizando todo aquele não branco que se aventurasse fora das suas redes de relação pessoal.

Em seu artigo, tal como fizera Góes, Mattos citou exemplos concretos produzidos pelas pesquisas sobre racialização no Brasil, como o de Antônio Rebouças, jurista renomado, ainda que autodidata, e conselheiro do imperador, caso exemplar de ascensão social de um filho de liberta que, mesmo assim, vivenciou inúmeras situações de constrangimento. Além de ter que provar não ser escravo fugido para conseguir viajar entre Salvador e o Rio de Janeiro, foi chamado de miserável neto da Rainha Jinga, quando secretário do presidente da Província de Sergipe. Segundo o famoso jurista, a única raça que existia era a raça humana, daí a sua luta, em nome da união nacional, pela presença da população afrodescendente nos conselhos da monarquia. Pioneiro da ação afirmativa, não obteve sucesso. Seu filho, o engenheiro abolicionista André Rebouças, nutria e divulgava a mesma noção antirracista do pai. Por isso, também apoiava políticas de reparação, como a doação de terras aos recém-libertos — políticas que não foram implementadas. Desiludido com a república recém-instaurada, seguiu com o imperador para o exílio, indo, depois, buscar suas raízes na África. Morreu na ilha da Madeira, no meio do Atlântico.

O referido artigo de Hebe Mattos, enfim, buscava trazer à tona novas evidências produzidas pela pesquisa histórica de que a raça/cor como estigma e identidade ligados à memória da escravidão antecederam, no Brasil, o discurso científico racista. Conjugava, como os outros autores citados, divulgação científica e opinião política. Para a autora, se hoje se tenta quebrar essa ética do silêncio, nascida no contexto da sociedade escravista, o objetivo é transformar o quadro de desigualdade racial que "o silêncio não conseguiu reverter".

Do ponto de vista do conhecimento histórico, nosso objetivo neste capítulo foi pensar as formas de relação entre história, leituras do passado e enquadramento de memórias. Historiadores que tiveram uma formação acadêmica semelhante e que usam metodologias e técnicas de pesquisa parecidas podem fazer diferentes leituras e apropriações políticas do passado.

Com o movimento das políticas de reparação, identidades arraigadas e memórias coletivas sedimentadas — como as ideias de um Brasil mestiço e racialmente democrático — vêm sendo cada vez mais questionadas. Se os historiadores estão pouco representados nesse cenário, não deixam de ser importantes e atuantes em face da complexidade das afirmações memoriais dos grupos militantes e das formas pelas quais o Estado interfere nas leituras do passado.

A inclusão da história da África e dos afro-brasileiros nos currículos escolares está ancorada, sem dúvida, num projeto de afirmação do Brasil como uma sociedade multicultural, reconhecendo-se o importante papel dos negros na sua formação, em todos os aspectos, muito além da escravidão ou da submissão. Já mostramos em outro trabalho,[16] baseado na análise de algumas coleções didáticas, como isso está ainda longe de se tornar realidade. Mas é fato que essa afirmação e esse reconhecimento são fruto das ações de movimentos negros que vão se fortalecendo à medida que ampliam suas conquistas.

As discussões que se realizaram em torno das *Diretrizes* e de outras medidas governamentais criaram novos desafios para a produção do conhecimento histórico, pois o historiador tem que lidar com diferentes possibilidades de uso do passado e da própria história, tida muitas vezes como a expressão de uma verdade. A memória, entendida como a presença do passado no presente, passou ela própria a ser objeto do conhecimento historiográfico. As representações públicas do passado, presentes nos discursos oficiais e nos livros didáticos, por exemplo, passaram a ter que enfrentar leituras e versões alternativas, derivadas dos movimentos sociais ou das ações de agências do governo.

Apesar disso, consideramos e defendemos que é possível buscar um conhecimento histórico comprometido com a realidade e fugir do abismo do relativismo absolutizado. Na melhor tradição da história-problema, a explicação histórica a ser perseguida continua a tornar possível a construção de um conhecimento crítico e cientificamente controlado sobre o passado,

---

[16] Mattos et al., 2009.

capaz de incorporar a própria história da memória e do conhecimento historiográfico como problema de pesquisa.

Sem dúvida, o profissional de história não tem o poder de dizer como deve ser lido no presente o que aconteceu no passado. Mas ele pode ser o especialista que, munido de instrumentos teóricos e metodológicos, sabe explicar como o que aconteceu no passado tem sido lido através do tempo, formando memórias concorrentes. São essas memórias concorrentes — e por vezes em conflito — que dão origem a identidades sociais coletivas, de negros, afrodescendentes ou quilombolas, construídas e transformáveis ao longo da história.[17] São essas memórias concorrentes que, organizadas em movimentos sociais, desafiam hoje as histórias dos livros didáticos, os historiadores e as culturas históricas que nos brindaram com as ideias de um país mestiço, marcado por relações raciais democráticas singulares no mundo ocidental.

A crítica, os valores democráticos, o reconhecimento dos agentes sociais e o respeito ao pluralismo são imperativos fundamentais nesse momento em que se expande a profissão do historiador e emergem disputas pelo passado e demandas sociais por políticas, direitos e deveres de memória.

[17] Pollak, 1989, 1992.

Parte III

Linguagens na escrita da história escolar

Capítulo 10
As *WebQuests* e o ensino de história

ANITA CORREIA LIMA DE ALMEIDA
KEILA GRINBERG

A teoria e a metodologia

O ensino de história vem passando por uma grande renovação nos últimos anos, principalmente no que se refere à incorporação de novos temas e novas abordagens — dos quais a história da África e do cotidiano são bons exemplos —, que se reflete, sobretudo, na melhoria da qualidade do material didático e paradidático hoje disponível para os professores do ensino básico das redes pública e privada do país. Essa renovação, no entanto, ainda não encontrou grande correspondência na metodologia de ensino da disciplina. Mesmo com a incorporação dos novos temas e abordagens atualmente estudados pela historiografia brasileira, o modo como esses conteúdos vêm sendo apresentados aos alunos ainda segue sendo o mesmo de tempos atrás, isto é, através de aulas expositivas, ainda que ajudadas e ilustradas pelas chamadas novas tecnologias (vídeos, CD-ROMs, internet etc.).

De fato, uma das grandes dificuldades contemporâneas no ensino de história, sobretudo no segundo segmento do ensino fundamental e no ensino médio, tem sido a adequação metodológica dos resultados mais recentes das pesquisas acadêmicas às atividades ministradas em sala de aula. Apesar de os *Parâmetros Curriculares Nacionais* apontarem para soluções nesse sentido, principalmente a partir da flexibilização dos currículos, alguns problemas permanecem; por exemplo: como estabelecer uma via de mão dupla entre o conhecimento produzido na universidade e aquele construído na escola? Como elaborar uma metodologia capaz de propiciar aos alunos a compreensão do próprio processo de produção do conhecimento histórico?

O desenvolvimento de tal metodologia é importante não só para a operação com os conceitos e conteúdos específicos da disciplina história, mas também para o desenvolvimento de um pensamento crítico que forneça instrumentais para que os alunos consigam transformar em conhecimento o manancial de informações a que têm acesso nos mais variados meios — sendo a escola apenas um deles.

A partir dessas considerações, este capítulo tem como objetivo discutir algumas possibilidades de realizar conexões entre o conhecimento produzido na universidade e aquele construído na escola, através da produção de propostas metodológicas — denominadas *oficinas* — que permitam ao professor trazer para a sala de aula questões presentes no cotidiano de seus alunos e na realidade ao seu redor, fornecendo-lhes instrumentos para que sejam capazes de observar, analisar, classificar e fazer generalizações, construindo conceitos e adotando novos comportamentos.

A prática

Essas atividades se baseiam em experiências anteriores, publicadas no livro *Oficinas de história*,[1] e nas atividades atualmente desenvolvidas nas disciplinas "metodologia do ensino de história" e "seminário de pesquisa em patrimônio histórico", ministradas aos alunos do curso de graduação em história no âmbito do Núcleo de Documentação, História e Memória, da Universidade Federal do Estado do Rio de Janeiro (Numen-UniRio) e do Centro de Estudos do Oitocentos (CEO). Como resultado dessas ativida-

[1] Lagoa, Grinberg e Grinberg, 2000.

des, algumas oficinas estão sendo divulgadas, em caráter piloto, no sítio do CEO.[2]

A área temática eleita para desenvolvimento das oficinas é a história do Brasil no chamado "longo século XIX", segundo a definição de Hobsbawm (1987). A intenção é trabalhar com o estudo das particularidades que permearam o longo e peculiar caminho descrito pelo fenômeno da cidadania no Brasil, em suas distintas relações com a sociedade, a política, a economia, a cultura e, em particular, com a escravidão e a história da África.[3] Dessa maneira, "entende-se cidadania de uma maneira ampla, o que pressupõe levar em conta os vínculos dos cidadãos com o governo e as instituições do Estado, bem como os valores e as práticas sociais definidoras da esfera pública".[4] Para além dos temas clássicos da relação da sociedade com o Estado e suas instituições, incluem-se, nesse caso, análises de movimentos sociais diversos, relacionados ao incremento do trabalho escravo e à importação de africanos escravizados no Brasil independente, como as revoltas escravas ocorridas na Bahia na primeira metade do século XIX, a formação de quilombos, as lutas individuais pela alforria etc. Embora focado explicitamente na experiência oitocentista, o eixo proposto pretende abrir uma janela importante para discutir a origem e abrangência dos conceitos de cidadania e liberdade na história do país, bem como suas práticas fundamentais.

A forma privilegiada de desenvolvimento das atividades denominadas oficinas se dá através do contato com os vestígios que nos foram legados e que são a "matéria-prima" dos historiadores: as fontes. A intenção é proporcionar ao aluno um contato direto com as fontes, criando assim mecanismos através dos quais ele seja capaz de compreender o processo de produção do conhecimento, ao mesmo tempo em que toma contato com a produção historiográfica sobre o tema escolhido.

A metodologia de trabalho a ser desenvolvida nas oficinas — tanto na sua elaboração quanto ao serem colocadas em prática por professores e alu-

---

[2] Disponível em: <www.ceo.historia.uff.br>.

[3] Carvalho, 2002.

[4] Carvalho et al., 2006.

nos — segue a perspectiva do método indiciário, tal como descrita por Carlo Ginzburg (1990). Assim, a partir do exemplo do trabalho do detetive, pretendemos mostrar como o conhecimento histórico é, necessariamente, fruto de uma investigação. Em sendo resultado de uma investigação — de uma pesquisa —, ele também é, necessariamente, questionável, datado e incompleto (como, de resto, o é qualquer conhecimento científico).

A adoção dessa perspectiva vem-se mostrando interessante por várias razões. Em primeiro lugar, por apresentar os conteúdos históricos como plásticos e móveis, construídos a partir de procedimentos metodológicos e, principalmente, a partir das fontes — indícios — disponíveis. Em segundo lugar, por insistir na compreensão da *metodologia* do trabalho científico como fundamental para a apreensão dos conteúdos e conceitos da disciplina; assim, ao dominarem o método, os alunos serão capazes de lidar com todos os conteúdos da disciplina, já que aprenderam *como fazer*. Em terceiro lugar, por permitir que os professores desenvolvam suas próprias oficinas a partir de seus interesses e de conteúdos específicos, levando em consideração as particularidades das regiões onde trabalham, por exemplo. Nesse caso, estar-se-á privilegiando o alcance dos objetivos do processo ensino-aprendizagem, em vez da simples enunciação de conteúdos, conforme orientação desenvolvida nos *Parâmetros Curriculares Nacionais*. Por fim, mas não menos importante, por fomentar o interesse dos alunos, atraídos pelos desafios de solucionar um mistério.

Inicialmente, a ideia era que cada oficina fosse iniciada com um caso, um mistério, um problema, na perspectiva de Lucien Febvre (1985), que os alunos seriam desafiados a resolver. A partir daí, eles tomariam contato com fontes e metodologias diversas e, assim como um detetive quando investiga um caso, tornar-se-iam capazes, dentro de suas possibilidades, de apresentar uma solução para um problema histórico.

Ao insistir na questão do método, porém, não se pretende que o aluno se torne um historiador mirim, mas que aprenda a lidar com questões presentes em seu cotidiano e na realidade ao seu redor. Assim, espera-se que os alunos aprendam a lidar com a metodologia da pesquisa histórica através de determinados procedimentos, factíveis de acordo com os objetivos cognitivos do segundo segmento do ensino fundamental e do ensino médio. A meta a ser alcançada é a capacidade, a ser desenvolvida pelo aluno, de avaliar criticamente o mundo de informações que o cerca, indagando-se sobre sua procedência, sobre as motivações que as originaram, comparando-as entre si, criticando-as e, finalmente, construindo suas próprias opiniões sobre elas. Os procedimentos que orientariam a elaboração das oficinas estão listados a seguir (a lista não implica necessariamente uma ordem de dificuldade).

1º conjunto de procedimentos

- Aprender a fazer levantamento bibliográfico e a encontrar informações sobre o assunto em livros.
- Aprender a retirar informações de tipos de fontes diferentes:
  fontes escritas;
  objetos cotidianos;
  filmes;
  iconografia;
  relatos orais;
  registros sonoros;
  meios informáticos;
  bancos de dados.

2º conjunto de procedimentos

- Aprender a armazenar informações encontradas:
  através de resumos;
  em fichas;
  em bancos de dados manuais;
  em bancos de dados informatizados.

3º conjunto de procedimentos

- Aprender a elaborar questões históricas no contato com as fontes.
- Aprender a elaborar respostas (formular hipóteses) convincentes para as questões formuladas.

4º conjunto de procedimentos

- Aprender a criticar e analisar as informações obtidas nos diferentes tipos de fonte (quem produziu, quando, com que motivações e objetivos etc.).
- Aprender a comparar as informações obtidas nos diferentes tipos de fonte.

5º conjunto de procedimentos

- Aprender a criticar as informações obtidas nos diferentes tipos de fonte secundária (quem produziu, quando, com que motivações e objetivos etc.).
- Aprender a comparar (estabelecer relações entre) as informações obtidas nos diferentes tipos de fontes primárias e secundárias.
- Aprender a fazer generalizações (tirar conclusões) a partir da análise das informações obtidas.

No presente momento, em que se inicia a segunda fase do projeto, após o período de experimentação com as oficinas desenvolvidas em sala de aula, alguns novos problemas vêm sendo colocados. O principal deles é o fato de os professores terem dificuldades para reproduzir os métodos da pesquisa histórica em sala de aula, seja por não conseguirem reproduzir as fontes e as condições mínimas de pesquisa, seja por não disporem de tempo suficiente para se dedicar ao desenvolvimento das oficinas em conjunto com seus alunos. De fato, uma importante crítica que as atividades com projetos vêm sofrendo por parte dos professores dos níveis fundamental e médio é o fato de que raramente as escolas disponibilizam tempo suficiente para que as atividades sejam desenvolvidas sem prejuízo dos conteúdos a serem ministrados durante o ano letivo.[5]

Mais importante, no entanto, é a constatação de que, ao realizarem exclusivamente em sala de aula as atividades propostas nas oficinas, como era o propósito inicial, os alunos deixam de encarar o principal desafio do pro-

[5] Trabalhos como o de Alice Casemiro Lopes (2008) vêm discutindo as relações entre a organização escolar e as políticas curriculares no ensino médio. Aqui estamos nos referindo genericamente à prática de tomar como currículo básico de história, tanto nas séries do segundo segmento do ensino fundamental como no ensino médio, o conteúdo a ser exigido nas provas de acesso às universidades.

jeto: exercitar a autonomia ao aprender a pesquisar. Além disso, embora jamais se pense que a pesquisa histórica será realizada única e exclusivamente na internet — mesmo que a quantidade de fontes disponíveis online aumente a cada dia! —, é impossível ignorar que, atualmente, para a grande maioria dos alunos e quiçá para os professores, pesquisar algo significa "procurar na internet".

A partir da constatação de que as chamadas novas tecnologias exercem uma sedução indiscutível, que elas estão cada vez mais presentes no dia a dia dos alunos e que efetivamente podem abrir novas possibilidades didáticas, o caminho tem sido procurar aliar a proposta das oficinas centradas na investigação às possibilidades da internet. E assim chegamos às *WebQuests*.[6]

O que são as WebQuests

As *WebQuests* são atividades — ou oficinas — de ensino/aprendizagem desenvolvidas especialmente para ajudar a usar a internet e, sobretudo, lidar com a grande quantidade de informação disponível na rede. A ideia é utilizar o que a internet tem para oferecer, que não é pouco, como todos sabemos, mas, ao mesmo tempo, fazer com que o professor seja capaz de ajudar seus alunos a não se perderem na floresta.

O conceito de *WebQuest* foi criado em 1995 por Bernie Dodge,[7] professor do departamento de tecnologia educacional da universidade estadual da Califórnia (San Diego State University). O desafio era procurar aliar os recursos da tecnologia a uma proposta metodológica consistente, criando uma forma criativa de aprender e de ensinar. Bernie Dodge definiu *WebQuest* "como uma atividade investigativa em que alguma ou toda a infor-

[6] Como um bom exemplo de atividades relacionadas ao ensino de história que podem ser realizadas na internet, ver o site canadense Mistery Quests, disponível em: <www.mysteryquests.ca>.

[7] O site do professor sobre o tema, The Webquest Page, está disponível em: <http://webquest.org/index.php>.

mação com que os alunos interagem provém da internet".[8] Então, a questão central aqui é que a *WebQuest* é uma atividade de investigação baseada no uso de recursos disponíveis na internet.

Há 20 ou 30 anos atrás, os professores pediam aos alunos que fizessem uma "pesquisa" sobre determinado tema, e então eles recorriam às enciclopédias, copiavam as informações que achavam mais relevantes — ou que iam deixar o professor mais contente — e faziam uma compilação sobre o assunto. Agora, com o acesso à internet, esse tipo de "pesquisa" se tornou mais *fácil*, dispensando as cansativas horas de cópia. Basta um clique e está tudo impresso. E para que serve o que está impresso? Aí, então, é que começa propriamente a elaboração do "trabalho": seguindo as instruções do professor, o material impresso é reelaborado e utilizado para montar exposições em cartolina ou arquivos em *power-point*. A dificuldade já não está na coleta dos dados, embora estes possam ser mais ou menos confiáveis. Qualquer site de busca fornece respostas em volume surpreendente. Na verdade, o perigo é ser soterrado pela avalanche de informações, mas quase nunca ficar sem elas.

As *WebQuests* devolvem ao professor o controle da nave. Em geral, elas são elaboradas pelo professor, para serem realizadas pelos alunos, individualmente ou em grupo. A atividade parte de um tema (a guerra entre persas e gregos na Antiguidade, por exemplo) e de um problema (como eram formados os exércitos persas), traduzidos numa *tarefa* (você é um espião grego infiltrado na Pérsia e precisa elaborar um relatório sobre os exércitos persas, sem ser descoberto). Para realizar a *tarefa*, ou seja, elaborar seu relatório sobre os exércitos persas, o aluno precisará consultar uma série de sites na internet (coleções digitalizadas de acervos museológicos, enciclopédias online etc.) ou trechos de textos, artigos e livros previamente escolhidos pelo professor e disponibilizados em *recursos*. Para avançar, é só seguir o *processo*, a seção em que estão listadas, passo a passo, as várias etapas que precisam ser vencidas para a elaboração da *tarefa* (como ser um agente secreto, como se infiltrar entre os persas, como sistematizar as informações

---

[8] Disponível em: <http://webquest.sp.senac.br/textos/oque>.

coletadas, como elaborar um relatório). Há, ainda, uma seção de *avaliação*, cujo objetivo é dar alguns parâmetros de autoavaliação, a partir dos quais o aluno poderá verificar até onde ele conseguiu avançar no conhecimento de seu objeto de estudo (você foi descoberto e preso pelos persas, você conseguiu coletar algumas informações sobre o exército persa, você fez um relatório decisivo sobre as forças do inimigo). Essa etapa é importante porque ajuda a esclarecer os objetivos da atividade. Além disso, há ainda uma *conclusão*, em que são resumidos os objetivos centrais da atividade e, em seguida, formuladas questões que possam surgir a partir do que foi aprendido. Finalmente, uma seção de *créditos* informa sobre as pessoas que elaboraram a *WebQuest*. É uma seção importante por mostrar ao aluno que aquela é uma atividade elaborada por alguém, com alguns objetivos, e que por trás da atividade há um trabalho prévio de escolhas do professor.

A grande jogada da *WebQuest* é que ela não é uma simples coleta de informações, de dados para serem trabalhados em algum momento mais tarde. É uma coleta de dados orientada, motivada por um desejo de conseguir realizar a *tarefa* proposta. Então, ela transforma a simples coleta num processo de aprendizagem. Desenvolve competências, ensinando a classificar, organizar, analisar, sistematizar, refletir, concluir. Enfim, a partir do material disponível, ela ensina a criar um texto novo.

Um aspecto fundamental na elaboração das *WebQuests* é a concisão. Assim como não se quer que o aluno colete indiscriminadamente todas as informações que ele seja capaz de encontrar na internet sobre um assunto, também não é desejável que o professor se disponha a usar aquela atividade para ensinar tudo o que a escola quer que o aluno saiba sobre o tema. A atividade funciona melhor quando está dirigida para uma investigação focada numa questão específica. A ideia não é coletar todas as informações encontradas sobre os gregos, ou sobre os persas, ou mesmo sobre a guerra entre gregos e persas, mas apenas aquelas que são importantes para a elaboração do relatório do espião, ou seja, no final das contas, apenas o que estiver relacionado diretamente ao exército persa. Mas é claro que alguns dados gerais sobre a cultura de gregos e persas serão indispensáveis para que o espião se mantenha vivo. Então, o aluno será instigado a selecionar, a escolher, a distinguir, no momento em que estiver buscando aquelas informações verdadeiramente relevantes para a realização da *tarefa*. A ideia é que, a partir do contato com alguns elementos específicos, a atividade crie no aluno o desejo de saber mais sobre gregos e persas.

A discussão sobre a maneira de alcançar melhores resultados,[9] criando uma atividade ao mesmo tempo sedutora e eficiente — que sirva de motivação para que o aluno siga em frente, caminhando sozinho na floresta —, remete, finalmente, a uma outra questão, que é a do professor como produtor de saber. Para que o aluno seja produtor do saber, é fundamental que, antes, seu professor também o seja. Se considerarmos que o papel do professor não é o de um simples transmissor de conhecimentos produzidos noutros lugares, e sim o de alguém capaz de produzir seu próprio conhecimento, que será usado em sala de aula, então as *WebQuests* parecem uma boa maneira de exercitar essa capacidade de escolher o que se quer ensinar e, sobretudo, como se quer ensinar. De professores-pesquisadores e professores-autores é feita a matéria-prima das *WebQuests*.[10]

As *WebQuests* e o ensino de história da escravidão no século XIX

A partir do uso das *WebQuests*, e para além da questão do acesso às novas tecnologias — o qual está se popularizando de forma muito rápida, inclusive nas escolas —, nosso desafio é como elaborar *WebQuests* que possam de fato contribuir para o ensino e a aprendizagem da história do Brasil, em

---

9 Sobre os problemas mais frequentes encontrados nas *WebQuests* e para algumas dicas de como evitá-los, ver: <www.eduteka.org/WebQuestLineamientos.php>.

10 Várias *WebQuests*, bem como outras informações sobre sua elaboração, podem ser consultadas no site do MEC dedicado aos recursos da internet para educação: <www.webeduc.mec.gov.br/webquest/index.php>.

particular para a pesquisa sobre escravidão, conexões entre África e Brasil e relações étnico-raciais ao longo do século XIX.

O ensino de história da África e cultura afro-brasileira e africana se tornou obrigatório no Brasil desde a promulgação da Lei nº 10.639/2003, tendo sido regulamentado através das *Diretrizes Curriculares Nacionais para a Educação das Relações Étnico-Raciais e para o Ensino de História e Cultura Afro-Brasileira e Africana*, aprovadas pelo Ministério da Educação em 2004.[11]

Muita polêmica cerca os dois documentos. As críticas vão dos conceitos de cultura presentes nas *Diretrizes* — podemos aí incluir também os *Parâmetros Curriculares Nacionais* — à necessidade de se ter leis específicas para tratar do assunto. Há quem considere que a história da África, da escravidão e das relações raciais no Brasil já está contemplada nos conteúdos e objetivos estabelecidos nos próprios *Parâmetros Curriculares Nacionais*. Não nos cabe aprofundar aqui esse debate. Assim como Hebe Mattos e Martha Abreu, partimos do princípio de que hoje é ponto pacífico que não se pode mais educar no Brasil sem se levar em conta a discussão da questão racial. E que, independentemente de qualquer política pública, na prática as premissas expostas nas *Diretrizes* serão aquilo que as escolas e principalmente os professores fizerem. Daí a pergunta: "o que é possível fazer a partir delas?"[12]

Pois bem, o que propomos com as *WebQuests* aplicadas ao ensino de história da escravidão e das relações entre Brasil e África no século XIX é justamente uma forma de *fazer* a partir das *Diretrizes*. Adotando atividades que tenham por princípio a investigação, propomos uma alternativa que tem por base colocar o aluno no centro do processo de produção do conhecimento. Aprender, no caso das *WebQuests*, para além dos conteúdos específicos, significa basicamente aprender que todo conhecimento é construído. Com boa dose de esforço e muita prática conseguiremos que os alunos aprendam também *como* esse conhecimento é construído.

---

[11] Disponível no site do Ministério da Educação: <http://diversidade.mec.gov.br/sdm/publicacao/engine.wsp>.

[12] Abreu e Mattos, 2008:6.

No caso dos estudos sobre história da África e da escravidão, esse conhecimento é fundamental. Contra os riscos da essencialização das diferenças culturais, da naturalização das hierarquias sociais e da vitimização de africanos escravizados e seus descendentes,[13] propomos uma alternativa que, por princípio, coloca o aluno como protagonista do processo de produção do conhecimento. Ele não age sozinho, e muito menos sem orientação, conforme enfatizamos anteriormente. Mas é ele quem navega nos sites indicados, é ele quem faz as atividades e, em muitos casos, é ele quem se avalia. Claro que a *WebQuest*, por si só, não garante o alcance desses objetivos. Mas ela possibilita internalizar a ideia de protagonismo dos estudantes. Vale para o processo histórico, vale para o processo de produção do conhecimento.

[13] Ver, além do artigo citado na nota anterior, Hall (2003) e Lima (2004).

Capítulo 11

A expressão linguística dos saberes: aspectos da relação entre a aprendizagem da língua escrita e o desenvolvimento da consciência histórica*

MARIA LIMA

Estudos que analisam as práticas discursivas a partir de um referencial sócio-histórico, sejam eles no campo da linguística, da filosofia ou mesmo da história, têm ressaltado a natureza linguística do conhecimento. Nessa perspectiva, é possível afirmar que não existe conhecimento que não esteja materializado numa linguagem, uma vez que o pensamento conceitual é linguístico.

Assim, as características dessa manifestação linguística do conhecimento podem ser encontradas tanto nas estruturas do discurso cientificamente produzido e divulgado em nossa sociedade quanto nas produções linguísticas cotidianas dos indivíduos. Esse último aspecto, em especial, aponta para possibilidades de investigações que enfoquem as práticas discursivas dos sujeitos em processo de aprendizagem, a exemplo do que alguns estudos sobre o ensino de história já vêm realizando.[1] Uma vez pro-

---

* Este texto é baseado em Dias (2007).

[1] Rocha, 2006.

duzidos nas relações que se estabelecem nos mais diversos espaços sociais, entre eles a sala de aula, esses discursos, constituintes de conhecimento, podem nos fornecer elementos para compreender os mecanismos do processo de aprendizagem para além do mero domínio de dados e informações disciplinares.

Entre os diversos espaços de manifestação linguística dos estudantes na escola enfocados na pesquisa acadêmica, é possível observar que as produções escritas têm sido pouco consideradas por estudos da didática da história, considerando-se os parâmetros apresentados anteriormente.

Com efeito, acredito que a análise dos textos de crianças e jovens torna-se relevante nessa área não só pelo aspecto linguístico do conhecimento apontado anteriormente, mas também pelo papel exercido pela língua escrita no processo de aprendizagem e as possibilidades que a mesma oferece de vislumbrar manifestações da consciência histórica do estudante.

Por um lado, e a partir de contribuições da psicologia cognitiva, é importante considerar que a escrita é um instrumento mediador do pensamento e da consciência, e que sua aprendizagem num processo mediado contribui para o desenvolvimento das funções psicológicas superiores. Por outro, a palavra (tanto oral quanto escrita), fenômeno ideológico por excelência, é o material privilegiado da comunicação na vida cotidiana. E a palavra não só é importante por estar vinculada aos processos de produção, mas também por se constituir em material semiótico da vida interior, o que torna exprimível toda atividade mental.

Esses pressupostos permitiram-me estudar aspectos da relação entre língua escrita e consciência histórica e, assim, mapear alguns dos processos cognitivos acionados na complexidade dessa relação.

Neste capítulo, depois de apresentar os pressupostos fundamentais para precisar os conceitos de escrita e consciência histórica com os quais estou trabalhando, apresento a análise de duas produções escritas de estudantes, as quais explicitam o exercício empreendido na busca das peculiaridades das relações entre língua escrita e consciência histórica.

Associada à consolidação do capitalismo como sistema econômico hegemônico, a escrita ensinada pela instituição escolar teve importante papel na divulgação de um imaginário nacionalista no decorrer de toda a idade contemporânea. Ao longo do século XIX, com a afirmação da burguesia e a consolidação do Estado nacional por diversos povos europeus, o discurso iluminista sobre a importância e a necessidade de tornar universal o acesso ao saber transformou a aprendizagem da leitura e da escrita em condição *sine qua non*. Gradualmente, ler e escrever tornaram-se qualificações imprescindíveis para diversas profissões e, cada vez mais, para a própria inserção social e política dos indivíduos, definindo-os, em última instância, como cidadãos. A necessidade de popularização do ler e do escrever surgiu em meio ao processo de fortalecimento das instituições que garantiriam a expansão do sentimento de patriotismo necessário à consolidação do Estado nacional nos moldes europeus. E foi nesse contexto e com essa tarefa que surgiu a escola nos moldes em que a conhecemos ainda nos dias de hoje, concebida como a principal instituição de ensino e, particularmente, do ensino da língua escrita.

Simultaneamente, a identidade nacional, componente essencial do ideário da nação, instituiu-se calcada no tripé subjetividade, tempo e espaço. Dito em outras palavras, a identidade engendrou-se na qualificação do grupo político ao qual se pertence (o "nós", que na modernidade se expressa na nação); na memória, na história, na tradição que sustentam a unidade desse grupo; e, por último, no espaço no qual ele se inscreve e existe.[2] Para essa tarefa contribuíram o ensino da língua materna, bem como o da história e da geografia.

Assim, desde sua conformação ao projeto político-ideológico da burguesia europeia oitocentista, a tarefa da instituição escolar tem sido a transmissão de valores culturais e de representações provenientes da cultura dominante, através da instauração de padrões nas formas de pensar, subordinando os grupos dissidentes e as classes populares.

---

[2] Cerri, 2002.

Ao longo do século XX, uma vez questionado o papel civilizador do ensino de história nos moldes de uma pedagogia cívica e nacionalista, evoluiu-se para uma concepção que colocou em foco a constituição de projetos de formação do cidadão político, crítico e atuante. Mais recentemente, pesquisas na área de didática da história têm reforçado a necessidade de promover o desenvolvimento da consciência histórica no marco da crítica à tendência que reduz a aprendizagem da história ao domínio de conceitos, fatos, feitos e datas.

Paralelamente, estudos relativizaram o poder da escrita para as sociedades ocidentais e abriram a possibilidade de se compreender de maneira mais pertinente o papel dessa prática de linguagem no desenvolvimento cognitivo e em sua relação com a consciência.

Numa perspectiva sócio-histórica, a língua escrita pode ser vista como mediadora do desenvolvimento humano. Enquanto signo mediador externo, pode-se postular que a escrita favorece a organização do pensamento para se lidar com coisas do mundo imediato, concreto, intermediando as relações entre os homens e permitindo que o indivíduo adquira formas mais complexas de se relacionar com o mundo que o cerca. Enquanto mediador interno, essa modalidade linguística favorece as possibilidades de pensar, organizar, lembrar, planejar, arquivar etc., cuja ocorrência promove uma transformação no modo de o sujeito operar sobre o mundo, modificando-se também sua autoimagem e sua maneira de relacionar-se socialmente.

Ao se revelar como instrumento interno, a língua escrita, em seu aspecto mediador e semiótico, pode ser compreendida, simultaneamente, como um espaço de manifestação e constituição da consciência. Nesse sentido, interessa destacar que as palavras têm papel central não só no desenvolvimento do pensamento, mas também na evolução da consciência como um todo, sendo cada palavra considerada um microcosmo da consciência humana.[3]

---

[3] Aguiar, 2000.

Ressalte-se, ainda, a função comunicativa que a língua escrita possui. O locutor serve-se, em especial, da palavra, a qual possui uma característica ideológica que a torna signo para a consciência. Cada signo ideológico é não apenas um reflexo da realidade, mas também um fragmento material da mesma realidade e um fenômeno do mundo exterior que se apresenta como a encarnação material da consciência. "A consciência só se torna consciência quando se impregna de conteúdo ideológico (semiótico) e, consequentemente, somente no processo de interação social."[4] Isso significa dizer que o homem, fora das condições socioeconômicas objetivas, fora da sociedade, não tem consciência.[5]

A produção textual tomada como atividade discursiva caracteriza-se, nesse prisma, como espaço de manifestação da consciência pela manipulação de signos num contexto de comunicação verbal. Como atividade discursiva, move-se em busca de sentido, o qual se constitui tanto na esfera linguística quanto na psíquica.

Os pressupostos apresentados indicam o potencial que a análise dos textos escritos dos estudantes possui na investigação das relações entre a aprendizagem da língua escrita e o desenvolvimento da consciência histórica. Resta-me, nesse ponto, esclarecer a que me refiro quando falo em consciência histórica.

Consciência histórica e competência narrativa

A ação intencional do homem é fundamental à sua existência. Dialeticamente, ao satisfazer uma necessidade, o ser humano cria outra que lhe é nova, desconhecida e que, simultaneamente, o move no sentido de apreender a novidade. Tal movimento também ocorre quando pensamos no desenvolvimento da capacidade do ser humano de reconhecer a historicidade

---

[4] Bakhtin, 1986:34.

[5] Freitas, 2002.

de sua existência. De acordo com Rüsen (2005), o processo de compreender a experiência no tempo é sempre novo e possibilita às pessoas a constituição de um arsenal cognitivo que não só amplia sua capacidade de compreender o presente, mas subsidia a sua projeção no futuro. A relação dos seres humanos com o tempo, portanto, é sempre intencional e tem um sentido.

A premissa permite concluir que os indivíduos não podem ser tomados *a priori* como seres "sem consciência", e sim como sujeitos que possuem uma maneira própria, social e culturalmente constituída de enxergar a relação entre o presente, o passado e o futuro. Tomada em si, trata-se de uma construção que, em princípio, não é melhor nem pior que aquela do especialista. Ao aproximarmos essa contribuição das reflexões a respeito dos objetivos do ensino de história, temos que sua principal tarefa passa a ser a de criar possibilidades de desenvolvimento da consciência histórica do estudante pelo investimento em sua complexificação.

O espaço dentro do qual o ensino pode atuar em permanente diálogo com a aprendizagem é aquele da *competência narrativa*, a qual, segundo Rüsen (1992), é o elemento essencial da consciência histórica. Tal competência é definida como a habilidade da consciência humana para realizar procedimentos que dão sentido ao passado, tornando efetiva uma orientação temporal da vida prática no presente através da recordação da realidade passada. Nessa perspectiva, a possibilidade de narrar é fundamental, uma vez que a narrativa histórica é mais do que um modo específico da historiografia. Intérpretes contemporâneos como Ricouer (1994) apresentam a narrativa histórica como um procedimento mental básico que dá sentido ao passado com a intenção de orientar a vida prática no tempo.[6] Isso nos permite afirmar que as relações entre tempo e narrativa demonstram que a compreensão do tempo é uma produção linguística. Simultaneamente, há um movimento em que as operações discursivas envolvidas na narrativa implicam também um processo constitutivo da compreensão do mundo pelo homem, envolvendo, ainda, a constituição do próprio ser.

---

[6] Rüsen, 1993.

Sendo a consciência histórica uma operação mental de constituição de sentido, a competência narrativa configura-se como sua tarefa específica e essencial, a qual se manifesta pela função, pelo conteúdo e pela forma. A função pode ser chamada de "competência para a orientação histórica"; o conteúdo seria a "competência para a experiência histórica"; e a forma se configura na "competência para a interpretação histórica". Rüsen considera que a competência de orientação é a capacidade de compreender que o passado é uma fonte de referência para o presente, sendo possível buscar nele elementos que permitam compreender melhor o presente e elaborar planos de ação para o futuro. Para Rüsen, a competência da experiência é a capacidade de um ser humano compreender o passado em sua densa existência, como um *outro*. Compreender a experiência do passado significa diferenciá-la daquela do presente, reconhecendo suas especificidades e estabelecendo uma relação de empatia com ele. A interpretação, quando relacionada à dimensão da vida prática, refere-se à capacidade do ser humano de atribuir sentido histórico aos fatos.

Nessa perspectiva, a aprendizagem histórica é compreendida como um processo de tomada de consciência que ocorre entre dois polos: por um lado, a compreensão dos pretextos objetivos das mudanças vividas pelas pessoas e por seu mundo (objetivação); por outro, a compreensão de si próprio e da sua própria existência no tempo (subjetivação).

Aqui é importante destacar que, quando a aprendizagem é compreendida como uma qualidade específica dos procedimentos mentais da consciência histórica, a quantidade de conhecimentos que o sujeito detém não é um critério considerado adequado para avaliar seu desenvolvimento.[7] Em contraposição, quando o sujeito aprende história para utilizá-la na análise de aspectos de sua vida prática, para compreender a experiência do tempo, interpretando-a na forma de história, é possível dizer que houve aprendizagem, pois houve desenvolvimento da consciência histórica.

É importante ressaltar que a compreensão do passado — que se dá na forma de narrativa e, portanto, se constitui na competência narrativa —

7 Rüsen, 1992.

está envolta nas deliberações morais que conectam passado, presente e futuro em torno de uma realidade visível ao sujeito que a enuncia. A necessidade de tomar decisões diante de uma série de situações leva-nos a recorrer a nosso sentido de responsabilidade e à nossa consciência. Na avaliação dessas situações, ativamos nossos valores e os consideramos na relação com o contexto para podermos constituir uma ação que seja coerente. Nesse âmbito, a consciência histórica torna-se um pré-requisito necessário, pois funciona como um modo específico de orientação em situações reais da vida presente.[8]

Muito embora a narrativa dos estudantes apresentada a seguir não se caracterize especificamente nos moldes canônicos do que chamamos de narrativa histórica, subjaz a seus discursos maneiras de se relacionar com o tempo que me permitiram vislumbrar indícios de sua consciência histórica pela análise de aspectos linguísticos da competência narrativa.

A produção textual do estudante como espaço de dialogia

O *corpus* do trabalho é constituído por 134 produções textuais de 67 estudantes, coletadas ao longo de três encontros realizados entre agosto e outubro de 2006 na Escola Municipal de Ensino Fundamental João XXIII, situada no jardim João XXIII,[9] bairro do Butantã, na cidade de São Paulo.

No primeiro encontro com os estudantes, de 11 a 16 anos, o objetivo era apresentar uma situação motivadora da escrita, a partir da qual seria

[8] Rüsen, 2005.

[9] A escola, fundada em 1975, é frequentada por uma clientela que, segundo seu projeto político pedagógico (PPP), possui condições de vida precárias, não raro contando com alunos envolvidos com a criminalidade e drogas. Atende a cerca de 1.600 alunos, funcionando desde 2001 em três períodos de cinco horas cada. Desde 1994, possui uma sala de atendimento a portadores de necessidades especiais, destacando-se seu trabalho com deficientes visuais. Há uma sala de informática, com aproximadamente 15 computadores, e uma sala de leitura.

constituído um processo de elaboração textual a ser retomado em outras duas sessões.

Considerando que conhecer a experiência do passado, num contexto em que existe uma demanda da vida presente, é o que dá sentido à aprendizagem em história, procurei estruturar uma situação motivadora para a expressão de aspectos da consciência histórica pela busca das razões eventualmente subjacentes a um acontecimento recente. Escolhemos, então, o caso de denúncia de discriminação racial feita pelo jogador do time de futebol do São Paulo Futebol Clube conhecido pelo apelido de Grafite. O episódio teve lugar no dia 13 de abril de 2005,[10] num jogo entre aquele time e o Quilmes, time argentino, quando então, segundo Grafite, o jogador De Sábato o xingou de "macaco".

Iniciei o trabalho, no primeiro encontro, conversando com os estudantes sobre o episódio envolvendo o jogador Grafite e sua atitude de denúncia. Alguns dados foram fornecidos oralmente por mim como subsídio à rememoração da situação pelos estudantes. Após a conversa inicial, solicitei a produção de um texto (a *P1*), a partir da seguinte instrução:

> Escreva um texto contando para mim se você já viveu ou presenciou alguma situação parecida com esta sobre a qual acabamos de conversar. Nesse texto, também me explique por que fatos como o vivido por Grafite e esse que você relatou acontecem. Por fim, escreva o que você acha que precisaria ser feito para que a gente possa lidar com situações como essas.

Ao considerar que a produção, enquanto atividade linguística, é um discurso construído na relação interlocutiva, li o primeiro texto produzido com a intenção de elaborar uma problematização que se configurasse como uma contrapalavra.

[10] A coleta dos dados ocorreu um ano e meio após o incidente. Optamos por mantê-la no desenho, pois fez parte do estudo piloto realizado em 2005, o qual demonstrou a adequação do tema aos propósitos do estudo. Importante ressaltar que os alunos não tiveram dificuldades para se lembrarem do episódio, mesmo depois de tanto tempo.

Se no primeiro encontro o objetivo era a produção de um texto individual que pudesse fazer emergirem livremente aspectos da competência narrativa do sujeito, no segundo a intenção foi motivar a transformação de aspectos da narrativa, bem como contribuir para uma maior explicitação de fragmentos da consciência histórica, a partir de uma intervenção formalmente planejada. Assim, com base nos dados que emergiram da leitura da *P1*, selecionei e preparei cinco textos que "dialogariam" com as concepções dos estudantes. Ao mesmo tempo, considerei que esses textos deveriam servir de modelo de estratégias do dizer que potencializariam a expressão de suas ideias, contribuindo também para sua expansão.

No segundo encontro, chamado por mim de *momento de ampliação da reflexão histórica e linguística,* os textos preparados foram lidos em voz alta pela pesquisadora para os estudantes. Antes da leitura, foi esclarecido que o objetivo da atividade era colher elementos que pudessem ser acrescentados à *P1*, a qual seria reescrita na sessão seguinte. Compreendido como uma preparação para a reescrita, esse momento privilegiou o debate entre os estudantes a partir do comentário de alguns textos.

Na terceira e última sessão, realizada após alguns dias, os estudantes foram convidados a retomar a *P1* e reescrevê-la à luz de uma nova leitura, fortalecida pelo seu distanciamento da produção e daquilo que lhes havia chamado a atenção no debate realizado na sessão anterior. Essa produção foi chamada de *P2*. O distanciamento do texto provocado pelo período de tempo transcorrido entre a *P1* e a *P2* foi importante para fortalecer o papel de *coleitor* dos estudantes, pois considerei o texto escrito como "um produto da atuação ininterrupta e alternada de um ser que escreve e lê, lê e escreve".[11]

Ao comparar *P1* e *P2*, percebemos a recorrência de algumas estratégias adotadas pelos estudantes. Esses movimentos mostraram-se peculiares e revelaram um processo significativo de apropriação dos modelos de dizer e dos conteúdos temáticos apresentados no *momento de ampliação da reflexão*

[11] Sautchuk, 2003:4.

linguística e histórica que antecedeu *P2*. Essas recorrências, organizadas em categorias, tornam possível o mapeamento de algumas características da relação que ora procuramos desvelar. Assim, no conjunto das produções escritas dos estudantes (*P1* e *P2*), ganhou corpo aquilo que convencionamos chamar de *estratégias globais de reescrita*, caracterizadas por movimentos estruturais, discursivos e temáticos que configuram a diferença (e, por que não dizer, o avanço) de *P1* para *P2*. Com base nessas estratégias, foi possível identificar três grandes categorias: eliminação, inserção e novo texto.

Estreitamente vinculados às *estratégias globais*, identificamos também movimentos no interior dos textos, configurando as *operações linguísticas* que se corporificam no processo de reescrita, tais como a supressão, o deslocamento, a adição e a substituição, já apontadas por outros estudos sobre a reescrita.[12] A supressão, que pressupõe a elaboração e o uso de critérios de seleção por parte do sujeito-autor, ocorreu quando palavras, frases ou parágrafos foram retirados de uma produção para outra. Em alguns casos, os estudantes inseriram novas estruturas; em outros, houve apenas a eliminação da formulação original. Quando o estudante mudou o lugar de palavras, frases ou parágrafos inteiros, ele operou o deslocamento, cuja utilização pôde demonstrar o trabalho com a categorização do que estava sendo escrito e/ou com a progressão temática do texto. A adição materializou-se pela inserção de novos dados, informações ou ideias que não existiam na primeira versão da produção. Ela ocorreu em palavras ou pequenos trechos inseridos em frases ou parágrafos. A substituição foi caracterizada pelo movimento em que o autor se colocou desde outro lugar no texto. Assim, ele operou mudanças no tempo verbal ou do "eu" para o "nós". Consideramos também como substituição a operação em que o sujeito substituiu em *P2* um trecho, uma frase ou um termo por um conjunto de termos correspondentes que podem implicar uma categorização ou melhor expressão do que foi escrito em *P1*. Assim, diferen-

[12] Fiad, 1990.

temente das operações de supressão, quando seguiram-se adições, os trechos substituídos mantinham relações de significado entre si.

É importante ressaltar que uma série de outras operações linguísticas ocorreu no interior dos textos. No entanto, escolhemos enfocar as que se configuraram no âmbito do processo de reescrita, porque elas nos permitiram caracterizar as transformações operadas a partir de cada estratégia global adotada. A relação entre as estratégias globais (e suas subcategorias) e as operações linguísticas no processo de reescrita, tal como foram encontradas no *corpus* da pesquisa, pode ser sintetizada no quadro 1:

Quadro 1
Categorias de estratégias globais e operações linguísticas presentes na reescrita

Estratégias globais de reescrita			Operações linguísticas
Categorias	Subcategorias		
A. Eliminação	1. Por seleção		Supressão
	2. Por síntese		
	3. Por supressão		Substituição
B. Inserção	1. Início		Supressão
	2. Início e final		
	3. Final	3.1. Com separadores	Substituição
		3.2. Desarticulada	
		3.3. Articulada	Deslocamento
	4. Intermediária		
	5. Entremeada		Adição
C. Novo texto			Adição

Escolhemos apresentar aqui a análise de um exemplar da categoria *inserção* e de outro da categoria *novo texto*.

Por fim, cabe ressaltar que na análise das produções adotamos o paradigma indiciário proposto por Guinzburg (1989), o qual nos permitiu, através de pistas, indícios, "sintomas", constituir uma análise ajustada aos propósitos da pesquisa. A partir de dados aparentemente negligenciáveis, foi possível vislumbrar aspectos da consciência histórica que, no seu conjunto, são inatingíveis. O trabalho com indícios parece legitimado principalmente pelo fato de que a linguagem faz parte de um sistema de comunicação que se estabelece entre interlocutores, numa alternância das falas.[13] As reelaborações e generalizações indicaram movimentos dos sujeitos em constituição e possibilitaram, através das formas pelas quais eles se relacionam com o tempo na escrita, levantar hipóteses sobre as características da relação entre língua escrita e consciência histórica.

As estratégias de inserção

A diversidade de subcategorias e de operações linguísticas (em particular a de adição, que foi predominante) encontradas nesse grupo indica os esforços dos estudantes na busca de ampliar os sentidos a partir do *momento de ampliação*.

No *corpus* desse trabalho, identificamos cinco estratégias globais de inserção: no início do texto (início); no início e no final simultaneamente (início e final); somente no final (final); um bloco no meio do texto (intermediária); e, por último, em diversos pontos da produção (entremeada).

Apresentamos aqui a análise de um dos casos de inserção no início por considerá-lo significativo do movimento de explicitação linguística de fragmentos da consciência histórica. Dois estudantes lançaram mão da estratégia de inserção no início do texto, sendo o texto integral de *P1* copiado em seguida, a exemplo do conjunto[14] a seguir:

---

[13] Abaurre, 1997.

[14] Para não gerar ambiguidade, considerei oportuno chamar de "conjunto" as duas produções de cada estudante. Quando me referir a cada uma delas, utilizarei o termo "produção" ou *P1* e *P2*.

Quadro 2

Categoria: "inserção início"[15] — conjunto 24.8[16]

Produção 1

Bom, pessoalmente eu nunca presenciei mas, já ouvi falar de vários casos. Muitos países há esses casos, como nos Estados Unidos há muito disso, lá os negros são excluídos e discriminados e praticamente isolados da sociedade.
Existiu também um caso na Alemanha com Adolf Hitler que era racista e anti-judeu, ele matava por prazer era um homem de sangue frio. Dizem que quando ele acordava, olhava pela janela e dava um tiro para fora acertando um negro ou judeu, podia ser criança, velho ou deficiente, ele não tinha piedade.
Hoje em dia por meio de notícias fiquei sabendo que duas meninas (irmãs) estão crescendo adorando a Hitler, elas também são racistas e anti-judeu.
Mas muitos negros de vários países ainda sofrem com o preconceito e eu acho que não tem jeito pois será difícil concientizar os brancos a tratar os negros de igual para igual.

Produção 2

Muitas pessoas discriminam um negro por sua cor e aparência ao pensar ser assaltado por ele e não por um branco.
Relatos dizem que franceses indiram (*sic*) a África inventando teorias de que eram mais fortes e estruturados para escravizar os negros inocentes.
Negros também sofreram muito quando foram libertados, pois não conseguiram empregos, mas isso acontece muito ainda, os negros até conseguiram emprego hoje, mas seus salários ainda são bem inferiores segundo dados do IBGE.
Muitos negros também são discriminados por eles mesmos, muitos deles odeiam à pessoas de sua mesma raça. Um exemplo disso é o cantor Michael Jackson, ele é racista e não gosta de negros sendo que ele é dessa cor, mas hoje em dia olhando para ele ninguém diz que já foi negro.
Existiu também um caso na Alemanha com Adolf Hitler que era racista e anti-judeu, ele matava por prazer era um homem de sangue frio. Dizem que quando ele acordava ia até a janela e dava um tiro acertando um negro

[15] Optei por apresentar as produções digitadas por estar trabalhando com *P1* e *P2* em sua integralidade, numa perspectiva comparativa. Inserir os originais dificultaria a visualização que estou propondo. Além disso, a forma digitada favorece marcações feitas para fins de análise. O negrito indica as partes de *P1* que foram mantidas em *P2* no processo de revisão e reescrita. As cópias das produções originais podem ser encontradas em Lima (2007).

[16] Os conjuntos das produções 1 e 2 foram identificados atribuindo-se ao autor dos textos um número aleatório, seguido da indicação de sua série. Assim, "conjunto 24.8" significa conjunto das produções (*P1* e *P2*) do aluno(a) 24 da 8ª série. Todos os demais exemplos seguem esse mesmo padrão de identificação.

ou um judeu, podia ser criança, velho ou deficiente ele não tinha piedade. Mas ainda temos a esperança de haver igualdade social e racial.[17]

Em 24.8 há uma série de operações linguísticas, marcadamente de ordem discursiva, reveladas num texto em que predomina a tipologia narrativa. No início de *P2*, ele opta por suprimir uma marca da oralidade utilizada para dar início a *P1* ("Bom..."), utilizando-se, na introdução, de recursos mais relacionados à língua escrita. Diversas produções apresentaram esse tipo de movimento de *P1* para *P2*, demonstrando uma reflexão intensa em torno dessa questão.

A esse respeito, interessa-nos ressaltar que a produção de um texto demanda a operação da língua escrita num nível epilinguístico (de uso em contexto dos recursos linguísticos que a língua oferece), de modo que, ao escrever, o estudante dialogue consigo mesmo e com o destinatário, considerando os elementos contextuais que envolvem e determinam a produção. À medida

[17] Na transcrição das produções dos alunos, mantive a ortografia e a gramática originais para salientar que, mesmo sem uma intervenção formalizada, o sujeito-autor é capaz de localizar alguns erros desse tipo e tentar corrigi-los. Pretendi destacar também que o aspecto secundário e contextual desses elementos é ressaltado pelo fato de que escrever de maneira ortograficamente correta não significa necessariamente um ganho na qualidade do enunciado, visto que muitos estudantes dominam a ortografia, mas não conseguem expressar a ideia. Enfocar questões ortográficas ou gramaticais de maneira subordinada não quer dizer desconsiderá-las, mas visa chamar a atenção para o fato de que muitos professores limitam a ideia de "saber escrever" a "dominar a escrita ortográfica". Isso pode ser o que tem dificultado a compreensão do que significa ensinar a escrever ao mesmo tempo em que se trabalha com os conteúdos específicos de determinada disciplina. Ao analisar as produções considerando em primeiro lugar as operações discursivas, busquei sobretudo compreender o que está sendo dito e como a mensagem se estrutura, o que exige uma postura de responsividade ativa do leitor diante do discurso escrito do estudante. Aplicando esse procedimento metodológico às questões de ensino, pode-se dizer que o professor deve tornar-se um efetivo leitor da produção, procurando sempre ler para compreender e dialogar com a ideia do autor. Isso favorece a explicitação de elementos da representação presentes no discurso do estudante, possibilitando que esse espaço se torne efetivamente um lugar de constituição do sujeito através da linguagem. Essa postura opõe-se àquela do ler para corrigir, a qual, ao impedir que as relações dialógicas se instaurem, desvirtua a função comunicativa da língua e enfraquece o seu potencial de instrumento mediador do desenvolvimento das funções psicológicas superiores.

que o escritor adquire uma compreensão mais profunda da língua, pode transitar das reflexões epilinguísticas para as metalinguísticas (de reflexão sobre as formas convencionais do dizer), ampliando os modos de lidar com a sua produção. Além disso, compreender o funcionamento da língua implica transformar a relação entre seus próprios processos de produção linguística.[18]

A esses desafios cognitivos que se apresentam para o escritor no momento da produção de seu enunciado é possível acrescentar outros, como, por exemplo, aquele relacionado às reflexões entre oralidade e escrita, que pressupõe

> o reconhecimento dessas diferentes formas de linguagem e de suas variações para poder lidar com as particularidades de ambos os sistemas (a letra, a palavra, o parágrafo, a pontuação, as regras, a relação interlocutiva do falante ou do autor de texto, etc.), assimilando-os e ampliando assim o seu repertório linguístico.[19]

Quanto à narrativa, percebemos que é estruturada de maneira progressiva, construindo-se uma passagem entre a nova reflexão e aquela que o estudante traz de *P1* ("existiu também um caso...").

As influências do *momento de ampliação* são evidentes, assim como são explícitos os movimentos de apropriação operados pelo estudante. O texto, que antes considerava como roteiro a instrução por mim fornecida, ganha independência e começa por uma frase em que se ressaltam os condicionantes sociais do presente ("muitas pessoas discriminam um negro por sua cor e aparência ao pensar ser assaltado por ele e não por um branco"). Sua perspectiva comparativa de uso do passado amplia-se pela construção de um discurso referenciado explicitamente em outros discursos ("relatos dizem..."; "segundo dados do IBGE..."), demonstrando certa articulação entre seu argumento e aquilo que ele utiliza para sustentá-lo.

---

[18] Schnewly, 1988.

[19] Colello, 2001:3.

Através de uma operação linguística de substituição, o aluno passa de uma postura em que o futuro era pensado como uma continuidade e repetição do presente ("eu acho que não tem jeito pois será difícil concientizar os brancos a tratar os negros de igual para igual") para outra em que considera a possibilidade de transformação pela mudança de aspectos sociais ("mas ainda temos a esperança de haver igualdade social e racial"). Há também uma transformação de sua perspectiva, que, por outra operação de substituição, sai do individual ("eu acho") para o coletivo ("ainda temos"). Talvez essas transformações possam explicar por que o estudante suprimiu o trecho em que se referia ao caso das duas meninas racistas e antissemitas: como um exemplo de continuidade do passado no presente, o episódio prestava-se apenas para sustentar uma ideia já superada pelo autor (a impossibilidade de mudar o futuro).

As operações de substituição e supressão no conjunto 24.8 indicam uma mudança na posição do estudante e uma transformação em certos aspectos da sua consciência histórica. O conjunto das ideias apresentou, inicialmente, características da consciência histórica exemplar, ao construir uma narrativa em que ele buscou fatos históricos que pudessem comprovar a existência do racismo há muito tempo. Em *P2* encontramos indícios da consciência crítica,[20] já que o aluno começa a pensar na possibilidade de superação de condições do passado e do presente. Nesse sentido, o passado o ajuda a pensar o presente, mas não predetermina o futuro.

No caso aqui analisado, houve predominância da operação de adição. A expansão da reflexão demonstrada por 13.5 e a mudança de opinião de 24.8 foram favorecidas pela inserção de novas informações que promoveram a negociação interna do sujeito com aspectos de sua consciência histórica pela ampliação de suas competências de orientação e de interpretação.

[20] Refiro-me aqui à tipologia elaborada por Rüsen (2005), a qual, a meu ver, fornece parâmetros consistentes para analisar as produções dos estudantes para além da incorporação de dados, fatos e conceitos.

Novo texto

Além dessas operações em que os estudantes apóiam-se em *P1*, trazendo-a para *P2* e fazendo adições, substituições, deslocamentos e supressões, encontramos um terceiro grupo, composto por produções de sete estudantes, no qual o sujeito-autor elabora um texto totalmente novo. A estratégia global de reescrita "novo texto" surge por um movimento que, em alguns casos, resultou na mudança da opinião ou da representação que o estudante possuía antes do *momento de ampliação da reflexão linguística e histórica*. O conjunto a seguir é um dos exemplos escolhidos para ilustrar algumas das características da categoria:

Quadro 3

Categoria "novo texto" — conjunto 13.5

Produção 1

Um dia já aconteceu com meu irmão.
Nós estavamos passeando e derrepente um homem para e fala:
— AI NEGRINHO DO PASTOREIO ficha parado ai mesmo. Ai meu irmão chamou minha mãe e minha mãe resolveu.
Eu acho que tem que ligar pra policia e deixa que ela resolva.
Por que eles são idiotas e ficha chingando os soutros de neguinho.

Produção 2

Na novela rebelde não tem nenhum negro só tem branco isso é um preconceito. Nos estados unidos eles são muito preconceituosos também por que eles separam tudo por exemplo: onibus para branco e onibus para negro. Aquilo que aconteceu com o Grafite voi um horror mesmo. Eles deveriam fazer uma nova leia mas essa e pra valer. Quem ficasse chingando um negro ia ser preso na hora e ia que pagar 40 cestas basicas e ia que ficar 10 anos na cadeia. Algumas pessoas dizem que os negros so roubam mas e mentira que alguns negros são diguinos mas alguns negros são diguinos de pena.

Uma das características que mais chama a atenção nesse conjunto é a supressão do relato pessoal apresentado em P1. Outro aspecto relacionado a este é o papel que o relato pessoal assume nos textos.

Em *P1*, todo o percurso da produção demonstra que o "guia" da reflexão foi a estrutura da narrativa, como demonstram os trechos a seguir:

P1 — Relato:

Ai meu irmão chamou minha mãe e minha mãe resolveu.

Corresponde em *P1* à reflexão sobre o que é possível fazer nesse tipo de situação:

Eu acho que tem que ligar pra policia e deixa que ela resolva.

P1 — Relato:

Nós estavamos passeando e derrepente um homem para e fala:

— AI NEGRINHO DO PASTOREIO ficha parado ai mesmo.

Corresponde em *P1* à reflexão: por que situações como essa ocorrem?

Por que eles são idiotas e ficha chingando os soutros de neguinho.

Em *P2*, a estudante passa do relato pessoal para o relato de exemplos ilustrativos, a partir dos quais ela vai configurando o que entende por preconceito ("na novela rebelde não tem nenhum negro isso é um preconceito."; "nos estados unidos eles são muito preconceituosos também por que eles separam tudo por exemplo..."). A concretude, que antes era garantida pelo seu relato pessoal, é mantida em *P2* por exemplos independentes da esfera vivida.

O relato, ao tornar concreto um pensamento difuso, possibilita que o sujeito se relacione com a ideia de maneira mais consciente. Uma vez colocada essa possibilidade, ensaia-se uma primeira reflexão que dá ensejo a um processo cognitivo de generalização e abstração. É o que torna possível o abandono do relato dos episódios pessoais em benefício de análises mais abrangentes, fazendo referências a questões políticas, econômicas, sociais ou históricas. Esse é um movimento importante, já que a aprendizagem histórica é compreendida como um processo de tomada de consciência de fatos que ocorre entre dois polos: por um lado, a compreensão dos pretextos objetivos das mudanças vividas pelas pessoas e por seu mundo (objetivação); por outro, a compreensão de si próprio e da sua própria existência no tempo (subjetivação).

No conjunto 13.5 é possível visualizar um ganho reflexivo de *P1* para *P2* promovido pelo abandono do relato. A justificativa do preconceito, que em *P1* foi construída com base numa situação particular ("por que eles são idiotas..."), amplia-se para o social pela incorporação de condicionantes sociais ("na novela rebelde..."; "eles deveriam fazer uma nova lei..."; "algumas pessoas dizem..."). O mesmo processo de generalização já reconhecido em outras produções aparece aqui como a tônica de toda a *P2*.

O período que aparece no último parágrafo — um pouco mais confuso, pois as afirmações se tornam contraditórias, e a compreensão, um pouco mais difícil — ("algumas pessoas dizem que os negros so roubam mas e mentira que alguns negros são diguinos mas alguns negros são diguinos de pena.") pode ser entendido como uma tentativa de desligamento da estrutura guiada pelos exemplos, ensaiada pela estudante na busca de uma análise independente das situações mais pontuais.

A maneira de se servir do relato, conforme descrevemos acima, foi observada em nove produções de todo o *corpus*, sendo seis da 5ª série e três da 8ª série, indicando que esse mecanismo, no caso analisado, foi mais utilizado pelas crianças na fase inicial da escolaridade.

A diferença básica da estratégia global "novo texto" em relação às anteriores não está só nas possibilidades de generalização que oferece, mas também no fato de que a relação com *P1* se estabelece em patamares diferentes. Em todas as estratégias globais percebemos uma relação muito explícita entre *P1* e *P2*, centrada nos aspectos formais (cópias, substituições, supressões e adições de partes de *P1* em *P2*, ou a produção de uma continuação de *P1*). No caso da estratégia "novo texto", há uma independência formal entre *P1* e *P2*, já que os textos são completamente diferentes entre si. Trata-se, porém, de uma independência apenas aparente, já que os estudantes constroem suas reflexões em *P2* com base no que foi feito em *P1*. Nesse processo, tal como foi apontado nas estratégias anteriores, o texto construído em *P1* aparece como um disparador na consideração da questão, um ponto de apoio a partir do qual a reflexão em *P2* se desenvolve e se aprofunda. O estudante começa a ensaiar um posicionamento progressivamente independente dos fatos concretos e subjetivos, descolando-se gradativamente da estrutura sugerida pela instrução.

Outra característica marcante dessa estratégia global em relação às demais é a possibilidade de associar a estratégia de "novo texto" a uma grande operação de adição, tendo em vista que a temática central é mantida, havendo uma relação processual entre *P1* e *P2*.

Algumas considerações

A análise apresentada trouxe indícios de que, ao se utilizarem da língua escrita para produzir seus discursos, os estudantes lançaram mão de uma série de estratégias e operações discursivas. Nos textos foram percebidas reorganizações de vários níveis, visando a uma melhora na expressão e à busca de sentido, aliadas à inserção de dados e ideias que surgiram após o *momento de ampliação*. Algumas transformações nas produções pareceram indicar a ocorrência de operações da competência narrativa e, portanto, a emergência de novos fragmentos da consciência histórica. Em alguns casos, pareceu-me que o contato do estudante com esses fragmentos num contexto mediado pela escrita potencializou o desenvolvimento da consciência histórica.

No processo de reescrita, após um percurso reflexivo motivado por leitura e debate de textos, dois movimentos foram claramente percebidos. O primeiro está relacionado à explicitação de mais fragmentos da consciência histórica do estudante pela ampliação das possibilidades de dizer. O contato com novas informações e formas de dizer favoreceu a emergência de ideias e o estabelecimento de relações que não estavam evidentes inicialmente. Nesse sentido, além da consideração de mais aspectos no discurso do aluno, o diálogo mediado que lhe foi permitido em alguns casos potencializou a mudança da sua forma de pensar. A expansão dos modos de dizer esteve, portanto, estreitamente relacionada a um processo em que o estudante evidenciava, nas operações da competência narrativa (experiência, orientação e interpretação) explicitadas em seu discurso escrito, sua maneira de compreender o tempo.

O outro movimento, ocorrido simultaneamente, trouxe indícios de que a potencialização da competência narrativa amplia a possibilidade de aprofundar as reflexões sobre *como* dizer. Considerações em diferentes níveis (fonológico, sintático, gramatical e linguístico) foram feitas pelos estudantes, melhorando a expressão da ideia. Constatei, a partir daí, que a maior explicitação de fragmentos da consciência histórica, evidentes no trabalho pelas maneiras como os estudantes se utilizaram do tempo em suas narrativas, favoreceu as reflexões sobre o sistema de representação da língua escrita.

Os elementos reunidos pela análise parecem indicar que investir na aprendizagem da língua escrita no contexto do ensino de história significa potencializar a capacidade do sujeito de refletir sobre o mundo, apropriando-se dele e constituindo-se nessa relação. Exacerba-se, com isso, a ideia e a necessidade do aprender como experiência no sentido benjaminiano, em que ao aluno é dada a possibilidade de retomar a capacidade de narrar, operando um deslocamento em que sua humanidade é compreendida no âmbito do coletivo, sendo o tempo o colo que o recebe, o embala e lhe permite enxergar novos horizontes. Nesse sentido, língua escrita e história não se constituem prioritariamente em objetos isolados que precisam ser apreendidos para tornar o indivíduo capaz de algo *a posteriori*. Sua aprendizagem integrada sobre essas novas bases já é, em si, o próprio processo de transformação e emancipação.

Capítulo 12
Linguagens contemporâneas no ensino e na pesquisa: história oral, fotografia e produção de documentários

CLÁUDIA ENGLER CURY

Neste capítulo relata-se a experiência de um projeto de pesquisa e ensino que, em sua terceira fase (2008), volta-se também para a extensão universitária. Tal projeto dialoga com um campo historiográfico específico e apresenta articulações com o ensino de história, como veremos adiante.

A criação de um curso de licenciatura em história para os Movimentos Sociais do Campo em 2004, pelo Departamento de História da Universidade Federal da Paraíba (UFPB), suscitou a elaboração do projeto denominado *Linguagens contemporâneas no ensino e na pesquisa: história oral, filme, fotografia e produção de documentários* para um programa de licenciatura (Prolicen)[1] que oferece bolsas para os alunos selecionados. O referi-

[1] A professora dra. Regina Maria Rodrigues Behar, do Programa de Pós-Graduação em História da UFPB coordenou o projeto desde o início e, a partir do segundo semestre de 2008, elaborou uma nova etapa do Projeto Prolicen que está sendo implementada e cujo objetivo é levar as imagens produzidas pelos videodocumentários para as escolas de ensino fundamental em parceria com a disciplina de estágio docente para o curso de licenciatura em história.

do projeto teve como objetivo mais geral apreender o cotidiano dos estudantes e professores da primeira turma vinculada ao convênio firmado entre a UFPB, o Incra e os Movimentos Sociais do Campo, em situações as mais diversas, como, por exemplo, na primeira marcha realizada pelos estudantes no *Campus I*; na cerimônia inaugural, por ocasião da abertura do curso de história; em sala de aula; na fila do restaurante universitário; estudando e descansando no alojamento; descobrindo os espaços do *campus* ou, ainda, em atividades de campo realizadas pelos professores em suas disciplinas, como no caso da visita à Pedra do Ingá[2] para ampliação das questões e temas desenvolvidos em aula pelo professor de história antiga.

O curso de história para os Movimentos Sociais do Campo, viabilizado pelo Programa Estudante Convênio/Movimentos Sociais do Campo (PEC/MSC), resultou de uma demanda do Movimento dos Trabalhadores Rurais Sem Terra (MST) e constituiu-se em experiência inaugural na UFPB com relação à oferta de curso superior para um público específico, ou seja, trabalhadores de assentamentos rurais vinculados à reforma agrária por meio do Incra. A primeira turma ingressou em 2004, como já dissemos, e formou-se a partir de uma composição nacional com 60 alunos oriundos de assentamentos rurais de todo o Brasil. A formatura dessa primeira turma aconteceu no dia 6 de junho de 2008, com 58 formandos.[3] Vale ainda esclarecer que o curso foi aprovado em uma modalidade sequencial, visando atender às especificidades de um público para o qual a realidade do cronograma escolar precisava se adequar, isto é, o trabalho na terra e o tempo da natureza. Desse modo, foram previstas a realização de dois módulos por ano, cada um deles com um período intensivo de aulas ministradas na UFPB — "tempo-escola" — e o desenvolvimento de atividades programadas nos assentamentos,[4] sob a orientação de monitores

[2] Localidade onde possivelmente existem inscrições rupestres.

[3] Registraram-se ao longo de todo o curso apenas duas evasões, ocorridas no ano de 2005.

[4] Begnami, 2004.

indicados pelo movimento social, graduados em história, que os acompanharam no chamado "tempo-comunidade".[5]

O projeto *Linguagens contemporâneas no ensino e na pesquisa* acompanhou o desenvolvimento do curso de história PEC/MSC com o objetivo de gerar fontes para futuras pesquisas e reflexões sobre a experiência. Para tanto, ao longo do período de 2004 a 2007, contamos com uma equipe de alunos, entre voluntários e bolsistas.[6]

Dimensões das identidades e subjetividades: diálogos com a historiografia

O princípio norteador do projeto tem sido ouvir os vários sujeitos envolvidos no processo de construção de um curso dessa modalidade. Trabalhamos com o universo das *imagens* por meio do registro fotográfico e em vídeo digital, o que possibilitou uma cobertura documental ampla, cuja perspectiva central é extrapolar as possibilidades da documentação burocrática e oficial na modalidade dos documentos escritos como fontes para o historiador.

O trabalho com a *história oral* apresentou-se como uma vertente importante para o projeto por meio das entrevistas gravadas e na produção dos vídeos. Dessa forma, procuramos apreender o que pensavam os professores, alunos e colaboradores da UFPB, não deixando de lado aqueles que apresentaram suas críticas e questionamentos a respeito da implantação do PEC/MSC.

---

[5] Os alunos foram selecionados por vestibular organizado pela Coperve, órgão responsável na UFPB por todos os processos seletivos para a entrada de alunos na universidade. As noções de "tempo-escola" e "tempo-comunidade" integram a "pedagogia da alternância" adotada pelo movimento em seus cursos. A propósito, ver Begnami (2004).

[6] A última equipe de trabalho do projeto foi composta pelos seguintes membros: Regina Maria Rodrigues Behar (coordenadora); Cláudia Engler Cury (professora DH-UFPB e pesquisadora); Janaína da Silva Bezerra, Valber Pereira Nery, Paulo Josafá de Araújo Filho, Maria do Socorro F. F. de França e Talita Hana Cabral Nascimento (bolsistas do Prolicen, alunos do curso de história); e Matheus Andrade (mestre em letras da UFPB e documentarista).

Muito já foi dito a propósito das possibilidades da *história oral*[7] como prática de pesquisa que viabiliza a constituição da história a partir dos "excluídos", dos que não produzem os documentos escritos.[8] Os autores alertam os pesquisadores que queiram trabalhar nessa mesma linha sobre a complexidade do tratamento das fontes orais. São patentes a riqueza e a diversidade dos trabalhos de pesquisa com depoimentos orais. Sem dúvida, em se tratando do projeto aqui discutido, o registro das subjetividades e de aspectos culturais e identitários do universo camponês permitiram caracterizar melhor a alteridade de sujeitos sociais cujas especificidades são tratadas pejorativamente pela sociedade urbana, que valoriza a noção de desenvolvimento vinculada à industrialização, à grande cidade, em contraposição ao rural.

Um primeiro problema objetivo para a pesquisa que desenvolvemos foi demarcar, no universo dos 58 alunos, um grupo suficientemente representativo do coletivo discente que contemplasse simultaneamente sua diversidade. Definimos, juntamente com os alunos dos Movimentos Sociais do Campo, um conjunto de 10 depoentes, buscando garantir que o mesmo representasse a diversidade de gênero e a diversidade regional inerentes à turma. Entre esses 10 selecionados, registrou-se uma desistência, de modo que contamos com nove depoentes. Em relação aos agentes institucionais, como eram em menor número, tentou-se garantir o máximo de depoimentos, considerando também sua diversidade, pois temos quatro departamentos de dois centros diferentes envolvidos na realização dessa graduação: os três departamentos do Centro de Educação e o Departamento de História.[9]

---

[7] Perelmutter e Antonacci, 1997.

[8] Bosi, 1987; Perelmutter e Antonacci, 1997; Ferrreira e Amado, 1998; Ferreira, Fernandi e Verena, 2000. A maioria dessas obras são coletâneas que remetem para outros autores, nacionais e estrangeiros, que trabalham com a temática, multiplicando o número de pesquisadores aqui citados.

[9] Departamento de História (DH), pertencente ao Centro de Ciências Humanas, Letras e Artes; Departamento de Metodologia da Educação (DME), Departamento de Fundamentação da Educação (DFE) e Departamento de Habilitações Pedagógicas (DHP), que integram o Centro de Educação.

O resultado positivo da experiência de implantação do curso de licenciatura em história foi central nas avaliações de professores e alunos, havendo consenso quanto à necessidade de sua continuidade e ao seu papel relevante no âmbito mais geral da política acadêmica da Universidade Federal da Paraíba.

No campo da *imagem*, alguns estudos sobre a relação fotografia/história se debruçam sobre o papel documental da fotografia, tanto no que se refere ao registro "objetivo" do processo histórico como a suas possibilidades para o estudo das subjetividades humanas, das mentalidades, das tradições, do imaginário das sociedades que as produziram. Tal é o caso do trabalho de Miriam Moreira Leite (2000) e da coletânea organizada por Annateresa Fabris (1998). As pesquisas e reflexões realizadas por Ana Maria Mauad (2004) nos têm indicado múltiplas possibilidades de trabalho com a fotografia ou, de maneira mais ampla, com as imagens. A autora lembra que pesquisadores e professores devem estar atentos a três aspectos no que se refere às abordagens teórico-metodológicas do trabalho com as imagens: a produção, a recepção da imagem e a materialidade da imagem como produto.

Buscamos acompanhar o processo de implementação do curso de história PEC/MSC por meio do registro fílmico, seguindo a tendência inaugurada por Marc Ferro, para quem as imagens cinematográficas são fontes legítimas para o trabalho do historiador. Além de sua legitimidade como fonte, considera-se o potencial das imagens cinematográficas, como material documental alternativo ao texto, para engendrar aspectos tradicionalmente secundarizados, adotando-se o pressuposto do papel do historiador, como agente de seu registro, vinculado àquilo que Ferro (1992:76) aponta como seu compromisso social:

> O historiador tem por função primeira restituir à sociedade a história da qual os aparelhos institucionais a despossuíram. Interrogar a sociedade, pôr-se à sua escuta, esse é em minha opinião o primeiro dever do historiador. Em lugar de se contentar com a utilização de arqui-

> vos, ele deveria antes de tudo criá-los e contribuir para a sua constituição: filmar, interrogar aqueles que jamais têm direito à fala, que não podem dar seu testemunho. O historiador tem por dever despossuir os aparelhos do monopólio que eles atribuíram a si próprios e que fazem com que seja a única fonte da história. Não satisfeitos em dominar a sociedade, esses aparelhos (governos, partidos políticos, igrejas ou sindicatos) acreditam ser sua consciência. O historiador deve ajudar a sociedade a tomar consciência dessa mistificação.

Assumindo essa perspectiva, temos feito esforços no sentido de produzir esses documentos imagéticos com o propósito de criar arquivos sobre os quais as reflexões a propósito das especificidades desses grupos possam contribuir para o conhecimento das novas experiências engendradas por homens e mulheres comprometidos com a vida no campo brasileiro, ainda pouco documentadas. Esses registros têm uma relação de proximidade com a história oral, uma vez que em grande medida se constituem na relação com os depoimentos.

Até o presente momento, conseguimos produzir dois documentários[10] no âmbito desse projeto. O primeiro, realizado com imagens captadas em 2004/05, intitula-se *Bandeiras vermelhas* e constitui um registro do cotidiano dos alunos do PEC/MSC no período de sua permanência na UFPB. O segundo, concluído em 2007, intitula-se *Memórias em 3x4*, e nele buscamos refletir sobre aspectos da memória vinculados à relação dos sujeitos individuais, às culturas regionais e à identidade coletiva. O acervo documental do projeto configura-se em dois universos coletivos: o dos alunos e o dos agentes institucionais (professores, coordenadores de curso e colaboradores de modo geral).

Outro problema, de difícil solução — tal como foi escolher entre os 58 alunos um grupo de depoentes que fosse representativo para os objetivos da pesquisa —, tem sido a possibilidade de integração dos alunos aos pro-

---

[10] Behar e Gomes, 2004.

gramas institucionais, como Pibic, Probex e Prolicen,[11] uma vez que tais projetos exigem, além de disponibilidade de tempo individual, uma continuidade que não se pode garantir num curso modular. Porém, a dificuldade de participação em tais programas institucionais existe também para a maioria dos alunos trabalhadores dos cursos de graduação da UFPB, o que mais uma vez não se caracteriza como um problema específico da turma, mas dos alunos trabalhadores. Apesar das dificuldades elencadas anteriormente, no caso desse projeto, fez-se um esforço coletivo para incorporar dois discentes do curso PEC/MSC à equipe de trabalho. A decisão de ampliar a equipe inicial do projeto tornou possível uma inovação em estudos e pesquisas dessa natureza, que em geral excluem os olhares dos sujeitos envolvidos nas pesquisas de oralidade e de produção de videodocumentários. Portanto, para a realização do segundo filme, *Imagens em 3x4*, formou-se uma nova equipe que permitiu de fato uma parceria com relação a escolha do roteiro, locais de gravação, tomadas, editoração das imagens e exibição do filme.

O leitor poderia aqui se interrogar com relação aos meios que encontramos para preparar os alunos no manuseio dos equipamentos de vídeo e de fotografia. Antes da chegada dos alunos do PEC/MSC a João Pessoa, os alunos da equipe do projeto fizeram um curso com profissionais, que são também professores da UFPB, sobre o uso da câmera digital, incluindo leitura e discussão de textos. Paralelamente, estudávamos semanalmente textos que pudessem aproximar os alunos do curso regular de história da UFPB do universo dos movimentos sociais do campo. Convidamos pesquisadores para conversar e discutir com os alunos do projeto e fomos mergulhando, junto com eles, num mundo que conhecíamos pouco e, no caso do MST, quase sempre por meio dos noticiários da televisão, que nos passam uma visão negativa das pessoas envolvidas com a questão da luta pela terra no Brasil. Na segunda etapa do projeto, quando decidimos am-

11 Respectivamente, Programa de Iniciação Científica, Programa de Extensão e Programa de Licenciatura.

pliar a equipe com a inclusão de dois alunos do curso PEC/MSC, criamos uma espécie de ajuda mútua entre os alunos e bolsistas que já haviam participado das etapas anteriores, a fim de suprir o contato com os textos e os equipamentos.

Nesse sentido, e tentando inscrever num campo historiográfico o que temos realizado, lançamos mão das reflexões de Roger Chartier (2006:39) sobre as possíveis definições para a nova história cultural nos primórdios do século XXI:

> O objeto fundamental de uma história que visa reconhecer a maneira pela qual os atores sociais dão sentido às suas práticas e aos seus enunciados situa-se, portanto, na tensão entre, de um lado, as capacidades inventivas dos indivíduos ou das comunidades e, de outro, as restrições e as convenções que limitam — com mais ou menos força segundo as posições que ocupam nas relações de dominação — o que lhes é possível pensar, dizer e fazer. A constatação vale para as obras eruditas e as criações estéticas, sempre inscritas nas heranças e nas referências que as tornam concebíveis, comunicáveis e compreensíveis. Vale igualmente para todas as práticas vulgares, disseminadas, silenciosas, que inventam o quotidiano.

O desafio sempre foi, para nós, da equipe de professores do projeto, fazer com que nossos alunos do chamado curso regular de licenciatura em história da UFPB entrassem em contato com um universo cultural aqui entendido como as práticas e as invenções cotidianas formuladas pelos indivíduos oriundos do chamado campesinato brasileiro. A criação de um grupo de trabalho incluindo alunos das duas modalidades de curso e voltado para uma pesquisa que pretendia produzir imagens e falas sobre essa experiência tinha como uma das possibilidades a reconfiguração de um olhar já viciado culturalmente e cristalizado historicamente acerca de um conceito do rural como sinônimo de lugar do atraso e da ignorância.

As marcas deixadas em nossa memória pelas imagens literárias criadas por Monteiro Lobato, que povoaram nossas histórias infantis e depois televisivas acerca do campo brasileiro, nos dizia que este estava repleto de jecas doentios e resistentes à mudança. Mesmo sem querer, essas imagens podem ter ajudado a justificar a lentidão com que o Estado, comprometido com a elite agrária, implementou ou deixou de implementar políticas sociais para o campo no Brasil. Entendemos que o contato entre esses dois mundos, cristalizados em nossa cultura histórica como dicotômicos, o "urbano" e o "rural", e agora aproximados pela experiência comum na condição de estudantes de uma universidade pública brasileira, poderia trazer outras possibilidades de visões de mundo para todos os envolvidos.

Ao longo dos anos de 1980, o MST[12] ganhou importância política na organização da luta pelo acesso à terra, importância que se intensificou nos anos de 1990 e atualmente o legitima como interlocutor de uma parcela significativa do campesinato brasileiro no âmbito da chamada "via campesina".[13] Tal movimento conseguiu, ao longo desse período, ampliar seu leque de alianças estratégicas, tendo grande penetração no âmbito da intelectualidade, o que inclui as universidades brasileiras.[14] As iniciativas desse "novo campesinato", através de suas estratégias de luta e seus mecanismos de pressão, levaram à constituição do Programa Nacional de Educação na Reforma Agrária (Pronera)[15] — vinculado ao Incra —, inicialmente voltado para projetos de alfabetização de jovens e adultos assentados, e que nos últimos anos conquistou espaço para a habilitação de profissio-

[12] Gohn, 2001a, 2001b.

[13] A "via campesina" inclui movimentos sociais em toda a América Latina, garantindo unidade à luta camponesa, para além da diversidade dos grupos que a compõem, como é o caso da CPT e do MST, no Brasil.

[14] A ênfase no MST ocorre por uma dimensão objetiva: os alunos da primeira turma do curso PEC/MSC são majoritariamente vinculados a esse movimento. Dos 60 componentes iniciais da turma, apenas dois pertenciam à Pastoral da Terra, e, entre estes, registrou-se uma evasão.

[15] Andrade e Di Pierro, 2004.

nais de nível médio e superior voltados para as licenciaturas, em parceria com as universidades públicas.[16]

Questões relativas ao ensino de história e as linguagens historiográficas

Apesar dos deslocamentos já produzidos com relação ao trabalho dos historiadores com uma variedade de fontes para a produção do conhecimento histórico, acho que ainda lidamos timidamente com as imagens e tateamos suas possibilidades para o ensino de história. Não estou desconsiderando as experiências produzidas em sala de aula e nos espaços não formais de se ensinar e aprender história e que não são registradas ou divulgadas. No caso de nosso projeto, o registro fotográfico tem possibilitado mostrar o cotidiano dos alunos e dos professores que ministram aulas no curso que estamos acompanhando, de forma a documentar atividades de trabalho, estudo, cultura e lazer.

A história que contamos, e que é fruto de um trabalho coletivo, é certamente uma parte da história desse curso, mas não a única. A especificidade de contá-la por meio de imagens associadas aos testemunhos orais nos coloca diante das mesmas questões que temos de enfrentar como historiadores ao lidar com os documentos escritos, ou seja, saber das condições de sua produção, da recepção das imagens pelos que as manuseiam e das representações que se farão a partir das possíveis leituras dessas imagens, e aqui estou incluindo as atividades em sala de aula. Os professores não podem omitir de seus alunos que o que está escrito nos livros didáticos é fruto de recortes temáticos, de posturas teórico-metodológicas e, portanto, de escolhas por parte dos autores. Da mesma forma quando trabalhamos com um filme em aulas de história e nos prendemos unicamente à

[16] O programa tem uma abrangência limitada pela escassez de recursos e grande demanda. Em 2002, por exemplo, "estava presente em apenas 14% dos assentamentos então existentes".

narrativa, sem discutir ou problematizar as especificidades daquele tipo de linguagem: a do cinema. Seria importante que nós, professores de história, estivéssemos atentos para a força de "verdade histórica" que o texto fílmico traz, e que isso não nos impedisse de refletir acerca do cinema como linguagem historiográfica possível para pensarmos o passado.

Finalizando, quero dizer que, ao desenvolvermos o projeto com a licenciatura em história, esperamos ter de alguma forma contribuído para que nossos alunos pudessem apreender duas dimensões: a primeira delas é que é possível, amparado por um roteiro de trabalho, ler o mundo por meio de imagens; a segunda dimensão diz respeito ao fato de que discutir as especificidades da produção de qualquer tipo de fonte documental é importantíssimo para o trabalho do historiador/professor. No mundo escolar é possível escrever histórias levando-se em consideração as alteridades e, nesse sentido, é sempre preciso planejar, escolher e depois avaliar o que foi feito.

Na atual etapa da pesquisa (2008), estamos nos preparando para um novo desafio: levar o que foi produzido a duas escolas públicas, numa parceria com o Estágio Docência. Saber o que os alunos apreendem das imagens que produzimos, como dialogam com elas e como podem conduzir esse tipo de atividade em sala de aula. Essa parte da história ainda está por ser escrita. Esperamos que outros trabalhos de pesquisa possam revisitar o *corpus* documental que produzimos ao longo dos últimos quatro anos de intenso trabalho e que gerem novas problematizações sobre a experiência aqui relatada.

Capítulo 13
Ver e conhecer: o uso de imagens na produção do saber histórico escolar

ANA MARIA MAUAD

O objetivo deste capítulo é avaliar o uso didático das imagens e o seu papel na produção do saber histórico escolar. Paralelamente, busca-se refletir sobre as relações entre ver e conhecer como procedimentos epistemológicos associados ao campo dos estudos históricos.

Vale ressaltar que entendemos por "uso didático" ou "recurso didático" um conjunto de procedimentos, mais ou menos formalizados, que se inscrevem no processo de ensino-aprendizagem. Tais procedimentos podem ser compreendidos como ferramentas na construção do saber ou, ainda, como campos de experimentação onde o conhecimento é vivenciado.

Assim, as imagens são concebidas como lugares de experimentação, nos quais se produz um saber que é resultado de uma vivência produtiva. Devido à natureza polissêmica das imagens, o exercício de ver é aberto a uma ampla gama de interpretações que podem ser operadas para definir os limites da própria interpretação. No entanto, antes de entrar mais especificamente nas modalidades interpretativas das imagens, quero definir alguns pontos de partida e encaminhamentos possíveis para essa reflexão. Creio que é importante, primeiro, dimensionar o papel das imagens técnicas no âmbito do regime de historicidade no qual nos inserimos; segundo, discutir o uso das imagens na produção do conhecimento histórico — em qualquer nível; e, por fim, relacionar a função comunicativa das imagens à sua dimensão histórica e avaliar sua utilização na produção do saber histórico escolar, através da apresentação de quatro exercícios de análise.

Um tempo de imagens ou os tempos das imagens?

Vivemos rodeados de imagem, para além da afirmação de que vivemos numa civilização de imagens, o que já virou quase um lugar-comum; as distintas formas de elaborar ideias, de imaginar, de comparar, enfim, de comunicar, se processam através de imagens. Não é de hoje que as imagens integram o cotidiano das sociedades históricas, com diferentes usos e funções. Portanto, é fundamental reconhecermos a enorme capacidade comunicativa das imagens. A imagem comunica através do sentido humano da visão, sendo por isso capaz de superar as fronteiras sociais e alcançar todas as camadas sociais.

Entretanto, as formas de produzir e receber as imagens são relações sociais históricas, por isso mesmo sujeitas a peculiaridades dos tempos sociais. Ajuda-nos a compreender tal princípio o conceito de regime de historicidade, tal como apresentado pelo historiador francês François Hartog (2008):

> Entendidos como uma expressão da experiência temporal, regimes não marcam meramente o tempo de forma neutra, mas antes organizam o passado como uma sequência de estruturas. Trata-se de um enquadramento acadêmico da experiência (*Erfahrung*) do tempo, que, em contrapartida, conforma nossos modos de discorrer acerca de e de vivenciar nosso próprio tempo. Abre a possibilidade de e também circunscreve um espaço para obrar e pensar. Dota de um ritmo a marca do tempo, e representa, como se o fosse, uma "ordem" do tempo, à qual pode-se subscrever ou, ao contrário, e o que ocorre na maioria das vezes, tentar evadir-se, buscando elaborar alguma alternativa.

Ainda segundo Hartog, em 1989 teria entrado em crise o moderno regime de historicidade, iniciado em 1789. Duas datas simbólicas que teriam colocado em questão a forma como as sociedades ocidentais se relacionariam com o passado, o presente e o futuro. Do ponto de vista da historiografia, segundo o autor, "a expressão moderno regime significa um período em que o ponto de vista do futuro domina. A palavra-chave é progresso, história é entendida como processo e tempo como se direcionando a um fim (progressão)". O fim desse regime teria rompido com a noção de previsibilidade do futuro, e o próprio passado se tornaria imprevisível e opaco, passando a ser constantemente reaberto e, por conseguinte, reescrito.

Assim, qual o papel que as imagens visuais ocupam num regime de historicidade em plena "crise do (no) tempo"?

Para a experiência social, as imagens visuais passaram a ser onipresentes ao ponto de se tornarem naturais — as experiências ficcionais de *Blade Runner* (1982) e *Matrix* (1999), servem para pensar sobre isso —, e a naturalização das imagens sugere posições opostas no que diz respeito à conformação do sujeito contemporâneo. Mais uma vez, assistimos às disputas entre apocalípticos e integrados. Em linhas gerais, a posição apocalíptica segue a perspectiva de que as imagens em profusão alienam, transformando o sujeito num mero operador de programas já estabelecidos — um replicante. Do lado dos integrados, as imagens técnicas ampliariam os sentidos e a percepção do mundo, desenvolvendo espaços do cérebro até hoje pouco ou nada trabalhados; teríamos a versão do Iluminismo pela razão técnica.

Entre apocalípticos e integrados, entre românticos e iluministas, será possível outro caminho? Creio que são justamente as experiências temporais que se inscrevem na produção das imagens técnicas que se abrem às possibilidades para se pensar uma subjetividade ativa em relação às imagens. Se pensarmos que cada imagem produzida é resultado de um trabalho social de produção de sentido, nela estão condensados tempos de experiência humana. A condensação do tempo da experiência na imagem agrega valor a ela, distinguindo e hierarquizando a comunidade de imagens. As trajetórias dos sujeitos produtores de imagens vão alimentar a noção de valor atribuído à imagem, e a noção de autoria é tributária desse valor que se constitui num tempo condensado de experiência social. Além disso, as imagens como artefatos culturais resultam do desenvolvimento dos meios de produção e de sua eficácia social. Resulta daí uma nova dimensão temporal — a dos dispositivos — que define as distinções e hierarquias entre as imagens técnicas. O tempo da maturidade das técnicas, da sua aplicação plena e obsolescência também imprime diferenças nas imagens, organizando e orientando seus usos e funções.[17]

Portanto, para compreendermos o papel da imagem no regime de historicidade, que se poderia denominar contemporâneo, e principalmente o da imagem visual na produção do conhecimento histórico — em qualquer nível —, há de se analisar a dimensão histórica das experiências sociais de ver e conhecer. Romper com a oposição entre história e natureza, estabelecendo um espaço social contíguo entre essas instâncias do devir humano. Isso porque toda a natureza torna-se histórica pela ação humana — para o bem e para o mal.

Ver e conhecer — sobre as imagens na história

Não é de hoje que as imagens visuais[18] servem tanto para educar quanto para instruir. Na tradição pictórica ocidental, num primeiro sentido, integram um conjunto de representações sociais que, através da educação do olhar, definem maneiras de ser e agir, projetando ideias, gostos, valores estéticos e morais. Compõem, hoje, o catálogo da visualidade contemporânea veiculada pela mídia impressa, televisiva, fílmica e virtual.

---

[17] Essa discussão é tributária de dois textos que discutem o papel das imagens na era da sua reprodutibilidade técnica, com a sua proliferação criminosa pela indústria cultural (Horkheimer e Adorno, 2000; Benjamin, 2000).

[18] As imagens podem ser visuais, verbais, oníricas, numa gama variada de modos de significação. Daí a necessidade de especificar qual imagem se está relacionando.

Já no segundo sentido, as imagens auxiliam a prática da produção do saber escolar, definindo o "saber fazer" em diferentes modalidades de aprendizado. Da imagem visualizando a palavra, nos processos de alfabetização fundamental, até a imagem da palavra, no aprendizado de jovens e adultos, passando pelo uso enciclopédico da imagem visual, tal como nas ilustrações de livros que possibilitam que se reconheça uma obra de arte, numa cadeia relacional de sentido virtual (os links da internet). A imagem visual se apresenta de diferentes formas, assumindo funções diversas de instrução.

No livro didático de história, a imagem visual possui também essa dupla função; portanto, sua utilização não se limitará somente a ilustrar acessoriamente o conteúdo verbal. Isso impõe alguns cuidados que merecem ser considerados na avaliação dos usos e funções da imagem visual no livro didático de história, qualquer que seja o seu público: crianças, adolescentes ou jovens.

Nenhuma imagem é lida naturalmente; sua compreensão requer um aprendizado cultural que, no limite, permite reconhecer numa fotografia não a realidade em si mesma, mas sua (re)apresentação. Tal operação, por mais simples que pareça, implicará um exercício de ver e reconhecer o que se vê, através de operações conceituais (uma imagem bidimensional onde apareço soprando as velinhas dos meus cinco anos é denominada fotografia). Tal aprendizado se processa num ambiente cultural historicamente determinado, seguindo as regras de codificação definidas pelas práticas sociais de produção de sentido.

Cada época histórica atualiza a economia visual que fornece sentido e espessura às funções de representação da imagem. Isso implica que as imagens que ilustravam os manuais de bom comportamento setecentistas não são as mesmas que figuram na revista *Capricho* do século XXI, apesar de ambas estarem associadas a uma mesma função educativa no processo civilizatório. A iconografia de um livro ou de uma revista é, portanto, o conjunto dos variados tipos de imagem visual incorporados ao produto cultural para lhe agregar valor e sentido, historicizando o processo de representação através da visualidade.

O uso das imagens visuais nos livros didáticos de história segue uma tendência generalizada pelos estudos históricos mais tradicionais: usar a imagem como fonte de informação. Entretanto, para se fazer uma história com imagens é preciso superar o uso tradicional dos documentos como prova "de um passado que realmente aconteceu". As imagens não habilitam um conhecimento sobre o passado como simples evidências; elas, ao mesmo tempo em que apresentam certos aspectos da sociedade, como tipos de indumentária, objetos, enfim, aspectos da cultura material, também o fazem de determinada forma, através de determinada tecnologia, quer seja pintura, escultura, fotografia, cinema, vídeo etc. As tecnologias visuais são também formas de ver e de representar visualmente o que se vê.

Assim, as imagens pictóricas ou técnicas integram uma nova epistemologia da história, na qual a noção de prova foi superada pela ideia de problema. Nessa perspectiva, não importa que a fonte minta, o importante é descobrir por que mentiu, desvendando no seu circuito social os seus usos e funções.[1]

O aumento da importância das imagens no estudo da história suscita questões relativas à possibilidade de uma história visual. Sobre esse debate, o historiador paulista Ulpiano Bezerra de Menezes tem uma importante contribuição que vale mapear a partir de dois trabalhos fundamentais para nosso estudo:[2] "de início convém explicitar que o uso da expressão 'história visual' não se acompanha de qualquer proposta de uma compartimentação da história. (...) Trata-se apenas de um campo operacional em que se elege um ângulo estratégico de observação da sociedade — de toda a sociedade".[3]

O que de fato Menezes defende é o estudo da dimensão visual dos processos sociais:

[1] Le Goff, 1985; Knauss, 2006.

[2] Menezes, 2003.

[3] Ibid., p. 12.

> a expressão "história visual" só teria algum sentido se se tratasse não de uma história produzida a partir de documentos visuais (exclusiva ou predominantemente), mas de qualquer documento e objetivando examinar a *dimensão visual* da sociedade. "Visual" se refere, nessas condições, à sociedade e não as fontes para o seu conhecimento — embora seja óbvio que aí se impõe a necessidade de incluir e mesmo eventualmente privilegiar fontes de caráter visual. Mas são os problemas visuais que terão de justificar o aposto a "história".[4]

Assim, mais uma vez, a questão não está nas fontes, mas nos problemas que o historiador coloca para elas, ou ainda na problemática das pesquisas históricas. Dessa forma, uma primeira condição para se trabalhar historicamente com as imagens é justamente levar em conta todo o circuito da sua produção, circulação, consumo e, também, da ação. Isso porque as imagens não possuem um sentido em si mesmo, que seria interno a elas; na verdade não passam de artefatos, coisas materiais ou empíricas — com características físico-químicas próprias. É através da interação social que as imagens adquirem sentido, cuja natureza varia de acordo com o tempo, espaço, lugares e circunstâncias sociais nos quais os agentes históricos se inserem.

Finalmente, Menezes confere à "história visual" o estatuto de plataforma de observação dos processos sociais, a partir da delimitação de três princípios fundamentais:

> o visual, que engloba a "iconosfera" e os sistemas de comunicação visual, os ambientes visuais, a produção/circulação/consumo/ação dos recursos e produtos visuais, etc.; o visível, que diz respeito à esfera do poder, aos sistemas de controle, "à ditadura do olho", ao ver/ser visto e ao dar-se/não dar-se a ver, aos objetos de observação e às prescrições sociais e culturais de ostentação e invisibilidade, etc.; a

[4] Menezes, 2003: 26-27.

visão, os instrumentos e técnicas de observação, os papéis do observador, os modelos e modalidades do "olhar".[5]

Tais princípios nos ajudam a organizar um caminho para introduzir as imagens nos estudos históricos. Dessa forma, as fontes históricas deixam de ser exclusivamente um instrumento de prova, ao ampliarem a sua função de registro das formas de ser e agir no passado. Rompemos, assim, com os princípios estritamente objetivistas da história tradicional e rumamos para uma história das representações.

Há cerca de 20 anos a pesquisa histórica passou a incluir em suas análises as imagens, ampliando o campo de reflexões sobre a problemática do documento visual. Menezes, entretanto, aponta algumas limitações ainda presentes no tratamento das imagens pelos profissionais de história:

> A dificuldade em dar conta da especificidade visual da imagem faz com que muitas vezes ela seja convertida em tema e tratada como fornecedora de informação redutível a um conteúdo verbal. Ou então considerada como ponte inerte entre as mentes de seus produtores e os observadores, ou mesmo, no geral, entre práticas e representações. Ou ainda, o que é pior, considerada como apta a desempenhar tão somente função ilustrativa.[6]

Essas dificuldades derivam da formação logocêntrica do historiador e da natureza igualmente centrada na palavra de quase toda a sua atividade profissional. Para superar tais dificuldades é necessário refazer o caminho pelo qual os objetos de estudo são elaborados na pesquisa histórica, através da identificação da sua substância expressiva — visual, sonora, verbal ou, ainda, formas complexas, como é o caso do filme e do vídeo. A partir daí

---

[5] Menezes, 2003.

[6] Ibid., 2005.

deverão as estratégias metodológicas ser elaboradas, sem a necessidade de estabelecer um padrão único para todas elas.

O que está em jogo, atualmente, no estudo da imagem é justamente sua situação na sociedade que a produziu e a recebeu como forma de representação social, ou seja, como suporte de uma experiência social passada, elaborada a partir de um conjunto de mediações culturais específicas. Nesse caso, os objetos de estudo devem ser propostos segundo uma estratégia que leve em conta uma nova forma de lidar com a totalidade social.

Estamos acostumados, em nossas pesquisas, a estudar os contextos técnicos e sociais de produção, circulação e consumo de diferentes produtos agrícolas ou mesmo industriais. Estudamos a economia dos produtos de consumo; se consumimos as imagens, por que não estudar a economia visual? Para tanto, devemos atribuir um caráter de artefato às imagens e considerar todo o seu circuito de produção, circulação, consumo e ação na sociedade que as produziu e as está recebendo. Cada tipo de imagem compõe um circuito social diferenciado que deve ser considerado na apresentação da problemática de estudo e explicitado nas estratégias metodológicas.

Nesse sentido, para a pintura, por exemplo, consideram-se os artistas e seu reconhecimento social, os mecenas, as motivações, o mercado, os museus, os colecionadores, as coleções, os especialistas e a crítica especializada, mas também a história, a teoria, as reproduções, cópias, públicos etc. Isso implica dizer que não é apenas o ambiente sociocultural que interfere na produção de formas artísticas, mas também o contrário deve ser considerado, as próprias formas e estilos visuais também podem esclarecer a compreensão que temos da sociedade.

É importante ressaltar que, ao estudarmos algum aspecto da dimensão visual da sociedade, as fontes visuais terão papel fundamental na proposta metodológica, definindo os princípios do método a ser adotado. Entretanto, seria errôneo esperar que somente as fontes visuais fossem suficientes para responder às hipóteses colocadas pela pesquisa (mesmo aquela que valoriza o visual na elaboração da sua problemática). Sobre esse cuidado,

Menezes (2005) esclarece: "tal expectativa corresponde a uma visão imprópria do funcionamento da sociedade e da cultura, em que se eliminou o conflito e a incoerência e, portanto, a possibilidade da presença de práticas e representações desencontradas. Sem indagar do papel social das fontes, sua interlocução com as demais fontes será sempre problemática". E conclui: "a representação pode ser um modelo de prática, mas nunca, verdadeiramente, a prova da sua prática".

Dessa forma, podemos ressaltar a necessidade de examinar as fontes visuais (e outras, também) na sua dimensão de documento-monumento, ou seja, como ingredientes do próprio jogo social, na sua complexidade e heterogeneidade. Aqui mais uma vez superamos os limites da epistemologia da prova.

Esses cuidados são importantes para evitar uma exagerada autonomia dos documentos visuais, o que acabaria por desvalorizar os problemas históricos que eles permitiram identificar, montar e encaminhar. Essa excessiva autonomização da imagem, transformando-a em detentora de suas próprias significações, "constitui grave deslocamento das práticas e relações sociais (onde se produzem os sentidos e valores) para as coisas (que são condição da vida social em geral e, em particular, da socialização e operação desses sentidos e valores)".[7]

Exercícios de ver e conhecer

Para concluir, quero apresentar algumas possibilidades de analisar historicamente imagens em situações históricas diferentes. São quatro exercícios de ver e conhecer:

[7] Menezes, 2005.

Imagem 1

Lisboa, 2007; foto da autora

A imagem 1 é a fotografia de um grafite tirada numa das ruas do Bairro Alto de Lisboa. Esse bairro, além de ser refúgio de artistas e da boemia lisboeta, é prioritariamente constituído de casas antigas, dos séculos XVIII e XIX, sendo, portanto, parte do centro histórico da cidade. A foto foi tirada por mim num dos dias livres que tive em Lisboa, por ocasião de um congresso de que participei em 2007. A imagem me chamou a atenção por diversos motivos, entre os quais o fato de estar sendo veiculada num espaço público de uma sociedade tradicionalmente tão conservadora.

Coloco a imagem para essa atividade como um desafio para se ensaiarem algumas considerações sobre o seu uso numa abordagem de história com imagens.

É interessante considerar em sua análise os aspectos da sua produção, circulação e consumo. Assim, vale indicar quando e por que foi tirada, bem como as formas de recepção e seu agenciamento.

Nesse caso, a fotografia de uma imagem é uma imagem em segundo grau que considera tanto o conteúdo da imagem original — o grafite a favor do aborto — como o fato de uma turista ter tirado uma foto desse tipo de imagem. Isso implica um duplo caminho para a análise. O primeiro considera na cultura visual contemporânea o papel do grafite como forma de comunicação e seus efeitos políticos; nesse primeiro caminho deve-se também considerar o conteúdo da mensagem veiculada e a sua função de protesto, ao mesmo tempo em que cria, através da modalidade narrativa, uma comunidade de sentido; por fim, considera a técnica do *spray* e sua efemeridade.

O segundo vai enveredar pela análise do papel da imagem digital e da mudança que esta provocou no ato de fotografar, evidenciando a ampliação da prática fotográfica, notadamente aquela vinculada ao turismo e as viagens. Além disso, quem se interessa em fotografar um grafite o faz por entender que este possui algo de peculiar em relação ao local em que está apresentado — afinal de contas, que tipo de turista iria tirar a foto de um grafite a favor do aborto? Por fim, esse caminho vai evidenciar que se trata de uma foto de outra imagem, revelando justamente a ubiquidade contemporânea dos meios técnicos de reprodução visual.

Imagem 2

Publicidade, 1941

A imagem 2 foi publicada em uma revista brasileira no ano de 1941. A seguir, forneço algumas informações para facilitar a análise da imagem. Em 1940, o governo dos Estados Unidos criou um órgão, vinculado ao departamento de Estado, para gerenciar as relações comerciais com a América Latina; um ano depois, esse órgão teve as suas atribuições ampliadas e passou a se chamar Office of Inter-American Affairs. Criava-se assim a "política da boa vizinhança", voltada para garantir a adesão da América Latina à causa aliada. Uma das atribuições desse órgão era convencer as empresas de publicidade dos Estados Unidos a encamparem nas propagandas de seus produtos a solidariedade hemisférica. O *advertising project*, como ficou conhecida essa iniciativa, contou com vários tipos de produtos e abordagens.

Na sequência, ensaia-se uma análise que leva em consideração os elementos da sua economia visual: produção, circulação, consumo e agenciamento da imagem na e pela sociedade que a produziu e consumiu.

A imagem é uma publicidade de cigarro, publicada numa revista de circulação no espaço das grandes capitais brasileiras. A mensagem publicitária possui correspondências interessantes com o contexto de sua veiculação, agenciando assim a construção de um imaginário do consumo na era da "boa vizinhança".

A primeira delas é o maço de cigarros no primeiro plano da imagem, incentivando o consumo de tabaco — um produto tropical, mas processado fora do Brasil. No maço, o nome do produto conclama a união entre as Américas.

Já no segundo plano da imagem, negros de dorso nu embarcam café num navio, alusão clara ao passado escravista.

No terceiro e último plano, um navio estadunidense desembarca uma locomotiva, produto industrializado. Ratifica-se assim a divisão internacional do trabalho, através da qual os países industrializados vendem produtos manufaturados, e os países subdesenvolvidos, matérias-primas tropicais.

Dessa forma, pela imagem da publicidade conclui-se que a solidariedade hemisférica conclamada pela "política da boa vizinhança" ratificava, pelos ícones visuais, as práticas sociais de exclusão e hierarquização geopolíticas.

Imagem 3

Disponível em: <www.historia.uff.br/labhoi>

Foto de Augusto Malta, 1908.

Augusto Malta foi fotógrafo da prefeitura do Rio de Janeiro nas primeiras duas décadas do século XX, tendo registrado as principais transformações pelas quais passou a cidade do Rio de Janeiro, então capital federal. Além de fotógrafo da prefeitura, Malta também trabalhava para empresas como *freelancer.* Levando em conta essas informações básicas, nota-se que a imagem acima é um ótimo exemplo de como uma fotografia é tanto uma imagem-monumento quanto uma imagem-documento.

Ao tomar a fotografia nesse sentido, a análise deve começar por identificar o autor e o tema, o local e a época fotografados. Em seguida, reconhecer os elementos que compõem o arranjo fotográfico: uma oficina tipográfica perfeitamente ordenada, onde os empregados posam para a fotografia. Na imagem estão sendo apresentados os elementos da cultura material: objetos, indumentárias, equipamentos e elementos da infraestrutura — observe-se que o fornecimento de luz é feito por um ducto de gás e que o ventilador está ligado na tomada. Isso já possibilita um conhecimento suplementar sobre a época, quando a energia elétrica disputava espaço com a energia a gás. Por outro lado, essa fotografia nos fornece uma determinada representação do trabalho disciplinado, fundamental para a positivação dessa atividade numa sociedade pós-escravidão.

Imagens 4 e 5

Fotos da coleção da autora

As duas fotografias acima se encaixam numa modalidade associada a uma dimensão da experiência fotográfica contemporânea. Ambas as imagens devem ser incluídas na modalidade de registros familiares. O importante é caracterizar as diferenças entre ambas.

A primeira é uma fotografia de 1968, tirada por ocasião de uma festa de aniversário pelo pai da família, responsável por registrar a memória de um acontecimento familiar. Posam para a foto sete crianças — quatro meninas e três meninos — e uma senhora idosa. O grupo misto (meninos e meninas, adultos e crianças), disposto em semicírculo em torno da mesa de doces, segue o padrão da pose codificada para grupos familiares. Entretanto, podemos "viajar" um pouco nos detalhes e observar que os figurantes olham para lugares diferentes, como que distraídos de sua atividade primordial, que seria posar para a foto. Além disso, não seguem o mesmo padrão estético, estando uns descabelados e outros mais arrumados. Parece até que estavam ocupados em atividades diversas e foram chamados pelo fotógrafo para fazer o registro: "vamos lá, todos em volta da mesa, hora da foto! Coloca a bisa segurando o bebê!"

A segunda foto é um *carte-de-visite*, modalidade de retrato própria do século XIX e destinada a criar uma imagem social da família e de seus integrantes para a posteridade. Eram feitas por fotógrafos profissionais em estúdios especializados na modalidade retrato.

Ambas as imagens representam uma mesma experiência social: registrar a memória familiar. Mas, cada um desses registros revela aspectos da forma de compor essa mesma experiência social no tempo que a transforma radicalmente. É justamente na projeção das diferenças, na atenção aos detalhes, na avaliação do inusitado que ver possibilita conhecer.

Esses quatro exercícios de ver têm em comum a desnaturalização da imagem através da historicização, no tempo e no espaço, de suas condições de produção, circulação, consumo e agenciamento. Dessa forma, no regime de historicidade contemporâneo, as imagens ganham espessura e valor como suporte de relações sociais.

Além disso, nessa exposição, limitei-me a avaliar as imagens visuais fixas, se bem que muito mais ainda poderia ser dito sobre as imagens em movimento, mas isso fica para outra oportunidade.

Parte IV
O livro didático: leituras e usos

Capítulo 14
O livro didático como referência de cultura histórica*

ARLETTE MEDEIROS GASPARELLO

Para esse momento em que nos dedicamos a refletir sobre o tema "Livros e leituras", encontrei nas palavras de Robert Escarpit (1968:13) sobre os vários aspectos da vida de um livro um convite à percepção do seu encanto e complexidade, que apaixonam pesquisadores e leitores. A pluralidade desses aspectos confere ao livro uma rede intrincada de opções que problematizam as tentativas de definição devido, não só a sua diversidade, mas as diferentes situações e funções na vida individual e social:

> Porque um livro não é um objeto como os demais. Nas mãos, não é senão papel; e o papel não é o livro. E, no entanto, também está o livro nas páginas: só o pensamento, sem as palavras impressas, não formaria um livro. Um livro é uma "máquina para ler", mas que não pode ser utilizada mecanicamente. Um livro se vende, se compra, se troca, mas nunca se deve tratar como uma mercadoria como as outras, porque é ao mesmo tempo múltiplo e único, inumerável e insubstituível.

* Texto referente à palestra proferida na mesa-redonda Livros e Leituras, no Seminário Nacional Pronex Culturas Políticas e Leituras do Passado — Ensino de História: Memória e Historiografia, realizado na UFF, de 2 a 4 de junho de 2008.

Noutra perspectiva, Laurence Hallewell (2005:42-43) oferece uma observação interessante sobre as nações, a escrita e a produção industrial: "procurar conhecer uma nação por meio de sua produção industrial é, mais ou menos, o mesmo que julgar uma pessoa por sua caligrafia", porque "ambas constituem partes muito pequenas da atividade total de um país ou de uma pessoa". No entanto, observa ele, "as duas podem ser muito reveladoras, pois nós somos como nos expressamos". Suas análises sobre a publicação de livros deixam claro que seria difícil imaginar outra atividade que envolvesse tantos aspectos da vida nacional, como cultura, política, ideologia, literatura, indústria, tecnologia, educação, comércio, entre outras:

> O livro existe para dar expressão literária aos valores culturais e ideológicos. Seu aspecto gráfico é o encontro da estética com a tecnologia disponível. Sua produção requer a disponibilidade de certos produtos industriais (...). Sua venda constitui um processo comercial condicionado por fatores geográficos, econômicos, educacionais, sociais e políticos. E o todo proporciona uma excelente medida do grau de dependência ou independência do país, tanto do ponto de vista espiritual como do material.

A contribuição desses autores é interessante porque se articula ao encaminhamento deste trabalho, no qual procuro ressaltar alguns aspectos que ligam a história do livro e do livro didático no Brasil à expressão de uma cultura, uma cultura datada, porque histórica, situada nas condições, concepções e interesses do seu tempo.

O conceito de cultura histórica

Se pensarmos que toda cultura é histórica e tudo o que é histórico é cultural, o conceito de *cultura histórica* seria circular e redundante, como já observou Rosa Maria Godoy Silveira (2007). Devido à amplitude do conceito de "cultura", o processo de constituição e socialização de uma "cultura histórica" não constitui monopólio da disciplina história, pois nela atuam outros agentes de diferentes saberes e ofícios. Segundo Angela de Castro Gomes (1999:103), existe uma complexa e ambígua relação do termo com o campo historiográfico, bem como diferenças "de amplitude e natureza entre o que se pode considerar como 'cultura histórica' e o que se pode entender por conhecimento/saber histórico de uma época". Dessa forma, o conceito abrange não só o conhecimento histórico em seu sentido mais estrito, como o ultrapassa, porque permite envolver outras formas de expressão cultural, como a literatura, o folclore e outras manifestações que tenham relação com o passado.

Em *História e memória,* Jacques Le Goff (1992:47) adotou a expressão "cultura histórica", antes utilizada por Bernard Guenée (1980), como "a bagagem profissional do historiador, a sua biblioteca de obras históricas, o público e a audiência dos historiadores", mas acrescentou ao termo "a relação que uma sociedade, na sua psicologia coletiva, mantém com o passado". Nessa perspectiva, os livros didáticos são destacados pelo autor para o estudo da *cultura histórica* de uma época:

> A história da história não deve se preocupar apenas com a produção histórica profissional, mas com todo um conjunto de fenômenos que constituem a cultura histórica, ou melhor, a mentalidade histórica de uma época. *Um estudo dos manuais escolares de história é um aspecto privilegiado, mas esses manuais praticamente só existem depois do século XIX.*[1]

Tais observações sobre o conceito de *cultura histórica* permitem situar o livro didático de história em seu aspecto de fonte para conhecer o modo como determinada sociedade estabeleceu relação com o seu passado, na medida em que o livro escolar participa como expressão, agente e produto de uma cultura histórica. Sua elaboração abrange processos de filtra-

[1] Le Goff, 1992:48 (grifos meus).

gem de informações históricas que são divulgadas de forma didática, bem como informações coletadas em vários setores da vida social — notícias, fotos, documentos, mapas etc. —, e processos de construção e criação dos diferentes modos de escrita, organização do texto, edição, impressão, como têm assinalado pesquisadores da área, como Alain Choppin (1992, 2004), Circe Bittencourt (1993) e Kazumi Munakata (1997).

O livro didático como objeto pedagógico foi peça fundamental no lento e constante processo de construção curricular e formação de uma *tradição escolar*, no sentido utilizado por Annie Bruter (1997:38) para o conjunto de práticas e representações que marcaram o processo de escolarização moderna. No ambiente escolar, uma tradição pedagógica orienta o trabalho com os conteúdos que fazem parte do currículo por meio de uma série de dispositivos e normas — cursos, séries, programas, materiais didáticos, deveres de casa, provas — que caracterizam a forma escolar de ensino para uma massa de estudantes e conformam atitudes perante o passado.

Os livro didático na cultura histórica do século XIX: uma história nacional para o ensino

O período inicial do país independente foi marcado pela busca da sua história. Era fundamental para a nova nação responder à questão: quem somos nós? Era preciso formar uma identidade nacional, ensinar o Brasil aos jovens *brasileiros*.

A fundação do Instituto Histórico e Geográfico Brasileiro (IHGB),[2] em 1838, possibilitou as condições institucionais para o surgimento de uma historiografia brasileira, produzida por autores nacionais. O IHGB serviu, ainda, como legitimador das publicações didáticas de história do Brasil, e

---

[2] O IHGB teve como modelo as academias ilustradas europeias. Sob a proteção imperial, tornou-se instituição reconhecida como centro de cultura histórica (ver Guimarães, 1995, 1988).

seus autores preocupavam-se em apresentá-las à instituição para serem reconhecidos. Em meados do século, foi publicada a primeira síntese erudita da formação *nacional* de autor *brasileiro*, a *História geral do Brasil*, de Francisco Adolpho de Varnhagen (1854) — obra que se tornaria referência para as publicações nessa área, tanto as consideradas eruditas quanto as dedicadas ao ensino.[3] Mas a necessidade de uma *história da nação* para uso escolar tinha o aspecto de urgência no novo país. Antes mesmo da *História geral*, surgiram compêndios de *História do Brasil* de intelectuais brasileiros que utilizaram trabalhos de autores estrangeiros como fontes. Assim, o período pós-independência — no qual se configurou a exigência da definição da identidade brasileira — correspondeu ao primeiro momento da produção didática nacional, com livros dedicados ao ensino "para uso da mocidade brasileira"[4] e à construção do "amor à pátria".[5]

Os professores/autores de livros didáticos, à frente dos autores/historiadores, empenharam-se na tarefa de ensinar a nação aos brasileiros: o que era o Brasil — suas raízes, seus heróis, suas batalhas, sua grandeza, seu território, sua natureza, seu *povo*. Nesse período, estavam sendo configurados o ensino secundário — lugar social dos jovens brasileiros que iriam dirigir a nação — e o ensino de história do Brasil como cadeira regular no Colégio D. Pedro II.[6] No âmbito curricular, os planos de ensino desse colégio — que tinha nas *humanidades clássicas* o centro dos seus estudos — tenderam, ao longo do século XIX, ao paradigma *nacional*. Até o final do século, ganharam mais visibilidade os estudos da *história do Brasil*, do *português* e da *literatura brasileira*, movimento que correspondeu a uma mudança de

---

[3] Autores estrangeiros já tinham publicado histórias do Brasil, como *History of Brazil*, em três volumes (1810, 1817, 1819), de Robert Southey, marco historiográfico para os estudos nacionais. Duas outras obras de autores ingleses sobre a história brasileira podem ser destacadas: uma, anterior à de Southey, de autoria de Andrew Grant, publicada em 1809; e outra em 1821, de James Henderson, ambas sem a qualidade da obra de Southey (ver Iglésias, 2000).

[4] Lima, 1843. v. 1, p. vii.

[5] Bellegarde, 1831.

[6] Fundado na Corte pelo governo regencial em 1837, para servir de modelo como instituição secundária no país.

ênfase da estrutura curricular, ou seja, da cultura *clássica* para a cultura *moderna*, com abertura para o ensino das ciências.[7]

Os professores como elite intelectual e política

No conjunto dos dispositivos e práticas que definiram a institucionalização dos estudos secundários, destaca-se o papel representado pelos professores. Para essa ordem de estudos, concebidos como de cultura geral para uma elite que se destinava aos estudos superiores, a posição do professor teria que corresponder à importância dessas funções. Especial atenção foi dada aos critérios de seleção dos catedráticos, à organização do trabalho docente e aos procedimentos, direitos e prerrogativas de sua função, que conferiam à figura do mestre da instituição secundária oficial uma aura de prestígio e honrarias.

Assim, os professores do colégio formavam um corpo de profissionais intelectuais que se destacavam pela erudição e estilo de vida: liam no original os autores ingleses, alemães e franceses; frequentavam as mesmas instituições, como o IHGB, as academias literárias e outras sociedades culturais e científicas da época. Como intelectuais e professores, foram autores de livros didáticos; muitos se revelaram educadores interessados na pedagogia e escreveram livros sobre a educação nacional, além de relatórios sobre o ensino no Brasil.

A investigação sobre os professores/autores de livros didáticos desse período[8] permitiu levantar alguns aspectos sobre a formação desse grupo.[9] Dos que exerciam o magistério no ensino secundário, era frequente a for-

---

[7] Gasparello, 2004.

[8] Pesquisa desenvolvida no Grupo de Pesquisa História da Educação e Ensino de História: Saberes e Práticas (Gruphesp), da Faculdade de Educação da Universidade Federal Fluminense, com apoio da Faperj, CNPq e UFF, em coordenação conjunta com a profa. dra. Heloisa Villela.

[9] Ao todo, foram pesquisados 78 sujeitos, sendo 28 da Escola Normal e 50 do Colégio (ver Gasparello e Villela, 2005).

mação em medicina. Seguiam-se os de formação jurídica, os bacharéis em ciências físicas e naturais, e os bacharéis em matemáticas e ciências físicas — estes atuavam no quadro de formação científica do programa. Tais professores formavam um grupo específico, com estruturas de sociabilidade geridas no interior das instâncias educacionais administrativas e docentes que se dedicavam ao ensino secundário e superior. Caracterizavam-se por formar um seleto grupo com participação ativa nas instâncias administrativas da instrução pública, bancas de exames[10] e outras funções ligadas ao ensino nas principais instituições educacionais públicas e particulares do Rio de Janeiro na segunda metade do século XIX.

O passado da nação como tarefa pedagógica

Os livros didáticos de *história do Brasil* desse período tiveram como autores os professores de história do Colégio D. Pedro II e de outras instituições do Rio de Janeiro e das províncias brasileiras.[11] A história ensinada correspondeu a expressões diferenciadas de cada momento em relação com o passado e a mudanças na postura pedagógica sobre a formação nacional. Inicialmente, desenvolveu-se uma fase da história *patriótica*, que predominou de 1831 a 1861; em seguida, até o final do século, houve o predomínio da história *imperial*, de 1861 a 1900; e, por último, de uma história *republicana* em sua primeira fase, de 1900 a 1920.

As datas correspondem à publicação dos livros que inauguram e servem de limite a cada momento: *Resumo de história do Brasil*, de Luís Henrique Niemeyer Bellegarde (1831); *Lições de história do Brasil*, de Joaquim Manuel de Macedo (1861, 1863); e *História do Brasil*, de João Ribeiro (1900).

---

[10] A participação em bancas de exames não se limitava ao campo do ensino, como o Tribunal de Exames dos Preparatórios e outros, estendendo-se também à seleção para cargos ou funções públicas.

[11] Sobre o estudo do ensino secundário e os professores/autores de livros didáticos, ver Gasparello (2004, 2005).

Quase uma década após o Sete de Setembro, em 1831, foi publicado o primeiro livro sobre história nacional utilizado em escolas públicas, quase todo traduzido do *Resumé de l'histoire du Brésil* do escritor francês Ferdinand Denis (1826).[12] A narrativa na ótica de uma *história nacional* se estendia até um passado ainda recente, contemporâneo desses brasileiros, já que abrangia os eventos até 1828 — para materializar a *imagem de nação* brasileira. Esse *resumo* torna patente a carência de uma história da nação como fator de aglutinação e expressão do *sentimento de nacionalidade.*

O segundo livro, *Compêndio da história do Brasil*, escrito pelo general José Inácio Abreu e Lima (1796-1869), foi publicado pela primeira vez em 1843, em dois volumes. Pernambucano, o autor era filho do famoso Padre Roma, José Inácio Ribeiro de Abreu Lima, personagem importante da revolução republicana de 1817.

Nessa fase *patriótica*, o autor de livro didático possui o perfil do homem de letras interessado pela história do país. A escrita emerge pedagógica, intencional — formar patriotas, jovens que amam sua pátria. Os textos resultam de traduções pessoais de autores estrangeiros e de outras fontes nacionais, o que dá ao livro escolar o caráter de *compilação*, indicando a intenção de divulgar e sistematizar o material existente sobre o país. Tarefa, aliás, considerada pelos autores (e seus contemporâneos) como de grande interesse à causa nacional. Um exemplo de tal atitude pode ser encontrado no grande número de subscrições para a publicação do *Resumo* de Bellegarde (1831) e a adoção do *Compêndio* de Abreu e Lima (1843) no Imperial Colégio de Pedro II, mesmo após a censura do IHGB, que apoiou as críticas de Varnhagen ao livro.

Nessa primeira fase, outro aspecto a ser ressaltado em relação à pedagogia nacional foi sua relativa autonomia perante o IHGB, que no século XIX centralizava os estudos e pesquisas sobre o país. Por isso mesmo os autores não seguiram uma expressão padronizada de nação a ser apropria-

---

[12] Da obra de Denis constam vários resumos históricos (ver *La Grande Encyclopédie*, s.d.; Larousse, 1875).

da pelos destinatários. O texto é mais livre, e nele predominam os elementos românticos de exaltação à terra e aos indígenas. Sem a preocupação de impor um padrão oficial, a escrita da nação é crítica em relação à ação colonizadora, aponta os índios como *brasileiros* e descreve os colonos como *cruéis* e *piratas da terra*.

Um exemplar do *Compêndio*, da edição completa de 1843, foi oferecido ao IHGB pelo autor e recebeu de Varnhagen (1844, 1846) uma crítica severa, sendo a obra acusada de simples reprodução do livro do historiador francês Alphonse Beauchamp (1824), o qual era tido pelo crítico como mero plagiador da obra de Southey (1810 e 1824), *History of Brazil*. Alguns trechos da crítica permitem perceber que o motivo principal da condenação ao *Compêndio* não teria sido o alegado plágio, mas o fato de que o texto do general poderia prejudicar a busca, no passado colonial, dos agentes civilizatórios da nação. Poderia ainda desfigurar a imagem dos agentes considerados heroicos e construtores da grandeza nacional — de que os historiadores do Império precisariam para definir a nação dos *descendentes dos portugueses*:

> Eu, como paulista, mostraria ter em mui pouca a glória de o ser, se deixasse sem grave censura a repetição de uma cediça injúria, dirigida ao passado dos meus compatriotas, os ousados descobridores dos sertões brasílicos até o Paraná, a cujos esforços e derrotas, que deram aos espanhóis, o Império deve hoje a extensão vasta de seus limites ocidentais.[13]

A opção estava clara: entre os dois livros, o IGHB, como órgão legitimador da história oficial, recomendava o *Resumo* de Bellegarde para o ensino "elementar" como mais apropriado que o *Compêndio* de Abreu e Lima.[14] O argumento declarado como principal seria o "plágio". No entanto, Abreu e

[13] Varnhagen, 1844:80.

[14] O "Primeiro juízo" de Varnhagen foi aprovado pelo IHGB em sessão de 19 de janeiro de 1844 e publicado no mesmo ano na revista trimestral do Instituto.

Lima não apresentara seu livro como texto original. Declarou os autores de que se valeu e indicou os capítulos respectivos. Afirmou que seu trabalho foi recompilar textos esparsos cronologicamente. Mas a acusação de plágio não veio só. O que Lima teria feito era pior que plágio: utilizara um autor *insignificante*, também acusado de *plagiador de Southey*. Fica a questão: se o alegado plágio tivesse sido de um autor considerado ilustre, como Denis, ativo sócio correspondente do Instituto e que teve seu *Resumé* traduzido por Bellegarde, teria sido melhor a recepção do *Compêndio*?[15] O que importa assinalar é que os diferentes atores desse processo orientavam-se segundo a rede de relações de poder daquele momento histórico — no caso, *quem pode escrever sobre a história nacional* — o autor e o lugar.

O *Compêndio* de Abreu e Lima apresenta a história nacional em períodos de oito épocas, constrói temáticas e aborda questões que expressam a sua concepção de nacionalismo e de formação da nação brasileira. Utiliza o termo *brasileiro* para se referir ao indígena e narra que *o mesmo lutou ferozmente contra* os invasores e opressores, *os portugueses*.

Inspirado no autor da *Corografia brasílica*, Abreu e Lima inicia o caminho que se tornou roteiro obrigatório para todos os historiadores *didáticos* do século XIX: na *primeira época*, um dos capítulos trata da "Descrição geral da vasta região", para enaltecer a beleza e a extensão do país.

No segundo momento, institucional e *imperial*, a nação tem uma direção e modelo. Macedo (1863), em suas *Lições*, divulga a interpretação de Varnhagen (1854) na *História geral*. Os índios, selvagens, nem brasileiros nem donos da terra. A figura do "colono", descendente da "raça colonizadora", é identificada como "representante da nacionalidade", e em torno

[15] Em sua *História geral*, Varnhagen (1854:350), se refere a Denis como o *ilustre escritor* que, na companhia de Taunay, viajou pelo litoral brasileiro e que, de regresso à França, "seguiu fazendo conhecer o Brasil, por meio de vários livros populares, e estudando nos manuscritos das bibliotecas e em muitos livros raros tudo quanto pode ser útil à nossa terra, que tanto conhece (...). Ingratidão fora não manifestar aqui que muito aprendemos de suas publicações recheadas de investigação e de encantos, e que sempre o encontramos propício e amigo em muitas ocasiões, em que durante o curso desta obra, recorremos pedindo socorros à sua atividade e inteligência".

dela são construídas as qualidades "nobres" de altivez e orgulho do bandeirante paulista, personagem símbolo do colono quase branco.

Uma história interpretada à *imagem de nação* que não deslustrasse suas elites: a habilidade política dos ilustrados brasileiros tinha conservado a monarquia, modernizada em versão liberal para entrar nos novos tempos como *nação civilizada*. A dimensão espacial, que garante base material da construção do Estado nacional — emerge nos textos em sua vastidão e beleza, a partir do *descobrimento*, ao tratarem da *terra e seus habitantes*.

Em resumo, o modelo pedagógico desse segundo momento contribuiu para o fortalecimento de uma nação identificada com o império dos bacharéis e da classe senhorial.

O período 1900-1920 correspondeu a uma fase de renovação do campo historiográfico e do ensino de história no Brasil, marcada pelas contribuições de João Ribeiro[16] e Capistrano de Abreu.[17] O primeiro, com uma original produção voltada para o ensino, e o segundo, dedicado pesquisador do nosso passado, ocupam ambos um lugar de destaque na historiografia nacional.

No alvorecer do século XX, esses dois autores elaboraram originais sínteses históricas, que apresentaram uma nova leitura do passado nacional. Distanciando-se das interpretações do século anterior, João Ribeiro, com um inovador compêndio, e Capistrano de Abreu, com seus *Capítulos*, contribuíram para dar visibilidade a novos atores da formação histórica brasileira.

A atuação de João Ribeiro é representativa do momento de transição cultural vivido naqueles anos. Culto, profundo conhecedor da língua nacional, filólogo, escritor de gramáticas e poesias, crítico literário, poeta e

---

[16] João Batista Ribeiro de Andrade Fernandes foi reconhecido como *historiador* não só por seus contemporâneos, mas também por autores representativos da cultura nacional que o estudaram e citaram em suas obras, como Gilberto Freyre, Oliveira Lima, Delgado de Carvalho, Fernando de Azevedo e outros (ver Melo, 1997), e pelos historiadores que pesquisam a historiografia nacional (ver Rodrigues, 1965; Reis, 1999; Iglésias, 2000).

[17] Em 1907, Capistrano de Abreu publicou *Capítulos de história colonial (1500-1800)*, considerada sua obra-prima, inovadora na historiografia nacional (ver Rodrigues, 2000; Iglésias, 2000; Vianna, 1999; Reis, 1999).

jornalista, especializou-se, por necessidade da experiência docente e como fonte de recursos, na publicação de livros didáticos, nos campos de seu interesse: português e história.[18]

A *História do Brasil*, lançada no ano simbólico do quarto centenário — que deu nome à primeira edição —, marcou época por suas qualidades de síntese e interpretação. O autor possuía larga experiência no magistério público e particular, mas seu livro dedicado ao ensino não foi apenas mais um compêndio. A qualidade do texto, uma síntese fundamentada da história nacional, aliada a uma inovadora interpretação da trajetória nacional, garantiu a João Ribeiro um lugar destacado na historiografia e o seu reconhecimento como historiador. Além de repercutir no mundo intelectual da capital, teve ampla aceitação no ensino, atestada por sucessivas edições, principalmente na versão *curso superior*, para ginásios e escolas normais.[19]

No ensino secundário do Colégio e outros estabelecimentos, foi a versão *curso superior* que circulou em edições sucessivas até a década de 1960. O livro saiu com sete ilustrações, que se iniciam com a reprodução, no verso da segunda folha de rosto, do quadro *O último tamoio*, de Rodolfo de Amoedo, e na terceira, a inscrição: *quarto centenário*.[20] Ao longo do texto, seguiam-se as "estampas" do *príncipe Maurício de Nassau*; de *d. Pedro I* e *José Bonifácio*, na mesma página; do *índio uapé do Amazonas*; por último, *d. Pedro*

[18] Ver Leão, 1960; Sodré, 1966; Academia Brasileira de Letras, 1889-1916.

[19] Nas duas primeiras décadas do século XX, os livros didáticos de história do Brasil adotados no então Ginásio Nacional foram, além do compêndio de João Ribeiro, os de Coutto (1918), Cabral (1923), e Fleiuss e Magalhães (1919).

[20] Mas essa foi apenas uma das versões do livro de 1900 que o século XX conheceria desse autor, professor renomado do Ginásio Nacional e já consagrado por outras obras didáticas do assunto de sua paixão, a língua nacional. A primeira edição de 1900 destinava-se ao ensino primário e secundário. No mesmo ano, saiu a edição das escolas primárias, como segunda edição, na qual o autor esclarece, na "Advertência", que aceitou "o conselho de vários professores de que seria mais útil dividi-la em duas edições separadas", uma destinada à infância e a outra aos cursos superiores. Desta forma, desdobraram-se, da mesma obra, versões diferenciadas da edição inicial (ver Gasparello, 2004).

II e o *duque de Caxias*, que também compartilham uma página. São imagens que representam, em sua força simbólica, momentos do processo de construção da nação e que imprimem significado nas páginas *coloniais* e nas páginas *imperiais*. Nas primeiras, o Brasil selvagem, inculto, no índio vencido diante da "civilização", e o príncipe holandês como marco da *união* construída em face do invasor. Nas páginas simbólicas *imperiais*, os "fundadores" do Império; em seguida, o índio uapé parece representar uma parcela da formação nacional, com os atributos das virtudes heroicas de coragem e força das populações indígenas. Por último, estão simbolizadas a *coroa* — o poder imperial — e as *Armas*, nas imagens que consolidaram a *unidade* do Império.

O texto didático republicano apresenta, nos autores dessa fase, diferenças em relação ao momento imperial: posicionamento crítico em relação a personagens e ações coloniais e imperiais. Reabilita-se o republicanismo como um ideal democrático perseguido desde a Colônia. No entanto, o discurso ainda reforça e cristaliza os argumentos imperiais que, desde Varnhagen e Macedo, justificavam a necessidade da fundação do Império e sua manutenção, devido ao "costume do povo" e à consideração da República como "extemporânea" e "perigosa". Para os autores do período republicano, a República precisaria, para a sua plena realização, de um "povo brasileiro" com capacidade de autogoverno e outras qualidades que o tornassem competente para compreender a avançada concepção do regime republicano. João Ribeiro, no ceticismo dos primeiros anos republicanos, considerava que tais qualidades não seriam encontradas em "povos mestiços". Para o autor, o problema da *raça nacional* só se resolveria no futuro. E, para ser resolvido, o "mestiço", na continuidade da mestiçagem ideal, com *brancos*, teria a marca de sua origem *não branca* atenuada.

Ribeiro, opondo-se a uma visão estreitamente político-administrativa do movimento histórico — realizada fundamentalmente pelos agentes da camada *de cima* —, apresenta uma compreensão da história como processo *coletivo*. A visão republicana sobre a nossa história torna-se mais complexa, conseguindo enxergar as dimensões sociais, econômicas e culturais antes negligenciadas nos autores nacionais. Sua *História do Brasil* de 1900 acentua os processos sociais que ganham vida, nomes e contornos na história vivida, trabalhada e sofrida dos diversos agentes, senhores ou escravos na América portuguesa.

Embora o autor acompanhasse o programa oficial do Colégio, não se limitou a apresentar os assuntos, porque deu uma nova organização e fez uma nova leitura que demonstra ser fruto de profunda reflexão sobre a formação histórica do Brasil. Uma reflexão estimulada pelo seu ofício — *o ofício de ensinar.* O estudo, a análise e a experiência docente respaldaram e forneceram o estímulo para a construção de uma nova consciência histórica do país: emergiu da necessidade de uma síntese histórica da nação — uma síntese didática, imersa numa *pedagogia da nação.*

No texto didático *republicano*, inaugurou-se, com João Ribeiro, uma nova interpretação para a história a ser ensinada. Os conceitos de *pátria* e *patriotismo* passam a ter uma conotação mais ampla e sempre em referência à *nação* e à consciência dessa nação como pátria comum. Mas, para o autor, nem todos os movimentos têm um caráter *nacional*: o *sentimento de nacionalidade* precisaria de um tempo/processo na história de cada povo: no início desse processo, ele vê o *nativismo*, o sentimento mais *local e regional* pela terra, ainda sem consciência de *pátria.*

Mas, sob o paradigma da República, a "nação" sem escravos e sem imperador parece permanecer a nação imperial, na ambiguidade e no conflito. O ideal de nação volta-se para o *futuro*: a unidade nacional, como *sentimento unitário*, resultaria de um processo ainda não plenamente realizado. A monarquia não constituíra a *nação.* Esta só estaria realizada quando existisse um *povo brasileiro* ativo, que participasse da vida nacional.

No texto republicano dos anos iniciais do século XX, o "elemento vivo da nacionalidade", o que fala a língua nacional, o que tem costumes nacionais e uma *história comum* é o elemento *branco*, descendente do colonizador, ao qual se aliam, em situação de inferioridade, os mestiços de toda ordem.

Concluindo

No Brasil do século XIX, foram os autores didáticos os primeiros a apresentarem uma história nacional escrita em português, que poderia ser lida por um maior número de pessoas e estudantes. A necessidade da formação dos jovens brasileiros estimulou a construção de uma narrativa nacional: os livros destinados ao ensino saíram então na dianteira dos que se destinavam a um público erudito.

Os professores/autores projetaram sua visão sobre a formação histórica nacional e para isso utilizaram uma forma privilegiada de divulgação: um veículo destinado ao ensino — o que garantiu a recepção dessa leitura e a construção de uma memória compartilhada e fortalecida em comemorações, imagens, símbolos — uma memória coletiva sobre a nação.

A experiência histórica teve a marca dos conflitos e contradições de um tempo de transição: de uma leitura de caráter elitista do *nacional* para um tempo de uma lenta aceitação do *outro* como parte de *nós*. O modelo pedagógico da nação é um modelo em processo, porque em permanente mudança, e constitui uma referência para a cultura histórica de seu período. Nesse sentido, a elaboração de uma "pedagogia da nação" nos livros didáticos permite a descoberta de diferentes faces de uma nacionalidade a ser instaurada em diferentes leituras sobre o seu passado.

Capítulo 15
Devem os livros didáticos de história ser condenados?

KAZUMI MUNAKATA

A Dea Ribeiro Fenelon, *in memorian*

O livro didático é algo muito curioso. Em certos momentos, aparece como um objeto sem nenhuma importância, a ponto de desprestigiar os pesquisadores que dedicam o seu tempo para investigá-lo.[1] Embora, na história, tudo seja história — o cardápio, as revoltas, a mídia, a praia, a senzala, as greves, o correio, o clima, as maneiras à mesa, a moda, a Guerra Fria, o movimento operário, a correspondência, as celebridades, as artes, os utensílios domésticos ou de guerra, as flores, os transportes, Madonna, o homossexualismo, as bruxas, Menocchio, as "baladas", o corpo e suas partes (inclusive as que a pudicícia não permite dar-lhes o nome), os tropos da narrativa histórica, tudo, tudo —, mas não a educação escolar e muito menos um de seus dispositivos, o livro didático. Não importa se a escola é, hoje, essa fabulosa máquina de formar e conformar identidades e personalidades,[2] e se o livro didático é o dispositivo que potencializa essa conformação pela qual passa uma grande parcela da humanidade, inclusive

---

[1] Batista, 2002.

[2] Pineau, 2001.

nós e os nossos filhos — tudo isso é sem importância, "assunto para pedagogos", esses seres também insignificantes, desprezíveis.

Mas, de repente, o livro didático torna-se um objeto controvertido, a ser combatido e a cujo respeito todos são convocados a dar sua opinião. Já houve época em que essa convocação era privilégio de uma certa, digamos, "esquerda". Tratava-se, então, de condenar a ditadura militar e, de modo mais genérico, a ideologia burguesa, que se insinuavam nas linhas e nas entrelinhas dos livros didáticos. Hoje, a situação inverteu-se: no segundo semestre de 2007, setores da imprensa, que podem ser classificados de "direita", "descobriram" que os livros didáticos distribuídos pelo governo buscavam "fazer nossas crianças acreditarem que o capitalismo é mau e que a solução de todos os problemas é o socialismo".[3] Não cabe aqui relatar os pormenores dessa ruidosa polêmica em que estiveram envolvidos projetos políticos, interesses mercantis e má-fé aliada à ignorância e à intolerância.[4]

Convém lembrar também que, nesses tempos de produtivismo acadêmico desenfreado, falar mal de livro didático tornou-se uma excelente solução de facilidade nos eventos acadêmicos: basta que se encontre um ou dois livros didáticos velhos, perdidos na estante; selecione-se um tema de preferência e que não ocupe muitas páginas; sempre haverá algo a criticar, a título de "análise". Não importa se esses livros estão em desuso, se o mecanismo de avaliação pelo governo baniu-os da possibilidade de distribuição às escolas pelo Programa Nacional do Livro Didático; isso não tem a menor importância: são apenas questiúnculas mercantis e não elidem o fato de que o mal — o risco de contaminação dos alunos com pseudociências ou mesmo com a ideologia — já fora cometido.[5] Tampouco importa

---

[3] *O Globo*, Rio de Janeiro, 18 set. 2007 (o artigo é assinado por Ali Kamel, diretor-executivo de jornalismo da Rede Globo).

[4] Ver a revista *Carta Capital* (3 out. 2007), que na capa estampou a chamada: "Livros didáticos. Cifrões e ideologia. Por trás da polêmica do livro acusado de pregar o comunismo, rusgas e manipulações em um mercado de 560 milhões de reais bancado pelo governo".

[5] Convém esclarecer que o autor destas linhas não está imune a essa tentação. Mas, ao recensear os livros didáticos brasileiros de épocas diversas que descreveram a guerra

que exista já uma farta bibliografia nacional e internacional, consolidando o campo; para que consultá-la, se é sobre mediocridades?

Nos círculos mais restritos, na área educacional, o livro didático é também alvo de críticas ferozes por motivos, digamos, "pedagógicos". Uma pretensa concepção "moderna" de educação, desde a segunda metade do século XIX, vem condenando o chamado "ensino livresco", supostamente "tradicional", baseado nos livros didáticos — emblemas da pseudoformação e indício da incompetência do professor, que necessita dessa "*bengala, muleta, lente para miopia* ou *escora* que não deixa a casa cair".[6] Vale observar que essa pecha de incompetentes para os usuários de livros didáticos assumiu um grau tão elevado de consenso que as pesquisas sobre o uso desse material têm encontrado muitas dificuldades: não se pode jamais perguntar diretamente aos professores se utilizam os livros didáticos, pois a resposta será negativa, alegando que preparam seus próprios materiais.[7] Entre livros e materiais de confecção própria, os professores, no entanto, fazem muito mais: como afirma Chartier (1990:123), se há a ortodoxia do autor ou do editor, buscando determinar como uma obra deve ser lida, também há, por parte do leitor, o seu usuário (por exemplo, o professor), a sua liberdade de apropriação, quase nunca prevista — como as pesquisas empíricas têm evidenciado. Em suma, o fato de usar livro não significa que o professor seja automaticamente incompetente, do mesmo modo que não usar livro didático não lhe confere, por si só, o prêmio de excelência.[8]

contra Rosas, da Argentina, tomou-se o cuidado de consultar 34 títulos, buscando ali não erros, deturpações ou interpretações históricas abjetas, mas simplesmente os padrões explicativos que se utilizavam desde o século XIX até o final do século XX. Ver *A invenção da Argentina como inimigo...*

[6] A expressão, bastante recorrente na bibliografia, é de Ezequiel Theodoro da Silva (1998:43). Curiosamente, esse reconhecido e severo crítico dos livros didáticos nunca examinou nenhum deles, tampouco investigou os seus usos efetivos pelos professores.

[7] Segundo a Associação Brasileira dos Autores de Livros Educativos (Abrale), esses "materiais" sempre foram confeccionados com recortes de textos diversos e fotocópias de livros didáticos.

[8] Alguns trabalhos recentes sobre o uso dos livros didáticos na sala de aula já bastam para evidenciar o que o crítico das muletas jamais imaginou: Araújo (2001); Damaceno-Reis (2006); Prado (2007).

Convenhamos, essas discussões situam-se num campo não muito habitual, ao menos para nós, de história. Ou melhor, esse é o terreno em que ficaram confinados muitos dos que pretendem discutir o ensino de história — um cenário até bastante conhecido: na ânsia de resolver os problemas do dia a dia do ensino de história, da sua didática, recorre-se à didática e à metodologia de ensino. O professor de história é então arrastado para aquilo que aprendeu a desprezar: a pedagogia. Não poderia ser de outro modo. O ambiente em que trabalha e vive é inteiramente pedagogizado, mesmo porque seus superiores são, em geral, pedagogos.

Qual o resultado disso? No Programa de Estudos Pós-Graduados em Educação: História, Política, Sociedade, da Pontifícia Universidade Católica de São Paulo, de que faço parte, muitos alunos são oriundos de história, mas, curiosamente, quase ninguém cogita em desenvolver pesquisa na área de história da educação. Para eles, sendo professores de história e matriculando-se numa pós-graduação em educação, é óbvio que façam algum trabalho sobre o ensino de história, hoje, de preferência na escola onde militam. Em outras palavras, enredados que estão no ativismo imediatista do dia a dia, eles perdem a perspectiva histórica.

A experiência desse grupo de pós-graduandos não deve, obviamente, ser generalizada. Mas ela pode ser expressão de um fenômeno mais amplo: a expansão de discursos não históricos sobre história de modo geral e, em particular, sobre o ensino de história. Nem estou me referindo à atual profusão de livros sobre ensino de história — verdadeiro sucesso de vendas —, alguns dos quais, no mais puro estilo autoajuda, recomendam que o professor dessa disciplina deve ser criativo e sério, embora, num outro texto, também recomendem fraudar o diário de classe.[9] Basta que se contrastem os escritos de Ginzburg sobre questões teóricas da investigação histórica[10] com os de Rüsen

[9] Por motivos óbvios, tais obras não são mencionadas, mas o leitor familiarizado com o tema saberá reconhecê-las. Evidentemente, há, na área, muitos trabalhos que podem ser considerados como referência, mas que não serão mencionados aqui para evitar omissões injustificadas.

[10] Ver, por exemplo, Ginzburg (2002).

sobre a teoria da história[11] para evidenciar a diferença radical entre um discurso histórico sobre a história e um outro que não o é, nem pretende ser.

Laville (2005:25), ao comentar a atual hipertrofia, nos discursos sobre a história, dos temas "memória", "patrimônio" ou "consciência histórica", constata:

> Na comunidade dos historiadores, vários se sentem desestabilizados e, de certo modo, diminuídos, porque veem que seu campo, supostamente reservado, está sendo invadido por uma multidão de literários, linguistas, filósofos, antropólogos, psicólogos e outros especialistas dos *cultural studies*. Sem contar que os recém-chegados ao campo científico dos historiadores frequentemente os desconsideram e até ficam alegres quando conseguem afastá-los.

No caso do ensino de história, ele menciona uma monumental pesquisa, *Youth and history*, realizada em âmbito europeu:

> Empreendida em 27 países, com 32 mil alunos, apenas 16 dos 47 colaboradores nacionais da pesquisa *Youth and History* eram historiadores ou professores de história: seria possível que, da mesma forma que para a história acadêmica, não especialistas se encarregassem do campo? (...)
>
> Especialistas não historiadores, não pedagogos e professores que não ensinam história passaram a ocupar um lugar importante no campo da pesquisa relacionada ao ensino de história. Isso foi feito, às vezes, à custa dos especialistas do ensino de história, preparando assim o terreno para um retorno da narrativa memorial.[12]

Não se trata de corporativismo: não se reivindica, aqui, nenhuma exclusividade dos bacharéis ou licenciados em história para falar sobre a sua

[11] Rüsen, 2001 e 2007.

[12] Laville, 2005:30, 32.

disciplina — mesmo porque são os graduados em história que abandonam o campo em que se formaram. Mas, convém interrogar, junto com Laville, o que diferencia o historiador daquele que apenas sabe falar sobre a história:

> É necessário entender que, para um não historiador, a narrativa é a parte visível do movimento histórico. Porque, mesmo que a história seja um modo de produção de conhecimento através da pesquisa, o historiador comunica ao público não a pesquisa em si, mas o seu produto, sob a forma de narrativa histórica. É somente com um certo distanciamento que a interpretação é possível. Foi exatamente isso que aconteceu com as novas tendências intelectuais e os novos participantes para quem a narrativa histórica se tornou um objeto de conhecimento em si.[13]

Daí a passagem do pensamento histórico à compreensão histórica:

> Enquanto o pensamento histórico é um conjunto de operações intelectuais e de atitudes do tipo daquelas exercidas para produzir os saberes históricos, a compreensão histórica é definida como a atividade que leva ao entendimento de uma narrativa construída, procurando nela o sentido que o autor quis lhe dar e sensibilizando-se, ocasionalmente, com as suas intenções e pressupostos. (...)
>
> Incidentalmente, ao constatar o grande número e peso de pesquisadores oriundos das áreas de linguística, da pedagogia da leitura, ambas ciências do discurso, assim como da psicologia cognitiva ou de disciplinas próximas, cujos interesses de pesquisa estão na compreensão histórica e não no pensamento histórico, seria possível ver nas circunstâncias desse realinhamento para a narrativa (...) uma atração do tipo pós-mo-

---

[13] Laville, 2005:24. O autor também menciona os efeitos da chamada "virada linguística" para a transformação da narrativa história em um objeto de conhecimento em si.

> derna? Um exemplo, entre outros, desta "ocupação de terreno" se observa no segundo volume da *International Review of History Education*, cujo título é *Learning and reasoning in history*, em que apenas um terço dos autores são provenientes do campo da história ou do seu ensino.[14]

Para Laville, essa passagem não ocorre somente pela entrada de não historiadores no ensino de história, ou pelo impacto das abordagens pós-modernas (inclusive a chamada "virada linguística"), mas atende a certos interesses de governos e mesmo de empresas, que visam ao

> controle da memória, particularmente a que se constrói no meio escolar. Nessas tentativas, trata-se de colocar o conteúdo histórico do ensino de história a serviço de uma nova ordem, ou simplesmente preservar a ordem vigente. Em todo caso, o que está em jogo é a imposição de uma dada narrativa histórica e, através dela, a inserção nas consciências de uma determinada memória.[15]

Por exemplo, uma memória histórica supranacional, da Comunidade Europeia:

> O fato de ser chamada de consciência histórica não muda em nada o seu objetivo transparente, que é, antes de tudo, a aquisição dos saberes e das representações comuns a fim de facilitar a integração europeia. Um dos principais atores nessa operação é o filósofo alemão Jörn Rüsen. Segundo ele, a constituição de uma consciência histórica europeia seria tão necessária quanto a adoção de uma moeda econômica

[14] Laville, 2005:33-34. A obra mencionada tem como editores James F. Voss e Mario Carretero (1998). O primeiro faz parte do Departamento de Psicologia da Universidade de Pittsburgh, onde integra o Programa de Psicologia Cognitiva; o segundo, conhecido nos círculos hispanófonos da chamada "educação histórica", é licenciado e doutor em psicologia.

[15] Ibid., p. 28.

> comum, o euro. No artigo intitulado "Cultural currency. The nature of historical counsciousness in Europe", Rüsen (...) disse que (...) "tal moeda cultural não pode ser introduzida, prescrita, forçada da mesma forma que foi feito com o euro". Como fazê-lo então? Principalmente pela escola e pelo programa de história, programa concebido essencialmente em termos de conteúdos factuais e de suas narrativas. "O que conta são os conhecimentos históricos concretos que definem a Europa historicamente", afirma o autor antes de se lançar em uma longa enumeração do que deveriam ser os elementos de tal saber concreto.[16]

Que me perdoe o paciente leitor com essas longas transcrições de um texto alheio. Elas foram necessárias para escudar os meus argumentos, pois toda vez que proponho a crítica da noção de "consciência histórica" recebo como resposta, invariável, o "não é bem assim". Evidentemente, como mostrou Chartier (1990), contra a ortodoxia do autor ou do editor sempre há a liberdade de apropriação do leitor, e muitos dos meus colegas devem sinceramente acreditar que a "consciência histórica" seja equivalente ao que Laville denomina "pensamento histórico". Agora é a minha vez de dizer: "não é bem assim".

No lugar dessas abordagens a-históricas, que conduzem às prescrições de uma consciência que se deve ter, para o que se propõem metodologias e estratégias supostamente adequadas, em oposição às "incorretas" e "ultrapassadas", por que não assumir uma perspectiva histórica? Se certos conteúdos e metodologias parecem carregar as marcas do atraso, do ultrapassado, do tradicional, não basta simplesmente denunciá-los como incorretos ou em desvio ou imprestáveis para a boa "consciência histórica", mas compreender-lhes o significado de aparecerem como tais, na sua relação com o que se propõe no presente. Em outras palavras, por que não examinar a história do ensino de história, exercitando o que já se convencionou

[16] Laville, 2005:30. O artigo mencionado está em Rüsen (2000).

denominar história das disciplinas escolares?[17] Então, seria possível perceber que as finalidades do ensino de história passaram, segundo Laville (2005:15), da construção do cidadão-súdito para a do cidadão-participante, às quais se associaram não apenas os conteúdos, mas também as maneiras de abordá-los, os exercícios propostos e as avaliações — tópicos que, segundo Chervel (1990), constituem uma disciplina escolar. Esse procedimento histórico talvez até permita entender a atual proliferação de propostas a-históricas e pedagogizadas de medir, avaliar e propor uma certa "consciência histórica" instituindo um novo ensino de história (ou melhor, educação histórica), com suas finalidades específicas.

Os livros didáticos constituem fonte indispensável para tal investigação. Claro, não se trata novamente de verificar-lhes apenas e estritamente os conteúdos para distribuir-lhes os prêmios e as punições de acerto e erro, de acordo com uma reta doutrina ou sã ciência. Eles são mais do que isso — meros suportes de ideias (certas ou erradas). Como livros, são resultados de produção material, em que concorrem não apenas as matérias-primas (papel, tinta etc.), mas também seres humanos em diversas situações e atividades, assumindo diferentes posições (autor, editor, revisor, arte, proprietário da editora etc.), em intricadas relações de produção, marcadas por conflitos e acomodações. Ao ingressar no circuito da distribuição e consumo, esse objeto material faz a mediação de outras relações humanas, que se costuma denominar sinteticamente "mercado".[18]

Como didático e, portanto, com destinação escolar, esse livro passa também por outras mediações. No Brasil, onde vigora desde 1985/86 o Programa Nacional do Livro Didático (PNLD), pelo qual o governo federal compra e distribui livros didáticos a todos os alunos das escolas públicas do país, de acordo com a indicação dos seus professores, o mercado conta com esse comprador quase exclusivo, que é o Estado. Este não é uma entidade abstrata, ainda mais que, a partir de 1996, o PNLD passou a recrutar especialistas

---

[17] Chervel, 1990. O texto constitui um verdadeiro programa de investigação sobre as disciplinas escolares.

[18] A esse respeito, ver o esquema proposto por Darnton (1990:113).

para avaliar previamente os livros, a fim de compor um catálogo para orientar a escolha dos professores.[19] Aos interesses e objetivos didáticos mesclam-se os interesses dos governos (e seus avaliadores) e de setores editoriais privados: educação, política e mercado — e todos os sujeitos implicados nessas esferas — aparecem entrelaçados. Não é impossível que a polêmica em torno de certos livros, mencionada no início deste capítulo, seja sintoma de um ajuste de contas entre essas esferas e os sujeitos que delas participam.[20]

Mesmo porque o que está em jogo é uma política cultural que pretende decidir como devem ser as futuras gerações. Explica Gimeno Sacristán (1995:78-79):

> Os textos constituem-se em instrumentos de política educativa na medida em que regulam o conhecimento, delimitando o conteúdo real da escolarização (...). Hoje, os livros didáticos ou quaisquer outros materiais, como ocorre, por outro lado, com os meios de comunicação, comportam-se como instrumentos culturais de primeira ordem para a integração na comunidade, de modo a conseguir uma certa harmonia social, ao proporcionar uma informação e uma visão do mundo parecida para todos.

Convém, no entanto, observar: essa política cultural não consegue ser totalitária. Certamente, o Estado (com essa generalidade de "E" maiúscula)

---

19 Sobre o PNLD, ver Munakata (1997); Batista (2003); Sposito (2006); Cassiano (2007).

20 Por sinal, o mercado de livro didático passa, neste início do século XXI, por profundas alterações, marcadas por incorporação de editoras por grandes grupos empresariais, inclusive estrangeiros, e esvaziamento do PNLD mediante a compra, por prefeituras, de apostilas dos chamados "sistemas de ensino" (grupos privados de ensino), sem nenhum controle estadual ou federal. Além disso, o governo do estado de São Paulo introduziu, em 2008, um *kit* educacional que inclui um jornal contendo o que deve ser feito em cada aula. A respeito das apostilas, ver Cassiano (2007). As apostilas dos "sistemas de ensino" são tema de pesquisa de iniciação científica de Tainã Pinheiro, da PUC-SP. Thiago Figueira Boim desenvolve pesquisa, em nível de mestrado, sobre o material produzido pela Secretaria da Educação do Estado de São Paulo.

tem sua vocação para o controle total. Mas essa pretensão é também a do chamado "mercado", embora o seu totalitarismo se fragmente em vários "concorrentes" entre si, às vezes de uma mesma empresa. Os professores, com suas escolhas nem sempre de acordo com o que desejaria o PNLD,[21] exercem também o seu contraponto à homogeneização total. E os alunos — afinal, o que eles fazem com tudo o que lhes é ensinado?

Gimeno Sacristán (1995:80-81) comenta e também adverte:

> Não existem, por sorte, modos de controle absoluto da cultura escolar, mas há aqueles que são mais ou menos eficazes. Duas formas diretas de configurar o currículo aparecem nas políticas para controlá-lo: em primeiro lugar, a exigência de certos conteúdos na avaliação, sobretudo quando dela se deduzem a obtenção de títulos, diplomas ou a superação de exigências da passagem de níveis escolares, aos quais se acomodarão os materiais; em segundo lugar, a regulação administrativa e comercial do sistema de produção e difusão de materiais que usam os professores e os alunos do ensino.

Devem, então, os livros didáticos de história ser condenados? Na minha modesta opinião, os professores e os alunos têm todo o direito de condenar os livros de que não gostam, de que são vítimas. Mas, como estudioso dos livros didáticos e das disciplinas escolares, não gostaria de fazer dos livros didáticos o vilão dessa história. Se o livro (didático) não se resume às ideias (corretas ou erradas) de que é suporte, se, na sua materialidade, remete a diversos sujeitos, com seus interesses, pretensões, vontades, desejos, políticas e ações, é a esses sujeitos — e à somatória de suas ações — que devemos prestar atenção. Por isso mesmo, fiz parte de um grupo de pesquisadores,

[21] No PNLD, quando se iniciaram as avaliações, cada livro recebia uma classificação de acordo com seu mérito. Constatou-se então que a escolha de grande parte dos professores recaía sobre os livros com classificação baixa (ver Batista, 2001). A prática de classificação foi abandonada, mas introduziu-se a exclusão dos livros considerados ruins do catálogo, impossibilitando que os professores os escolhessem.

coordenados por Circe Bittencourt, que organizou a Biblioteca do Livro Didático, na Biblioteca da Faculdade de Educação da Universidade de São Paulo, além de construir um banco de dados sobre livros escolares (Livres), catalogando dados sobre livros didáticos em acervos de várias bibliotecas do Brasil.[22]

[22] A organização da Biblioteca do Livro Didático e do Livres fez parte do projeto temático "Educação e Memória: Organização de Acervos de Livros Didáticos", que contou com o financiamento da Fundação de Amparo à Pesquisa do Estado de São Paulo (Fapesp). Mais informações disponíveis em: <http://paje.fe.usp.br/estrutura/livres/index.htm>, onde os dados do Livres também podem ser consultados.

Capítulo 16
Por onde anda a história na atualidade da escola: ensino médio, livros didáticos e ensino de história

PAULO KNAUSS

Ensino médio no Brasil de hoje

Em 2001, o Plano Nacional de Educação (PNE) apresentava o ensino médio como o nível de ensino com a maior taxa de crescimento do país. De 1985 a 1994, essa expansão foi maior que 100%, enquanto a do ensino fundamental foi de 30%. A mesma fonte ressalta, ainda, que essa tendência se mantinha forte, considerando que, entre 1991 e 1998, a expansão do ensino médio foi de 84,8%.[1] Porém, o censo escolar de 2006 apontou uma interrupção desse movimento, ao constatar um decréscimo de 1,4% de alunos matriculados no ano de 2005 no ensino médio no Brasil.[2] Ainda assim, a mesma fonte indica que o ensino médio no país abrangia 8,9 milhões de alunos matriculados no ano de 2005. Importa ressaltar, no entanto, que os últimos 20 anos se caracterizaram por uma forte pressão

---

[1] Disponível em: <www.planalto.gov.br/ccivil_03/Leis/LEIS_2001/L10172.htm>. Acesso em: 20 maio 2008.

[2] Essa tendência do ensino médio acompanhou um movimento geral de decréscimo de matrículas na educação básica no país, com média de 0,9%. Ver *Sinopse estatística...*

para a expansão do sistema educacional, o que indica ainda um longo caminho para a universalização do acesso ao ensino médio no Brasil e sua renovação.

A *Síntese de indicadores sociais do IBGE de 2004* — que tem como instrumentos o Programa Nacional por Amostragem de Domicílios (Pnad) e o Censo Demográfico, ambos do IBGE, bem como o Censo Escolar do MEC — mostra que a quase totalidade das crianças em idade escolar obrigatória (de sete a 14 anos) tem encontrado acesso ao sistema formal de ensino no Brasil.[3] A análise da participação de outras faixas etárias, porém, indica uma tendência de crescimento sistemático de frequência escolar de alunos de todas as idades. A taxa de frequência de jovens de 15 a 17 anos atingiu 33% entre os anos de 1993 e 2003. No mesmo período, coube ao grupo etário de 20 a 24 anos a maior taxa de crescimento, passando de 18,3% em 1993 para 26,8% em 2003, ou seja, um aumento próximo de 47%. Portanto, esses números mostram que o aumento da participação dos jovens no sistema escolar é um fato da atualidade educacional no Brasil, constituindo-se em fator de pressão sobre o ensino médio.

Contudo, é inegável que o atraso no fluxo escolar ainda é uma marca da educação nacional. Essa questão foi apontada, também, no PNE de 2001, indicando que, idealmente, se o fluxo escolar fosse regular, o ensino médio atingiria bem menos que a metade dos jovens de 15 a 19 anos do país. Em 2001, apenas 30,8% dos jovens entre 15 e 17 anos estavam matriculados no ensino médio no Brasil. Em 2003, segundo o IBGE, enquanto 20,4% dos alunos entre 18 e 24 anos frequentavam o ensino fundamental, 42% frequentavam o ensino médio. Em termos nacionais, portanto, o IBGE mostra que o atraso escolar do grupo etário entre sete e 14 anos vem caindo, mas o mesmo não se pode afirmar em relação à faixa dos jovens entre 15 e 24 anos.

Desse modo, primeiramente é preciso considerar que os fatos atestam a significativa presença do jovem no sistema educacional como um todo,

---

3 Disponível em: <www.ibge.gov.br/home/estatistica/populacao/condicaodevida/indicadoresminimos/sinteseindicsociais2004/default.shtm>. Acesso em: 20 maio 2008.

apontando para seu crescimento. Em segundo lugar, constata-se o caráter dilatado, em termos etários, do grupo de alunos do ensino médio no Brasil, atendendo jovens acima da idade ideal prevista para esse nível de ensino. Nesse sentido, as evidências obrigam a relativizar a relação entre faixas etárias e níveis de ensino em termos ideais, o que demarca as condições do ensino-aprendizagem no país.

Para completar, é importante considerar ainda a relação entre homens e mulheres no quadro da juventude de estudantes do ensino médio no Brasil. Os dados da pesquisa "Perfil da juventude brasileira", do Instituto da Cidadania, mostram uma tendência de participação ligeiramente maior de jovens mulheres matriculadas no ensino médio. Além disso, as mulheres também tendem a encerrar mais rapidamente sua carreira escolar, mas nem por isso encontram necessariamente melhores condições de acesso à universidade. No mesmo sentido, vale dizer ainda que, em termos étnicos, o ensino médio mostra equilíbrio na presença de jovens brancos, negros e pardos matriculados em colégios. Isso constitui uma especificidade do ensino médio em relação ao ensino fundamental, em que predominam negros e pardos, e em relação ao ensino superior, em que predominam brancos. Outro dado importante levantado pela pesquisa é que 76% dos jovens se declaram vinculados ao mundo do trabalho — respectivamente 36% empregados e 40% desempregados.[4] Esse dado reforça o pressuposto de que os alunos do ensino médio devem ser percebidos como cidadãos não tão jovens, economicamente ativos e inseridos no mercado de trabalho.[5] Isso evidencia o desafio imposto ao sistema para garantir o ensino aos jovens brasileiros em igualdade de oportunidades.[6]

---

[4] Sposito, 2004.

[5] Essa é uma das razões que pode justificar o dado do PNE de 2001, segundo o qual a maioria dos alunos de ensino médio (54,8%) estudava no turno da noite. Sobre essa questão do ensino noturno, ver Oliveira (2004).

[6] Esse desafio se torna maior quando se consideram as questões que hoje envolvem a posição social do jovem no Brasil. Segundo a Unesco, homicídios e outras violências são responsáveis por pouco mais de um terço de mortes dos jovens no Brasil atual, índice que tende a ser ainda mais alto nas capitais e regiões metropolitanas, onde a oferta de matrículas escolares é maior. Ver Waiselfisz (2000).

De resto, ao situarmos o ensino médio na ordem do sistema de ensino formal brasileiro, não podemos deixar de salientar que a distribuição dos estabelecimentos de ensino regular indica o predomínio da oferta pública. Para o ano de 2003, dados do IBGE mostram que a oferta pública de vagas para o ensino médio era de 69,7%, contra 88,7% para o ensino fundamental. De todo modo, observa-se a importância permanente da participação das escolas privadas no sistema educacional do país, a qual, em relação ao ensino médio, chegava a quase um terço da oferta geral em 2003, segundo o IBGE. Outro dado valioso revelado pela mesma fonte é que, naquele ano, 65,2% das escolas de ensino médio no país eram estaduais. Essa distribuição confirma que a oferta de ensino acompanha a orientação da legislação, dando destaque ao papel dos governos estaduais em relação ao ensino médio. Contudo, faz-se necessário um maior compromisso deles com a expansão e melhoria do sistema de ensino médio, a fim de enfrentar a demanda e o atraso escolares em termos de faixa etária.

Livro didático na moldura institucional

Em 2005 foi lançado o Programa Nacional do Livro para o Ensino Médio (PNLEM), quando foram então distribuídas obras de língua portuguesa e de matemática aos alunos matriculados no 1º ano da rede pública de ensino das regiões Norte e Nordeste. Naquele mesmo ano, na sequência dos trabalhos, teve início a organização do processo de avaliação de obras didáticas de física, química, biologia, geografia e história, além de matemática, língua portuguesa e literatura. O PNLEM inseriu-se, assim, no movimento de renovação das políticas públicas para a educação básica no Brasil, estendendo ao ensino médio o mesmo modelo de tratamento dado aos livros didáticos do ensino fundamental. A iniciativa do Ministério da Educação (MEC) acompanhou a ampliação do foco de prioridades da política pública, dando maior atenção e destaque ao ensino médio. Esse compromisso se traduziu na aprovação da Lei nº 11.494/2007, que regulamentou o Fundo de Manutenção e Desenvolvimento e de Valorização dos Profissionais da Educação (Fundeb). Esse fundo veio atualizar o antigo Fundef, que traduzia a prioridade do ensino fundamental nos quadros da política pública para educação no país. Os progressos no sentido da universalização do ensino fundamental no país impuseram a necessidade de se constituírem ações dirigidas para o ensino médio, dando um tratamento geral ao conjunto da educação básica no país.

O PNLEM esteve orientado pela experiência brasileira do Programa Nacional de Livro Didático (PNLD), criado em 1985 e destinado a garantir a distribuição gratuita de livros didáticos aos alunos das escolas públicas do ensino fundamental de todo o território nacional. Além da complementaridade dos programas, não se devem considerar as políticas públicas para o livro didático como ações isoladas ou casuísticas no campo educacional brasileiro. De acordo com Décio Gatti Júnior (2007), pode-se afirmar que a política para o livro escolar no Brasil "age em consonância com o disposto nos documentos legais do país após a redemocratização", cujo marco é o texto da Constituição de 1988. Desse modo, os programas oficiais de promoção de materiais escolares participam de uma moldura geral que redefiniu os rumos da educação nacional nos últimos anos. Importa, no entanto, destacar que nesse percurso a história política nacional se entrecruza com a história editorial da escrita escolar no Brasil e caminha no sentido de se situar no universo da escola de massas.[7]

Em estudo sobre os rumos da história ensinada, diante das políticas públicas para a educação nacional entre as décadas de 1970 e 1990, Selva Guimarães Fonseca chamava a atenção para os vínculos criados entre o ensino e a indústria cultural. Segundo ela, nesse período se assistiu à afirmação do consumo de massa de livros didáticos no Brasil, inclusive de história. Essa massificação do material didático básico promoveu certa socialização do saber histórico nas escolas, mas representou necessariamente

[7] Sobre esse percurso recente da história editorial do livro escolar, ver Gatti Júnior (2004, 2005).

uma contribuição "para o desenvolvimento da história de forma crítica entre os nossos alunos".[8] Diversos fatores, como a censura então vigente, podem ser apontados como decorrentes do contexto do regime de autoritarismo militar que marcou aquela fase da história do Brasil. Contudo, é nesse contexto que o livro didático se afirmou como mercadoria inserida na ordem da lógica capitalista, deixando em segundo plano seu papel no processo de ensino-aprendizagem.

Sem dúvida, o debate sobre a renovação das bases da educação nacional a partir da redemocratização dos anos de 1980 sublinhou de modo crítico as relações do mercado com a educação, impondo a necessidade de afirmação social do papel do Estado e da escola pública. Nesses termos, sempre de modo a contornar as condicionantes da sociedade de mercado, redefiniu-se a ação do Estado no campo educacional no Brasil recente. Os programas para os livros didáticos (PNLD e PNLEM) são apenas uma das faces desse contexto geral. Os dois programas de alcance nacional têm como base o controle ministerial do planejamento, compra e distribuição de livros didáticos com recursos federais. Assim, o modelo estabelecido definiu a não interferência direta do governo no campo da produção editorial, deixada à iniciativa empresarial privada, bem como estabeleceu como princípio a livre escolha dos livros pelos professores. Além disso, o programa tinha como pressupostos o caráter reutilizável dos livros e especificações técnicas rigorosas para garantir a durabilidade do produto. Como apontam Bezerra e Luca (2006:31), "a política adotada reservava ao poder público o papel de mediador entre os professores e a produção editorial, sem que houvesse referência a padrões de qualidade ou políticas públicas para o setor".

Ainda segundo os mesmo autores, foi na década seguinte, a partir do Plano Decenal de Educação para Todos, que se impôs a necessidade da melhoria qualitativa dos livros didáticos, o que envolvia, igualmente, a questão da capacitação dos professores para avaliar e selecionar os livros a

---

[8] Fonseca, 1993:141.

serem utilizados no trabalho docente. Daí a formulação de uma nova política para o livro didático no Brasil. Em 1994, o MEC nomeou uma comissão de especialistas em cada área de ensino para avaliar a qualidade dos conteúdos e a dimensão metodológica dos 10 livros mais solicitados em 1991 pelos professores para as quatro séries iniciais do antigo 1º grau, hoje correspondente ao ensino fundamental. O resultado apontou problemas graves de tratamento editorial, conceitual e metodológico nas obras analisadas, confirmando a necessidade do controle de qualidade. Foi assim que, em 1995, o novo modelo assumiu a forma de um programa de avaliação sistemática de livros didáticos, com a criação de comissões por área de conhecimento e a definição de critérios de avaliação a partir de discussão pública com autores e editores. Em 1996 procedeu-se à primeira avaliação para definir uma lista de livros aprovados da 1ª à 4ª série que passariam a ser comprados pelo governo. Em 1999 foram analisados pela primeira vez os livros destinados a alunos da 5ª à 8ª série. A partir de 2002, as comissões de avaliação deixaram de se vincular diretamente ao MEC e passaram a ser coordenadas por universidades que concentravam os profissionais que haviam sido mobilizados ao longo do processo — a Unesp, no caso de história e geografia. O MEC deixou, portanto, de dirigir diretamente os trabalhos de avaliação, mantendo apenas seu papel de patrocinador do processo. Vale ressaltar que essa mudança reforçou a autonomia do trabalho técnico de avaliação, que passou a ser feito por universidades.

Nesse percurso, o mais importante é destacar a evolução dos critérios de avaliação. Ficou claro, desde logo, que os critérios deveriam se caracterizar como regras claras e estáveis, sem que isso significasse fechar o processo a mudanças visando ao seu aperfeiçoamento. De todo modo, na primeira fase, o processo de avaliação priorizou os *critérios eliminatórios*, fixando-se na correção dos conceitos e informações básicas e nos preceitos éticos que representassem o respeito à construção da cidadania e o combate aos preconceitos. A esses dois critérios veio somar-se, depois de 1999, com a avaliação dos livros da 5ª à 8ª série, o de coerência e adequação metodológicas, constituindo assim a tríade da reprovação. E a esta, especialmente depois de

1997, vieram juntar-se também critérios complementares, que numa primeira fase foram definidos como *critérios classificatórios*, considerando aspectos teórico-metodológicos amplos da produção do conhecimento específico (metodologia da história, por exemplo) e da transposição didática (metodologia de ensino-aprendizagem). Do mesmo modo, o manual do professor passou a ser objeto de análise, assim como aspectos editoriais que garantissem o caráter adequado do livro para uso de professores e alunos. O conjunto dos critérios classificatórios servia para traduzir certa hierarquia de qualidade entre os livros, a qual a princípio se indicava por número de estrelas e depois pela anotação "recomendado" ou "recomendado com ressalva". Posteriormente, o PNLEM e o PNLD — este a partir de 2005 — substituíram os critérios classificatórios por "critérios de qualificação", terminando com a apresentação hierarquizada dos livros aos professores. A resenha se tornou a matéria necessária da avaliação dos professores, depois que deixou de haver uma indicação hierarquizadora dos livros, exigindo o estudo do material de análise para distinguir os livros listados.

Como inovação importante do PNLEM pode-se apontar a afirmação, em edital, do conceito de área de conhecimento, previsto nos Parâmetros Curriculares Nacionais para o Ensino Médio (PCNEM): ciências humanas e suas tecnologias; linguagem, códigos e suas tecnologias; ciências da natureza; e matemática e suas tecnologias.[9] Desse modo, o programa se coadunava com a intenção de definir o ensino médio como campo de afirmação da interdisciplinaridade. Isso permitiu a criação, pelos autores e editores, de um novo tipo de coleção didática, de caráter interdisciplinar, cujos livros necessitavam de análise por mais de uma equipe disciplinar, trazendo novos desafios para o processo de avaliação. Essa opção, no entanto, se combinou com a orientação geral do MEC de distribuir as comissões por diferentes universidades, separando assim as equipes de história e geografia, por exemplo, situadas em universidades distintas e sob diferentes coordenações. De todo modo, o mer-

[9] Disponível em: <http://portal.mec.gov.br/seb/index.php?option=content&task=view&id=265&Itemid=255>. Acesso em: 20 maio 2008.

cado não se adaptou muito a essa orientação dos PCNEM, e apenas uma coleção interdisciplinar foi inscrita, com formato de justaposição de história e geografia, refletindo assim o caráter restrito da inovação. Pode-se supor que, com a rotina do programa, o mercado se adapte e apoie essa inovação, mas certamente isso depende da própria aceitação, por escolas e professores, do princípio geral do ensino interdisciplinar, o que não parece se verificar tanto no campo das ciências humanas quanto no campo das ciências da natureza. Essa opção, porém, fez com que o PNLEM também não mais se orientasse pela noção de livro didático, e sim de obra didática, considerando a diversidade de formatos (livro, coleção por disciplina ou coleção por área).

Vale destacar, ainda, o fato de que o PNLEM e o PNLD se integram numa moldura mais abrangente das políticas públicas no campo educacional do Brasil, em que a avaliação assumiu um papel central por meio de diversos instrumentos balizadores da análise do desenvolvimento educacional no Brasil e da participação de seus atores sociais — Sistema Nacional de Avaliação da Pós-Graduação, Sistema de Avaliação da Educação Básica (Saeb), Sistema Nacional de Avaliação da Educação Superior (Sinaes) e o Exame Nacional de Desempenho de Estudantes (Enade), além do Exame Nacional do Ensino Médio (Enem). Para a educação básica, o Índice de Desenvolvimento da Educação Básica (Ideb), que relaciona os dados de aprovação e desempenho com os resultados do Prova Brasil, se tornou uma referência fundamental na avaliação da qualidade do ensino escolar no país. O que os dados do Ideb apresentam para os anos de 2005 e 2007 é que o ensino médio, apesar de variação muito pequena, acompanhou o movimento geral de melhora do índice de rendimento escolar em todos os níveis, ultrapassando a meta prevista.[10]

As polêmicas sobre o sistema envolvem, sobretudo, as relações entre os indicadores individuais e os institucionais, que ganham forte repercussão quando se trata de comprometer o credenciamento de cursos superiores. Essa repercussão mexe com o mercado de vagas no ensino superior, especialmen-

[10] Disponível em: <http://portal.mec.gov.br/arquivos/pdf/resultado_ideb2007.pdf>. Acesso em: 20 maio 2008.

te no campo da iniciativa privada, e coloca em questão os vínculos entre educação e economia capitalista na atualidade nacional. No caso do PNLD e do PNLEM, pode-se dizer, com Maria Encarnação Beltrão Sposito (2006:22), que "o dilema entre o individual e o institucional desaparece para dar lugar ao dilema entre a liberdade de mercado e o direito do Estado de estabelecer parâmetros para a ação das empresas". Isso se evidencia claramente na medida em que o Estado afere a qualidade do produto disponível no mercado. Não há ação de censura ou de restrição da livre iniciativa, pois o Estado não proíbe os livros reprovados na avaliação de circularem no mercado, nem obriga editores e autores a inscreverem nos programas as suas obras, de modo que se encontram no mercado obras não avaliadas. Em todo caso, o Estado exerce seu poder de influência sobre um mercado editorial que é dominado em 60% pela compra de produtos didáticos e no qual, devido à política oficial, o governo federal se torna o maior cliente. A outra face do processo de avaliação é que o mercado se tornou mais difícil para as editoras menores e propiciou o fortalecimento de oligopólios editoriais, assim como estimulou a entrada do capital internacional.[11] Assim, observa-se que, também no caso das políticas de avaliação dos livros ou obras escolares, o mercado se torna o elemento a ser contornado no contexto do capitalismo contemporâneo.

O desafio dos programas oficiais dos livros didáticos se traduz, ainda, na dificuldade de articulação entre suas três fases: avaliação; escolha por professores e escola; e uso dos livros na sala de aula. Nesse sentido, o PNLEM introduziu no processo de avaliação o recurso à leitura crítica de professores de escolas públicas do ensino médio, e não apenas de especialistas acadêmicos. Como afirmam Bezerra e Luca (2006), a escolha dos professores e das escolas pouco leva em conta o longo processo de avaliação. Poucas são as escolas que animam o processo de seleção. Isso constitui mais uma barreira a ser superada entre o saber escolar e o saber acadêmico/universitário. Mesmo assim, pode-se dizer que o PNLD e o PNLEM se tornaram

---

[11] Os dados sobre a transformação do mercado editorial podem ser observados a partir da mudança do quadro de editoras que participam do PNLD. Ver Miranda e De Lucca (2004:130).

formadores de quadros na universidade ao afirmarem o compromisso com a educação pública de qualidade em todos os níveis e ao criarem espaços de interação entre a escola e a universidade a partir da questão do ensino e da educação pública.

A repercussão pública da avaliação de livros e obras didáticas, no entanto, resulta em situações contraditórias. Os autores e editores que possuem obras reprovadas costumam considerar que o processo de avaliação é excludente e dirigido por preconceitos ideológicos ou por pressupostos metodológicos unívocos. Desprezam, assim, os inúmeros debates públicos regulares que são organizados pelo MEC para editores e autores, procurando promover a reflexão e aprofundar critérios de avaliação que são divulgados e confirmados em edital próprio e, portanto, de notório conhecimento. Além disso, fingem desconhecer a complexidade do processo de avaliação, que envolve exemplares desidentificados (livros sem marcas que permitam reconhecer a editora, os autores etc.) e pareceres individuais sobre uma mesma obra, elaborados por consultores com diferentes especialidades no campo disciplinar e que não sabem da existência um do outro, além de uma coordenação compartilhada que recorre a leitores críticos que avalizem a decisão final. Tudo isso garante que o resultado da avaliação se caracterize como um produto coletivo e marcado pela pluralidade de olhares, fruto do debate e da diversidade, e não de mera ação pré-dirigida contra autores, editores ou opções teóricas e metodológicas particulares.

Por outro lado, na imprensa se observa uma postura distinta, que critica a avaliação pela sua abertura e falta de direcionamento. No ano de 2007, por exemplo, criou-se uma polêmica em torno de certo livro aprovado numa antiga edição do PNLD e cujo autor tinha também um livro aprovado pelo PNLEM, a qual rendeu críticas ao Ministério da Educação e ao processo de avaliação. A crítica ao livro de ensino fundamental foi estendida ao livro de ensino médio sem que fossem consideradas as diferenças entre as obras, o que mostra que a demanda por uma seleção dirigida existe na própria sociedade, que tem dificuldade de admitir a pluralidade de pensamento e opções pedagógicas.

De um lado e de outro, nota-se que a sociedade não compreende bem o processo de avaliação dos livros didáticos, o qual é pautado pelo compromisso com a pluralidade e a diversidade, visando a assegurar a qualidade do material didático em termos de conteúdo e forma, o que define o papel do Estado como mediador entre o mercado e as comunidades escolares.

Usos do livro didático

A preocupação com os livros didáticos não é uma exclusividade do Brasil. Trata-se de um dos temas importantes da construção de políticas públicas para a educação em muitos países nos dias de hoje.

Na França, estudo elaborado pelo Ministério da Educação em 1998 já chamava a atenção para o fato de que, nos manuais escolares franceses, a apresentação dos conteúdos de conhecimento específico ocupava de 12% a 20% do volume dos livros didáticos. Observava-se assim uma tendência à restrição do conteúdo específico, o que é ainda bem melhor que a média dos volumes de matemática, que girava entre 5% e 11%. Os manuais reservavam, pois, cerca de 3/4 de sua apresentação a ilustrações, esquemas e gráficos explicativos, documentos e exercícios, o que indica uma preponderância do sentido pedagógico dos livros didáticos. Nesses termos, o que o estudo indica é que numerosas sessões dedicadas a métodos, saber fazer etc. cumprem a função que deveria caber ao professor. Em certa medida, isso é explicado pela tendência a favorecer o processo de autoconstrução do conhecimento pelo aluno, ampliando sua autonomia intelectual. Tal tendência advém da crítica das aulas magistrais, em que só o professor detinha o sentido dos conteúdos, e se desdobra na intenção de promover o diálogo do aluno com o livro. A consequência disso é que o livro tende a substituir o professor. Contudo, os editores não podem dispensar o papel dos professores na escolha dos livros a serem utilizados pela escola. Isso justifica em certa medida a abertura de percurso de estudo que os livros propõem no tratamento de seu conteúdo. De todo modo, o que se verifica, além da restrição da apresentação dos conteúdos específicos, é o predomínio do tratamento pedagógico da obra didática.

Em contraposição, o estudo constatou uma tendência para usar o livro na escola como um "banco de documentos" e, secundariamente, como caderno de exercícios. Contudo, a frequência com que se utilizavam fotocópias com textos suplementares demonstrava que essa função de banco de documentos na sala de aula não era plenamente exercida pelo livro. Nos liceus franceses, o estudo aponta que 2/3 das situações de sala de aula de história e geografia recorriam ao uso de fotocópias, o que demonstrava a insatisfação dos professores com os materiais incluídos nos livros escolares. Diante disso, pode-se afirmar que o conjunto de materiais apresentados nos livros escolares não raro permanecia inexplorado na sala de aula.[12]

O paradoxo estabelecido no caso francês contrapõe, de um lado, a situação em que os livros promovem a autonomia dos alunos, criando condições em que o professor se torna dispensável nas práticas docentes; de outro lado, as dinâmicas de sala de aula criadas pelos professores e que levam a ignorar o livro didático. Ambas as situações reforçam o caráter construtivo do conhecimento na sala de aula, de modo que este não se localiza em nenhum repositório definitivo. O que esse quadro pode sugerir, porém, é que há uma disputa entre o livro didático e o professor pelo papel central na sala de aula.

Essas observações sobre o caso francês colocam diversos dilemas acerca da atualidade do livro didático lá como cá e podem ressaltar a especificidade das experiências nacionais.[13] No caso brasileiro faltam estudos para avaliar o uso dos livros didáticos nas salas de aula, especialmente para o ensino médio. Contudo, a moldura institucional do PNLEM, assim como do PNLD, pressupõe que livro didático e professor não se coloquem como

[12] Todas as informações sobre o caso francês constantes neste item são de Bourne (1998).

[13] Os EUA parecem representar um contraponto ao caso francês. Pesquisas indicam que lá o trabalho com os livros didáticos ocupa 75% do tempo em sala de aula e 90% do tempo dos estudos em casa. Ver Apple (1995); Gatti Júnior (2007:32).

rivais ou em contraposição. Nesse sentido, o processo de seleção e escolha dos livros didáticos por professores e escolas, previsto pelo programa, busca adequar os livros às necessidades de cada realidade escolar e às expectativas da comunidade. O programa pretende criar uma situação em que o professor e o livro didático sejam aliados na defesa da diversidade curricular e de projetos pedagógicos abertos a possibilidades criativas.[14]

Pela primeira vez, porém, o PNLEM vai permitir que os professores de escolas públicas de ensino médio em todo o Brasil possam contar com um material didático comum nas salas de aula. Não há dúvida de que isso pode representar uma mudança nas práticas discentes e docentes, contribuindo para a renovação nas salas de aula e nas coordenações pedagógicas escolares. É de se esperar que a presença do livro didático seja um motivo para integrar práticas docentes e currículo na escola pública, contornando a dispersão desconexa de opções didáticas. Sem dúvida, essa é a maior contribuição do PNLEM. Seu impacto, no entanto, só o tempo poderá revelar. De antemão, porém, pode-se antecipar que a universalidade do programa vai estabelecer ao menos uma base de igualdade para as escolas do Brasil, criando oportunidades similares de ensino-aprendizagem.

Por meio do PNLEM, é possível constatar, também, que o ensino médio está na agenda da política pública educacional do Brasil atual. Assim, junto com o livro didático, espera-se que venham novas iniciativas que renovem o processo de ensino-aprendizagem no ensino médio no plano nacional. De todo modo, o livro está ganhando no Brasil um lugar no ensino médio que nunca teve e que certamente deverá contribuir para mudar as relações do aluno e do professor com o conhecimento, proporcionando uma sala de aula com novos desafios.

A partir do catálogo do PNLEM 2008 — história, pode-se dizer que predomina, no Brasil, a tendência de os livros se afirmarem como obras de referência de conteúdo específico.[15] Nesse sentido, caracterizam-se pelo

---

[14] Munakata, 2007.

[15] Ver *História: catálogo do...*

paradigma informativo, segundo a classificação proposta por Miranda e Luca (2004). De todo modo, a avaliação do PNLEM em 2008 reconheceu oito obras, num universo de 25, que conseguiram equilibrar a qualidade do tratamento metodológico do conhecimento da história e do ensino-aprendizagem. De modo geral, porém, ainda que o conjunto de elementos didáticos que compõem a maioria dos livros se apresente em bom número, observa-se que a marca dos livros didáticos de ensino médio no Brasil ainda é o caráter informativo enciclopédico, e que os exercícios didáticos ainda cumprem a função da fixação. Os exercícios, na maioria dos casos, aparecem ao final dos capítulos, e as atividades didáticas propostas raramente se definem como ponto de partida do estudo. Ainda que os métodos e o "saber fazer" apareçam com frequência, raramente constituem o eixo articulador da maioria dos 25 livros apresentados à avaliação do PNLEM de 2008.

Na média, o que se observa é um descompasso entre os dois planos metodológicos — o da história e o do ensino-aprendizagem. Nos livros mais antigos, fica claro que as edições recentes foram incorporando acréscimos pontuais que procuram aprofundar dimensões da prática didática em relação aos livros, sem perder, porém, o caráter de justaposição. Além disso, observa-se, em grande medida, a incoerência entre a proposta de metodologia de ensino-aprendizagem e sua realização. O manual do professor muitas vezes apresenta propostas que os livros não realizam, salientando assim a inconsistência ou a fragilidade metodológica dos livros didáticos. Alguns desses manuais insistem apenas numa dimensão metodológica — da história ou do ensino-aprendizagem — e não levam em conta a sua inter-relação.

Por sua vez, o PNLEM 2008 revela que a editoração é, sem dúvida, o ponto alto da avaliação dos livros didáticos do ensino médio apresentados. A qualidade da impressão e a diagramação animada certamente decorrem dos anos de experiência do PNLD. Os recursos de ilustração, boxes, glossários, textos de época etc. propõem uma estrutura diversificada para a leitura, mas na prática servem para disfarçar a linearidade e o princípio didático da fixação que ainda se mantêm. O que se apresenta graficamente está em sintonia com a caracterização geral do livro, marcado por uma abordagem tradicional do conhecimento.

Observa-se, no entanto, que nos livros mais novos há uma tendência para a construção de certa abertura de conteúdos, especialmente pela exploração de documentos de época. Mas isso não significa dizer que a metodologia de ensino predomine, dispensando o professor. Ao contrário, nesses casos se verifica que a participação do professor é fundamental para o bom aproveitamento do livro, pois os materiais complementares oferecidos à leitura não se resolvem na apresentação do livro. Aliás, o catálogo do PNLEM de história é bem claro ao salientar a necessidade do professor na situação de ensino-aprendizagem proposta pelos livros.

Não há dúvida, porém, que a abordagem cronológica acontecimental e de sequência de civilizações ainda é predominante nos livros didáticos de história apresentados ao PNLEM de 2008. Mesmo que algumas obras proponham tratamentos diferenciados pelos conceitos ou pelo uso da pesquisa, é a abordagem tradicional historicizante que predominou na maioria das obras analisadas. Poucas se caracterizam pelo diálogo com uma vertente renovada da historiografia contemporânea, prevalecendo no conjunto delas uma historiografia tradicional ou um tratamento eclético.

Na comparação com o PNLD 2005, o que se observa por meio da análise dos livros do PNLEM 2008 é que os sentidos da história ensinada nos livros de ensino médio no Brasil são muito próximos dos sentidos presentes nos livros didáticos de ensino fundamental. Assim, a especificidade do ensino médio se dissolve e se confunde, na maioria dos livros, com uma apresentação de conteúdo mais extensa, um vocabulário mais complexo e, sobretudo, a recorrência dos exercícios das provas de vestibular e Enem, que servem para o ingresso no ensino superior. Se do ponto de vista conceitual há pouca diferença de conteúdo, sabemos que do ponto de vista do sujeito da aprendizagem há muitas diferenças entre os alunos do ensino fundamental e do ensino médio. Nesse sentido, o que se infere da análise comparativa do PNLD e do PNLEM é a necessidade de desvendar a especificidade do ensino e da aprendizagem de história no ensino médio no Brasil atual.

Capítulo 17
Transferência da Corte: abordagens nos manuais escolares de Portugal e Brasil

ANA RITA LEITÃO

CARLA DELGADO DE PIEDADE

CÉLIA CRISTINA DA SILVA TAVARES

O presente capítulo teve como inspiração inicial a experiência que vivemos quando uma de nós, Célia Tavares, foi convidada em 2006 pela colega portuguesa Carla Delgado de Piedade a dar uma aula sobre história do Brasil nas turmas de 8º ano (em que os alunos têm em média 13 anos de idade) da Escola Secundária Emídio Navarro, na cidade de Almada, situada às margens do Tejo e vizinha de Lisboa. O objetivo era fazer um grande painel sobre a história do Brasil, muito mais para inocular a curiosidade nos alunos portugueses, quando fossem estudar o assunto, do que propriamente aprofundar conteúdos. Dessa forma, a professora brasileira foi traçando, em linhas muito gerais, os assuntos mais frequentes no ensino de história do Brasil. A certa altura da aula, ela falou da transferência da Corte para o Brasil. A colega portuguesa teve o impulso de esclarecer seus alunos: "trata-se da fuga da família real", disse ela, recebendo em troca a compreensão dos alunos.

Diante da necessidade de tal tradução, ficou evidente que havia aí algum tipo de diferença que merecia ser explorada. Assim sendo, formamos uma pequena equipe de pesquisa com duas especialistas em história (a professora

Carla Delgado de Piedade, professora da Escola Secundária Emídio Navarro, com mestrado em história da expansão portuguesa pela Universidade de Lisboa, e Célia Tavares, professora da Faculdade de Formação de Professores da Uerj) e uma terceira em letras (a professora Ana Rita Leitão, mestre em língua e cultura portuguesas, doutoranda de história da didática, na Universidade de Lisboa), com o intuito de investigar os textos de livros didáticos (como dizemos no Brasil) ou de manuais dos alunos (como se diz em Portugal). O tema inicialmente explorado foi justamente aquele que despertou nossa curiosidade e que calhou ser também de maior interesse por ser da importante efeméride dos 200 anos da transferência da Corte, que tem alimentado uma série de eventos nos dois países.

Atualmente existe uma tendência de se considerar o saber histórico escolar como uma "configuração própria da cultura escolar, oriunda de processos com dinâmica e expressões diferenciadas, mantendo, na atualidade, relações de diálogo e interpelação com o conhecimento histórico *stricto sensu* e com a história viva, o contexto de práticas e representações sociais".[1]

Portanto, ao escolhermos estudar esse conteúdo específico da transferência da Corte portuguesa para o Brasil, pretendemos refletir sobre essa vívida relação entre a difusão de um saber escolar e sua associação com as representações sociais das quais é resultante. A possibilidade de duas leituras distintas sobre um mesmo fenômeno histórico que inicialmente percebemos naquela sala de aula de uma escola portuguesa — uma claramente preocupada em sublinhar o abandono dos súditos pelo rei (o uso da palavra "fuga" dá essa indicação, pois a palavra está associada à ideia de não enfrentamento de uma questão) e outra em pelo menos atribuir certa objetividade à denominação do fenômeno (o uso da palavra "transferência" denota apenas uma descrição do acontecimento, sem maior carga de juízo de valor, uma vez que descreve uma mudança) — instigou-nos a procurar os textos dos manuais que tratam do assunto, com o intuito de averiguar se essa nossa primeira impressão seria procedente. A primeira questão a defi-

[1] Abud, 2007:123.

nir era com quais manuais deveríamos trabalhar. A princípio aventamos a possibilidade de usar manuais de épocas diferentes, fazendo uma prospecção no tempo mais largo do século XX, a partir do conceito de "fuga" ou "transferência", mas logo isso se mostrou muito mais trabalhoso do que os compromissos profissionais da equipe binacional permitiriam realizar, apesar de reconhecermos que esse caminho continua a ser muito interessante, mostrando-se como possibilidade de estudos futuros para este e outros temas que venham a ser propostos.

Assim, optamos por estabelecer o corte cronológico da última década, ou seja, de 1996 a 2007, *grosso modo*. É mais ou menos nesse período que, no Brasil, o Programa Nacional do Livro Didático (PNLD) passou a fazer a distribuição gratuita dos manuais e a avaliação pedagógica dos conteúdos dos livros de história e geografia nele inscritos.[2] Em Portugal, a política relativa aos manuais escolares obedece às seguintes regras: o Ministério da Educação define o programa e as competências gerais de ciclo, e as editoras, que são empresas privadas, contratam os autores para elaborarem os seus manuais, sendo eles os responsáveis por selecionar os conjuntos documentais, a linha metodológica e as atividades didáticas a serem realizadas pelos alunos. Os manuais são depois enviados às escolas, para que os professores da disciplina os avaliem de acordo com um conjunto de itens estabelecido pelo ministério e façam a sua escolha. O manual adotado não

[2] Sobre o histórico geral desse programa, ver Miranda e Luca (2004). A distribuição gratuita dos livros didáticos no ensino fundamental foi retomada em 1995, a princípio só para as disciplinas de matemática e língua portuguesa; em 1996, para ciências; e em 1997, história e geografia. A avaliação começou em 1996, mas, como os livros de história e geografia só foram distribuídos a partir de 1997, é desse ano em diante que dispomos das informações acerca de seus conteúdos programáticos. Já para o ensino médio foi criado em 2004 o Programa Nacional de Livro de Ensino Médio (PNLEM), e apenas em 2008 os livros de história foram incluídos na distribuição e na avaliação (disponível em: <www.fnde.gov.br/home/index.jsp?arquivo=livro_didatico.html>). Pelas regras do PNLD, os professores de cada escola podem escolher até três coleções de história dedicadas ao ensino fundamental. O Ministério da Educação envia para a escola uma das coleções escolhidas, que será utilizada pelos professores durante três anos. A cada três anos há uma nova distribuição e escolhas das coleções didáticas.

pode ser alterado por um período de três anos letivos. Isto significa que nas escolas de Portugal podem-se usar manuais diferentes no 8º ano num mesmo ano letivo, tal como acontece no Brasil, mesmo sendo aquele um país de dimensões territoriais bem menores.

Outra decisão que tomamos em conjunto foi não trabalhar com livros do ensino médio, denominado ensino secundário em Portugal, onde o estudo de história não é obrigatório nesse nível, exceto para os alunos que escolham a área de humanidades, ao contrário do Brasil, pelo menos nos cursos regulares (sem contar, é claro, as escolas de *ensino técnico*). Como partimos de uma reflexão que pretende estabelecer parâmetros minimamente semelhantes, consideramos que o melhor seria excluir esse nível de ensino.

Assim, a escolha dos livros, no caso de Portugal, passou a princípio por uma consulta ao Ministério da Educação, mais concretamente aos Serviços de Desenvolvimento Curricular da Direção Geral de Inovação e Desenvolvimento Curricular. A partir dos dados facultados por esse órgão, procedeu-se em seguida a uma seleção dos manuais que contavam com maior número de edições ou reimpressões. Destaque-se, porém, que só foi possível dispor desse tipo de informações a partir do ano letivo 2002/03 até o presente, não existindo, ao que parece, nenhum registro no ministério quanto aos manuais que circularam anteriormente. Ao recorrermos às editoras, obtivemos como resposta — quando se dignaram responder — que esses dados eram confidenciais, competindo ao Ministério da Educação veicular essas informações — aliás, obtidas após bastante insistência.

Os manuais escolares escolhidos para Portugal foram:

Autor(es)	**Título**	**Cidade**	**Editora**	**Ano**	**Edição/vol.**
ALVES, Eliseu et al.	*História 8*	Porto	Porto	2003	1ª
NEVES, Pedro Almiro et al.	*Novo ao encontro da história 8*	Porto	Porto	1996	1ª
CRISANTO, Natércia et al.	*Olhar a história 8*	Porto	Porto	2003	1ª
NEVES, Pedro Almiro et al.	*Novo clube da história 8*	Porto	Porto	2003	1ª

Autor(es)	Título	Cidade	Editora	Ano	Edição/vol.
OLIVEIRA, Ana Rodrigues et al.	*História*	Lisboa	Texto	2000	2ª
LAGARTIXA, Custódio et al.	Viver a história	Lisboa	Santillana/ Constância	2007	1ª

Já no Brasil encontramos um obstáculo significativo na identificação de quais livros didáticos foram mais usados ao longo dos 10 últimos anos. Na página oficial na internet do Fundo Nacional de Desenvolvimento da Educação (FNDE) existem tabelas e balanços que apenas mostram números gerais, sem referência a títulos. Há também um instrumento de busca[3] para identificar a distribuição dos livros, mas apenas a partir do ano 2000. Além disso, tal instrumento requer um código ao qual não temos acesso, inviabilizando por completo a nossa busca. Tentamos o contato direto com o Ministério da Educação num endereço eletrônico destinado a consultas sobre livros didáticos, mas até hoje aguardamos a resposta.

Diante disso, a alternativa foi identificar os livros mais frequentemente listados nos catálogos nacionais do livro didático de ensino fundamental e procurar obter com as editoras a informação sobre aqueles mais vendidos para a distribuição do governo e, também, aqueles que são utilizados na rede particular de ensino. Mais uma vez, esse caminho acabou sendo difícil, pois as editoras mostraram-se pouco à vontade com a consulta e não quiseram dar as informações. Sempre encaminhavam a solicitação para a matriz em São Paulo, para ser feita por meio telefônico, o que se mostrou inviável, uma vez que jamais conseguimos chegar ao responsável que soubesse ou pudesse dar a informação solicitada.

Assim, o critério para a escolha dos livros do ensino fundamental no caso do Brasil mesclou as referências nos catálogos do PNLD — de 2005 a 2008 — e as referências encontradas nas livrarias especializadas em vendas de livros didáticos, dentro dos limites cronológicos definidos pela equipe binacional.

[3] Disponível em: <www1.fnde.gov.br/pls/simad_fnde/!simad_fnde.sisadweb_1_pc>.

Portanto, os livros escolhidos para o Brasil foram:

Autor(es)	**Título**	**Cidade**	**Editora**	**Ano**	**Edição/vol.**
MARTINS, José Roberto	*História*	São Paulo	FTD	1996	1ª/7ª série
MELLO, Leonel Itaussu de A.; COSTA, Luís César Amado	*História*	São Paulo	Scipione	2006	1ª/7ª série
MOCELIN, Renato; CAMARGO, Rosiane	*Passaporte para a história*	São Paulo	Editora do Brasil	2007	1º/8º ano
PEDRO, Antônio; LIMA, Lisâneas	*História por eixos temáticos*	São Paulo	FTD	2002	1ª/7ª série
PROJETO ARARIBÁ	*História*	São Paulo	Moderna	2007	2º/8º ano
VICENTINO, Cláudio	*Viver a história*	São Paulo	Scipione	2002	1ª/7ª série

Em Portugal, os conteúdos relativos a descoberta, colonização, exploração econômica (distinguindo entre a produção de açúcar iniciada no século XVI e a extração do ouro do século XVIII) e independência do Brasil fazem parte do programa a lecionar no 8º ano do ensino básico (que no Brasil corresponde à 7ª série, no modelo antigo, ou 8º ano, no novo escalonamento do ensino fundamental). Como a organização programática obedece a uma sequência cronológica, e não temática, os dois primeiros temas são tratados no 1º período, e os restantes, no 2º e 3º períodos (o 1º período tem início em setembro e vai até as férias de Natal; o 2º situa-se entre o Ano Novo e a Páscoa; e o 3º começa após as férias da Páscoa e vai até final de junho). Consultando o programa definido pelo Ministério da Educação, fica-se sabendo que a descoberta e a colonização do Brasil integram o tema "expansão e mudança nos séculos XV e XVI", mais especificamente o subtema "o expansionismo europeu"; a exploração do açúcar e a descoberta do ouro são tratados no tema "Portugal no contexto europeu dos séculos XVII e XVIII"; o açúcar, no subtema "o império português e a concorrência internacional"; e o ouro, no subtema "O Antigo Regime português na primeira metade do século XVIII"; e, por fim, a ida da família real para o Brasil e a Independência, no tema "o arranque da Revolução Industrial e o triunfo das revoluções liberais", no subtema "a revolução liberal portuguesa".

Daqui se pode perceber que é dada aos professores (e também às editoras escolares) a indicação do enfoque e da profundidade a serem dados no tratamento das diferentes etapas da história do Brasil, ou seja, os tópicos relacionados à construção e ao apogeu do império português ganham maior espaço que aquele conferido à transferência da Corte de Lisboa para o Rio de Janeiro em 1808 e à independência da colônia brasileira em 1822 na planificação das atividades letivas. A primazia é dada ao estudo dos ideais iluministas e às alterações políticas introduzidas na sequência das revoluções liberais vividas nos continentes americano e europeu. Como tal, a saída da Corte portuguesa ocupa espaço muito restrito.[4] A isto acresce o fato de esse conteúdo ser trabalhado no 3º período, quando o professor — diante da proximidade do final do ano letivo e da necessidade de gerir da melhor forma possível um programa extenso, sem prejudicar a planificação do 9º ano, ano terminal do ensino básico — normalmente opta por lecioná-lo de forma mais abreviada. Professores mais experientes, quando abordam a descoberta e colonização do Brasil, contornam essa situação adiantando no início da trama o seu desfecho.

Restringindo a nossa análise à transferência da Corte para o Brasil, a partir desse conjunto de seis manuais editados entre 1996 e 2007 começamos por perceber que o acontecimento é apresentado no contexto dos antecedentes da revolução liberal portuguesa de 1820, como resultado

[4] A extensão do programa de história do ensino básico português, que abrange uma multiplicidade de temas superior a de outros países europeus, é outra razão que explica a brevidade com que alguns temas são tratados, no entender dos professores. Apesar de falada, a reformulação do programa da disciplina ainda não teve lugar. Junta-se a este quadro um sentimento persistente, partilhado por alunos e professores e comunidade em geral, de uma secundarização da História de Portugal ante a História da Europa, com efeitos prejudiciais para o conhecimento dos factos mais importantes da nossa história.

direto das invasões francesas. Pressionados pelas tropas de Napoleão e sem capacidade de resistir, a decisão de transferir a Corte para o Brasil surge como a única possível para os portugueses. Dos seis manuais, três apresentam a razão de Estado subjacente à decisão: o manual elaborado em 2003 pela equipe de Pedro Almiro Neves — que há décadas ocupa posição de destaque no mercado dos livros escolares de história —, no subponto "condicionalismos da revolução" (isto é, a revolução liberal de 1820) enumera quatro fatores de crise resultantes das invasões francesas, entre eles a crise política: "temendo a perda da independência, o rei e a sua Corte retiram-se para o Brasil deslocando a capital do reino para o Rio de Janeiro".[5]

Num texto muito semelhante, o manual da equipe de Ana Oliveira informa os alunos que, "perante o perigo que as invasões francesas representavam para a independência de Portugal, o príncipe regente d. João e toda a família real retiraram-se com a sua Corte para o Brasil (29 de Novembro)".[6]

É interessante notar que o mesmo Pedro Almiro Neves, num manual datado de oito anos antes, não foi tão claro sobre o motivo da decisão de d. João VI: "receando as piores consequências, *o príncipe regente d. João VI e a sua Corte retiram-se para o Brasil*, que foi elevado pouco depois à categoria de reino".[7]

E, por fim, o manual *Viver a história* merece uma referência especial por dois motivos: primeiro, por ser o único dos seis que optou por destacar esse ponto do programa no seu dossiê de duas páginas "Viajo no tempo até... Lisboa em 1807", com o título "A frota real a caminho do Brasil", dedicando-lhe muito mais que a média de um parágrafo comum a todos os outros manuais; segundo, pelo fato de os autores apresentarem uma perspectiva inédita, quando comparada aos outros exemplos: "apesar de se sentirem abandonados pela realeza, os populares não deixavam de mostrar

---

[5] Neves et al., 2003:40.

[6] Oliveira et al., 2000:162.

[7] Neves et al., 2003:40 (grifo original).

satisfação por o regente e a rainha não terem sido detidos pelas forças invasoras francesas e espanholas, chefiadas pelo general Junot".[8]

A ideia de que houve por parte da população uma compreensão das razões de Estado que motivaram o embarque da família real e da Corte mitiga o sentimento de abandono e inviabiliza a noção de "fuga". O porquê da escolha do Brasil, e mais especificamente do Rio de Janeiro, não é abordado em nenhum dos manuais, assim como também não é referido que a transferência da Corte para o Brasil já tinha sido proposta à Coroa antes do plano napoleônico de conquista de Portugal.

No texto didático elaborado pelos autores empregam-se termos como "saída",[9] "embarque"[10] e "retirada".[11] Os dois primeiros não carregam qualquer juízo de valor, positivo ou negativo, são termos descritivos; já o terceiro remete para a linguagem militar quando associado à palavra "estratégica", aludindo à retirada das tropas perante um inimigo mais forte para evitar a humilhação da derrota ou para delinear um plano de contra-ataque, o que não acontece em nenhum dos exemplos que apresentamos.

Se fosse essa a opção dos autores, a leitura do acontecimento pelos alunos seria provavelmente muito diferente: em vez de retirada a rimar com fuga, os alunos poderiam associar retirada estratégica à perspectiva de salvaguardar a Coroa portuguesa para regressar à luta pela independência do país. Mesmo a neutralidade do conceito de "embarque" pode, na continuação do texto, adquirir outro peso. No manual de Eliseu Alves, em que o termo é usado algumas linhas mais à frente, pode ler-se: "finda a ameaça da ocupação do território, *a Corte portuguesa não regressou de imediato à metrópole*".[12] Sem mais explicações, é deixado ao aluno inferir dos motivos da permanência da Corte, e atentando ao início da frase que aponta para a derrota das tropas napoleônicas e o regresso da paz no reino, torna a ausência da Corte inexplicável.

---

8 Lagartixa et al., 2006:166.

9 Crisanto et al., 2003:146.

10 Alves et al., 2003:120.

11 Neves et al., 1996:135; Neves et al., 2003:40; Oliveira, 2000:162.

12 Alves et al., 2003:120 (grifo original).

Assim, como se justifica que na tradução quase simultânea desse acontecimento seja o uso do conceito de fuga aquele que surge em primeiro lugar e colhendo o consenso geral? Uma hipótese explicativa tem como base os documentos e/ou textos historiográficos selecionados pelos autores dos livros didáticos para estudar esse ponto e que no conjunto em análise constam em três dos seis manuais. Comecemos pelo manual *Olhar a história 8*, que consideramos um bom exemplo facilitador dessa dupla leitura. O subtítulo opta pelo conceito de "saída", porém o texto dos autores aponta, se não para "fuga", pelo menos para uma "saída apressada":

> logo que teve conhecimento da invasão, a família real, o governo e centenas de pessoas embarcaram para o Brasil, levando consigo o tesouro da Coroa e demais riquezas. Ao chegar ao Brasil, em 1808, instalou-se no Rio de Janeiro, instituído capital do reino durante 13 anos.[13]

Esse retrato é reforçado pela opção de incluir a descrição do acontecimento por Luís Norton,[14] em que são usados termos como "desarticulado e grotesco, o cortejo dos emigrantes"; "na maior desordem, nobreza e clero, funcionários públicos, lacaios e soldados precipitaram-se sobre o porto, numa promiscuidade que também parecia 'o levantar de uma feira'".[15] Esse documento, a que os autores deram o título de "Embarque da família real para o Brasil", dá outra leitura a esse título tão correto, sem qualquer juízo. É claro que não defendemos a não inclusão do texto auxiliar de Norton, que bem pode corresponder ao sentimento partilhado pela população portuguesa da época, mas a ausência de outras informações ou interpretações historiográficas permite uma leitura enviesada do acontecimento.

---

[13] Crisanto, 2003:146.

[14] Luís Norton (1938), diplomata e poeta português, destaca *o cotidiano da família real na sequência dos acontecimentos que promoveram a transferência da Corte portuguesa.*

[15] Apud Crisanto, 2003:146.

No Brasil, o tema é, em geral, estudado na 7ª série ou no 8ª ano da nova organização do ensino básico, já na segunda parte do ano letivo. Por ser identificado com o processo de independência e consolidação do Estado brasileiro, tem grande destaque no espaço da sala de aula, ao contrário do que se pôde ver no caso de Portugal.

Nos livros analisados percebemos duas formas de organização do assunto. Este foi apresentado ora como um capítulo isolado dentro de uma unidade,[16] ora como um item dentro do capítulo da Independência do Brasil.[17]

Em apenas dois dos livros[18] percebe-se alguma neutralidade no registro da saída da Corte de Portugal, com o uso das palavras "transferência" no primeiro, de Leonel Mello e Luís Costa, e "escoltada", no de Antônio Pedro e Lisâneas Lima. Nenhum dos livros menciona a desorganização da saída, mas o de Antônio Pedro e Lisâneas Lima abre uma seção que discute o impacto negativo da ausência da Corte em Portugal, sendo absolutamente original em relação aos outros livros nesse aspecto.

Diante do fato de esses livros serem minoria em relação àqueles que usam o conceito de "fuga" ou qualquer outro tipo de apreciação que inclua alguma forma de percepção negativa do acontecimento, temos de confessar nossa surpresa, pois não esperávamos essa aplicação negativa nas produções didáticas brasileiras. Aliás, foi essa crença que originou a questão inicial deste capítulo, qual seja: no Brasil, nós, professores de história, vemos de forma positiva a vinda da Corte, enquanto em Portugal existe espaço para registros que beiram o ressentimento. Especialmente se notarmos que nos textos portugueses, pelo menos no que tange a sua forma, os autores tenderam mais para o uso de conceitos baseados na neutralidade, mesmo que percebamos que o julgamento do passado tenha sobressaído de outras formas, como, por exemplo, na escolha de textos que enfatizam o caráter de fuga desordenada da Corte para o Brasil. Ora, aqui estamos num

---

16 Martins, 1996; Projeto Araribá, 2007; Mocelin e Camargo, 2007.

17 Mello e Costa, 2006; Tota e Lima, 2002; Vicentino, 2002.

18 Mello e Costa, 2006; Tota e Lima, 2002.

ponto em que poderíamos chegar à conclusão de que o estudo estaria inviabilizado. Entretanto, a questão pôde ser reformulada. A mensagem enviada pelos autores de manuais dos alunos em Portugal e no Brasil não está apenas no conceito utilizado, propriamente dito. A falta de ênfase no estudo da questão e uma visão apressada, ao arrepio da busca de melhor compreensão, podem ter um efeito facilitador para entrada de visões preconceituosas, veiculadas em nível de senso comum, tanto entre alunos quanto professores. Os outros livros brasileiros estudados reforçam essa possibilidade interpretativa.

José Roberto Martins, por exemplo, é o único autor dos livros estudados que coloca em termos secos e duros: "d. João fugiu para o Brasil",[19] sem fazer nenhuma ressalva a essa frase. No entanto, cabe ressaltar que a ênfase do capítulo não é essa. A grande preocupação do autor é demonstrar o progresso e o sucesso da chegada da Corte no Brasil, o que se reflete nos títulos de dois itens: "A família real na colônia tropical" e "Rio de Janeiro: Lisboa tropical", dando claros tons de uma avaliação positiva do acontecimento.

Caso curioso é o do livro de Renato Mocelin e Rosiane Camargo. No capítulo intitulado "A vinda da família real para o Brasil", os autores afirmam de maneira neutra que "a família real embarcou para o Brasil".[20] No entanto, ao desenvolverem a explicação sobre as tensões vividas em Lisboa, às vésperas da transferência, eles informam que "o povo insistia para que a elite governante lutasse e não fugisse".[21] Mas, ao fecharem o capítulo, dizem que hoje em dia os historiadores discutem muito sobre isso, pois o caso é polêmico e talvez não deva ser visto como fuga.[22] Aqui, portanto, até surge o uso da expressão "fuga", mas ele foi problematizado e colocado em termos de formas diferenciadas de interpretação da história, numa proposta madura — porque explícita em relação ao fazer histórico — para trabalhar com os alunos.

---

19 Martins, 1996:34.

20 Mocelin e Camargo, 2007:211.

21 Ibid., p. 212.

22 Ibid., p. 213.

Os dois livros estudados que desenvolveram o tema de maneira mais polêmica foram o do Projeto Araribá e o de Cláudio Vicentino. O primeiro é apresentado como tendo sido organizado pela Editora Moderna, mas na ficha técnica encontramos os responsáveis pela edição: Maria Raquel Apolinário Melani e mais alguns professores da USP, Unicamp e PUC-SP. O título do capítulo é "O Brasil se torna sede do reino português", com um subtítulo em vermelho que diz: "fugindo dos exércitos napoleônicos, a Corte portuguesa mudou-se para o Brasil, que passou a ser reino unido a Portugal".[23] No item "A vinda da família real para o Brasil", os autores expõem a hesitação de d. João na partida e enfatizam que foram escoltados pela esquadra inglesa. Em seguida, passam à descrição do momento de grande tensão: "a partida foi tumultuada. As notícias da invasão francesa provocaram o pânico na família real e nos fidalgos portugueses, que desesperadamente procuravam um lugar nos navios. Muitos dos que não conseguiam embarcar jogavam-se ao mar".[24]

Nesse sentido, o texto elaborado pelos autores não foge a uma visão clássica e de certa forma negativa da transferência da Corte, com ênfase na desorganização e confusão do episódio, muito semelhante à do texto de Luís Norton utilizado pelos autores portugueses analisados anteriormente.[25]

Por outro lado, foi apenas nesse livro que encontramos uma explícita referência ao trabalho da professora Maria Odila Leite da Silva Dias, num boxe colocado à esquerda da página 143 e intitulado "A interiorização da metrópole", dando a explicação com forte fundamentação econômica, sem os laivos de juízo de valor sobre a questão presentes ao longo do texto. No entanto, como fica a critério do aluno e do professor que utiliza o manual fazerem a comparação entre as duas abordagens, isso pode dificultar a interpretação dos estudantes.

Cláudio Vicentino organizou o assunto dentro do capítulo intitulado "O fim do período colonial e a América portuguesa". Depois de uma bre-

---

23 Projeto Araribá, 2007:142.

24 Ibid., p.142.

25 Crisanto, 2003:146.

ve contextualização das tensões na Europa, apresenta o item "A vinda da família real para a cidade do Rio de Janeiro" — extremamente neutro, pois utiliza uma expressão descritiva do acontecimento. No entanto, no texto, define a questão dizendo, com significativo juízo de valor: "a família real portuguesa, sua Corte e inúmeros funcionários da Coroa abandonaram o país",[26] e aí percebemos o conceito *abandonar* como negativo por inferir uma atitude de descaso com Portugal.

Por outro lado, o autor inclui num boxe um parágrafo da historiadora Iara Lis destacando a engenhosidade de d. João diante da crise. E propõe duas questões como tema de reflexão:

> 1. Qual das interpretações (a da "incapacidade" ou a da "genialidade" de d. João) você considera que melhor retrata a vinda da família real para o Rio de Janeiro? Justifique sua resposta.
>
> 2. Você acredita que, naquele momento da história portuguesa, salvar a monarquia era o mesmo que salvar o povo português dos invasores? Justifique sua resposta.[27]

Ao elaborar esse exercício, o autor criou uma possibilidade bastante original de propor aos alunos um debate e a qual o professor pode aproveitar imensamente em sala de aula, pois trata-se de duas interpretações opostas, embora no próprio texto esteja indicado que houve um abandono do povo português. Porém, ao contrapor as duas interpretações e, ainda, sugerir um exercício de reflexão sobre elas, o autor mostra a possibilidade de leituras diferenciadas de um episódio histórico, dando ensejo a uma abordagem mais complexa da questão.

No item "Brasil, sede da monarquia portuguesa", Vicentino destaca a prosperidade causada pela chegada da Corte, o que reforça a nossa avalia-

---

26 Vicentino, 2002:147.

27 Ibid., p. 148.

ção de que a ênfase sempre recai na questão do fator transformador proporcionado pela presença da família real no Rio de Janeiro ou no Brasil.

Aliás, deve-se ressaltar essa interessante variação do objetivo final da viagem, seu ponto de chegada: ora é o Brasil (quatro livros),[28] ora é o Rio de Janeiro (dois livros).[29] Acreditamos que isso ocorra porque há uma variação na apreciação do impacto da transferência da Corte, sempre associada ao processo de independência e ao fato de o Rio de Janeiro ter sido a capital do Império e em boa parte do período republicano.

Por último, outra medida que tomamos para afinar nossa análise crítica dos livros escolhidos foi fazer um levantamento da produção historiográfica portuguesa e brasileira sobre o tema, o que denominamos "saber acadêmico", segundo sugestão de Ana Maria Monteiro (2007:23), para ser confrontado com o que é veiculado pelo "saber escolar".

Ao compararmos as interpretações consolidadas nos livros didáticos sobre o fenômeno histórico que foi a transferência da Corte para o Brasil, percebemos que muitas vezes as matrizes acadêmicas que alimentam essa produção são as mesmas. Assim, faremos a apresentação sucinta das linhas gerais que fundamentam os escritos acadêmicos, tanto portugueses quanto brasileiros, sobre o tema aqui analisado.

A produção historiográfica portuguesa, em coleções que organizam a história de Portugal desde Oliveira Martins até João Medina e José Mattoso, em geral não dá grande destaque a esse momento da história do país,[30] padrão reproduzido nos próprios manuais dos alunos, como já foi indicado. Com algumas exceções, como a do primeiro autor citado — representante da tendência de escrever uma história altamente comprometida com a das lutas liberais que ocorreram em Portugal no século XIX —,

[28] Projeto Araribá, 2007; Mocelin e Camargo, 2007; Mello e Costa, 2006; Tota e Lima, 2002.

[29] Vicentino, 2002:149; Martins, 1996:34.

[30] O levantamento incluiu as seguintes obras: Macedo (1995); a revista *Nação e Defesa* (1987); Marques (1973); Martins (1972); Mattoso (1993); Medina (1993); Peres (1934); Serrão (1984).

que define de forma apaixonada a experiência negativa da vinda da Corte para o Brasil, tal momento é visto como resultante da grande tensão geral que viveu a Europa naqueles tempos. A palavra fuga, no entanto, aparece com frequência quando o assunto é mencionado.

É importante deixar claro que, até as últimas duas décadas do século XX, a historiografia portuguesa elegeu como temas centrais de estudo a Idade Média e a Idade Moderna, ou seja, a fundação da nacionalidade e os descobrimentos e a construção do império ultramarino, tidos como momentos cruciais da matriz da identidade portuguesa. Esse interesse recente pelos acontecimentos do século XIX, nas palavras de Luís Torgal e João Lourenço Roque, colaboradores da obra *História de Portugal* dirigida por José Mattoso, resulta

> de uma reação à ignorância, ao injusto esquecimento, se não mesmo à apreciação sistematicamente negativa, da história do século XIX e de parte do século XX. Durante muito tempo quase não foi ministrada nas universidades; os professores, nas escolas e nos liceus, não a lecionavam ou deformavam a sua apreciação; dos prelos quase nada saía, porque os historiadores pouco produziam sobre esta época.[31]

A visão pejorativa do século XIX, ainda segundo o mesmo texto desses estudiosos, baseia-se em "razões ideológicas" da ala conservadora da sociedade portuguesa, amedrontada com as modificações que a implementação dos ideais liberais poderia trazer. Esse receio, nascido no miguelismo,[32] iria perdurar na Primeira República (1910-28) e fortalecer-se no Estado Novo (1933-74). Torgal e Roque (1993:10) ilustram o menosprezo da historiografia portuguesa recuperando o título da obra de Leon Daudet, *Le stupide*

---

[31] Torgal e Roque, 1993:10-11.

[32] Expressão utilizada pela historiografia portuguesa para designar os partidários do absolutismo representado pelo pleito ao direito de sucessão a d. João VI feito por d. Miguel I em oposição à linha de sucessão pertencente a d. Pedro IV, o d. Pedro I do Brasil.

XIXe Siècle, publicada em 1922: "tornava-se, pois, necessário ignorá-lo, esquecê-lo, combatê-lo (...)".

Ao concluírem a sua análise, os autores introduzem um conceito que nos parece de extrema relevância, o da "memória histórica dos professores".[33] Estes, tendo recebido uma formação acadêmica — quer no ensino básico, quer no universitário — que padeceu da visão negativa do século XIX, reproduzem hoje nas suas aulas o mesmo discurso, desconsiderando a nova abordagem da historiografia sobre o período do liberalismo. Assim sendo, o conceito de "memória histórica dos professores" sublinha que o ensino é um ato com uma dupla raiz: a intelectual e a emocional. Enquanto transmissores de saberes e promotores de competências nos nossos alunos, sabemos da importância da correção científica dos conteúdos, mas será que estamos igualmente cientes das escolhas e juízos de valor ditados por essa memória?[34]

Já no Brasil, embora a palavra fuga seja empregada em algumas produções historiográficas, a ênfase da análise sempre recai na importância da transferência da Corte para a independência do Brasil e no seu impacto na vida cotidiana, especialmente na cidade do Rio de Janeiro,[35] o que mais uma vez reproduz o padrão detectado nos livros didáticos. Por outro lado, alguns textos fundadores, como o de Oliveira Lima — que em 1908 apresentava um quadro complexo da questão, evitando a ideia de fuga, ao mostrar a estratégia assumida por d. João ao fazer a transferência, e utilizando as palavras "retirada", "trasladação", "partida", "aristocracia trans-

---

[33] Torgal e Roque, 1993:11.

[34] É importante notar que não estamos afirmando que os pesquisadores de história também não possuam um conjunto de referências de memória em sua formação, nem negando o aspecto emocional dessa experiência. Apenas estamos destacando esse aspecto na prática cotidiana dos professores, especialmente em realidades adversas, que muitas vezes levam o profissional do ensino a trabalhar mais com o acúmulo de informações adquirido em sua formação, pela falta de tempo e incentivo para aprofundar os conteúdos desenvolvidos em suas aulas.

[35] Uma bibliografia que trata das linhas de força desse assunto pode ser encontrada em Lima (1996); Prado Jr. (1957); Cunha (1985); Dias (1982); Jancsó e Pimenta (2000); Malerba (2000); Souza (2000); Maxwell (2000); Neves e Machado (1999); Schwarcz, Azevedo e Costa (2002); Vinhosa (1999).

plantada" e "embarque"[36] — e o de Caio Prado Jr. — que em sua primeira obra, datada de 1933, construiu uma análise de viés marxista, definindo o período de 1808 a 1822 como preparatório para a "revolução brasileira" que viria a ser a independência e dando extremo valor original ao processo, justamente por causa da *fuga* da família real para o Brasil[37] —, proporcionam um olhar diferenciado sobre o assunto.

Além desses dois autores, uma das teses mais conhecidas e difundidas sobre o tema é a de Maria Odila Leite da Silva Dias (1982), que utiliza o conceito de "interiorização da metrópole" para explicar a vinda da família real para o Brasil, conceito que nos livros didáticos aqui estudados quase nunca aparece explicitado. No entanto, subjaz sutilmente no destaque dado ao papel do Rio de Janeiro como sede da Corte portuguesa em todos os manuais brasileiros estudados. Maria Odila Leite da Silva Dias afirma que a marca de 1808 foi o momento fundamental para a ocorrência da ruptura entre Portugal e Brasil, justamente porque desencadeou uma série de pequenas reformas que permitiram o enraizamento do Estado português na América do Sul, criando assim a possibilidade da independência do Brasil.

Mais recentemente, entre os muitos trabalhos existentes, destaca-se o de Jurandir Malerba (2000), que define como "exílio" o período em que a Corte esteve no Brasil, conceito que não foi utilizado em nenhum dos manuais didáticos analisados, de modo que seria bem interessante partir dessa perspectiva para o estudo do período. Especialmente se a associarmos ao conceito de "retirada estratégica" proposto pelos colegas portugueses, o que explicitaria um movimento engendrado pelas circunstâncias da época e que pareceu o caminho possível para aqueles agentes históricos, evitando-se assim o desaconselhável caminho dos "tribunais da história" que julgam os eventos muito mais de acordo com critérios atuais do que com as razões do passado. Malerba trabalha, ainda, com o conceito de "elite

---

[36] Lima, 1996. cap. 1, passim.

[37] Prado Jr., 1957. cap. 3.

migrante" e a partir daí explora os encontros e desencontros que ela teria com a "elite local", abordagem que cria possibilidades de leituras diversas e originais sobre o tema.

Voltando aos manuais didáticos analisados, podemos dizer, para concluir, que em geral, nos dois lados do oceano, procuram-se nos relatos mais clássicos as explicações sobre a saída da Corte de Lisboa. No caso do Brasil, como a preocupação com o processo de independência é bem maior, a visão que os alunos e muitos professores têm do tema é sempre positiva, mesmo quando é usado o conceito de fuga ou abandono. Em Portugal, como o evento é pouco destacado na apresentação das unidades de estudo, pode-se inferir que há uma visão que contribui para a avaliação negativa dessa experiência histórica e que é fruto mais do silêncio que beira o esquecimento do que de um discurso articulado de crítica do acontecimento. Pode-se depreender, portanto, que esse tema ainda hoje causa desconforto aos historiadores portugueses, talvez por ser um ponto da história do qual não se guarda grande orgulho, numa espécie de identificação com a perspectiva mais tradicional da historiografia portuguesa. De resto, é uma pergunta que merece mais reflexão para ser respondida.

Acreditamos que o mais importante dessa experiência de estudo foi a possibilidade de confrontar perspectivas diferenciadas de um mesmo fenômeno histórico, associando os padrões culturais de cada uma das experiências escolares dos dois países: Portugal e Brasil. Consideramos que esse é um primeiro passo para outras análises inspiradas nesse modelo, trabalhando-se com uma equipe de professores desses dois países cujas respectivas experiências acadêmicas e escolares tornam possível o trânsito de reflexões distintas, mas colaborativas. Tudo isso possibilita um interessante exercício de análise, com grande utilidade para todos.

Capítulo 18

Memórias e histórias dos balaios: interpelações entre os saberes acadêmicos e a história ensinada*

MAGALI GOUVEIA ENGEL

Nos últimos 10 anos, vários estudos[1] vêm propondo novos parâmetros de orientação para as análises e controvérsias em torno dos livros didáticos de história, criticando as abordagens que se limitam a apontar, nesse tipo de produção, supostas distorções, erros e a falta de atualização em relação aos estudos desenvolvidos no campo do conhecimento histórico. Tendo como ponto de partida o reconhecimento de que os livros didáticos são portadores de um discurso historiográfico específico — e, portanto, produtores e/ou veiculadores de certos enfoques que remetem certamente ao campo das controvérsias bibliográficas —, entendo que, muitas vezes, os supostos "erros" ou "distorções" expressam, de fato, interpretações fundamentadas em vertentes do conhecimento histórico, algumas das quais rotuladas como

* Este texto é resultado das pesquisas sobre o livro didático de história, desenvolvidas pelo Grupo Oficinas de História, cujos resultados preliminares foram apresentados no seminário Os Livros de História na Escola: Trajetórias e Usos, realizado em abril de 2007 na PUC-Rio. Agradeço a leitura atenta e cuidadosa de Marcelo Magalhães da versão original do texto.

[1] Ver, por exemplo, Munakata (1998); Galzerani (2000); Villalta (2001).

"ultrapassadas" e "superadas" por aqueles que reivindicam representar marcos de ruptura historiográfica, fundadores de novas interpretações, mais "verdadeiras" ou "válidas" do que as consideradas clássicas. Torna-se, pois, fundamental situar a produção didática e paradidática no campo dessas polêmicas, a fim de evitar análises simplistas que ocultam ou desprezam o caráter político — *stricto* e *lato sensu* — dos embates teóricos que se processam no campo intelectual, conforme tão bem observou Pierre Bourdieu (1968). Além disso, é preciso reconhecer as especificidades da história ensinada, que se constitui "por intermédio de um processo no qual interferem o saber erudito, os valores contemporâneos, as práticas e os problemas sociais".[2] Assim, longe de representar mera transposição didática dos conhecimentos produzidos nos meios universitários e em instituições de pesquisa, ela é uma das expressões da interpelação tensa entre a escola e a academia, apropriando e recriando tais conhecimentos a fim de que sejam ensinados e aprendidos. De acordo com tal perspectiva, é possível afirmar que, enquanto formulador de um discurso historiográfico específico, o autor do livro didático pode utilizar a produção historiográfica acadêmica para fundamentar o conhecimento histórico abordado em termos de argumentos de autoridade, buscando sua legitimação. Mas, por outro lado, cria um outro texto distinto dos de origem acadêmica que lhe serviram de referência, tendo em vista as particularidades do público leitor ao qual as obras didáticas e paradidáticas se destinam: professores e alunos.[3] Enfim, as obras didáticas são aqui consideradas enquanto "produto cultural dotado de alto grau de complexidade", cuja autoria é plural, da qual fazem parte, além do autor, as figuras do editor, dos programadores visuais e dos ilustradores.[4]

Situados os parâmetros que norteiam a análise aqui proposta, resta delimitar a problemática central da investigação. Uma das principais questões que têm norteado as pesquisas que venho desenvolvendo refere-se às ima-

---

[2] Bittencourt, 2002:25.

[3] Mattos, 2006.

[4] Luca e Miranda, 2004.

gens e concepções que desqualificam politicamente o "povo brasileiro".[5] Os segmentos das classes subalternas, livres, libertos e cativos, em sua extrema "ignorância", costumam ser vistos como incapazes de formular projetos políticos próprios, limitando-se a incorporar as ideias defendidas pelos representantes dos interesses hegemônicos, sem compreender seus "verdadeiros" significados, e agindo como "massa de manobra" em meio às disputas entre as diferentes frações da classe dominante. A análise aqui proposta orienta-se no sentido de mapear as diferentes vertentes interpretativas que compõem o leque aberto entre as duas tendências acima indicadas nas abordagens historiográficas especializadas,[6] gerais,[7] didáticas[8] e paradidáticas,[9] a partir das quais foram construídas e veiculadas memórias e histórias sobre os movimentos que ficaram conhecidos como "Balaiada" ou "Revolta dos balaios". Trata-se sem dúvida de um dos exemplos mais expressivos da eclosão das tensões sociais e políticas que marcaram profundamente o período regencial, momento crucial do processo de construção do Estado independente, onde se enfrentaram diversos projetos de construção da nova ordem política, ocupando lugar de destaque na maioria dos livros didáticos de história.

A formulação do problema central da investigação aqui proposta aponta para a necessidade de discutirmos, ainda que brevemente, as relações entre

---

5 Ver, por exemplo, Engel (2007).

6 Assunção, 1998, 1988; Dias, 1995; Janotti, 1991, 2005; Leão, 2006; Serra, 1946.

7 Basile, 1990; Neves e Machado, 1999; Prado Júnior, 1979; Reis, 1972; Sodré, 1978; Vianna, 1970. Incluí ainda três obras de síntese que se destinam a um público mais amplo: Albuquerque, 1981; Fausto, 1995; Mendes Jr., Maranhão e Roncari, 1979.

8 Foram escolhidas oito coleções selecionadas pelo PNLD de 2005: Rodrigue (2005); Martins (2005); Catelli Jr., Cabrini e Montellato (2005); Piletti e Piletti (2005); Schmidt (2005); Panazzo e Vaz (2005); Alves e Belisário (2005); Furtado e Villa (2005). Além destes foram selecionadas três coleções que não constam do Guia de Livros Didáticos de História de 2005: Alencar, Venício e Ceccon (1986); Marques, Berutti e Faria (1996); Boulos Jr. (2003). Também foram utilizados três exemplos de livros destinados ao ensino médio: Arruda (1998); Freire, Motta e Rocha (2004); Schmidt (2005). Deste modo, procurou-se construir uma amostragem que contemplasse diversidades de enfoques, editoras, locais e época da publicação.

9 Wernet, 1982; Mattos e Gonçalves, 1991.

história e memória. Nesse sentido, devo afirmar meu total acordo com Maria de Lourdes Janotti (2005:75), ao afirmar que "história, memória e historiografia interagem entre si de forma constante e dinâmica, não significando, entretanto, que em essência sejam da mesma natureza". Em que pese, portanto, às especificidades entre o conhecimento histórico e a memória, é indiscutível que o primeiro constitui-se num campo de enfrentamento político e acadêmico entre diferentes memórias.[10]

O conflito de memórias: as definições das revoltas

Nas entrevistas realizadas por Mathias Assunção, em 1982, com moradores idosos de várias localidades do Maranhão oriental, a revolta dos balaios foi preferencialmente designada "guerra dos bem-te-vis", como ficaram conhecidos os membros do partido liberal maranhense nos tempos regenciais.[11] Segundo Maria de Lourdes Janotti (2005:75), a memória oral difundida pela população sertaneja maranhense registrou uma outra denominação do movimento: "revolta dos pretos". Ambas as designações nos remetem a diferentes possibilidades de interpretar o movimento. No primeiro caso, trata-se de uma memória que afirma o vínculo político dos revoltosos, independentemente de suas origens sociais, com os liberais, ratificando-se a posição dos próprios rebeldes, que se autodenominavam *bem-te-vis*. É o caso, por exemplo, do liberto Cosme Bento das Chagas — líder dos 3 mil quilombolas que, em 1839, aderiram à luta armada que se alastrava nos sertões maranhenses —, que se intitulava "tutor e imperador da liberdade e defensor dos bem-te-vis".

A associação entre os rebeldes e o partido liberal bem-te-vi foi insistentemente afirmada pelos conservadores da região, os cabanos, como um modo de desqualificar seus adversários, acusados de conivência com uma revolta que, envolvendo segmentos sociais pobres e miseráveis, livres, liber-

---

[10] Ver, nesse sentido, as considerações de De Decca (1993).

[11] Assunção, 1988:80. *Bem-te-vi* era o nome de um importante jornal liberal da época.

tos e cativos, ameaçava a ordem estabelecida. Nas disputas de memórias entre liberais e conservadores, os primeiros, defendendo-se daquelas acusações, tentam refutar qualquer ligação com os balaios. João Francisco Lisboa, político e jornalista liberal, por exemplo, apesar de conceder certo apoio aos balaios, reconhecendo a legitimidade de uma luta cujo principal alvo seriam as medidas arbitrárias da administração conservadora da província — como a lei dos prefeitos[12] e o recrutamento forçado —, em artigos publicados na imprensa maranhense entre 1838 e 1839 não chegaria a reconhecer ou defender uma efetiva proximidade entre balaios e bem-te-vis.[13] Por outro lado, o conservador Domingos José Gonçalves de Magalhães atribui a responsabilidade da revolta balaia aos chefes do Partido Liberal.[14]

Ambas as versões partilham, contudo, a negação radical do caráter político do movimento. Cabe-nos perguntar se um possível significado da memória oral perpetuada nas falas de alguns dos sertanejos entrevistados

---

12 Aprovada em 26 de julho de 1838, determinava a criação dos cargos de prefeito (um para cada comarca), subprefeito (um para cada termo) e comissário de polícia (número variável para cada distrito), todos nomeados pelo presidente de província e investidos de poderes até então restritos aos juízes de paz e aos chefes de polícia.

13 Ver Janotti (1977:230). Em 1839, José Pereira de Alencastre referia-se aos balaios como "imensos grupos, que em todas as direções percorrem desordenados, saciando seus instintos ferozes no assassinato e no roubo", buscando diferenciá-los o mais radicalmente possível dos "rebeldes do Piauí", que desejavam apenas "entrar na posse de uma herança sagrada — a Constituição — que com tanta iniquidade lhes era sequestrada" (apud Janotti, 1991:59). Também para Ferreira Reis (1972:159, 161) havia uma clara e profunda diferença entre os liberais e os balaios. Ignorantes, seus líderes não provinham das "camadas politizadas", mas de "grupos humildes", sendo suas ações marcadas pelo "vandalismo contra bens e pessoas". Raimundo Gomes, um dos líderes mais importantes da revolta, "era vaqueiro, criado à lei da natureza (...). Não se filiava a partidos, nem podia filiar-se, pela incultura em que vivia".

14 Ver Magalhães (1848). O poeta romântico, autor da polêmica Confederação dos tamoios, foi secretário de Luís Alves de Lima e Silva no Maranhão, de 1838 a 1841, e no Rio Grande do Sul, entre 1842 e 1846. Segundo Ferreira Reis (1972:162), a "tentativa de atribuir aos bem-te-vis a culpa do movimento, dando-lhe a característica de movimento partidário, perde sentido. Porque em nenhum momento fora possível encontrar provas de que estivessem ligados aos 'balaios'". Por outro lado, para Caio Prado Jr. (1979:71), a "palavra de ordem da insurreição" foi dada pelo partido bem-te-vi, mesmo que depois a revolta acabasse tomando "uma feição própria".

por Mathias Assunção não seria o de afirmar, em contraposição às versões liberal e conservadora, o colorido político da revolta ocorrida nos longínquos tempos regenciais, colocando em xeque a hierarquização entre *bem-te-vis* (concebidos como detentores dos saberes políticos) e *balaios* (desqualificados como meros seguidores dos primeiros, dada a sua incapacidade ou minoridade política), bastante corrente nas interpretações aqui examinadas, como veremos adiante.

A designação "revolta dos pretos" remete a interpretações que explicitam as origens étnicas mestiças da população sertaneja e/ou a participação de escravos (se pensarmos na possível associação entre preto e escravo) sob o comando de Cosme. Na memória sertaneja referida de forma genérica por Maria de Lourdes Janotti (2005:75), a conotação de "pretos" pode ser positiva ou negativa, sendo impossível avaliar aqui de forma consistente seus possíveis significados. Referências à cor — mestiços, cafuzos, pretos e negros — e às origens étnicas — indígenas — na caracterização do perfil dos segmentos sociais sertanejos envolvidos na revolta encontram-se presentes em algumas obras analisadas.[15] Tais referências em geral não vêm associadas a desqualificações, podendo inclusive estar ligadas a aspectos que revelam a consciência política dos revoltosos, como na ênfase dada por Assunção à mobilização da população livre e pobre contra a "discriminação das pessoas 'de cor'", às "vésperas da Balaiada".[16] O traço miscigenado dos rebeldes aparece, por exemplo, na apresentação dos seus líderes: o "vaqueiro cafuzo" Raimundo Gomes, o "artesão mestiço" Manuel Francisco dos Anjos, e o tão somente "preto Cosme".[17] Ou ainda na visão explicitamente preconceituosa de Gonçalves de Magalhães, que afirma ser a maior parte da população do interior do Maranhão constituída por uma "raça cruzada de índios, brancos e negros, a que se chamam cafuzos, os quais são mui amantes desta vida meia (sic) errante, pouco dados a outros misteres e

[15] Entre os estudos especializados: Reis (1972); Serra (1946); Assunção (1998); Dias (1995); entre os didáticos: Marques, Berutti e Faria (1996); Schmidt (2005).

[16] Assunção, 1998:73.

[17] Basile, 1990:235; Fausto, 1995:167.

muito à rapina e à caça, distinguindo-se apenas dos selvagens pelo uso da nossa linguagem".[18]

Embora represente um esforço de ruptura com as perspectivas que imputam aos balaios qualificações profundamente pejorativas, em seu clássico estudo sobre a Balaiada, Astolfo Serra afirma que a luta reuniu "todos os mestiços, todas as castas oprimidas, todos os resíduos humanos espalhados pelas perseguições ou acossados pelas violências dos poderes públicos ou dos senhores de engenho, numa solidariedade enorme e brutal (...)".[19] Os "caboclos" e "negros quilombolas" que participaram da revolta não devem ser considerados como meros bandidos, posto que seus "crimes, os desatinos cometidos, as violências e atrocidades foram consequências e não causa dessa guerra".[20] A ambiguidade é clara: por um lado, a cor é associada à condição social de opressão, legitimando a rebeldia; por outro, os "mestiços oprimidos" têm sua condição humana diminuída. Embora capazes de agir de forma solidária, o fazem de forma brutal e, portanto, irracional, "desatinada", "violenta" e "atroz". Ambiguidades muito próximas podem ser detectadas em abordagens bastante distintas da adotada por Serra. É o caso, por exemplo, de Nelson Werneck Sodré, que, apesar de criticar as constantes desqualificações imputadas aos balaios, acaba por caracterizar os revoltosos que se levantaram em 1838 — "vaqueiros e lavradores, camponeses e artesãos, negros e mestiços" — como "bandos armados" que, constituindo uma "força assustadora", "disseminavam o pânico". E, ainda, ao ressaltar as fugas constantes decorrentes da presença extremamente significativa de escravos às margens do Itapicuru, o autor afirma que "a região estava infestada de negros fugidos".[21] Cabe ainda ressaltar que, em grande parte dos livros didáticos e paradidáticos analisados, a cor dos revoltosos só é mencionada nas referências aos quilombolas liderados por Cosme, estabelecendo-se uma rígida associação entre negros/pretos e escravos. Trata-

[18] Magalhães, 1848:267.

[19] Serra, 1946 (grifos meus).

[20] Ibid. (grifo meu).

[21] Sodré, 1978:243-245.

se de perspectiva bastante problemática ao veicular, de forma implícita e sutil, a ideia de que aos africanos e afrodescendentes caberia exclusivamente a condição cativa, já que as experiências de liberdade aparecem desprovidas de cor.

Nem *guerra dos bem-te-vis*, nem *revolta dos pretos*, as designações vitoriosas tanto na produção acadêmica quanto na didática e paradidática consagrariam as rebeliões irrompidas no Maranhão e no Piauí entre 1838 e 1841 como a revolta dos balaios ou a Balaiada. Mesmo aqui, contudo, persistem disputas entre memórias distintas acerca desses movimentos, em torno dos possíveis significados para o termo "balaio". Em praticamente todas as obras examinadas, tal designação é atribuída ao apelido de Manuel Francisco dos Anjos Ferreira por exercer a atividade de artesão e/ou vendedor de cestos. Toma-se como fato inquestionável que ele teria decidido arregimentar seguidores e engrossar as fileiras de Raimundo Gomes — líder de um dos grupos envolvidos na revolta — após terem sido suas filhas estupradas por um oficial de comissão.[22] Em seus estudos sobre as memórias do movimento, Mathias Assunção identifica não apenas nas falas de seus entrevistados, mas também em documentos encontrados no Arquivo Público de São Luís uma outra versão para a história do Balaio, segundo a qual, "tudo começou quando um lavrador da comarca do Brejo, o Balaio, libertou seus filhos recrutados à força, ou 'pegados', na expressão cabocla".[23] Para o autor, trata-se de um aspecto fundamental em termos dos sentidos políticos das memórias em confronto em torno do episódio fundador de uma das lideranças mais expressivas do movimento. Na narrativa de Gonçalves de Magalhães (1848), reproduzida nos mais diversos enfoques historiográficos e ainda hoje reafirmada, "a história do vingador das filhas es-

---

22 Tal versão é narrada por Magalhães (1848).

23 Assunção, 1998:77. Na documentação que examinou, Assunção encontrou várias discordâncias em relação às descrições físicas do personagem ("de cor", pardo, crioulo, caboclo e branco); à profissão que exercia (ora roceiro, ora fabricante de cestos); ao lugar de origem (às margens do rio Itapecuru ou às margens do rio Munim); enfim, quanto ao próprio nome e sobrenome, fazendo-o suspeitar de que teriam existido dois personagens conhecidos como "Balaio".

tupradas mostra como o erro individual de um soldado contribuiu para a eclosão da revolta", desconsiderando-se "os conflitos mais abrangentes que dividiam a sociedade maranhense". Na memória oral, "a história do Balaio libertador do ou dos filhos 'pegados' põe em relevo o que é visto pelos rebeldes e seus descendentes camponeses como a principal razão da revolta, o 'pega'. O Balaio, liberando não somente o seu filho recrutado, mas propagando que ia soltar 'a quantos recrutas passarem' elevava a sua resistência individual a um nível coletivo".[24] Parece-me que a questão fundamental não são as versões em si, pois a vingança das filhas estupradas não seria um ato desprovido de sentido político, não só porque a forma de luta pela qual o Balaio optou foi a ação coletiva, mas sobretudo por se tratar de denúncia e rejeição ao exercício arbitrário e violento do poder que, *legitimado* no âmbito da ideologia dominante, implicava vários tipos de violências e discriminações que afetavam não apenas as mulheres, mas também as pessoas "de cor" e pertencentes às classes subalternas. O próprio registro de Gonçalves de Magalhães (1848:275) é passível de uma leitura crítica que evidencie tal perspectiva: "cheio de indignação (...) excitou os ânimos de amigos e conhecidos, atraiu gente, e repetia (...) que aqueles homens da legalidade, vendidos aos portugueses, queriam *exterminar os de sua cor*; que suas *vidas, honra e bens, pátria e liberdade* não tinham recursos senão o das armas".[25] Note-se que Magalhães coloca na boca do líder balaio palavras carregadas de valores e ideias do liberalismo, algumas das quais portadoras certamente de um forte conteúdo crítico em relação às discriminações de cor. O problema que se coloca então é a escassez de interpretações que levantem esse tipo de problemática para compreender o movimento e as ações dos agentes nele envolvidos. Entre os autores que citam essa versão,[26] apenas Arthur César Ferreira Reis relaciona explicitamente a vingança

---

[24] Assunção, 1998:79.

[25] Grifos meus.

[26] Basile, 1990; Boris, 1995; Neves e Machado, 1999; Prado Jr., 1979. Os livros didáticos e paradidáticos consultados não fazem referências ao episódio do estupro das filhas de Manuel Francisco dos Anjos.

pessoal do Balaio à contestação das discriminações social e racial que ele e sua família sofreram.[27]

Em torno da misteriosa figura de Manuel Francisco dos Anjos existem outras controvérsias. Segundo Maria de Lourdes Janotti (2005:58), podem ser levantadas dúvidas sobre se de fato o Balaio (ou um dos Balaios, na interpretação de Assunção) exercia a modesta atividade de tecer e vender cestos, já que existem indícios de que ele teria sido um pequeno proprietário que possuía gado, revelava habilidades de um exímio cavaleiro, libertou presos políticos, enfim, tornou-se um líder muito respeitado do maior grupo armado constituído pelos rebeldes. Os dois últimos argumentos devem ser avaliados criticamente, já que afirmam uma incompatibilidade entre a "modesta atividade de vender cestos" e a ação de libertar presos políticos, bem como de assumir uma liderança expressiva da revolta. De qualquer forma, Janotti (2005:75) ressalta que possivelmente os diversos significados da palavra "balaiada" — entre os quais, confusão, dança açoriana, quadris, desordem, festa, muitos cestos ou balaios; e, no discurso feminino, reclamações, contestações, indignação — se tenham generalizado desde o século XIX. Podemos, portanto, supor que os termos balaio e balaiada não expressam um único significado, podendo efetivamente representar uma ou mais memórias do movimento que transcendem o episódio do estupro das filhas de Manuel Francisco dos Anjos e até mesmo o da libertação dos filhos recrutados. É o que parecem indicar os versos que, segundo Clóvis Moura (1981:52), foram cantados pelas ruas da cidade de Caxias pelos quilombolas do Preto Cosme, logo depois da ocupação balaia: "O Balaio chegou!/ O Balaio chegou!/ Cadê branco?/ Não há mais branco!/ Não há mais sinhô!". O Balaio aqui é identificado à luta contra a discriminação de cor e contra a própria escravidão — significados do movimento veiculados em muitos livros didáticos em que os versos acima se encontram frequentemente reproduzidos.[28]

[27] Reis, 1972:161.

[28] Ver, por exemplo, Alencar, Venício e Claudius (1986:99); Rodrigue (2005:163).

Os balaios e a política: uma questão polêmica e contraditória

Conforme vimos, nas memórias construídas por liberais e conservadores, o cunho político da revolta dos balaios é negado ou desqualificado — perspectiva que tendeu a predominar nas mais diversas interpretações do movimento, muitas vezes de modo sutil e contraditório. Ao traçar o perfil dos revoltosos balaios, por exemplo, vários autores os caracterizam como *bandos armados*,[29] o que, embora possa frequentemente vir associado a atributos positivos, veicula uma imagem desses grupos agindo às tontas, sem objetivos, de forma desorganizada, cometendo barbaridades etc. Destaco aqui como exemplo o enfoque de Caio Prado Júnior por ser referência fundamental não apenas no campo acadêmico, mas também no âmbito da história ensinada. Segundo o autor, ao tomar "feição própria", tornando-se independente do "partido que a provocara" (o bem-te-vi), a revolta *degenera-se* em um "levante de massas sertanejas", cujo "feitio geral" era marcado pela "caudilhagem". A formação de "bandos armados" que percorriam "o sertão em saques e depredações" impediu que o movimento produzisse "resultados mais sérios".[30] Embora o uso da expressão seja problemático, seus significados podem variar de acordo com a abordagem historiográfica adotada. Vejamos como ela aparece, por exemplo, nos livros polêmicos de Mário Schmidt: "formaram-se *bandos de homens armados*, que utilizavam *táticas de guerrilha*: moviam-se rapidamente pelo sertão, atacavam fazendas e pequenas cidades".[31] "Começaram a estourar *pequenas revoltas locais*: *bandos de homens pobres saqueavam* fazendas e estabelecimentos comerciais de cidadezinhas do interior".[32] A desqualificação é de certa forma minimiza-

[29] Como vimos, a expressão é utilizada por Werneck Sodré (1978:243); ela aparece também em Prado Jr. (1979:71-72); Neves e Machado (1999:134); Janotti (2005:58); e nos enfoques didáticos de Boulos Jr. (2003:339) e Schmidt (2005:175, 359).

[30] Prado Jr., 1979:71.

[31] Schmidt, 2005:175 (grifos meus).

[32] Ibid., p. 359 (grifos meus).

da através da referência às "táticas de guerrilha" e às "pequenas revoltas locais", situando os "bandos armados" no universo de uma luta política.[33]

Entre as características desqualificadoras do perfil balaio, expressas nas abordagens aqui consideradas, destacam-se as *incapacidades* que lhes são atribuídas. De acordo com alguns autores, incapazes de se organizarem, de formularem ideias e projetos políticos próprios ou de superarem as divisões internas, os segmentos populares rebeldes não chegariam a propor mudanças mais profundas e consequentes.[34] Mesmo figurando entre os estudiosos críticos da tradição historiográfica que define as classes populares como ignorantes e alienadas, Claudete M. Miranda Dias (1995:78) termina por afirmar que a "massa popular analfabeta e rude está apta para lutar e escolher os seus líderes mas não para governar (...). Os índios, os escravos, os sertanejos pobres, não *souberam* formular suas ideias mas, na prática, agiram em sua defesa".[35] Tal "incapacidade" poderia inclusive levar os revoltosos pertencentes às classes subalternas a "assumirem reivindicações políticas já antes postuladas pela facção *bem-te-vi*, acrescidas do tradicional conteúdo antilusitano", de acordo com Marcello Basile (1990:2336). Para Mário Schmidt (2005:177), entretanto, os "balaios queriam que os comerciantes portugueses, considerados exploradores do povo, fossem expulsos do Brasil", explicação que, sem dúvida, remete a aspectos mais profundos das tensões lusófobas que permearam o processo de emancipação política e de

---

[33] Aspecto que é reforçado através de uma das atividades propostas, em que os alunos são convidados a analisar criticamente a imagem e a respectiva legenda extraídas de um livro didático reeditado em 1968, apresentada no item "Reflexões críticas" do volume destinado à 7ª série (atual 6º ano) do ensino fundamental e na "Oficina da história" do volume destinado ao ensino médio. A ilustração retrata um grupo de homens vestidos de cangaceiros, armados, tendo no centro a figura do chefe, o Balaio, que diz: "é agora que os brancos vão ver quem é o 'Balaio'!". Há ainda um quadrinho no canto direito da ilustração onde se lê: "a 'Balaiada' foi um dos movimentos sediciosos mais cruéis que registra a nossa história. Tinha a chefia de Raimundo Gomes, a quem se juntou célebre bandoleiro apelidado de 'Balaio'". A legenda original diz: "vê-se na ilustração do meio da página a figura grotesca e tenebrosa do Balaio".

[34] Albuquerque, 1981:373; Fausto, 1995:167; Leão, 2006; entre os livros didáticos, Panazzo e Vaz, 2005:188; Arruda, 1998:30.

[35] Grifo meu.

construção do Estado independente, assumindo os mais diversos significados políticos e sociais. Interessante observar também a preocupação de Schmidt (2005:175) em apontar as razões que teriam impedido uma aliança mais efetiva e consistente entre livres e escravos: "no início, os rebeldes balaios não tinham nenhuma relação com os escravos. Afinal, eles eram pobres, negros e mestiços, mas eram livres (Note que a ideologia de desprezo aos escravos não estava presente apenas nos homens ricos)". Longe de ser uma "incapacidade", a dificuldade de superar as diferenças é situada no âmbito da complexidade que caracterizou a sociedade escravista.

Outro enfoque comum na caracterização dos revoltosos é sua identificação como "homens do sertão e marginalizados em geral", cujo perfil expressava uma confusa diversidade étnica, racial, social, compreendendo *desocupados, negros aquilombados, índios, fugitivos da justiça, vencidos de lutas políticas, vaqueiros, escravos fugidos, pequenos artesãos, assaltantes de estrada, agricultores, sem-terra, desertores da Guarda Nacional, lavradores, pequenos fazendeiros, escravos, mestiços, caboclos.*[36] Certamente não se trata aqui da reprodução das visões altamente desqualificadoras dos segmentos das referidas classes sociais, sobretudo os de origem indígena e africana, veiculadas em registros coevos. Entretanto, não há como deixar de observar que nessas definições são estabelecidas certas associações (como, por exemplo, desocupados, fugitivos da justiça, assaltantes de estrada) que permitem leituras que, além de colocarem em questão o caráter político de suas ações, revelam um tom bastante preconceituoso. Noutra perspectiva distinta, também apreendida nas obras examinadas, os revoltosos balaios assumem um perfil mais definido que, traçado a partir de sua condição socioeconômica, afirma-os como trabalhadores, sobretudo rurais, pobres e miseráveis, livres, libertos, cativos e quilombolas: *massa sertaneja constituída por trabalhadores rurais do setor da pecuária, escravos,*[37] *trabalhadores livres nos latifún-*

[36] Janotti, 1991:14; Dias, 1995: 76; Sodré, 1978:243; Reis, 1972:161-162. Tal definição imprecisa pode ser encontrada nos livros de caráter didático de Marques, Berutti e Faria (1996:136); Boulos Jr. (2003:339); Catelli Jr., Cabrini e Montellato (2005:181); e Wernet (1982:73).

[37] Prado Jr., 1979:71; Albuquerque, 1981:373.

dios assalariados, vaqueiros, lavradores, artesãos.[38] De modo geral, tais enfoques priorizaram as condições de vida e de trabalho desses segmentos sociais como elementos fundamentais para o desencadeamento da revolta, reconhecendo-lhe um sentido político.[39] Alguns autores consideram a crise do setor algodoeiro maranhense, que agravava a situação de extrema penúria em que viviam as classes subalternas, como o elemento desencadeador da luta por uma sociedade mais justa, contra o latifúndio, contra a escravidão etc.[40] Em certas abordagens encontramos referências às especificidades dos desdobramentos da crise econômico-social — tais como a grande concentração de terras, a perda da terra pelos pequenos proprietários, a falta de emprego, o alto preço dos alimentos, os impostos abusivos, a exploração da mão de obra indígena, a marginalização de segmentos da população das cidades etc. — que reforçam o conteúdo político da ação rebelde.[41]

A preocupação explícita de revelar a consciência política dos balaios, contudo, aparece em poucos trabalhos analisados, entre os quais o de Mathias Assunção. A abordagem do autor destaca-se, entre outros aspectos, por esboçar um perfil conceitualmente mais consistente dos balaios, apresentando-os como integrantes do campesinato[42] maranhense, formado por

---

[38] Panazzo e Vaz, 2005:188; Rodrigue, 2005:162; Piletti e Piletti, 2005:142; Schmidt, 2005:175, 359.

[39] Albuquerque, 1981:373.

[40] Martins, 2005:90; Panazzo e Vaz, 2005: 87, 90; Arruda, 1998:30; Schmidt, 2005:359; Leão, 2006.

[41] Catelli Jr., Cabrini e Montellato, 2005:173, 181; Boulos Jr., 2003:339. Para este último autor, além da crise econômica, as disputas políticas locais entre conservadores e liberais também contribuíram para a eclosão da revolta. Essa é também a posição de Freire, Motta e Rocha (2004:152) e de Marques, Berutti e Faria (1996:135). Para Fausto (1995:167) e Mattos e Gonçalves (1991:61), a instabilidade política provocada pelas disputas entre cabanos e bem-te-vis foi o móvel fundamental da revolta. Vianna (1970:118), impregnado pela versão do regresso, aponta a anarquia decorrente das disputas intraelites como causa da Balaiada.

[42] Segundo Assunção (1998:83), Astolfo Serra (1946:133) foi "o primeiro a ressaltar o caráter camponês da revolta. Mas a sua obra, de inspiração euclidiana, analisou o movimento com os critérios duvidosos da psicologia de massa, baseados em autores como Le Bon".

"três matrizes: indígenas destribalizados, descendentes forros e aquilombados de escravos africanos e (...) migrantes nordestinos".[43] Trata-se, pois, de um grupo profundamente heterogêneo, incluindo em seu universo diversas variantes, tais como diferentes condições de acesso à terra (agregados, posseiros, proprietários etc.); pluralidade de traços culturais específicos aos subgrupos (comunidades negras, por exemplo); e diferenças regionais significativas. A Balaiada expressaria, portanto, os múltiplos conflitos que perpassavam esse universo; porém, "a mobilização da população livre e pobre" teve como principais móveis a "exclusão da política", a "discriminação das pessoas 'de cor' pelas autoridades" e o recrutamento forçado.[44] Tendo sido este último, justamente, o elemento desencadeador de dois episódios emblemáticos da luta: a libertação dos filhos recrutados à força pelo lavrador da comarca do Brejo, conhecido como "Balaio" (fato ocorrido provavelmente em 22 de novembro de 1838, ao qual já nos referimos anteriormente); e o ataque à cadeia da Vila do Manga, em 13 de dezembro de 1838, quando Raimundo Gomes libertou alguns de seus homens e seu irmão, que haviam sido recrutados por ordem do subprefeito cabano José Egito. Conforme já havia observado Capistrano de Abreu, com profunda acuidade, a ação de Raimundo Gomes foi "um protesto contra o recrutamento bárbaro, (...) contra as prisões arbitrárias, contra os ricos prepotentes, contra todas as violências que caíam sobre os pobres desamparados, negros, índios, brancos, miseráveis".[45] Vale ressaltar que o "recrutamento subtraía força de trabalho a todas as famílias livres e pobres, indiferentemente de sua condição específica de camponeses com ou sem terra, de vaqueiros ou pescadores".[46]

[43] Assunção, 1988:217.

[44] Ibid., p. 73.

[45] Apud Sodré, 1978:242. Vale destacar que a passagem é citada em duas abordagens didáticas: Wernet (1982:73) e Furtado e Villa (2005:40). Nota-se que para alguns autores o episódio da Vila do Manga não passou de um simples "incidente" (Basile, 1990:235; Neves e Machado, 1999:134; Catelli Jr., Cabrini e Montellato, 2005:181).

[46] Assunção, 1998:83. Janotti (1991:48) destaca o "recrutamento indiscriminado" promovido pelas autoridades cabanas com o intuito de "enfraquecer a posição dos fazendeiros bem-te-vis do interior", retirando de suas fazendas "boiadeiros, feitores, escravos e agregados para integrarem a Guarda Nacional". Desse modo, a autora identifica as

Para Assunção, mais importante do que o fato de libertar recrutas presos é ter Raimundo Gomes justificado sua ação através de um *manifesto*. É esse procedimento que dá sentido ao evento como desencadeador da Balaiada, pois desse modo o líder rebelde legitimava a sua ação inserindo-a "numa tradição liberal revolucionária que vinha desde as lutas pela Independência no Maranhão (...)".[47] Inspirado na interpretação de Maria Januária Santos (1983),[48] Assunção (1998:75) afirma que os manifestos e cartas escritos por Gomes revelam que este possuía uma visão política própria: "foi influenciado pelo discurso liberal da época, do qual emprestou categorias (Constituição, cidadania, liberdade, luta contra o absolutismo, pátria etc). Mas Gomes integrou estes elementos numa visão mais 'cabocla' e radical do liberalismo, que poderíamos chamar (...) de liberalismo popular". Interpretações como essa certamente contribuem de modo significativo para a desconstrução de imagens desqualificadoras das atuações das classes subalternas na história do Brasil. Entretanto, ao que parecem indicar os resultados da análise aqui desenvolvida, trata-se de um enfoque de repercussão restrita no âmbito da produção acadêmica e da história ensinada.

---

tensões provocadas pelo recrutamento apenas no âmbito das frações da classe dominante. Num sentido próximo, ver Basile (1990:235) e Furtado e Villa (2005:40). Claudete Dias (1995:77), estudando o movimento no Piauí atribui à "estrutura agrária piauiense, baseada na grande propriedade pecuarista e na expropriação dos posseiros por meio de dízimos" as "causas" fundamentais do movimento, inserindo o recrutamento forçado entre os "motivos mais imediatos", relacionados às disputas políticas locais. Para Caio Prado Jr. (1979:71), o levante da Vila da Manga foi decorrente da "luta das classes médias, especialmente urbanas, contra a política aristocrática e oligárquica das classes abastadas, grandes proprietários rurais, senhores de engenho e fazendeiros, que se implantara no país".

[47] Assunção, 1998:76. Segundo esse autor, Carlota Carvalho (1924) foi a primeira "a considerar os rebeldes com simpatia" e também "a primeira a vincular suas motivações às aspirações políticas da Independência, ao nativismo dos brasileiros contra a predominância dos portugueses".

[48] Segundo Janotti (2005:49), trata-se de obra inserida na revisão historiográfica dos anos 1970 e 80, quando "foram acrescentadas à construção da memória da Balaiada novas dimensões, entre outras: a da luta de classes, da resistência escrava, do confronto entre camponeses, agregados e proprietários."

Capítulo 19
Um livro para contar a história fluminense. O primeiro manual didático de história do estado do Rio de Janeiro

RUI ANICETO NASCIMENTO FERNANDES

Em maio de 1928, João Pinheiro Ribeiro assinava a apresentação de sua *História do estado do Rio de Janeiro. Resumo didático para uso nas escolas primárias*. Esse foi o primeiro manual escolar dedicado a construir uma narrativa histórica didática sobre o estado do Rio de Janeiro. No entanto, não foi o primeiro livro escolar primário sobre o estado. Em 1898, Olavo Bilac e Coelho Neto publicaram *Terra fluminense. Educação cívica*, que, por seu turno, não se propunha a ser um manual escolar.[1] Incluía-se num gênero muito propagado da literatura escolar do período: os livros de leitura. Segundo André Botelho (2002:22-23), essa produção tinha especificidades que os diferiam dos manuais didáticos.

> Compreendendo o conjunto diversificado de obras designadas genericamente pela expressão *livros de leitura*, em função de uso didático a que então se destinavam, este gênero floresceu não por acaso nos primeiros anos republicanos no Brasil. Preocupados com a

[1] Sobre essa obra, ver Fernandes (2009).

plasticidade da juventude nos anos de formação, os artífices do gênero — entre os quais constavam intelectuais dos mais notáveis — procurando tirar consequências da novela histórica romântica, apostavam na combinação entre ficção e história para a constituição de, como diziam, um novo sentimento nacional via juventude alfabetizada.

Ficção e história ou, nas palavras de Olavo Bilac e Coelho Neto (1898:1), "história e fantasia andam unidas" nas páginas de *Terra fluminense*. Por isso mesmo seus autores não se arvoraram de produtores de uma "história" do estado. Os livros de leitura, segundo Manoel Bomfim e Olavo Bilac, constituíam um modelo de elocução em que a criança apropria-se dos ensinamentos desenvolvendo uma linguagem própria. O livro de João Pinheiro Ribeiro diferia desse perfil, pois visava construir uma narrativa ordenada sobre o passado da região, comprometendo-se com a história e não com a "fantasia". Daí autointitular-se a "história do estado do Rio de Janeiro" a ser ensinada para os alunos da escola primária.

Obra pioneira, ela pode nos contar muito mais do que a história fluminense, tal qual concebida pelo autor. Seu aparecimento estava inserido num movimento de valorização da história regional que, envolvendo intelectuais e políticos da capital do estado, Niterói, se materializou na Renascença Fluminense, a partir de 1923. As diretrizes renascentistas tornaram-se políticas públicas na gestão de Feliciano Sodré (1924-27) e inspiravam ações de seu sucessor, Manuel Duarte (1928-30). Foi na gestão deste último que ocorreu a reforma da instrução no estado do Rio, visando integrar o ensino local ao movimento reformista da educação do período, que já havia realizado as reformas em São Paulo, Distrito Federal, Minas Gerais e Ceará. Com a reforma se criou a disciplina história fluminense na Escola Normal e se imprimiram diretrizes para o seu ensino na escola primária.

Um movimento para promover a Renascença Fluminense

O ano de 1922 foi emblemático por concentrar uma série de eventos simbólicos que colocavam em xeque o regime oligárquico estabelecido na Primeira República brasileira. Foi em 1922 que se organizaram o Partido Comunista Brasileiro, a Reação Republicana, a Semana de Arte Moderna e as primeiras manifestações tenentistas. Estes expressavam os desencantos de variados segmentos sociais — políticos, intelectuais e militares, por exemplo — com a república vigente.[2] Nas eleições presidenciais que ocorreram naquele ano, Nilo Peçanha, a principal liderança política do estado do Rio de então, participou da Reação Republicana, que lançou sua candidatura ao cargo maior do Executivo nacional. Em torno do político fluminense aliaram-se os chefes políticos de estados de segunda grandeza no panorama da Primeira República: Rio Grande do Sul, Bahia e Pernambuco. Segundo Marieta de Moraes Ferreira (1993), a Reação Republicana colocava-se como um movimento propulsor de um eixo alternativo de poder, visando abalar o predomínio de Minas Gerais e São Paulo. Apesar de toda a mobilização gerada pela imprensa e por novas estratégias de campanha, a máquina oligárquica que dominava o sistema eleitoral levou à vitória Artur Bernandes, candidato oficial.

O novo presidente da República adotou a prática da perseguição e do alijamento dos políticos que se envolveram com a Reação Republicana. No caso do estado do Rio de Janeiro, buscou-se desmantelar a máquina nilista que controlava o cenário político local desde fins do século XIX. Nas eleições para o novo governo fluminense, no final de 1922, a oposição não reconheceu a vitória do candidato nilista e promoveu a duplicação da Assembleia Legislativa, levando à intervenção federal no estado. Durante o ano de 1923, o interventor Aurelino Leal promoveu o desmonte do nilismo

[2] Um bom balanço sobre os movimentos contestatórios à Primeira República brasileira pode ser acompanhado no Dossiê anos 20 da revista *Estudos Históricos*.

no estado e organizou novo pleito eleitoral, em que foi eleito o candidato único, Feliciano Sodré, empossado em 23 de dezembro de 1923.

As mudanças políticas geravam um momento propício para novas reflexões sobre o estado. Assim, um grupo de intelectuais, liderados por Lacerda Nogueira, secretário perpétuo da Academia Fluminense de Letras, fundou a Renascença Fluminense. Segundo Maurício Medeiros (1928:2), redator dos seus estatutos, a nova agremiação se constituía de

> Um grupo de objetivos pelo renascimento material e moral do estado do Rio de Janeiro. Desenvolvendo uma ação alheia à política, a Renascença Fluminense se propunha a manter o respeito dos seus grandes homens, o culto à memória de seus grandes acontecimentos, a defesa de suas instituições liberais, estimulando por todas as formas todas as manifestações de vitalidade do estado.

Desde fins de 1920 a Academia Fluminense de Letras promovia uma série de atividades culturais que agitavam Niterói e que visavam atribuir-se papel de destaque na reflexão sobre o estado.[3] Os acadêmicos colocavam-se como aqueles capazes de guiar os destinos do estado para novos tempos, que deveriam ser alicerçados na tradição histórica, daí formarem a Renascença Fluminense. Pretendia-se incutir um sentimento cívico pelo qual seria reverenciada a memória dos fatos e dos heróis que possibilitaram a construção da história nacional, destacando-se aí o papel dos fluminenses. E, para tanto, obtiveram o apoio do presidente Feliciano Sodré. Seus aliados construíram-lhe, à época, uma imagem de homem público que colocava os ideais de governo acima das querelas políticas. Suas ações administrativas teriam por objetivo recolocar o estado entre os grandes do regime republicano.[4] Sodré es-

---

[3] Ver Leite Netto (2003).

[4] Como afirmaria Vasconcelos (1928:13) ao descrever a participação do presidente fluminense no Congresso das Municipalidades, por ele convocado em 1924: "no discurso inaugural, Feliciano Sodré, com muito entusiasmo, discurso feito de fé e de espe-

forçava-se para criar uma imagem de dirigente democrático e empenhado na recuperação fluminense, a qual só seria possível com a reafirmação dos valores do estado, o mesmo ideário que pautava as ações da Renascença. A "formação patriótica" do fluminense, especialmente ligada aos agentes educacionais e aos alunos da rede pública de ensino, passou a ser uma bandeira que unia o dirigente político e os renascentistas. A realização de conferências em espaços educacionais e a construção de monumentos foram as principais estratégias usadas por esse grupo na formação cívica dos fluminenses.

No caso dos monumentos, entre 1925 e 1928 investiu-se na construção de uma estatuária de vultos nacionais e fluminenses que passaram a marcar a paisagem da capital do estado, Niterói. Em 1925 ergueu-se, na praça Leoni Ramos, o busto de d. Pedro II, em homenagem ao centenário de nascimento do ex-monarca. No ano seguinte, no então Jardim Icaraí — atual praça Getúlio Vargas —, inaugurou-se o busto de Antônio Parreiras, que há anos encontrava-se no Arquivo Municipal. Em junho de 1927 homenageou-se o barão de Teffé com uma estela de bronze, levantada no Grupo Escolar Silva Pontes, que ficava em frente à praça do Rink. Em outubro desse mesmo ano era inaugurado o busto de Nilo Peçanha, na praça que levava o seu nome. Em janeiro de 1928 era a vez de Fagundes Varela ganhar sua homenagem em bronze no Jardim do Gragoatá.[5] Mas o maior empreendimento estatuário do período foi a criação de um monumento em homenagem à instauração do regime republicano, destacando-se "a colaboração dos fluminenses na

rança nos destinos do Rio de Janeiro, disse que não era mais lícito rememorar, entre saudades, a grandeza da velha província — estribilho intolerável já, porque o Rio de Janeiro readquirira essa grandeza e retomara o prestígio, que sempre desfrutara".

[5] Devido ao mau estado de conservação foi-me vedada, na Biblioteca Nacional, a consulta da coleção do jornal *O Estado*, principal órgão da imprensa fluminense do período. Na ausência de outras fontes, esse periódico seria um manancial de informações importantes sobre as atividades da Renascença Fluminense. Os dados sobre as inaugurações dessa estatuária urbana promovida pela Renascença me foram fornecidos por Emmanuel de Macedo Soares, pesquisador niteroiense que há anos vem coletando informações sobre o estado e que consultou a coleção na década de 1980. Meus sinceros agradecimentos ao pesquisador.

obra integral da implantação do regime republicano no Brasil", o "Triunfo da República".[6]

Ao lado da estatuária construída na capital fluminense, a partir de 1925 foram proferidas conferências sobre temas históricos, especialmente no salão nobre da Escola Normal de Niterói. Uma delas foi realizada por Antônio Figueira de Almeida, em 13 de agosto de 1928. Nesse dia comemorava-se o primeiro lustro de existência do movimento renascentista, e o conferencista dissertou sobre "Os fluminenses na história do Brasil".[7] Nessa conferência estão condensados os ideais do movimento visando construir, através da história, um sentimento cívico fluminense. Para além desse propósito, Figueira de Almeida faz uma análise da história do Brasil através da participação dos fluminenses.

Professor do Colégio Pedro II e da Escola Normal do Rio de Janeiro, Figueira de Almeida destacava-se no cenário intelectual fluminense por suas pesquisas sobre a história regional. Segundo o renascentista, aquele era um momento propício para se falar sobre a temática:

> É necessário que se fale muito de nossa terra, ainda entre fluminenses, para que voltemos a ser o muito que já fomos. Se nós nos conhecêssemos melhor, havíamos de ter, forçosamente, uma tão clara consciência de nosssa força e de nosso valor, que isso nos daria estímulo para resolver os problemas cuja solução transformaria nossa terra no mais invejável recanto de todo o planeta.[8]

Era necessário conhecer as ideias, a ação e os valores dos fluminenses, pois foram eles que construíram o Brasil. Em suas palavras: "a grandeza

---

[6] Marcelo Abreu (2002) analisou a história desse monumento como um símbolo de diferentes concepções de cidadania ao longo do século XX. Sua análise coloca-o como símbolo de uma administração que visava afirmar-se como regeneradora do Estado e que defendia uma cidadania excludente dos segmentos populares, ausentes dos festejos de inauguração.

[7] Almeida, 1928.

[8] Ibid., p. 9.

fluminense, porém, se confunde com a do Brasil de um modo particular, e não apenas como sua parte integrante, porque em grande parte a grandeza fluminense é que determina a grandeza do nacional".[9]

Para qualquer grande evento da história pátria, "sempre ou é o fluminense que semeia a ideia que o motivou ou é o fluminense aquele que o realiza".[10] A história de um país era composta de fases com caracteres definidos e "cuja concatenação forma o todo contínuo e harmônico". Em cada uma dessas fases, inúmeros exemplos poderiam ser destacados e então relacionados às ações de fluminenses em períodos-chave da história nacional: a administração pombalina, o processo de independência, as regências, o Segundo Reinado, o processo de proclamação da República (a questão religiosa, o abolicionismo, o positivismo e o republicanismo). O conferencista destacou também a importância dos fluminenses para o movimento literário nos seus variados segmentos — romantismo, positivismo, parnasianismo etc. — e para outros campos, como a diplomacia, o direito etc. A implantação do novo regime gerara "nossa quase ruína", mas a época vivida, os anos 1920, seria marcada pela recuperação. Era, "portanto, chegado o momento de voltarmos a ter o mesmo brilho de outrora, a mesma eficiência no jogo político federal, a mesma supremacia e a mesma preponderância na direção do país em procura da solução dos seus elevados destinos".[11] As ações da Renascença Fluminense e de Manuel Duarte caminhavam nessa direção. Ao encerrar a palestra, sentenciava: "nossa terra, grande no passado e grande no presente, será maior ainda no futuro".[12]

Essa palestra cristalizava os ideais "renascentistas" que direcionavam as ações dos intelectuais e políticos de então. Nesses ideais, a história tinha primazia, pois mostrava o lugar de destaque do estado do Rio na história do Brasil. Na verdade, construía-se a ideia de que a história fluminense era

[9] Almeida, 1928:9.

[10] Ibid.

[11] Ibid., p. 40.

[12] Ibid., p. 43.

a história nacional. A análise das fases da história do país demonstrava que as principais medidas políticas tomadas pelos governantes tinham sempre a colaboração dos fluminenses. O esplendor do Império teria sido gerado pelas bases econômicas e pelos pensadores da Velha Província. Os momentos de crise fluminense foram também de instabilidade do novo regime, e a sua recuperação significava o engrandecimento do país, à época dirigido por um fluminense, Washington Luís.

A reforma da instrução pública do estado do Rio de Janeiro

A eleição de Manuel Duarte, em fins de 1927, para o governo fluminense marcava a continuidade da política sodrelista no estado. As alianças políticas em torno do governo de Washington Luís deram ao Rio de Janeiro um ministério. Além disso, havia um bom relacionamento entre os governos federal e estadual.[13] Manuel Duarte era tido como pessoa capaz de realizar uma adminstração segura e benéfica para o estado.

Em sua primeira mensagem presidencial, Manuel Duarte congratula-se com os deputados pelo momento favorável nos níveis federal e local. Assume o papel de continuador da obra de seu antecessor, que inserira o Rio de Janeiro no processo de crescimento do país:

> Assim, vendo crescer o prestígio da União e do Brasil, na ordem, na paz e no trabalho, o estado do Rio de Janeiro sente-se feliz de estar concorrendo para esse nobilíssimo objetivo, que é a grandeza da pátria, pelo espírito de confraternização, pelo esforço econômico e pelo ânimo cívico de seus filhos.[14]

[13] Ferreira, 1989.

[14] Silva, 1928:6.

Dar um rumo seguro e duradouro a esse processo de recuperação era a diretriz da administração de Manuel Duarte, e isso justificava a reforma da instrução do estado:

> O governo realizou uma reforma parcial no ensino primário, profissional e normal. Sem nenhum prurido de inovar pelo prazer das modificações chegou, entretanto, a convencer-se de que era necessário introduzir disposições novas e fazer algumas criações indispensáveis ao aparelho do ensino, de maneira a torná-lo mais eficiente e mais bem conformado às necessidades palpitantes.[15]

A reforma era necessária para "ajustar as desarticuladas peças do complexo mecanismo didático, que não atuavam com a desejada coordenação, com aconselhável interdependência técnica, para que fosse assegurado um maior e compensador rendimento".[16] Era uma reforma parcial, já que Feliciano Sodré criara uma série de inovações na estrutura educacional que necessitavam de integração. Assim como não se propunha uma ruptura com a estrutura anterior, as modernas teorias educacionais, especialmente as europeias e americanas, mencionadas nos relatórios oficiais, não gerariam alterações profundas. Sua transplantação sem adaptações seria desastrosa, pois elas não tinham sido criadas para nossa realidade. O presidente sentenciava: "valem mais adaptações progressivas do que as bruscas mutações".[17]

Um dos principais aspectos destacados ao se justificar a reforma era inserir a escola fluminense nas novas propostas pedagógicas postas em voga pelo movimento reformista da Escola Nova.[18] Segundo Diana Vidal, um dos principais objetivos dos renovadores da escola era transferir as preocupações didáticas do ensino para a aprendizagem: o aluno tornava-se o principal foco

---

[15] Silva, 1929:31.

[16] Ibid., p. 53.

[17] Ibid., p. 54.

[18] É vasta a bibliografia sobre o movimento da Escola Nova. Para uma visão ampla do movimento, ver Carvalho (1989, 2003).

de atenção.[19] A escola deveria deixar de ser aquele espaço de memorização dissociado da realidade. Nas palavras de José Duarte Gonçalves da Rocha, então diretor do Departamento de Instrução Pública, estava-se construindo uma sólida obra que daria novos rumos à escola do estado:

> A obra educacional no estado do Rio, talqualmente se executa, não é efemera, nem fictícia, nem lhe douram à frontaria falsas lantejoulas, mas projeta-se com os seguros lineamentos de uma construção estável, bem tracejada, de consistente arcabouço, compatível com as realidades sociais e norteadas pelo sentido da vida, para proporcionar à juventude uma educação nacional e integral, que lhe dê melhores condições físicas, morais e intelectuais para a concorrência vital, em que triunfaram os mais bem aparelhados.[20]

Para realizá-la, José Rocha elaborou um inventário da estrutura educacional fluminense, estudando as legislações provincial e republicana e as experiências locais efetivadas na década de 1920, assim como as ações desenvolvidas nas administrações de Raul Veiga e de Feliciano Sodré. Também acompanhou o pensamento educacional e as reformas que vinham sendo implementadas no Uruguai, São Paulo, Minas Gerais, Paraná e Ceará.

Sob sua gestão realizou-se o primeiro recenseamento escolar que municiou a administração de dados sobre a situação da rede estadual e que orientaria as ações do governo. Tal prática, como analisa Clarice Nunes em relação aos inventários realizados por Anísio Teixeira quando de sua gestão à frente da Diretoria Geral da Instrução da capital federal, era um sinal de racionalização da administração escolar.[21] Todas essas ações deveriam servir para criar condições de estudo para os populares. Dizia o diretor: "tenho para mim que não será para as elites, para as camadas mais

[19] Vidal, 2003.

[20] Rocha, 1930:7.

[21] Nunes, 2000: 227-345.

afortunadas da sociedade que o Estado, com a sua assistência benéfica, deverá lançar as suas vistas, ou fazer convergir as suas preocupações".[22]

1. O sistema escolar fluminense

O sistema escolar fluminense era formado pela educação pré-escolar (jardins de infância) e primária (escolas de 1º e 2º graus, e grupos escolares).[23] Do grupo escolar o aluno poderia seguir para o ensino secundário, o profissional ou o normal, e destes para as escolas superiores ou técnicas.

A tabela abaixo, produzida com dados do relatório de José Rocha, reúne dados sobre o número de alunos, de estabelecimentos e de professores da rede escolar estadual em 1928:

	Número de escolas	Número de alunos	Número de professores
Ensino pré-primário e primário	751	70.050	1.655
Ensino normal	3	721	-
Ensino profissional	4	559	-
Ensino secundário	1	160	-
Total	**759**	**71.490**	**-**

A reforma incentivou e regulamentou a organização de associações extraescolares, como os círculos de pais e mestres, os museus pedagógicos, o escotismo etc.

Segundo o presidente do estado, eram investidos 20,2% da receita governamental na educação, verba que era destinada à construção e manu-

[22] Rocha, 1930:87.

[23] Ao que tudo indica, pelas fontes consultadas, as escolas de 1º e de 2º graus eram escolas isoladas existentes nas regiões interioranas onde eram ministradas apenas um ou dois anos do ensino primário. Já os Grupos Escolares eram estabelecimentos onde os alunos estudavam todo o primário e localizavam-se nas áreas urbanas, nas sedes municipais e dos distritos mais densamente povoados.

tenção de prédios escolares, pagamento de docentes e compra de material de consumo para as escolas.

2. Um investimento na formação docente

Um dos principais alvos da reforma no estado do Rio foi a formação de professores, tanto a inicial — daí a reorganização do curso normal — quanto a dos docentes já integrantes da rede de ensino.[24] Era necessário preparar os professores de acordo com a "moderna pedagogia".

Para os docentes da rede foi organizada uma série de cursos de férias e de palestras pedagógicas, ministradas pelos inspetores de educação na capital e nas sedes de suas regiões escolares, nas quais se discutiam as novas ideias educacionais.

Buscou-se também a renovação do quadro docente do estado com o jubilamento de antigos mestres e/ou a contratação de professores adjuntos para as escolas por eles dirigidas. Mas foi na reformulação na formação inicial que houve maior investimento:

> Esse ramo do ensino público sofreu uma reforma parcial e oportuna. O seu velho plano de estudos, a organização primitiva, já não satisfazia às necessidades do ensino e era mister adaptar os institutos preparadores dos mestres aos progressos da moderna pedagogia, emancipada de anacrônicas exigências.[25]

Assim, não mais se permitia o ingresso automático do candidato na escola normal após a conclusão dos ensinos primários do grupo escolar. Criou-se a escola complementar, com duração de dois anos, que deveria alicerçar o ensino normal. Seu currículo priorizava o aprofundamento do estudo da língua pátria, o frânces, a geografia, a história do Brasil, a moral

[24] Manuel Duarte (1929:86) assim se expressou sobre a reforma do ensino normal: "é todavia no ensino normal que repousa a grande confiança do meu governo tão profundamente interessado pelas coisas do ensino, em todas as suas modalidades".

[25] Rocha, 1930:53.

e cívica, a aritmética, a álgebra, a geometria e as ciências físicas e naturais. Dessa forma transferia-se da escola normal para o curso complementar a obrigatoriedade desses conteúdos, permitindo que aquela concentrasse suas atividades na formação docente.

O curso normal foi reformulado e dividido em dois ciclos. O primeiro, o cultural, tinha um caráter propedêutico e era um período em que os alunos refletiriam sobre os reais interesses em se dedicar à docência. Caso não desejassem prosseguir, poderiam transferir-se para classes profissionalizantes de confecção de chapéus, trabalhos manuais etc. Aptos para o magistério, ingressariam no ciclo profissional, em que se dedicariam às disciplinas pedagógicas.

Assim, o currículo da escola normal foi reformulado, e os legisladores destacaram a criação das cadeiras de agricultura e de economia rural. Era mister formar professores capazes de lidar com a realidade social do estado, que era eminentemente rural. Considerava-se um grave erro o mestre transmitir apenas os conhecimentos formais urbanos:

> Ora, erro incurável tem sido impor-se ao mestre ensinar à gente do campo somente a parte literária. Convém dar aos trabalhadores agrícolas, à população rural, uma preparação que os torne mais felizes e os radique ao solo, evitando-se o êxodo rural, que vem concorrer para o urbanismo prejudicial. É na classe rural que vive o germén da ordem e da disciplina inata na nossa gente boa. Mas, por isto mesmo devemos levar-lhe mais algum conforto, não só material, senão ainda espiritual. Não lhe demos cultura livresca que não a fará feliz, senão a preparemos com noções de cooperação agrícola, de economia rural, para que sinta a grandeza da terra, o valor da produção, o realce de seu papel na economia nacional e possa conhecer o desenvolvimento e os frutos de sua própria atividade. Ensinemo-la a fazer uma ligeira contabilidade agrícola, a possuir um inventário do que lhe pertence, a calcular o custo de seu trabalho, a libertar-se dos intermediários etc.[26]

[26] Rocha, 1930:57.

A reforma curricular visava formar os professores para trabalhar com a realidade do estado. A mesma orientação que era dada para o ensino primário, como veremos adiante.

A conclusão da escola normal não significava o fim do processo formativo do professor. Foi criado o curso de aperfeiçoamento, ministrado em dois anos, que seguia o modelo francês da Escola Normal Superior de Saint-Cloud.

O estado contava com duas escolas normais oficiais, uma em Niterói e outra em Campos, e um curso equiparado em Petrópolis, ministrado no Colégio Santa Isabel. Apesar dos altos índices de aprovação nesses colégios, o quadro ainda era insuficiente para combater o grande problema do analfabetismo. Por esse motivo autorizou-se a abertura de quatro novos cursos no estado e revogou-se a proibição de exercício do magistério em território fluminense de professores formados em outras unidades da federação.

3. O ensino primário

Assim como na escola normal, as diretrizes dadas ao ensino primário visavam relacioná-lo à realidade do estado. O preâmbulo da deliberação que estabeleceu o programa das escolas primárias estaduais para o ano de 1928 expressa essa ideia de um ensino voltado para as experiências dos alunos.

> Para haver eficiência no ensino, cumpre não perder de vista que o aproveitamento real de cada disciplina está em função do grau de interesse que se põe no seu estudo. Todo o empenho deve ser o de tornar atraente o trabalho intelectual do aluno, tendo-se o cuidado de não ocupar sua memória senão com o que, primeiro, lhe haja passado pelo entendimento, isto é, com o que ele tenha compreendido.[27]

Nesse mesmo documento foram estabelecidas as diretrizes do ensino primário e algumas orientações metodológicas para atingi-las. Em primei-

[27] Apud Almeida, 1929a.

ro lugar, fez-se a crítica ao ensino memorialista por ser efêmero e não ter ligações com o mundo prático do aluno. O professor deveria abandonar essas práticas antiquadas, não condizentes com os novos tempos, em que ele deveria associar o ensino ao mundo sensorial dos alunos, ou seja, seu mundo concreto. As aulas deveriam ser mais dinâmicas, e nelas o professor apresentaria mapas, quadros e objetos durante a explanação.

Uma das principais ideias era que os professores deveriam lidar com "os centros de interesses" dos alunos, atraí-los para o saber escolar a partir de sua realidade, mas também estimular a curiosidade própria da criança para novas experiências. Daí se propor que o professor usasse ações que estimulassem os alunos a "inquirir", a "questionar", a "interrogar", ou seja, os alunos deveriam ter um papel de agentes no processo de ensino-aprendizagem.

Sendo crianças, não cabia aprofundar conteúdos. O ensino deveria ser "elementar", e as matérias adaptadas para cada turma, pois cada uma constituía uma realidade particular. Por isso, os programas e instruções que constavam da deliberação oficial não deveriam ser tomados como uma normatização fechada. O professor tinha autonomia para adaptá-los aos interesses e realidades de suas turmas particulares.

O programa estabelecia as temáticas de cada disciplina específica, mas propunha uma integração disciplinar. O professor deveria aproveitar as situações de aula ou temas preestabelecidos para trabalhar aspectos disciplinares diversos. No entanto, todas as disciplinas deveriam ser orientadas para o ensino da "língua pátria, da moral e do civismo".

Ensinar história através do local

A reforma curricular da escola normal e as novas diretrizes para o ensino primário geraram uma demanda por produção de material didático específico no campo da história. No currículo da formação de professores foi incluída a disciplina "história fluminense" como cátedra autônoma.[28] Analisando os programas anteriores, observamos que já havia a disciplina "corografia do estado do Rio de Janeiro", a qual seguia o programa firmado no século XIX.[29] Apesar de não haver um modelo único de escrita corográfica, esta era composta de aspectos geográficos (clima, relevo, fauna, flora), dados históricos e estatísticos sobre população, educação, receita pública etc.[30] A referência bibliográfica indicava o livro de Clodomiro Vasconcelos, *O estado do Rio de Janeiro*, de 1907.

Em 1924, a administração estadual pretendeu dotar as escolas de um compêndio atualizado sobre o estado, lançando a Lei nº 1.912, que criava um concurso para premiar o melhor estudo de "corografia e história" local e ditava os parâmetros para sua elaboração.[31]

---

[28] Estado do Rio de Janeiro, 1929.

[29] Estado do Rio de Janeiro, 1921 e 1928.

[30] Corografia é a descrição de uma região ou território, com objetivos relacionados à construção do espaço e da história de uma localidade ou país. Está inserida nas preocupações daqueles que se dedicavam a construir a história e a memória nacional. Ver Peixoto (2005).

[31] Pelo seu caráter programático, consideramos interessante transcrever na íntegra o texto da Lei nº 1.912, de 29 de novembro de 1924: "Art. 1º. O Estado premiará com a quantia de 5:000$000, o autor do melhor compêndio sobre corografia e história do estado, devendo a obra obedecer ao seguinte plano: a) ser especialmente didático, evitando comentários e reflexões de ordem pessoal; b) deve ser dividido em pequenas lições, divididas estas, por sua vez, em duas partes, sendo a segunda um desenvolvimento da primeira; c) a parte histórica versará sobre biografia dos fluminenses notáveis, referindo-lhes os atos que possam despertar sentimentos de admiração e justiça. Art. 2º. Tratará, ainda, o compêndio: 1º da posição, limites, superfície, população, aspecto, clima, costa, cabos, baías, pontas, ilhas, portos, montanhas, vales, planícies, rios, córregos, lagoas, canais e penínsulas; 2º dos feriados nacionais e das principais datas que o estado comemora; 3º rápidas notícias sobre religiões e cultos, criação de bispados, seminários e escolas religiosas existentes no estado; 4º governo e autoridades superiores do estado, no Império e na República, suas obras e empreendimentos mais notáveis; 5º brasão e armas do estado do Rio de Janeiro e da cidade de Niterói; 6º resenha histórica do estado, desde o tempo do estabelecimento de Estácio de Sá no Rio de Janeiro; vinda de Martim Afonso; divisão donatária; capitanias — territorio do estado — Império e República; 7° divisão política, judiciária e administrativa, municípios, comarcas e termos; limites, aspecto geral, clima, instrução, lavoura, indústria, imprensa, vultos das ciências, artes e letras; riquezas naturais, edifícios principais, fábricas, produções, repartições públicas, estradas de rodagem, pontes e nave-

A reforma de 1928 não aboliu a corografia, mas retirou dela os aspectos da história do estado, tornando-a disciplina específica. As novas diretrizes também estabeleciam o ensino da história fluminense na escola primária, o que estava de acordo com as diretrizes para o nível elementar, em que se propunha um ensino voltado para as realidades dos educandos.

As novas propostas educacionais geraram uma demanda por publicações específicas sobre o estado, a qual foi atendida pelo mercado editorial. Em 1928, a Francisco Alves encomendou a Clodomiro Vasconcellos uma nova edição de *O estado do Rio de Janeiro*.[32] No ano seguinte, surgiu *Terra fluminense*, de Escragnolle Dória.[33]

A autonomia da história fluminense diante da corografia gerou um movimento de publicação de livros sobre a temática. Houve, assim, a publicação de livros especificamente escolares e de outros estudos sobre a história do estado que subsidiariam os estudos docentes.[34]

No caso da produção didática, foi publicada, ainda em 1928, a primeira história do estado: *História do estado do Rio de Janeiro. Resumo didático para uso nas escolas primárias*, de João Pinheiro Ribeiro, obra que se propõe a ser um manual para as escolas primárias. É um pequeno livro de 55 páginas, divididas em nota introdutória, preâmbulo, 11 capítulos e índice. Os capítulos são pequenos, tendo em média de duas a três páginas. Não há imagens, nem mesmo sugestões de exercícios.

gação; 8º linhas e ramais férreos em tráfego do estado; zonas e localidades a que servem. Art. 3º. Para o efeito da execução da presente lei, o Poder Executivo publicará editais pra o recebimento dos originais até o dia 30 de maio do ano vindouro. Art. 4º. Os originais recebidos serão fulgados por uma comissão de professores, nomeada pelo secretário do Interior e Justiça, devendo o parecer ser dado dentro do prazo de três meses, contados do dia em que forem os originais entregues à comissão. Art. 5º. Aos autores dos originais classificados em segundo e terceiro lugares caberá, respectivamente, o prêmio de 1:500$000. Art. 6º. Esta lei entrará em execução na data de sua publicação, ficando aberto o necessário crédito" (ver Oliveira Júnior, 1929:715-716).

32 Vasconcellos, 1928.

33 Dória, 1924.

34 Entre 1928 e 1929 foram publicados mais quatro livros nesse contexto editorial: Almeida (1929a, 1929b); Forte (1928); Vasconcellos (1928).

Seguindo as orientações da reforma, há uma grande preocupação com a construção textual da narrativa histórica, devendo utilizar-se uma linguagem que envolvesse as crianças:

> Em 1500, doutro lado do Atlântico, já existia um país chamado Portugal, governado por um rei, d. Manuel, que tinha muitos soldados e muitos navios, que percorriam, obedientes aos seus desejos, os mares em busca de países desconhecidos, cheios de riquezas. Certa vez, alguns navios desse rei, comandados pelo almirante Pedro Álvares Cabral, indo para o Oriente, veio ter às costas de uma terra nova, terra cheia de esplendor como até então nenhuma outra descoberta, onde por entre as árvores frondosas, pássaros de penas coloridas cantavam e os frutos doces amadureciam, onde os rios claros regavam a terra fresca e boa, terra habitada por homens de raça estranha, que andavam nus e a quem chamavam índios, que faziam canoas das cascas das árvores grandes e caçavam as onças bravias com flechas longas.[35]

Essa citação está no preâmbulo do livro. Observamos que ela remonta o início da história do estado a acontecimentos europeus: a expansão marítima portuguesa. Salienta-se a ação do rei, que tinha o controle de um sem-número de soldados e de vários navios. Esse marco demonstra que o autor compartilhava a concepção de história vigente, em que a história do Brasil só se iniciava com o advento da civilização europeia no Novo Mundo. Destacar as ações do monarca luso era também aproximar essa narrativa dos contos infantis.

A construção de sua narrativa é pautada pelos marcos da história nacional: o descobrimento, a colonização, o estabelecimento da Corte portuguesa no Brasil, a Independência, o período regencial, o Segundo Reinado e a proclamação da República.

[35] Ribeiro, 1928:13.

Ao abordar o período colonial, o autor destaca a história da capitania da Paraíba do Sul, que compreendia a atual região do norte fluminense, em especial Campos dos Goytacazes. Aqui e ali menciona episódios de outras regiões: o apoio de Arariboia aos portugueses durante a expulsão dos franceses da baía de Guanabara, a fundação de outras cidades, o estabelecimento da economia açucareira e cafeeira etc.

A transmigração da Corte portuguesa, episódio que sinalizava uma nova fase histórica, levou ao desenvolvimento de uma nova vila, Niterói, a qual se tornou capital da província do Rio de Janeiro em 1835. Após traçar a evolução administrativa niteroiense, o livro retoma a cronologia histórica, resumindo as fases da história nacional, indicando algumas participações fluminenses na Independência, no Primeiro Reinado, no período regencial, no Segundo Reinado, na abolição e na proclamação da República.

Instaurado o novo regime, o autor relaciona os presidentes do novo estado do Rio, desde Francisco Portela, em 1890, até Manuel Duarte, que o governaria até 1931. João Pinheiro Ribeiro aí destaca o episódio da "revolta da armada", em que Niterói se tornou a "cidade invicta", resistindo às investidas dos revoltosos liderados por Saldanha da Gama.

O último capítulo é dedicado ao "estado do Rio de hoje". Ao iniciá-lo, o autor exorta as crianças a não sentirem vergonha do seu torrão:

> Alguns espíritos maldosos, ou ignorantes, constumam afirmar que o estado do Rio está em decadência. Os meninos que ouvirem tal coisa devem reagir conscientemente, cheios de fé e de orgulho, fora do temor de qualquer contestação, pois o estado do Rio em nada perdeu do seu grande valor no conjunto federativo. No passado foi o estado-chefe e da sua lavoura saiu o cerne, a medula da economia e da riqueza nacionais com a lavoura cafeeira, que faz a riqueza e a grandeza do Brasil novo. Muitas terras, muitas cidades decaíram é verdade, porque as terras cansam e as cidades obedecem, como os seres, aos ciclos vitais, mas novas terras, exuberantes e ubérrimas, surgiram e até hoje

> o estado do Rio detém o recorde da mais importante produção nacional tomando do grandioso estado de São Paulo o centro da realeza cafeeira, pois as estatísticas demonstram cabalmente a supremacia de produção dos municípios fluminenses de Itaperuna e Santo Antônio de Pádua, sobre qualquer município paulista, ainda que o estado do Rio não conte com os benefícios incomparáveis que as terras roxas de São Paulo permitem à lavoura cafeeira deste estado.[36]

A partir daí o autor relaciona dados que comprovavam a prosperidade do estado, tanto no que tange à produção econômica quanto à infraestrutura que lhe proporcionava o crescimento: a produção agropastoril e industrial, a rede de transporte, a geração de energia, os trabalhadores, a densidade populacional. Ressalta, também, os valores intelectuais locais, relacionando 35 literatos, juristas, diplomatas, poetas e cientistas, bem como as ações da administração de Manuel Duarte no campo educacional. Eis sua avaliação da gestão Duarte:

> Isto é incontestavelmente, e deve ser, a melhor promessa, senão a maior garantia, de que o estado do Rio será grande no futuro como foi no passado e como tem sido no presente, dentro de qualquer expressão que observemos na federação brasileira. As crianças devem, pois, estudar muito, para que um dia, quando adultos, possam colaborar eficiente e orgulhosamente na prosperidade do estado fluminense e, portanto, para maior grandeza do nosso inigualável e amado Brasil.[37]

O livro de João Pinheiro Ribeiro foi o primeiro livro a atender a demanda gerada com a reforma de 1928. Foi um livro feito no calor da hora, como atesta o autor:

---

[36] Ribeiro, 1928:47-48.

[37] Ibid., p. 52.

> Esta é a primeira história do estado do Rio que se publica; foi escrita no curto período de dois meses, no intuito de satisfazer o programa do ensino primário fluminense, que se ressentia da falta do mais elementar compêndio. Dada a dificuldade de documentação e escassez de tempo, é de se prever algumas lacunas; portanto, será obra meritória qualquer crítica no sentido de preenchê-las.[38]

Sendo a primeira obra escrita sobre a região, simbolicamente arvorava-se de um endosso oficial. Para tal estampava, na capa, o brasão de armas do estado e era dedicada a Manuel Duarte.

Com a justificativa acima o autor desculpava-se das falhas presentes no livro.[39] A estratégia de construção de uma narrativa cronológica ficou comprometida com a inserção de capítulos temáticos que retrocediam e/ou avançavam no registro dos dados temporais, levando algumas vezes à ausência de elos de ligação entre os capítulos.

O desconhecimento e a escassez bibliográfica sobre o estado levaram-no a lançar mão, quase que exclusivamente, de *A terra goytacá*, de Alberto Lamego, embora não a citando explicitamente.[40] Essa obra, composta de oito volumes, começou a ser publicada em 1913, quando veio a lume o primeiro volume. Os dois seguintes surgiram em 1924 e 1925, e os demais na década de 1940. Assim se explica a quase identificação da história fluminense à história da capitania da Paraíba do Sul.

Por outro lado, quando não dispunha de dados locais, o autor utilizava os marcos da história nacional como elos de construção da história do es-

[38] Ribeiro, 1928:11.

[39] No julgamento de Ribeiro (1929:4), a *História fluminense*, de Antônio Figueira de Almeida, era uma obra de valor para a escola primária. Diferentemente do livro de Ribeiro: "cumpria para esse objetivo adotar um livrinho adequado à inteligência infantil e que ao mesmo tempo fosse escoimado de erros e lacunas. Parece que um compêndio por João Pinheiro Ribeiro, escrito com alguma precipitação, acusava numerosos defeitos, talvez sanáveis, em mais cuidadosa revisão".

[40] Lamego, 1913-1947.

tado. Mas não era só isso. A história pátria não era apenas uma estratégia de suprir vazios de informação, pois era tida como a propulsora de eventos locais: o estabelecimento de d. João VI levou à criação da Vila Real da Praia Grande e da colônia de Nova Friburgo; nas regências, destacou-se a ação de Caxias na manutenção da integridade territorial do país; nas questões abolicionista e republicana, destacaram-se Carlos de Lacerda, José do Patrocínio, Silva Jardim e Benjamim Constant.

Apesar de não termos encontrado dados biográficos do autor, podemos observar que sua obra compartilhava dos valores expressos no período pela Renascença Fluminense e pela reforma da instrução. A história construída, remontando aos tempos do descobrimento, levava ao tempo presente (1928) e esforçava-se para demonstrar a importância do estado na construção da história nacional, ao mesmo tempo em que se construía uma imagem de progresso e prosperidade. Por outro lado, expressava a crença de que o aluno/leitor é agente no processo de construção dos novos tempos e de que isso só é possível através da educação.

Capítulo 20

O presente como questão: a República nas histórias do Brasil de João Ribeiro (1860-1934) e a proposição de uma "ética da atualidade"*

MARCELO MAGALHÃES

REBECA GONTIJO

Não passei além da proclamação da República (1889); os sucessos são ainda do dia de hoje e seria prematuro julgá-los em livro destinado ao esquecimento das paixões do presente e à glorificação da nossa história.
(João Ribeiro, 1900)

A epígrafe é o último parágrafo da introdução do livro *História do Brasil — curso superior*, de João Ribeiro, publicado pela primeira vez em 1900 e destinado ao uso no ginásio e nas escolas normais. No mesmo ano, foram lançadas outras duas versões da obra, para os cursos primário e médio.

A recepção da versão para o curso superior foi um sucesso, ultrapassando o público escolar. Nas palavras de Patrícia Hansen (2000:9),

> A recepção entusiasmada do livro entre a elite intelectual acabaria por promover a inclusão de João Ribeiro, por vários autores, no rol

* Agradecemos a Luís Reznik e Helenice Rocha pela leitura atenta deste texto e pelas valiosas sugestões.

de nossos grandes historiadores, e sua consagração se daria pelas várias apropriações de seu texto, citado nas obras de alguns dos maiores intérpretes da sociedade brasileira, como Euclides da Cunha e Gilberto Freyre.

Professor, jornalista, historiador, crítico e filólogo, João Ribeiro, à época da publicação de seus livros, pertencia aos quadros do Ginásio Nacional, novo nome do antigo Colégio Pedro II[1] — onde ocupava a cadeira de história da civilização e história do Brasil e, posteriormente, a de história universal — e da Academia Brasileira de Letras (ABL). Em 1915, entrou para o Instituto Histórico e Geográfico Brasileiro (IHGB), tendo sido recebido por Ramiz Galvão, que lamentou a sua presença tardia nos quadros da instituição.

Para além desses lugares de produção de saber e de consagração intelectual, João Ribeiro também frequentou outros ambientes. Em 1895, realizou sua primeira viagem à Europa. De acordo com seu biógrafo Múcio Leão (1962), sua preocupação principal era fazer um curso de pintura e aprender a olhar a paisagem. Passou o tempo entre a Alemanha e a Itália.[2] Sua atividade jornalística foi iniciada por volta da década de 1880, como crítico de artes, mas, ao longo do tempo, notabilizou-se como ensaísta. Notório admirador da cultura alemã, publicou uma série de estudos sobre Goethe, além de ter traduzido um conjunto de poesias e contos alemães.[3]

Ribeiro tornou-se sócio do IHGB devido, em grande parte, ao significativo sucesso de seu manual escolar, na versão destinada ao curso superior. A edição apresentava composições tipográficas diferentes (com tipos

---

1 O Colégio Pedro II, fundado em 1837, foi renomeado na República, em 1891. Ver Andrade (1999).

2 João Ribeiro ainda retornaria à Europa em duas ocasiões, em 1901 e 1913.

3 As traduções foram reunidas no volume *Versos*, publicado em 1895. Também traduziu contos alemães reunidos no livro *Crepúsculo dos deuses*, de 1931. Os estudos sobre Goethe compõem o livro *Obras filológicas*, de 1932.

maiores ou menores, com ou sem recuo), para distinguir o texto destinado aos alunos daquele endereçado aos professores. Na verdade, pode-se dizer que são dois livros em um, apresentados de forma indissociável. Na parte destinada aos professores "estavam as explicações, as 'causas' ou 'princípios gerais' de fenômenos históricos, e também questões relacionadas à crítica histórica".[4] A parte destinada aos alunos possuía a descrição dos "fatos".

O autor, ao longo de sua carreira no Ginásio Nacional, escreveu diversos livros escolares: *História antiga* (1892); *História do Brasil — curso primário* (1900); *História do Brasil — curso médio* (1900); *História do Brasil — curso superior* (1900); *História universal* (1918); e *História da civilização* (1932). Além desses livros, publicou gramáticas da língua portuguesa. Seus escritos, em grande parte, foram publicados por Francisco Alves, editor que, na primeira década republicana, ocupava lugar de destaque no mercado editorial de livros escolares.[5]

Na introdução, intitulada "Do auctor", Ribeiro deixa claro que *História do Brasil — curso superior* não era mais um livro sobre o tema, pois suas pretensões eram maiores. O manual escolar é apresentado por meio de uma discussão historiográfica, explicitando o lugar do livro entre os demais produzidos sobre a história do Brasil. Vejamos como Ribeiro atribuiu à sua própria obra um lugar de destaque na historiografia brasileira:

> Do sentido em que se deve tratar a história interna, von Martius deu apenas indicações vagas e inexatas, mas caracterizou a multiplicidade de origens e de pontos de iniciação no vasto território; *sem embargo da contestação de alguma crítica menos bem informada, fui o primeiro a escrever integralmente a nossa história segundo nova síntese. Ninguém, antes de mim, delineou os focos de irradiação da cultura e civilizamento do país; nenhum dos nossos historiadores ou cronistas seguiu outro caminho que o da cronologia e da*

[4] Hansen, 2000:58.

[5] Hallewel, 1985.

sucessão dos governadores, caminho seguro mas falso em um país cuja história se fazia ao mesmo tempo por múltiplos estímulos em diferentes pontos.[6]

Extraído da nona edição do livro, publicada em 1920, o trecho acima não estava presente na primeira edição, de 1900.[7] Entre o seu lançamento e a nona edição supostamente ocorreu a consagração do livro e de seu autor, e este, a partir de algum momento, difícil de identificar, passou a apresentar-se como "o primeiro a escrever integralmente a nossa história segundo nova síntese".

Ao lembrar Karl Friedrich Philipp von Martius, vencedor do concurso promovido pelo IHGB, em 1844, acerca de como se deve escrever a história do Brasil, o trecho permite traçar um paralelo entre dois iniciadores de tradição historiográfica, ambos preocupados, cada qual à sua maneira, com a escrita de uma história interna.[8]

A introdução, em grande parte, manteve-se a mesma da primeira edição, excetuadas as inserções em que, tal como no trecho citado, o autor frisa o grau de inovação contido na obra. Desde 1900, João Ribeiro chamava a atenção para o fato de que os livros de história não se preocupavam com o Brasil interno, construindo narrativas focadas nos "movimentos da administração e [nos movimentos] da represália e da ambição estrangeira". Prevalecia a história administrativa, com destaque para as batalhas travadas contra estrangeiros, a exemplo da invasão holandesa e do domínio espanhol. Como contraponto, entender a história do Brasil exigia uma virada para o interno, para "suas feições e fisionomia própria". Em suas palavras, "o Brasil, o que ele é, deriva do colono, do jesuíta e do mameluco, da ação dos índios e dos escravos negros".[9]

É interessante observar que, no início do século XX, Capistrano de Abreu (1853-1927) publicou *Capítulos de história colonial* (1907), obra que

---

[6] Ribeiro, 1920:23 (grifos nossos).

[7] O trecho citado estava presente desde a terceira edição, de 1908.

[8] Sobre Martius, ver Guimarães (1988); Kodama (1998).

[9] Ribeiro, 1920:21.

também apresenta uma releitura da história do Brasil, com destaque para o povoamento do interior (do sertão). Algum tempo antes, em 1880, Capistrano chegara a escrever sobre a necessidade de produzir duas histórias do Brasil: uma íntima (interna) e outra externa. A primeira deveria "mostrar como aos poucos se foi formando a população, devassando o interior, ligando entre si as diferentes partes do território, fundando indústrias, adquirindo hábitos, adaptando-se ao meio e constituindo por fim a nação". A segunda deveria se ocupar de tratar o Brasil como colônia portuguesa.[10]

Voltar-se para a história interna permitiu-lhe criticar o fato da excessiva presença da ação dos governos e da administração na historiografia e nos livros didáticos. Presença que, para João Ribeiro, tornava difícil entender os elementos que "entraram na composição do Brasil". Ao criticar a história da administração, da ocupação territorial e das batalhas, o autor certamente estava contrapondo-se à história produzida sob a inspiração da obra *História geral do Brasil* (1854-56), escrita por Francisco Adolfo de Varnhagen, visconde de Porto Seguro.[11] A obra de Varnhagen servira de base para o manual escolar de Joaquim Manuel de Macedo intitulado *Lições de história do Brasil* (1861), adotado durante anos no Imperial Colégio de Pedro II, onde o autor lecionava.[12] A presença de Varnhagen na história ensinada no colégio era tão forte que Capistrano de Abreu, ao entrar para a instituição em 1883, declarou ser preciso "quebrar os quadros de ferro" que aprisionavam a história do Brasil.[13] Talvez, em parte, o livro de João Ribeiro tenha desempenhado o papel proposto por Capistrano.

Retornando à epígrafe, ela parece manifestar um interdito. Ribeiro termina a introdução do livro *História do Brasil — curso superior* afirmando que

[10] Ver Abreu (1976a). Sobre Capistrano de Abreu e *Capítulos de história colonial*, ver, por exemplo, Vainfas (1999); Pereira (2002).

[11] Cabe chamar a atenção para a influência dessa obra de Varnhagen no ensino de história. Segundo Wehling (1999:212-219), essa influência pode ser notada até a década de 1960.

[12] Ver Mattos (2000).

[13] Abreu, 1977:130.

não poderia tratar de assunto submetido à ordem do presente: "não passei além da proclamação da República". O motivo alegado para não ir além foi a proximidade temporal em relação aos acontecimentos: "os sucessos são ainda do dia de hoje". Proximidade que impediria "julgá-los em livro destinado ao esquecimento das paixões do presente e à glorificação da nossa história".[14]

O objetivo traçado, e considerado impossível, é julgar os sucessos "do dia de hoje" sem paixão. O historiador é apresentado como um juiz cujo dever é assumir uma atitude de imparcialidade. Como observou Maria da Glória Oliveira (2006), o historiador conserva algo daquilo que na Grécia antiga era definido como *hístor*, na medida em que assume a função de elaborar o julgamento "mais reto", pondo fim a querelas. A autoridade do historiador como juiz decorre do uso de recursos retóricos (da palavra) e de sua capacidade investigativa, articuladas de modo a "fazer ver" as razões de uma disputa.[15] Contudo, esse objetivo é visto por João Ribeiro como impossível, devido à proximidade dos acontecimentos que marcaram o início do novo regime. Diante deles parecem predominar uma recusa — o autor não quer ser testemunha — e uma crença: a de que não é possível ser historiador do presente.

Na historiografia oitocentista, o par imparcialidade/objetividade aponta para a necessidade de certo distanciamento temporal entre o objeto a ser estudado e o investigador. No século XIX, os historiadores ditos "positivistas" confundiam a história com o passado, interditando a história do presente devido a essa proximidade. Além disso, alguns consideravam que

---

14 Ribeiro, 1920:24.

15 Segundo Hartog (1999), a função do hístor na Grécia antiga está ligada a duas situações. A primeira é aquela em que o *hístor* assume a função de "testemunha", prevalecendo a autoridade daquele que sabe por ter visto. Na segunda situação, o hístor, não sendo testemunha ocular, assume a função de árbitro capaz de resolver questões e disputas. Nesse caso, prevalece a autoridade daquele que é capaz de "fazer ver" o que acontece no momento da disputa. Essa autoridade advém da prática da investigação e do uso de recursos retóricos.

a gigantesca massa documental disponível à história do presente tornava impossível a operação de crítica documental.[16]

Como observou Temístocles Cezar (2004:62), no Brasil oitocentista as experiências de escrita da história do Império, ou seja, do presente, não foram muitas. Contudo, é possível detectar a existência de uma "história do tempo presente malograda" e outra, bem-sucedida. Começando por esta última, lembramos o caso da *Memória historica e documentada da revolução da província do Maranhão*, de Gonçalves de Magalhães, analisada por Cezar. O trabalho recebeu medalha de ouro do IHGB em 1847 e foi publicado antes que o imperador Pedro II apelasse aos membros do instituto para que escrevessem uma história de seu próprio tempo, em 1848. Focalizando a conjuntura na qual vivia e reconhecendo seu caráter transitório e instável, Magalhães propôs submeter o tempo que decorria a uma ordem, distinguindo um passado que não pertencia inteiramente aos homens do presente (as instituições são uma herança *estrangeira*) e um presente que era a própria transição. Consciente dessa diferença entre o passado e um presente que se move rapidamente, esse "filósofo-historiador" fez a história do presente almejando esclarecer o futuro. Mas, como observou Cezar (2004:72),

> Dominar um tempo próximo, estabelecer suas dimensões verticais, mostrar que a característica elementar da *transição* é exatamente o fato

[16] A esse respeito, ver síntese em Noiriel (1998:7-29). Esse autor chama a atenção para a relação entre o desprezo pela história contemporânea no século XIX e a crescente profissionalização dos historiadores, que justificam seu ofício com base em competências eruditas e no uso de um método científico aplicado, sobretudo, às fontes do passado antigo e medieval. A maioria dos historiadores recrutados pelas universidades europeias no século XIX era especialista em história antiga e medieval. Esses historiadores afirmam sua especialidade distinguindo-se dos amadores, cujas obras, em grande parte, dedicavam-se à história contemporânea (notadamente política, *événementielle*) e à vulgarização. Além disso, é notável a existência de uma disputa política entre eles, e muitos dos historiadores que, no caso da França, apoiavam a república eram estudiosos da história antiga e medieval, ao passo que os historiadores do contemporâneo tornaram-se conhecidos por seu conservadorismo. De acordo com Noiriel, a história contemporânea só se constituiria como domínio autônomo de pesquisa ao longo da primeira metade do século XX.

> que se passa de um momento a outro, de uma concepção política a um mundo aberto, iluminado pela história, é uma tarefa pesada.

Embora a preocupação presentista tenha tido lugar no IHGB, nem sempre foi bem recebida. Em 1863, um dos membros do instituto, Felizardo Pinheiro de Campos, apresentou um plano de escrita da história do presente que deveria conter os "fatos políticos, morais e religiosos importantes do governo à época". A comissão de história do instituto avaliou que aquele que assume a tarefa de escrever sobre os fatos da história contemporânea é um "juiz mais ou menos suspeito e, portanto, incompetente para desempenhar cabalmente a empresa difícil a que se arroja".[17] Sendo ator da história de que procura dar conta, esse historiador escreve um pouco da própria história, o que seria um obstáculo à imparcialidade. Considerado inconveniente, o plano foi recusado.

Outro caso é o da *História da Independência* de Varnhagen, obra póstuma, publicada em 1916. Além disso, na *Revista do IHGB*, Cezar localizou vários trabalhos sobre o período contemporâneo, o que lhe permitiu concluir que:

> quando um problema de história imediata se coloca, quer dizer, quando ele adquire legitimidade que lhe permita ser reconhecido no lugar de onde ele emerge, as regras de produção dessa história são as mesmas que aquelas utilizadas para representar o passado: em princípio, pesquisas feitas a partir de fontes rigorosas e de um narrador objetivo.[18]

A especificidade da história do presente refere-se à abundância de fontes, que exige maior trabalho de seleção, e à questão da objetividade, posta em xeque diante de testemunhas vivas, sempre prontas a contestar as interpretações do historiador. Ainda de acordo com Cezar, quando o historiador do

---

[17] Apud Cezar, 2004:62.

[18] Cezar, 2004:68.

contemporâneo narra um episódio muito próximo, ele o faz em nome de certo "dever de memória", ou a partir do pressuposto de "responsabilidade do historiador", que começou a ser formulado no século XIX.[19]

De certo modo, o período republicano, instaurado há pouco mais de uma década quando da primeira edição da *História do Brasil* (1900), era entendido por João Ribeiro como tema interditado, prevalecendo a busca do "esquecimento das paixões do presente". É possível encontrar o mesmo esforço de distanciamento das paixões políticas no livro de Alfredo D'Escragnole Taunay e Dicamôr Moraes (1953) intitulado *História do Brasil*. Os autores introduzem o último capítulo da seguinte forma:

> Alguns dos fatos a seguir, objeto de sucinta apreciação, só poderão sê-lo em seus aspectos gerais, dada a proximidade de sua ocorrência. Ao apreciá-los, segundo esse critério, cumpre-se um preceito estipulado pela ciência histórica, de vez que esta exige o decurso de 30 ou pelo menos 20 anos para que um acontecimento possa ser desapaixonadamente analisado. Nessas condições, os fatos atuais devem ser apenas registrados e, quando muito, pode-se tentar descobrir-lhes as tendências.[20]

Paixão é a palavra forte tanto no livro de 1900 quanto no de 1953. Os autores de ambos os livros rejeitam a presença dela na escrita da história, ao menos na escrita da história escolar.[21] Após 50 anos da primeira edição do livro de João Ribeiro, percebe-se que Taunay e Moraes ainda nutrem forte convicção sobre a necessidade do distanciamento para se construir conhecimento histórico, o que implica reafirmar a permanência do interdito sobre o estudo do presente, ao menos no caso desses autores.

---

[19] Ibid., p. 69.

[20] Taunay e Moraes, 1953:199.

[21] Um dos poucos autores a criticarem essa postura objetivista, que recusa a existência de paixões e interesses na escrita da história, foi Manoel Bomfim, autor de *A América Latina: males de origem* (1903). Pare ele, cabe ao cientista, assim como ao historiador, explicitar as paixões e interesses que o orientam. Sobre Manoel Bomfim e sua crítica da historiografia brasileira, ver Gontijo (2003).

Contudo, é interessante observar a existência de uma preocupação presentista no autor analisado, em meio ao consenso geral que associa a história ao passado. Supostamente, essa preocupação presentista manifesta-se, sobretudo, em escritos que podem ser definidos como efêmeros: artigos publicados em jornais, correspondências e manuais escolares.[22] Mas, como passar de testemunha a historiador no início da República, quando muitos daqueles que escreviam a história eram, também, intelectuais engajados no processo da abolição e da proclamação? Como recusar a história do presente, considerando a importância pedagógica da mesma para o ensino da história?

Livros didáticos: efemeridade e permanência

Antes de analisar a história do presente encontrada nos livros didáticos de João Ribeiro, cabe recuperar alguns aspectos formais dessas obras no período em questão. Por exemplo, no final do século XIX e início do século XX, as capas dos livros didáticos de história do Brasil eram ricas em informações sobre os autores e as obras. Sobre os autores, quase sempre havia uma pequena nota biográfica que os qualificava — por exemplo, João Ribeiro (1900), "da Academia Brasileira"; Alfredo Balthazar da Silveira (1924), "professor da Escola Normal"; Pedro do Coutto (1923), "do Colégio Pedro II"; Joaquim Maria de Lacerda (1919), "membro da Arcádia Romana"; Osório Duque-Estrada (1930), "da Academia Brasileira; professor da Escola Normal; inspetor federal do Liceu de Humanidades de Campos; membro honorário da Sociedade Acadêmica de História Internacional, de Paris; sócio correspondente do Instituto Histórico e Geográfico de Pernambuco; do Instituto Histórico do Ceará etc.". Registrar a experiência docente e a vinculação a academias literárias ou científicas era algo necessário para referendar a obra e o autor, conferindo-lhes au-

---

[22] Angela de Castro Gomes (2005) analisou alguns desses escritos efêmeros.

toridade por sua ligação com determinados lugares de produção e instâncias de consagração.[23]

Sobre a organização das obras — escolha dos conteúdos e forma de abordá-los —, havia a indicação de que as mesmas seguiam os programas oficiais de ensino, ou eram adotadas por alguma instituição de ensino e/ou municipalidade. Por exemplo, o livro *Epítome da história do Brasil*, de Alfredo Moreira Pinto, traz indicado na capa da terceira edição, de 1892: "escrito de acordo com o programa oficial"; *História do Brasil*, de João Ribeiro, na capa da nona edição, de 1920: "adotado no Colégio Pedro II"; *Noções de história do Brasil*, de Osório Duque-Estrada, na capa da sétima edição, de 1930: "obra oficialmente adotada nas escolas primárias do Distrito Federal", e assim por diante. A relação entre o livro didático e os programas oficiais de ensino é difícil de ser avaliada, mas é importante destacar que várias obras indicavam seu vínculo com tais programas em suas capas e folhas de rosto, o que parece ser um indício do reconhecimento do Estado como instância de legitimação capaz de contribuir para a difusão da obra por todo o território nacional.

Os programas nada mais eram do que uma listagem dos conteúdos a serem ensinados nas escolas. Os livros, para serem adotados e obterem sucesso como literatura didática, precisavam seguir os conteúdos estabelecidos nos programas. Além disso, trazer na capa a informação de que o volume era adotado por uma instituição de ensino de renome, como o Colégio Pedro II, ou por uma municipalidade, como o Distrito Federal, era considerado sinal de que a obra era de boa qualidade.

As capas dos livros informavam igualmente o número da edição e se esta havia sido revisada ou atualizada. Assim, *História do Brasil — curso superior*, de João Ribeiro, de 1920: nona edição "revista e melhorada"; *Lições de*

[23] Remetemos-nos aqui à reflexão de Certeau (1982:67) sobre a operação historiográfica e seu vínculo com um lugar social de produção que permite ou torna possível determinado discurso sobre o passado. Nas palavras do autor, "é em função do lugar que se instauram os métodos, que se delineia uma topografia de interesses, que os documentos e as questões, que lhes serão propostas, se organizam".

história do Brasil, de Joaquim Manoel de Macedo: "edição revista e atualizada de 1914 até 1922 pelo professor Rocha Pombo".[24]

Antonio Augusto Gomes Batista (1999) chamou a atenção para a efemeridade da literatura didática, considerando o constante processo de revisão e atualização da mesma, devido, entre outras coisas, a mudança nos programas oficiais de ensino. Daí, talvez, a impressão de que os livros didáticos são obras abertas, porquanto passíveis de constantes ampliações e modificações de conteúdo. Ao mesmo tempo, observamos outra faceta dos livros didáticos e programas oficiais: embora estejam sempre abertos à revisão de conteúdo, a perspectiva que os orienta pode perdurar por longo tempo, para além das mudanças historiográficas. Apesar dessa contradição inerente aos materiais didáticos, dir-se-ia que o livro didático pode ser ao mesmo tempo *efêmero*, por estar sujeito à atualização constante dos conteúdos, incorporando o tempo presente, próximo das experiências vividas pelos alunos, e *permanente*, pois os pressupostos do programa que o orienta têm ligação direta com uma cultura escolar que se mantém por longo tempo.

Dito isso, vejamos como o presente tem lugar numa história destinada ao público escolar e como, por meio dessa história, aquele que a escreve deixa de lado o papel de testemunha do presente e constrói sua identidade como historiador.

A República em *História do Brasil — curso superior*

Inicialmente, o tratamento que João Ribeiro dispensou ao tema da república será aqui examinado em duas edições do livro *História do Brasil — curso superior*: a segunda, de 1901, e a nona, de 1920. O objetivo é perceber as transformações ocorridas no texto ao longo do tempo, relativas ao modo de lidar com o tempo presente.

---

[24] Macedo, s.d.

A primeira edição foi publicada em 1900, data em que se comemorou o quarto centenário do descobrimento do Brasil; e a segunda, no ano seguinte. Com 399 páginas, a edição de 1901 é de pequeno formato: 12 cm de largura por 17 cm de altura. Além dos capítulos, inclui um prólogo de Tristão de Alencar Araripe Júnior, intitulado "João Ribeiro. Filólogo e historiador"; a introdução escrita para a primeira edição e intitulada "Do Auctor"; uma sinopse cronológica; e uma bibliografia. Diferentemente da edição dedicada às escolas primárias, ela não traz nenhuma ilustração.

Ribeiro organizou o livro em nove partes, divididas em vários capítulos. O índice geral contém: I. *O descobrimento* (11 capítulos); II. *Tentativa de unidade e organização da defesa* (seis capítulos); III. *Luta pelo comércio livre contra o monopólio* (11 capítulos); IV. *A formação do Brasil. A) A história comum* (14 capítulos); V. *A formação do Brasil. B) A história local* (dois capítulos); VI. *Definição territorial do país* (dois capítulos); VII. *O espírito de autonomia* (quatro capítulos); VIII. *O absolutismo e a revolução — República e Constituição* (quatro capítulos); IX. *O Império. Progressos da democracia* (oito capítulos). Ao todo, são 62 capítulos.

Pelo título geral do livro, assim como pelos das partes que o compõem, percebe-se o grau de inovação nele presente, afirmado por Ribeiro em sua própria introdução. Ao optar pelo título de *História do Brasil*, o autor procurou diferenciar-se dos dois manuais escolares anteriormente adotados no Colégio Pedro II, ambos intitulados *Lições de história do Brasil*: o de Joaquim Manoel de Macedo (1861) e o de Luiz de Queiroz Mattoso Maia (c. 1880). Como o próprio título indica, o conteúdo desses manuais era distribuído em "lições", cuja extensão variava de acordo com a importância atribuída ao assunto por seus autores. No caso, ambos privilegiavam os temas políticos e administrativos, ordenados linearmente.[25]

O fato de o livro de Ribeiro não se organizar em "lições", mas sim em divisões e subdivisões — que identificamos como partes e capítulos —, já aponta para uma diferenciação em relação aos anteriores. Apesar de alguns

[25] Hansen, 2000:68.

capítulos se aproximarem das antigas lições, é possível concordar com a observação de Hansen, para quem, no conjunto, tais partes possuíam um sentido próprio. Numa breve análise do índice, logo chamam a atenção as partes IV e V, ambas intituladas "A formação do Brasil", com subtítulos diferentes: "A história comum" e "A história local", respectivamente. Tais partes ocupam 128 das 399 páginas do livro, quase um terço do total. A República aparece no oitavo capítulo da última parte, intitulada, mais uma vez, "O Império. Progressos da democracia". Antes dela, sete capítulos: "A Independência"; "A Constituinte"; "A Abdicação"; "Sete de Abril. Evaristo da Veiga"; "A Regência"; "O Segundo Reinado"; e, por fim, "A Guerra do Paraguai". A instauração do novo regime é tratada junto com o tema da emancipação dos escravos, sendo o capítulo intitulado "A abolição e a República". Na verdade, o capítulo trata quase que exclusivamente do processo que culminou na abolição da escravidão no Brasil.

Apenas para mostrar o peso do processo de emancipação no último capítulo do livro, vale lembrar um recurso de diagramação utilizado na edição *História do Brasil. Adaptada ao ensino primário e secundário por João Ribeiro*, publicada em 1900 pela Livraria Cruz Coutinho: as páginas do livro traziam no cabeçalho referência aos títulos dos capítulos. No caso do oitavo capítulo, cujo teor do texto era idêntico ao da segunda edição do *Curso superior*, o cabeçalho se referia apenas à abolição, e não à República.

Com o foco na abolição, o capítulo se inicia afirmando que d. Pedro II sempre pregou para seus ministros a necessidade de tomar medidas que visassem emancipar os escravos. A política adotada pelo imperador foi a emancipação gradual, exemplificada pela Lei do Ventre Livre, de 1871, a qual, com o tempo, acabaria com a escravidão. Porém, Ribeiro lembra que, apesar da lei de 1871, os "exaltados" continuaram com a campanha pela abolição, por meio da criação de partidos abolicionistas. Tal campanha surtiu efeito em 1888, quando a princesa Isabel aboliu a escravidão no Brasil. Para o autor, isso colaborou para a queda do regime monárquico, pois os senhores de terra que apoiavam o regime ficaram descontentes. Muitos deles passaram para o partido republicano, enquanto outros ficaram indiferentes aos ataques às instituições monárquicas. Senhores descontentes, membros do Exército e a imprensa republicana aprofundaram a crise política e derrubaram o regime.[26] O autor dedica apenas quatro parágrafos ao regime que se instaurava:

> A república, era já [...] uma aspiração antiga do povo genuinamente nacional. Ao passo que a *monarquia* era uma transação e o triunfo moral da conciliação entre portugueses e brasileiros, a república, que seria o triunfo exclusivo dos nativistas, já no segundo reinado podia ser uma aspiração política universal, menos partidarista e sem a eiva que caracterizava, em tempos passados, os seus primórdios. A monarquia havia feito baquear o regime colonial e contribuíra assim para dissipar o velho e estreito antagonismo.
>
> Entretanto ainda os eixos amortecidos da mesquinha tradição, uma ou outra vez se avigoraram aos primeiros passos do novo regime, mas baldou-os o desprezo da opinião.
>
> Toda a América era republicana e a exceção que era a monarquia não se justificava por nenhuma excelência.
>
> Na sua história mais recente, a aspiração democrática renasce com a fundação do Clube Republicano e a criação do órgão *A República* (1871), onde se reúnem vários elementos liberais da política monárquica. A abolição (1888) *é o último golpe. Não fossem, porém, as origens militares da república, a paz do primeiro momento seria talvez perturbada,*

[26] É interessante contrastar a interpretação de João Ribeiro sobre o processo da abolição com aquela apresentada por Capistrano de Abreu no artigo "O Brasil no século", publicado em 1900. Tal artigo que chama a atenção por ser um raro escrito sobre a história do presente elaborado por um historiador que se destacava por estudar os séculos XVI e XVII. Sobre a questão da abolição, Capistrano, após rever as mudanças na legislação sobre a escravidão, defende que a entrada em cena dos escravos, "por êxodos consideráveis das fazendas", determinou o fim do cativeiro. Ou seja, a eficácia da ação dos escravos aboliu a escravidão "sem resistência", e "ano e meio depois caía a monarquia". Ver Abreu (1976b:96).

mas seria incomparavelmente maior e mais sólida a simpatia imediata da opinião.[27]

Na nona edição do *Curso superior*, de 1920, o trecho acima grifado foi substituído por uma assertiva mais vigorosa acerca do advento da República. Nas palavras de Ribeiro (1920:456), "a abolição (1888) deu-lhe extraordinário vigor e foi o último golpe. A república é a forma política definitiva". O tema da república aparece inserido no processo que levou ao fim o império. Logo, não é por acaso que os parágrafos finais da última parte do livro, intitulada "O Império. Progressos da democracia", foram dedicados ao novo regime. Ribeiro claramente associou a república à democracia. Além disso, a monarquia era vista, por vezes, como um interregno. Como fez questão de lembrar o autor, "a América era republicana e a exceção que era a monarquia não se justificava por nenhuma excelência". A trajetória da república no Brasil foi deixar de ser uma bandeira apenas nativista para passar a ser compartilhada por todos, "uma aspiração política universal".[28]

A República em *História do Brasil. Edição das escolas primárias*

Se em *História do Brasil — curso superior* João Ribeiro apresentou algumas restrições à abordagem da república, o mesmo não aconteceu em seu livro dedicado ao ensino primário. O presente passou a ser enfrentado de forma mais direta. Vejamos como o livro voltado para as escolas primárias tratou do tema.

História do Brasil. Edição das escolas primárias, publicado pela Livraria Francisco Alves em 1900 em segunda edição, traz em suas primeiras páginas uma breve "Advertência", em que João Ribeiro explica por que separou seu livro

[27] Ribeiro, 1901:386 (grifos nossos).

[28] Ribeiro, 1901:456.

original em duas edições, uma voltada para a infância e outra para os cursos superiores, entre os quais as escolas secundária e normal. O autor atribui ao "conselho de vários professores" a decisão de separar as edições, cabendo ao livro voltado para as escolas primárias, sem grandes modificações, o texto apresentado em letra de tipo maior na primeira edição. Diz, também, ter apenas corrigido erros de impressão e acrescentado pequenas informações. Apesar de dedicado à infância, o livro, segundo ele, não faz uso de uma linguagem infantil, mas procura ser claro, sem "afetação pedagógica".

O livro compõe-se de 23 capítulos, uma introdução e uma cronologia. Os últimos três capítulos são dedicados ao período do Segundo Reinado: "XXI. Tempos do segundo imperador (d. Pedro II)", "XXII. A Guerra do Paraguai" e "XXIII. A República". Destes capítulos, coube àquele dedicado à Guerra do Paraguai o maior número de páginas: nove, restando duas para o capítulo anterior e duas para o dedicado à República.

Além do texto, o livro contém ao todo 16 gravuras, quatro delas dedicadas ao Segundo Reinado: d. Pedro II (gravura nº 12); duque de Caxias (nº 13); general Osório (nº 14); e marechal Deodoro da Fonseca (nº 15). Junto com tais personagens aparecem outros estampados no livro, entre eles Pedro Álvares Cabral, Maurício de Nassau, Henrique Dias, padre Antonio Vieira, José Bonifácio e d. Pedro I.

O autor, na legenda da gravura de Deodoro da Fonseca, atribui-lhe o epíteto de "fundador da República". É digno de nota que o marechal Deodoro é o único personagem do período republicano que tem sua figura estampada no livro, o que indica que o limite para lidar com o tempo presente, no caso do livro de Ribeiro, foi a instauração da república. Apesar dos vários personagens envolvidos nesse processo, o único que mereceu figurar no livro foi o seu "fundador".

Na cronologia, que possui 53 referências a acontecimentos, nos interessa ressaltar as últimas 13, todas relacionadas ao período do Segundo Reinado em diante: 1840 — "maioridade de d. Pedro II"; 1851 — "Guerra de Rosas"; 1865 — "Guerra do Paraguai (1865-70)"; 1871 — "Lei de 28 de Setembro (V. do Rio Branco)"; 1888 — "13 de maio. A abolição"; 1889

— "É proclamada a República (15 de novembro)"; 1890 — "Congresso constituinte"; 1891 — "Constituição republicana (24 de fevereiro). Eleição do general Deodoro da Fonseca. Dissolução do Congresso (golpe de Estado, 3 de novembro), Revolta da Armada e renúncia do marechal Deodoro (23 de novembro). Governo do vice-presidente Floriano Peixoto"; 1892 — "Atos de 11 de abril (deportação de generais)"; 1895 — "6 de setembro. Revolta da Armada"; 1894 — "rendição dos revoltosos no Rio (13 de março)"; 1894 — "15 de novembro. Governo do dr. Prudente de Moraes, primeiro presidente civil (1894-98)"; 1898 — "15 de novembro. Governo do presidente dr. Campos Salles". Os acontecimentos lembrados na cronologia são todos relacionados a guerras, golpes, revoltas e governos. No caso da República, além da instauração do regime, movimento intitulado de proclamação; sua institucionalização, via Constituinte e Constituição; os governos, lembrando as eleições e os mandatos presidenciais; e as batalhas, fazendo referência à Revolta da Armada.

Além das gravuras e da cronologia, o livro possui também quadros sinópticos, que auxiliam na sistematização do conteúdo. A República aparece como terceiro item da sinopse geral do Segundo Reinado.

- Desenvolvimento das ideias democráticas (a abolição, o partido e imprensa republicana, e nenhum apoio do 3º reinado nas classes conservadoras).
- A questão militar. Revolução de 15 de Novembro de 1889. Os presidentes da República: marechal Deodoro, marechal Floriano, dr. Prudente de Moraes e dr. Campos Salles.[29]

Pelo quadro sinóptico e o capítulo sobre a República é possível perceber a linha de interpretação apresentada por Ribeiro. A república é entendida como fruto do desenvolvimento das ideias democráticas. Logo, o regime monárquico, com tal desenvolvimento, não tinha alternativa, estava fadado a acabar, como aconteceu. A Monarquia se enfraqueceu devido a múltiplos fatores: a

[29] Ribeiro, 1900:116.

abolição; o movimento republicano — o partido e a imprensa; a rejeição a um terceiro reinado. Fora isso, os atritos entre governo e militares — do Exército e da Armada — terminaram promovendo a derrubada da monarquia e a instauração da república, intitulada, pelo autor, de "revolução".

Na verdade, o capítulo sobre a República trata do fim do Império, ou seja, termina no momento da proclamação. O que é acrescentado a mais fica circunscrito à citação dos governos presidenciais até o de Campos Salles, presidente da República em 1900, quando da publicação do livro. Além disso, o fim da escravidão é tratado no capítulo da República, já que é visto como um dos fatores que possibilitaram o desenvolvimento das ideias democráticas. No capítulo, de alguma forma, é possível perceber o elenco de fatores que posteriormente a historiografia terminou por consolidar como meio de explicação para o surgimento do regime republicano.

Ribeiro inicia o capítulo afirmando que o fim da Guerra do Paraguai promoveu a "expansão da riqueza pública" e "avivou o sentimento democrático". Em seguida cita a Lei do Ventre Livre, o fundo de emancipação do cativo e a propaganda abolicionista como peças fundamentais para o fim da escravidão. Afirma que a Monarquia, apesar de ter ganhado a glória com a abolição da escravidão, perdeu suas bases de apoio institucional, ou seja, os senhores de escravos, membros da aristocracia. Além da abolição, a propaganda republicana, o medo de um terceiro reinado e o conflito entre governo e militares promoveram a proclamação do novo regime, sem resistência. A relação entre república e espírito democrático permitiu a Ribeiro construir uma história do Brasil em que a instauração do novo regime foi entendida como revolucionária.

Presente: três abordagens

> O presente é quem governa o passado e é quem fabrica e compõe nos arquivos a genealogia que lhe convém. A verdade, corrente hoje, sabe buscar, onde os há verossímeis, os seus fantasmas prediletos de antanho.

> Hoje elevamos estátuas a Tiradentes, porque o nosso ideal de agora determinou esse culto. A fuga de d. João VI traduzia-se há pouco pelo eufemismo da *transmigração*, como se lia nos compêndios. (...) E assim, o presente modela e esculpe o seu passado, levanta dos túmulos os seus heróis e constrói com as suas vaidades ou a filosofia a hipótese do mundo antigo.
>
> A imparcialidade pode ser imoral: nós temos a obrigação de justificar o presente, de fundar a ética da atualidade.[30]

Extraído do discurso de posse de João Ribeiro no IHGB, proferido em 10 de abril de 1915, o trecho acima citado apresenta um novo significado para a palavra presente e fecha o movimento desenvolvido ao longo do texto. Ao analisarmos os livros sobre história do Brasil escritos por Ribeiro — *História do Brasil — curso superior* e *História do Brasil. Edição das escolas primárias* — e o seu discurso de entrada no IHGB, podemos perceber três formas de abordar o presente.

A primeira diz respeito ao interdito sobre a escrita da história do presente. Isso considerando que, para a maior parte dos historiadores do século XIX, a história se confunde com o passado. Para Temístocles Cezar, a opção de "fazer história quase que exclusivamente colonial e, inversamente, não fazer a história contemporânea é uma escolha certamente política, mas também epistemológica". Isso por duas razões: porque a opção pelo passado protegia os vivos (os políticos/historiadores do IHGB) do confronto com aquilo que uma pesquisa sobre a atualidade poderia tornar público; e, principalmente, porque a história do presente põe em risco a objetividade do historiador.[31] Esse interdito, como pudemos averiguar, fez-se presente na introdução do livro *História do Brasil — curso superior*. Logo, o tema da República não poderia ser tratado pelo fato de estar pró-

[30] Ribeiro, 1915:617.

[31] Sobre a questão do presente na historiografia brasileira oitocentista, ver Cezar (2004).

ximo do autor, que vivenciou os acontecimentos. Recusando a condição de testemunha, Ribeiro defende que a escrita da história precisa estar dissociada das paixões e que o historiador deve afastar-se temporalmente do objeto pesquisado.

A segunda abordagem parece decorrer do reconhecimento da importância pedagógica do presente no ensino escolar da história, o que permite justificar sua presença na obra didática, apesar do interdito observado na introdução. Ou seja, mesmo com a recusa a tratar do presente, terreno das paixões políticas, a abolição e a República foram, de certo modo, abordadas. Abordagens ampliadas ao longo das edições, até o momento em que o presente tornou-se, indiscutivelmente, passado.[32]

Cabe observar que, no início da República, aqueles que escreviam e ensinavam a história testemunharam acontecimentos importantes, que apontavam novos rumos para a história do Brasil: a abolição da escravidão (1888) e a proclamação da República (1889). Mas João Ribeiro recusou o papel de testemunha direta da história e viu obstáculos para atuar como historiador do presente. Supostamente, a solução encontrada, no caso dos livros analisados, foi transformar o presente em passado por meio de expedientes como o estabelecimento de uma cronologia capaz de indicar o lugar da República numa história que antecede a sua proclamação. Nesse sentido, o presente (identificado com a República) encontra uma "origem", sendo o Segundo Reinado mero interregno num processo histórico anteriormente iniciado.[33] Isso permite pensar que o esforço para constituir

---

[32] Para dar um exemplo do caráter de obra aberta, sujeita à incorporação de novos conteúdos, cito a 15ª edição do livro, "revista e completada por Joaquim Ribeiro" em 1954. Nessa edição, o interdito da República foi superado, cabendo ao filho de João Ribeiro acrescentar o tempo presente à obra do pai. Embora isso tenha sido feito de forma sóbria, conforme as palavras do filho: "a pedido da casa editora, completei a *História* até o presente, observando a sobriedade com que João Ribeiro trata os sucessos da história republicana".

[33] No início do século XX, vários autores compartilhavam essa perspectiva, que busca as origens republicanas no período colonial (ver Oliveira, 1990). Um autor que defende ardorosamente essa ideia é Manoel Bomfim (1930), que relaciona a República e a própria nacionalidade ao período das revoltas nativistas.

um passado para a República, além de político é, também, epistemológico, na medida em que permite incorporar o presente na escrita da história.

Além disso, chama a atenção o fato de que, embora a República seja vista como um tema do presente, sujeito a disputas e, por isso, capaz de afetar a objetividade do historiador, o mesmo não parece acontecer com a abolição, ocorrida um ano antes da proclamação. Isso talvez porque a abolição como fato social gere mais consenso que o tema da República, o que dificulta a abordagem deste último. Sendo assim, observa-se que dois acontecimentos situados numa mesma conjuntura, com diferença temporal de apenas um ano entre eles, podem ser vistos como passado (abolição) e presente (República). Supostamente a abolição pode ser lida como passado porque se trata de um fato consumado, enquanto a República é vista como algo em construção.

Em se tratando da *Edição das escolas primárias*, João Ribeiro foi mais longe ao abordar o tema da República, apresentando o processo que levou ao colapso do regime monárquico e fazendo menção, mesmo que de forma muito breve, quase telegráfica, aos governos presidenciais até Campos Salles. De alguma forma, conclui-se que, no caso da literatura escolar, chegar próximo à vivência dos alunos era algo necessário, que constava nos programas oficiais, o que permite tornar relativo o interdito do presente.

Por fim, a abordagem do presente que o discurso de posse no IHGB permite entrever. Ribeiro defendeu o ponto de que o conhecimento da história se constrói a partir das questões do presente. Isto é, o historiador interroga e compreende o passado a partir dos problemas da contemporaneidade. Num contexto marcado pela crítica ao positivismo e à ideia de objetividade científica, o tratamento dado ao presente justifica-se por aquilo que antes era tido como negativo: a parcialidade. João Ribeiro então defende que a imparcialidade pode ser imoral e, por conta disso, é preciso posicionar-se. Defendendo a "obrigação de justificar o presente", o autor propõe fundar uma "ética da atualidade", por meio da qual a história do presente torna-se possível e mesmo necessária. A escrita e o ensino da história contemporânea, que se confunde com a história do presente, assumem uma importância pedagógica e moral.[34]

Com os seus livros sobre *História do Brasil* — em especial aquele dedicado ao curso superior —, Ribeiro talvez tenha mesmo feito algo que Capistrano tanto queria: "quebrar os quadros de ferro de Varnhagen que, introduzidos por Macedo no Colégio Pedro II, ainda hoje são a base de nosso ensino". Se *Lições de história do Brasil* pode ser visto como um livro construtor de uma história escolar que tem como eixo o Império do Brasil, talvez possamos considerar os livros de Ribeiro como construtores de uma história escolar em que a república adquire o lugar de "forma política definitiva".

As três formas de lidar com o presente aqui focalizadas demonstram, como lembrou Reinhart Koselleck (1997:189), que a história é escrita sob coação do tempo. Para controlar essa coação, é preciso redefinir constantemente a fronteira entre aquilo que é secreto, que não pode ou não deve ser dito (e investigado) num determinado momento, e aquilo que pode e precisa ser divulgado (e transformado em história escrita). E isso não ocorre sem disputas. Entre ditos e interditos, construiu-se uma das primeiras histórias da República a ser ensinada.

[34] Cabe lembrar que, na França do século XIX, por exemplo, a história contemporânea era considerada, antes de tudo, como matéria de ensino. Para Charles Seignobos, por exemplo, a história *événementielle* é o "melhor suporte pedagógico que o professor pode utilizar para inculcar nos alunos dados abstratos relativos ao passado". Noiriel (1998:15-17) lembra que os historiadores da Sorbonne (notadamente Langlois e Seignobos) tiveram papel essencial na elaboração de programas de ensino no fim do século XIX. Adquiriram posição hegemônica no campo em parte devido aos textos de vulgarização da matéria.

Capítulo 21

1946-1964: histórias que os livros didáticos nos contam

JORGE FERREIRA

A pesquisa historiográfica no Brasil alcançou estágios de profissionalização bastante avançados, sobretudo com a expansão dos cursos de pós-graduação de mestrado e doutorado em história.

Contudo, os resultados das pesquisas desenvolvidas pelos historiadores nas universidades nem sempre chegam aos livros didáticos voltados para a educação básica. É verdade que existem especificidades entre os níveis de estudo. Também é necessário considerar que não é função dos livros didáticos adotar as conclusões das dissertações de mestrado e teses de doutorado defendidas anualmente nos cursos de pós-graduação em história. A função do livro didático não é transferir a pesquisa universitária para a escola, traduzindo-a de maneira simplificada e vulgarizada. É necessário considerar, ainda, o surgimento, sobretudo nas universidades públicas, de grupos de pesquisas sobre o ensino da história, cujos resultados são metodologias originais e, sem dúvida, renovadoras.

No entanto, problemas existem. Um aspecto importante da pesquisa em história nos últimos 20 anos, por exemplo, reside na visão cada vez mais plural das interpretações e na revalorização da narrativa. Nesse ponto, a grande maioria dos livros didáticos se encontra muito defasada em relação ao que hoje se produz em termos de conhecimento histórico. Predominam, infelizmente, interpretações esquemáticas e simplificadoras, inspiradas muitas vezes num reducionismo economicista e numa concepção conspiratória da história. Não é rara a redução de processos sociais complexos à vontade de um único indivíduo, em abusiva personalização da história. Muitas vezes, os fatos históricos são esquecidos ou mesmo distorcidos. Em grande parte, os conteúdos são apresentados como respostas prontas, reduzindo-se a quase nada o estímulo à reflexão e à imaginação do aluno. A maioria deles encontra-se excessivamente prisioneira dos conteúdos cobrados nos concursos vestibulares.

Com essas preocupações, fiquei curioso em conhecer como os livros didáticos tratam a experiência liberal-democrática que se abre com a Constituição de 1946 e se encerra com o golpe civil-militar de 1964. A razão principal para a escolha do período é que, pela primeira vez em sua história, a sociedade brasileira viveu sob um regime liberal-democrático. Escolhi três livros para análise: o de Mario Schmidt (2005), o de Luiz Koshiba e Denise Manzi Frayze Pereira (2003) e o de Flávio Berutti (2004). Embora os livros escolhidos, atualmente, não estejam indicados no Programa Nacional do Livro Didático, nem no Programa Nacional do Livro Didático de Nível Médio, sobretudo os dois primeiros foram, durante muitos anos, os líderes de vendas de suas editoras. Várias gerações de alunos se formaram lendo esses livros. O objetivo da minha reflexão é descobrir temas comuns aos três livros para caracterizar o período e como eles contribuíram para a compreensão dos alunos sobre a questão democrática no Brasil.

A categoria sempre presente: o populismo na política brasileira

Nos três livros, o período que se inicia com a democratização de 1945 e se encerra com o golpe civil-militar de 1964 é incompreensível sem a análise prévia das políticas públicas estatais voltadas para os trabalhadores na época anterior, em particular as leis sociais produzidas na década de 1930. Segundo os textos, tal processo daria origem ao "populismo", prática política que se estendeu ao longo do regime inaugurado pela Constituição de 1946.

Comecemos por Mario Schmidt. No livro, não se compreende a experiência democrática após 1946 sem o prévio conhecimento do "populismo" da década de 1930. O autor tem um estilo muito peculiar de escrever. Com o objetivo de ser didático, ele argumenta com o leitor, por vezes "conversando" com ele. Assim, ele pergunta: quais as verdadeiras intenções de Vargas ao produzir a legislação social aos trabalhadores? A resposta é um convite à reflexão do aluno: "como fazer para que os operários não dessem ouvidos aos comunistas e aos anarquistas? Como evitar que fizessem greves ou, pior, que sonhassem com uma revolução socialista igual à da Rússia? Como fazer para que o proletariado fosse obediente, disciplinado, produtivo?"[35]

Schmidt personaliza a história, reduzindo relações complexas ao trabalho ardiloso de um único indivíduo: Getúlio Vargas. Para evitar o crescimento de comunistas e anarquistas, impedir a eclosão de revoluções proletárias e provocar o conformismo entre os trabalhadores, Vargas teria atuado com dupla violência: primeiro, a violência física, prendendo as lideranças de esquerda, proibindo greves e enquadrando o movimento sindical; segundo, a violência simbólica, a "mais sutil e típica do populismo". Recorrendo à repressão policial e à manipulação ideológica, Vargas, segundo o autor, teria proposto aos trabalhadores o "pacto populista". Repressão e manipulação, "amizade e domínio", nas palavras de Schmidt, foram os fundamentos do "pacto populista".

O estratagema getulista teria sido bastante ardiloso. O autor, inclusive, inventa uma fala do próprio Vargas propondo o pacto aos trabalhadores: "em vez de lutar por seus direitos, vocês trabalham obedientes. Confiem em mim. Em troca, eu vou doar direitos trabalhistas para vocês". Após a imaginada citação, Schmidt continua: "sacou a jogada? O pacto populista era uma troca: os operários se comprometiam a trabalhar duro e a não fa-

[35] Schmidt, 2005:149.

zer greves nem protestar porque confiavam que o governo faria, sempre que possível, algumas leis de proteção social". Para o autor,

> A essa altura você já deve ter percebido toda a dimensão do controle que Vargas exercia sobre o movimento operário. Ele tinha retirado do proletariado uma coisa fundamental para todo o ser humano: a capacidade de lutar por seus direitos. Incentivou a crença de que as pessoas devem aceitar tudo como está e, passivamente, aguardar um governante "bonzinho" anunciar a mudança. Essa era a base do pacto populista: trabalhar com disciplina e não lutar por direitos em troca das leis que o Estado poderia fazer.[36]

O autor faz o esforço meritório de recorrer a uma linguagem didática e tem o cuidado de redigir um texto claro para o bom entendimento do aluno. Infelizmente, o mérito do estilo da comunicação é prejudicado por análises que personalizam a história. Um único indivíduo, ardiloso e mal-intencionado, consegue, sem grandes esforços, enganar e manipular milhões de trabalhadores apenas com promessas. Os operários, por sua vez, surgem como seres ingênuos e imbecilizados; abandonam as propostas anarquistas e comunistas; renunciam ao sonho da revolução soviética brasileira; trabalham duro, com disciplina e obediência, não fazem greves e não protestam. Aceitaram trocar "algumas leis de proteção social" — e, mesmo assim, "sempre que possível" — por obediência política.

Embora os operários apareçam como objetos da manipulação e da regulamentação estatal, o autor afirma: "mas não devemos acreditar que os trabalhadores foram 'enganados'. Com certeza tinham consciência da barganha que faziam". Portanto, de maneira consciente, os trabalhadores abdicaram de sua autonomia ideológica e combatividade política em troca de bens materiais, como algumas leis trabalhistas. Mostraram-se fracos em seus princípios e, ao final, deixaram-se corromper.

---

[36] Schmidt, 2005:151.

Embora com méritos, no livro de Schmidt a história é construída com base no relacionamento de dois personagens: de um lado, um único homem superconsciente e todo-poderoso; do outro, milhões de trabalhadores ingênuos e venais, todos manipulados e enganados pelo primeiro. Os operários são apresentados como pessoas incapazes de refletirem sobre sua realidade social, de fazerem escolhas, de tomarem iniciativas, de adotarem estratégias, de implementarem suas decisões. São seres simplórios e facilmente corruptíveis, cuja vontade obedece à do governante. Implícita nos textos de Schmidt está a teoria do desvio. Sem a pessoa de Vargas e suas estratégias ardilosas, os trabalhadores, deixados por sua própria conta, certamente se tornariam anarquistas ou comunistas, não seriam obedientes e realizariam a revolução social. Vargas e seu "pacto populista", no entanto, iludiram os trabalhadores brasileiros, desviando-os de seus "reais" interesses, de seus "verdadeiros" caminhos.

Flávio Berutti (2004), por sua vez, dá continuidade à análise da ascensão do "populismo" no Brasil. Concordando com Schmidt, Berutti elege a classe trabalhadora como personagem central para a manipulação "populista". Para o autor, "importa destacar o controle absoluto sobre a classe trabalhadora". Embora não haja exemplo histórico de formas de controle social que sejam "absolutas", Berutti insiste:

> O controle estatal sobre os sindicatos era completo e, com a complementação das leis trabalhistas através da Consolidação das Leis do Trabalho (CLT), Getúlio conseguiu manipular as massas (...).
>
> O governo Vargas iniciou uma política populista, evidentemente com o objetivo de manipular a crescente classe operária a partir de determinadas concessões.[37]

[37] Berutti, 2004:501-503.

Ressaltando e insistindo na categoria "manipulação" para explicar as relações entre Estado e classe trabalhadora naquele momento, o autor avança para o período posterior:

> O período que se estende de 1945 a 1964 é tradicionalmente conhecido como o período do "populismo". Como já se observou, o populismo na América Latina teve como característica básica uma intensa manipulação das massas, num momento de transição entre a economia agroexportadora e a economia mais moderna, que começa a se instalar após a crise de 1929. Lideranças mais ou menos carismáticas disputaram o poder junto a essa massa, ora fazendo concessões (as leis trabalhistas de Vargas são um bom exemplo), ora utilizando o povo como elemento de ataque às antigas oligarquias.[38]

Embora superada na reflexão historiográfica atual, a teoria da modernização é utilizada para caracterizar o período. Sendo um dos elementos constitutivos básicos para a fundamentação da categoria "populismo", a teoria da modernização sugere que a consciência social dos trabalhadores estaria num meio-termo entre os padrões rurais e os vigentes na indústria, contribuindo para o sucesso dos líderes burgueses de massa e seus intentos de usar o povo como "massa de manobra".

O livro de Luiz Koshiba e Denise Pereira é diferente dos anteriores, inclusive no estilo de redação. As análises são mais aprofundadas e a linguagem é mais séria, quando comparada à de Schmidt, mas sem perder a clareza e o didatismo. Ao contrário de Schmidt e Berutti, Koshiba e Pereira não caracterizam o período como "populista". No capítulo que trata do período entre 1930 e 1945, a palavra nem sequer é usada. O período é o da crise do liberalismo e da democracia liberal. Em 1930, é instituído o Governo Provisório; em 1934, o Governo Constitucional; e em 1937, é imposta à sociedade a ditadura do Estado Novo. A classificação, sem dúvida,

---

[38] Berutti, 2004:594.

é muito mais operacionalizável que a de "populismo". Sobre as relações entre Estado e classe trabalhadora, Koshiba e Pereira evitam personalizar a história, preferindo interpretar Getúlio Vargas como representante de uma nova classe dominante — interpretação, sem dúvida, mais elaborada. Contudo, concordando com Schmidt e Berutti, eles continuam a interpretar as leis sociais como instrumentos de manipulação:

> A razão principal que levou a nova classe dominante a se importar com o mundo do trabalho foi a preocupação em controlar e frear a formação de um operariado organizado e combativo, com ideologia própria. Desde a primeira década do século XX, já era visível a propagação do anarquismo e do comunismo.[39]

Embora com análises mais sofisticadas, os autores ainda mantêm a concepção de que os operários poderiam alcançar uma ideologia própria de sua classe — embora essa ideologia de classe seja identificada com o anarquismo e o comunismo. Desse modo, tornar-se anarquista ou comunista seria o caminho previsível — o que não ocorreu devido à concessão de leis sociais. A legislação trabalhista teria desviado a classe de sua jornada histórica, além de atuar como forma de controle e desmobilização. Como Schmidt, Koshiba e Pereira recorrem a duas categorias fundamentais para explicar a ditadura do Estado Novo: a primeira, o controle ideológico com a propaganda política do Departamento de Imprensa e Propaganda (DIP); a segunda, a repressão com interferência da polícia secreta. Embora com visíveis avanços em relação aos autores anteriores, Koshiba e Pereira permanecem nos marcos da manipulação, da verdadeira consciência de classe, do desvio ideológico e da dupla violência — física e simbólica. Os trabalhadores, assim, continuam sendo tratados como objetos de manipulação e regulamentação estatais.

Koshiba e Pereira têm o mérito de "desnaturalizar" o conceito de populismo, tratando-o como resultado do trabalho intelectual, e não como

[39] Koshiba e Pereira, 2003:443.

algo que, de fato, existiu no passado. No capítulo sobre o período 1946-64, há um item dedicado exclusivamente ao tema. Inicialmente, eles afirmam que muitos caracterizam aquela temporalidade como o período do "populismo". Segundo os autores, "o conceito de populismo conteria dois ingredientes: de um lado, os líderes populares que manipulam os trabalhadores e, de outro, a massa trabalhadora que se deixa levar 'passivamente' por esses líderes". Referindo-se à reflexão de diversos autores que, atualmente, criticam o conceito de populismo, Koshiba e Pereira afirmam:

> Trabalhos historiográficos mais recentes criticam essa concepção "populista" do período, afirmando que a capacidade de manipulação dos líderes era muito limitada e que os trabalhadores não eram criaturas passivas que aceitavam tudo o que vinha "de cima". Ao contrário, tiveram uma participação ativa na criação do trabalhismo, uma das características marcantes do período. Portanto, o conceito de "populismo" não dá conta da realidade e distorce os fatos — é o que concluem alguns estudos atuais.[40]

Apesar de atualizados com as análises críticas mais recentes, os autores preferem as interpretações baseadas na categoria de "manipulação". Assim, para eles,

> seria absurdo negar que líderes políticos em geral e os populistas em particular não exercessem influência sobre uma parcela da sociedade. Se não tivessem essa capacidade, não seriam líderes. Líderes por definição, têm seguidores. E, se influenciam, os líderes também podem manipular, isto é, iludir e enganar seus liderados.[41]

---

[40] Os autores se referem aos capítulos escritos por mim, Angela de Castro Gomes, Daniel Aarão Reis Filho, Lucília de Almeida Neves Delgado, Maria Helena Capelato, Fernando Teixeira da Silva, Hélio da Costa, Elina Fonte Pessanha e Regina Morel. Ver Ferreira (2001).

[41] Koshiba e Pereira, 2003:476.

Talvez fosse mais prudente interpretar o líder como um personagem que expressa ideias, crenças e imagens referendadas pela coletividade que ele representa. Ele é reconhecido como líder exatamente por ter a capacidade de traduzir anseios coletivos. Se moderar ou radicalizar seu discurso, deixará de expressar o conjunto de percepções e sensibilidades políticas do grupo, não mais sendo reconhecido como líder. No entanto, ao recorrerem a categorias como "ilusão" e "engano", Koshiba e Pereira não compreendem o líder como aquele que representa, mas como o que manipula. Aproximando-se de Schmidt, os autores afirmam: "as classes populares agem, mas estão sujeitas a manipulação".

A democracia incompleta

O regime inaugurado pela Constituição de 1946 é tratado de maneira dúbia pelos autores. Todos concordam que o regime foi democrático, mas nele havia algo que não permitia uma democracia por inteiro. Tratava-se de uma democracia incompleta ou ainda por se realizar. Comecemos novamente por Mario Schmidt. Para ele, o regime é interpretado como ambíguo. O título do capítulo é "A crise do populismo", mas o subtítulo de abertura é "A vida democrática de 1945 a 1964". Portanto, o período foi democrático e populista.

Para ele, a Assembleia Nacional Constituinte contou com a participação de parlamentares comunistas, o que foi muito positivo, resultando numa Constituição, segundo suas palavras, "considerada, na época, a mais liberal que o Brasil havia tido: voto direto e secreto, equilíbrio entre os poderes, liberdade de imprensa e liberdade para os trabalhadores decretarem greves".[42] O regime, portanto, tinha características democráticas. Contudo, os constituintes não estenderam as leis sociais aos trabalhadores rurais, nem realizaram a reforma agrária, mas mantiveram os dispositivos que permitiam a

[42] Schmidt, 2005:199.

intervenção nos sindicatos. O regime, portanto, também tinha características antidemocráticas. Daí o autor pergunta ao aluno: "reflita um pouco: será que ela [a Constituição] realmente poderia ser considerada democrática?". Trata-se de pergunta dirigida, para a qual se espera uma resposta previamente conhecida: não. O regime, portanto, não era democrático. Surpreendentemente, logo a seguir Schmidt afirma: "infelizmente, essa era democrática se interrompeu quando os militares impuseram a ditadura a partir de 1964". O regime, portanto, novamente é interpretado como democrático. No livro, o período 1946-64 tem uma série de elementos que o qualificam como democrático, mas outros tantos que o caracterizam como não democrático. Concluindo, o regime foi populista e com características ao mesmo tempo democráticas e antidemocráticas.

Flávio Berutti, em texto muito superficial, classifica o regime como "populista", mas também afirma: "a Constituição de 1946 restabeleceu as práticas democráticas interrompidas pelo Estado Novo, fortalecendo o Executivo federal". Nada além disso. Portanto, o regime foi populista e democrático ao mesmo tempo, mas nada tinha que o qualificasse como não democrático.

Koshiba e Pereira adotam a perspectiva próxima de Berutti. Embora o título do capítulo seja "A experiência democrática", alegam que o período 1946-64 "foi caracterizado pelos historiadores e sociólogos como os anos áureos do populismo".[43] Portanto, o regime foi democrático e populista ao mesmo tempo. Mas também adotam a perspectiva de Schmidt, no sentido de caracterizar o regime como uma democracia dúbia ou incompleta:

> Se é verdade que de 1946 a 1964 houve regularmente eleições para presidente, deputados, senadores e governadores, é preciso reconhecer que sempre foi com grande dificuldade que os perdedores aceitaram a derrota, sobretudo nas disputas para a presidência. As pregações em favor de golpes, anulações de resultados eleitorais e ameaças de

---

[43] Koshiba e Pereira, 2003:467.

> impedir a posse de eleitos, quer por meio das armas, que por meios de expedientes jurídicos, foram frequentes. A democracia esteve o tempo todo sob risco.[44]

Ainda segundo os autores, a sociedade brasileira naquela época partilhou a crença de que era possível criar uma sociedade mais justa. Esse conjunto de ideias se firmou no período graças "à presença dos trabalhadores no cenário político, e essa foi a grande novidade da época". Portanto, trata-se de algo positivo. Contudo, ao lado da crença de que se podia mudar a realidade no sentido de torná-la mais justa e obter a participação da classe trabalhadora, existia algo inquietante: "a descrença na democracia por parte de quase toda a elite política do país, incluindo a liderança oposicionista, o que dificultava a consolidação das práticas democráticas".[45] Talvez fosse melhor dizer que não era "quase toda a elite política do país" que conspirava contra a democracia, e sim setores dela, sobretudo aqueles representados pelas facções mais direitistas da UDN. Mas o que importa destacar é a concepção de uma democracia pela metade, incompleta ou ainda por se consolidar. Assim, para Koshiba e Pereira, o período 1946-64 foi democrático, mas não como deveria, e certamente foi populista.

O nacionalismo

Nos três livros é muito evidente o enfoque diferenciado entre a política e a economia. Enquanto o "getulismo" e o "populismo" foram muito ruins para a sociedade brasileira, em particular para os trabalhadores, o nacionalismo e o estatismo patrocinados pelo governo Vargas foram muito bons.

Mario Schmidt é aquele que mais recusa o trabalhismo, personalizando negativamente a história na pessoa de Vargas. Contudo, ainda durante as

[44] Koshiba e Pereira, 2003:468.

[45] Ibid., p. 467-468.

lições sobre o Estado Novo, ele diz ao aluno: "guarde na memória esse fato: a partir de Getúlio Vargas, o Estado brasileiro passou a intervir com toda a força na economia. O Estado tornou-se um dos grandes motores que empurraram a economia brasileira para a frente".[46] Embora Vargas apoiasse os latifundiários, "a grande novidade no período era que o Estado passou a ter como um de seus objetivos básicos o apoio à industrialização". Com uma burguesia "fraca e jovem", o Estado investiu em empresas estatais, impulsionando as indústrias de base e a infraestrutura econômica. Portanto, ainda durante o Estado Novo, o "populismo" foi muito ruim, mas a política econômica foi muito boa para o país.

O nacionalismo econômico é tema tão caro para Schmidt que o capítulo que trata do período 1946-64 começa com o texto intitulado "Época de perguntas":

> Na metade do século XX, muitas empresas multinacionais se instalaram no Brasil. *Multinacionais* são empresas estrangeiras que abrem filiais em outros países. Por exemplo, a Nestlé é uma empresa suíça da área alimentícia, que produz achocolatados (Nescau), chocolates (Prestígio), café solúvel (Nescafé), sorvetes (Yopa), farinha láctea (Neston) etc. As indústrias Nestlé localizadas no Brasil pertencem aos seus acionistas que moram na Suíça. Grande parte dos lucros gerados no Brasil é enviada para a Suíça. Ou seja, uma riqueza gerada no Brasil é drenada para outro país. Por outro lado, a empresa trouxe capital e tecnologia e oferece emprego. Você já percebeu a polêmica em torno disso, não é? Desde os anos 50, os brasileiros se perguntam: as empresas estrangeiras são benéficas para a economia brasileira? Elas deveriam ser incentivadas a se instalar no Brasil? As empresas nacionais deveriam ser protegidas contra a concorrência estrangeira?[47]

---

[46] Schmidt, 2005:147.

[47] Ibid., p. 199.

Embora visando a apenas levantar um debate polêmico, o texto é dirigido no sentido de sugerir que o nacionalismo deve ser interpretado de maneira positiva.

Ao tratar da década de 1950 no Brasil, o autor apresenta um outro Vargas, muito diferente daquele dos anos 1930. Para Schmidt, quando Vargas retornou ao poder em 1951, havia a presença das empresas multinacionais, sobretudo as norte-americanas. "A UDN era favorável à instalação de empresas estrangeiras no Brasil." No entanto, "os nacionalistas discordavam". E um longo argumento se segue:

> Diziam que as empresas estrangeiras eram tão poderosas que seriam capazes de destruir economicamente as empresas nacionais. Se investissem demais no Brasil, passariam a controlar a nossa economia. Nesse caso, o Brasil perderia sua independência: quem mandaria em nossa economia seriam os grandes capitalistas estrangeiros, principalmente os americanos. Com esse tipo de raciocínio, os nacionalistas defendiam que nos setores básicos, como a produção de energia (petróleo, hidrelétricas), mineração e transportes (estradas, navegação), só poderiam atuar as empresas brasileiras. Além disso, as multinacionais não deveriam enviar todo o seu lucro para fora do país: a lei as obrigaria a reinvestir no Brasil.[48]

Assim, enquanto a UDN aceitava que a "Shell, a Esso e a Texaco" explorassem o petróleo brasileiro, os nacionalistas lutaram pela criação da Petrobras. Segundo Schmidt, "Vargas buscou apoio político dos nacionalistas" para fundar uma empresa de petróleo estatal, mas, com isso, comprou "briga com um inimigo poderoso: as multinacionais e o governo dos EUA".[49]

O texto, portanto, é bastante simpático às teses nacionalistas e estatistas. As teses são tidas como de esquerda, e Vargas, surpreendentemente, ali-

[48] Schmidt, 2005:204-205.

[49] Ibid., p. 205.

nhou-se com elas em seu segundo governo. Assim, surgem situações difíceis de explicar aos alunos. O "populismo" foi ruim porque foi uma prática demagógica que enganou os trabalhadores. No entanto, o nacionalismo e o estatismo, bases da política econômica de Vargas, foram bons para a sociedade. Durante o Estado Novo, Vargas foi um ditador de direita, mas em seu segundo governo foi nacionalista e atuou no campo das esquerdas. Ou seja, Vargas foi mal (ou mau, não importa) na política, sobretudo nos anos 1930, mas muito bom na economia. Nos anos 1950, foi bom nas duas áreas.

Mas o enigma Vargas continua. Em seu segundo governo, os empresários brasileiros se afastaram dele. Primeiro, porque não acreditavam que ele pudesse controlar os trabalhadores e o movimento sindical, como ocorreu durante o Estado Novo. Segundo, porque acusavam o trabalhismo de ser "demagógico". Terceiro, porque acreditavam que o nacionalismo atrapalhava seus negócios. A grande imprensa, identificada com a UDN, o atacava. As classes médias também o criticavam por corrupção, embora, afirme Schmidt, "nada tivesse sido provado" contra ele.[50] Os militares identificados com a política externa norte-americana passaram para a oposição. Os resultados foram a crise de agosto, o suicídio e as revelações da carta-testamento. Segundo o autor, "o povo leu a carta, compreendeu a mensagem, chorou e ficou indignado".[51]

Em seu segundo governo, portanto, Vargas fez um bom governo. Sobretudo porque foi nacionalista, atraindo assim a ira dos partidários da internacionalização da economia, como empresários, classes médias, mídia e militares. Surgem no livro, portanto, duas imagens muito distintas de Vargas. Há o Vargas tirano e manipulador do Estado Novo; há o Vargas nacionalista e democrata de seu segundo governo; há o Vargas "populista" dos anos 1930; e há o Vargas da carta-testamento.

Flávio Berutti, em análise muito breve, refere-se ao processo de democratização de 1945, embora o "populismo" tivesse ressurgido em 1950:

---

[50] Schmidt, 2005:206.

[51] Ibid., p. 208.

"nas eleições de 1950, Vargas voltou ao poder (...). Sua vitória traduzia claramente o poder de manipulação da política populista: afinal, Vargas era o 'pai' dos trabalhadores brasileiros".[52] Embora as eleições de 1950 tivessem ocorrido com base no voto direto e secreto e sido fiscalizadas por tribunais isentos, permitindo que a sociedade brasileira manifestasse sua preferência entre vários candidatos, para o autor houve apenas "manipulação populista". Contudo, alega Berutti:

> Vargas procurou uma aproximação maior com os trabalhadores, concedendo um aumento de 100% no salário mínimo. Desenvolveu também uma política econômica nacionalista, consubstanciada na criação da Petrobras, do Banco Nacional de Desenvolvimento Econômico (BNDE) e na tentativa de criar a Eletrobrás, que só foi conseguida no governo Goulart, bem mais tarde. Vargas sofreu uma feroz oposição da UDN e dos grupos ligados ao capital internacional.[53]

Se, com Schmidt, Vargas foi populista nos anos 1930 e nacionalista no segundo governo, para Berutti ele foi populista e nacionalista em ambos os momentos. A dicotomia "mal" na política e "bom" na economia permanece.

Koshiba e Pereira, por sua vez, retomam o enfoque nacionalista e estatista de Schmidt. De maneira mais sóbria e aprofundada, repetem os mesmos argumentos. Para os autores, Vargas resistiu à entrada do capital estrangeiro nos setores de mineração e petróleo.

> A criação da Petrobras como empresa estatal foi a solução encontrada por Vargas. Ele sabia que, para as multinacionais, o petróleo era um negócio do qual lhes interessava apenas o lucro; elas não estavam dispostas a comprometer seus investimentos para favorecer o desenvolvimento econômico do Brasil. Vargas entendeu que isso não ser-

[52] Berutti, 2004:595.

[53] Ibid.

via ao país. A partir de então, nacionalismo e estatização passaram a ser marcas de seu governo.[54]

Koshiba e Pereira admitem que Vargas dispunha de grande popularidade por querer dotar o país de um parque industrial nacional; e, concordando com Schmidt, entendem que a marca do segundo governo de Vargas foram o nacionalismo e o estatismo.

Vargas, desse modo, atraiu a oposição de militares, imprensa e empresários, sobretudo após conceder reajuste de 100% no salário mínimo. A partir daí, não houve mais "manipulação" dos trabalhadores: "Getúlio estava sofrendo as consequências de ter dado a eles uma legislação protetora no passado e, agora, de ter dobrado o salário mínimo". Portanto, a imagem de Vargas mudou de um governo para o outro. A expressão "populismo" não aparece no texto. De sujeito que manipulou os trabalhadores, tornou-se seu benfeitor. Sua carta-testamento é publicada na íntegra.

O colapso da experiência democrática

Sobre o governo Goulart e o golpe civil-militar de 1964, embora com diferenças, todos os autores convergem para a interpretação historiográfica que privilegia a radicalização política como explicação central para a desestabilização do governo Jango.

Mario Schmidt começa pela crise política gerada com o veto dos ministros militares à posse de Goulart, ressaltando a atuação de Leonel Brizola naquele episódio. Embora de maneira muito resumida, o autor destaca o papel positivo do governador do Rio Grande do Sul, afirmando que ele formou a Rede Radiofônica da Legalidade e conseguiu o apoio dos militares do III Exército para a causa da legalidade.[55]

---

[54] Koshiba e Pereira, 2003:494-495.

[55] Schmidt, 2005:233.

No livro de Flavio Berutti, surpreendentemente, quem exigiu o respeito à Constituição foi o III Exército, enquanto o nome de Brizola não é citado.[56] Em Koshiba e Pereira, o evento é narrado de maneira equivocada: quem se manifestou pelo cumprimento da Constituição foi o comandante do III Exército, general Machado Lopes. Leonel Brizola é citado como o "cunhado de João Goulart" e governador do Rio Grande do Sul. Seu papel no episódio foi evitar que Machado Lopes fosse preso pelos superiores.[57] Desse modo, Leonel Brizola surge como personagem secundário: o protagonista central da crise da legalidade foi o general Machado Lopes.

Apesar desses desencontros iniciais, os autores adotam a interpretação historiográfica que ressalta a crise de radicalização entre as esquerdas e as direitas como decisiva para a crise do governo Goulart. Superam e abandonam teses tradicionais, sobretudo as economicistas que centram o enfoque na mudança do padrão de acumulação de capital ou aquelas que ressaltam a todo-poderosa conspiração direitista interna-externa. Schmidt, por exemplo, ressalta a mobilização de sindicalistas, estudantes e camponeses na luta pela reforma agrária:

> A mobilização popular a favor das Reformas de Base amedrontou a classe dominante. Muita gente rica e poderosa ficou contra as Reformas de Base e contra Jango. Tinham medo de perder alguns privilégios. Temiam que as Reformas de Base fossem apenas o começo de uma série de transformações radicais no país.[58]

Problemas surgem no texto. Schmidt afirma que Jango e os trabalhistas defendiam a reforma agrária como meio de "evitar uma revolução socia-

---

[56] Berutti, 2004:596.

[57] Koshiba e Pereira, 2003:508. Trata-se de um equívoco. O general Machado Lopes recebeu ordens do ministro da Guerra para depor Brizola do governo do estado e, se houvesse resistência, prendê-lo. Ao final os ministros militares ordenaram que Machado Lopes bombardeasse o Palácio Piratini. Assim, quem garantiu a liberdade, o poder no executivo estadual e a própria integridade física de Leonel Brizola foi Machado Lopes.

[58] Schmidt, 2005:235.

lista no país".[59] Não explica, no entanto, por que empresários, militares, políticos da UDN, classes médias e o próprio governo norte-americano recusaram esse projeto, preferindo derrubar o governo.

Berutti segue na mesma abordagem historiográfica, ressaltando a crise de radicalização política: "de 1963 a março de 1964, assiste-se a uma radicalização dos setores da direita e da esquerda".[60] Mas não deixa de repetir jargões bastante conhecidos. O primeiro é que "Goulart fugiu para o Uruguai, acompanhado do ex-governador Leonel Brizola, seu cunhado". O segundo é que o golpe marcou "o colapso da época populista no Brasil".

Koshiba e Pereira igualmente trabalham na linha interpretativa da radicalização. Segundo os autores: "a restauração do presidencialismo foi seguida de uma acirrada polarização entre esquerda e direita, deixando pouca ou nenhuma margem para alternativas intermediárias. Posições moderadas perderam força e credibilidade. Caminhava-se para um inevitável confronto".[61]

A democracia no Brasil — uma dificuldade

A partir dos anos 1980, muitos historiadores brasileiros passaram a se interessar pelos estudos do período republicano brasileiro. Inicialmente com a Primeira República e o primeiro período de Vargas no poder. Mais recentemente, muitos dedicam-se ao estudo da ditadura militar. Mas a experiência democrática que se abriu em 1946 não desperta tanto interesse. Os estudos e pesquisas sobre o período ficaram reservados para nossos colegas da ciência política e da sociologia.

Uma das hipóteses para a falta de interesse é a própria bibliografia especializada, que não estimula a vocação de jovens historiadores. Tratou-se do "período do populismo", da "República populista" e da "era do populismo" ou, também, era do "pacto populista". Foi a época de líderes demagógicos e his-

---

[59] Schmidt, 2005:234.

[60] Berutti, 2004:597.

[61] Koshiba e Pereira, 2003:473.

triônicos que manipularam trabalhadores sem consciência de classe. Para certas interpretações, o regime nem sequer foi democrático, haja vista a cassação do registro do Partido Comunista, o impedimento do voto ao analfabeto ou a existência de pobres no país. Com tantas desqualificações, como esperar surgir vocações para estudar o período? Mais ainda, como cobrar dos autores dos livros didáticos interpretações alternativas?

A legislação social e trabalhista produzida pelo Estado na década de 1930 no Brasil, por exemplo, poderia ser compreendida dentro de um contexto mundial. O grupo que alcançou o poder em 1930, tendo à frente Getúlio Vargas, percebeu as mudanças que ocorriam no Ocidente em relação à questão social. Diversos governos na Europa e nos Estados Unidos concluíram que não era mais possível tratar os trabalhadores apenas explorando sua força de trabalho até a exaustão, sem valorização alguma. Não se poderia continuar desconhecendo os direitos sociais dos trabalhadores. Tratou-se de um movimento mundial que ocorreu em vários países: a inclusão política e social da classe trabalhadora. Na própria América Latina havia o exemplo dos governos da revolução mexicana, que tinham reconhecido os direitos de operários e camponeses e desenvolviam políticas nacionalistas e reformistas. Foi um movimento mundial no qual o Brasil esteve inserido e bastante atualizado — e não resultado da manipulação, perversidade e esperteza de um único governante: Getúlio Vargas. No caso da legislação sindical dos anos 1930, estudos demonstram a adesão de parcelas importantes dos trabalhadores e da colaboração de seus líderes na montagem do sistema corporativista.

O regime de 1946 foi a primeira experiência liberal democrática que a sociedade brasileira conheceu. O regime foi fundado por uma Assembleia Nacional Constituinte livremente eleita e soberana. As eleições eram periódicas, fiscalizadas por tribunais isentos e com voto secreto e direto para todas as instâncias. Os eleitos tomavam posse e passavam os cargos rigorosamente de acordo com o calendário eleitoral. A imprensa era livre. Os partidos eram de caráter nacional, com programas políticos e ideológicos definidos e identificados com clareza pelo eleitorado. O presidente da República, mesmo com as prerrogativas típicas do presidencialismo das Américas, não exercia o poder de maneira autocrática, bastando ver como terminaram os governos de Vargas, Jânio e Goulart. Mesmo com as características próprias de regimes liberais democráticos, muitos autores de livros universitários continuam a qualificar o regime como não democrático e "populista". Tal como o fazem os autores dos livros didáticos.

O estudo desse momento da vida econômica, política, social e cultural brasileira merece maior atenção dos historiadores. Nos livros didáticos, os jovens estudantes poderiam ter exemplos das vantagens de se viver numa sociedade regida por instituições democráticas, garantidas pelo estado de direito; de haver leis que valham para todos, sem exceção; de se valorizar a cidadania, compreendendo a importância dos direitos civis, dos direitos políticos e dos direitos sociais; de se reconhecer que, embora a democracia seja o regime que respeita a vontade da maioria, as minorias devem ser consideradas; de se conviver com o pluralismo de ideias; de se ter direitos, mas saber também que se tem deveres, seja com relação ao Estado, seja com relação à sociedade, seja com relação a qualquer outro cidadão; de resolver os conflitos de maneira negociada e pactuada por meio de compromissos políticos. A experiência democrática de 1946-64 é um laboratório rico em exemplos — positivos e negativos — para que os jovens possam adquirir cultura cívica, práticas de cidadania e valores democráticos.

Infelizmente, perde-se essa oportunidade. Seja em muitos livros universitários, seja em livros didáticos utilizados na educação básica, o que se lê é que o regime inaugurado pela Constituição da 1946 não foi nada mais que manipulação e ilusão populistas.

Capítulo 22
História da historiografia: a era Vargas nos livros didáticos*

LUÍS REZNIK

É lugar-comum, entre historiadores e professores de história, a afirmação, geralmente em tom queixoso, de que os livros didáticos de história para a educação básica apresentam conteúdos defasados em relação ao conhecimento produzido pelas universidades. Certamente estamos diante de uma questão já clássica nos debates acadêmicos: qual a relação que se estabelece — e se estabeleceu ao longo da história — entre a historiografia acadêmica e a historiografia escolar, entendida a primeira como o conjunto dos conhecimentos produzidos e das narrativas difundidas a partir da pesquisa realizada nas universidades e centros de pesquisa; e a última, como o conjunto de conhecimentos e narrativas voltados para o público escolar.

Para além da dimensão propriamente existencial no exercício da profissão ("para que serve ensinar história?"), a questão anterior nos remete a debates diversos na conexão escola-universidade: formação de professores, mercado editorial, política pública para produção e distribuição de livros

* Este texto é um dos resultados da pesquisa empreendida com apoio financeiro do CNPq. Agradeço aos organizadores a leitura atenta e as sugestões.

didáticos, política de extensão universitária, além dos próprios caminhos da historiografia contemporânea, entre outros.

A reflexão acerca da operação historiográfica escolar[1] tem sido um tópico importante nos últimos 20 anos de pesquisas sobre o assunto e estimulado não poucas polêmicas envolvendo a história das disciplinas escolares[2] e questões teórico-metodológicas relacionadas ao que se denominou "transposição de conteúdos".[3]

Preocupados com essas questões, procuramos realizar um breve exercício mapeando um conteúdo específico entre as matérias presentes nos livros didáticos de história do Brasil: a era Vargas[4]. Buscamos responder às seguintes perguntas: quais eram e como estavam dispostos os conteúdos desse tópico nos livros didáticos entre a década de 1940 e os dias atuais? Como esses conteúdos se relacionam com as interpretações acadêmicas[5] de sua época?

1. A interpretação estado-novista

Começamos a nossa análise pelo livro de Joaquim Silva, *História do Brasil* para o quarto ano ginasial, cuja edição deve ter sido revista em 1942.[6] Seus

---

[1] Para usar os termos de Certeau (1982), "um lugar, uma prática, uma escrita".

[2] Chervel, 1992; Bittencourt, 2004.

[3] Chevallard, 1991; Monteiro, 2007; Anhorn, 2003.

[4] Para efeito de comparação entre os autores pesquisados, assumimos uma definição elástica para o tópico em questão, englobando as narrativas sobre o período compreendido entre 1930 a 1964. Aqui não nos interessa a polêmica sobre definição e sentidos que a nomenclatura "era Vargas" pode suscitar, a não ser que esteja diretamente relacionada ao texto didático analisado.

[5] Compreendemos assim as narrativas avalizadas nos meios consagrados da produção historiográfica do período em questão. Se hoje em dia a consagração acadêmica nos remete à universidade, especialmente aos programas de pós-graduação, nos anos 1940 e 1950 as primeiras instituições de ensino superior ainda concorriam em legitimidade com o Colégio Pedro II, o Instituto Histórico e Geográfico Brasileiro, e as próprias diretrizes metodológico-acadêmicas emanadas do Ministério da Educação.

[6] A edição consultada é a 11ª, revista e aumentada, publicada em 1944. O livro está "de acordo com o último programa oficial", além de destinar-se à quarta série ginasial. Ambas são referências à reforma do ensino secundário, de 1942, também conhecida como reforma Capanema. Consta, na Biblioteca Nacional, uma edição de 1941, talvez

livros didáticos foram os mais vendidos no período,[7] o que não se explica apenas pelo fato de o autor ser professor em destacadas instituições escolares na cidade de São Paulo, como o Liceu Nacional Rio Branco, os colégios Cabrini e São Luiz, e o Ginásio das Cônegas de Santo Agostinho. Joaquim Silva tinha o mérito de ser publicado pela Companhia Editora Nacional, líder do mercado editorial de livros didáticos nas décadas de 1930 e 1940, garantindo sucesso para seus autores.[8]

Os livros publicados com a reforma Capanema foram os primeiros a apresentar uma unidade específica para o pós-revolução de 1930. Nesse particular, os didáticos acompanham os caminhos da historiografia "consagrada", pois, se a revolução foi muito debatida na própria década,[9] é possível afirmar que somente no início da década de 1940 estrutura-se uma narrativa coerente e sistemática sobre os seus significados.[10]

As reformas educacionais dos anos 1930 e 1940, tanto as de Capanema como as anteriores, na gestão de Francisco Campos, normalizaram, no detalhe, as práticas docentes, incluindo a definição de conteúdos dos livros didáticos. Os índices dos livros eram idênticos. Para a unidade IX do livro de história do Brasil e para a quarta série ginasial, a reforma Capanema estipulava:

> A Segunda República: 1) Da revolução de outubro ao Estado Novo; 2) Getúlio Vargas; 3) Sentido da política interna: organização da unidade e da defesa nacional; 4) Os rumos da política exterior; 5) Os grandes empreendimentos administrativos; 6) Progresso geral do país.[11]

---

a primeira (ver Silva, 1944). Sobre a reforma Capanema, ver, entre outros, Schwartzman, Bomeny e Costa (1984).

[7] Hollanda, 1957.

[8] Hallewell, 1985. Note-se que, concorrendo com Joaquim Silva, há vários outros autores, menos vendidos, que são consagrados nos meios acadêmicos, como Jônathas Serrano, Sérgio Buarque de Hollanda, Otávio Tarquínio de Souza e Hélio Vianna.

[9] Oliveira, 1980.

[10] Gomes, 1988.

[11] Silva, 1944:179-205. Todas as referências dos próximos parágrafos são extraídas dessas páginas.

A "revolução de outubro de 1930" é monumentalizada como um grande marco de transformação, já que, "por sua extensão e consequências, é uma das maiores de nossa história". A explicação de Silva associa o potencial dos movimentos tenentistas dos anos 1920 ("movimentos revolucionários de 22, 24, 26 e 27") à crise econômica de 1929 e ao assassinato de João Pessoa ("a difícil situação se agravou com o assassínio do candidato da Aliança à vice-presidência da República"). Tenentismo e crise econômica de 1929 permanecerão durante muitas décadas como chaves interpretativas para a revolução de 1930. O mérito de Joaquim Silva, assim como de outros textos didáticos da época, está em sistematizar sucintamente o debate político-acadêmico que ocorreu na década anterior. Com significações e sentidos diferenciados, essa associação também estava presente, por exemplo, em Barbosa Lima Sobrinho e Virgínio Santa Rosa, autores consagrados posteriormente, nas décadas de 1950, 1960 e 1970.[12]

Sobre 1937, Silva repete o discurso do regime: o golpe de Estado teria sido uma necessidade, após "lamentável acontecimento que sobressaltou a nação em 1935: vários elementos civis e militares, fanatizados pelo perigoso inimigo da civilização cristã que é o comunismo (...)". Aqui se apresenta mais fortemente a intervenção do Estado na escrita historiográfica. O anticomunismo talvez tenha sido a única questão "inegociável" — não podia ficar fora da narrativa didática.[13] O conjunto do capítulo é um elogio aos "grandes empreendimentos" governamentais: legislação social, educação e saúde, desenvolvimento econômico. Nada seria realizado, contudo, sem a forte presença do presidente da República:

> o dr. Getúlio Vargas, calmo, mas enérgico, longânime, mas severo, tolerante, mas inflexível, tem exercido uma ação que compreende todos os setores da atividade da defesa nacional à educação, da saúde

---

12 Lima Sobrinho, 1933 (reeditado em 1975); Santa Rosa, 1932 (reeditado em 1963 e 1976).

13 Para uma comparação com outros livros didáticos do período, ver Reznik (1992:233-241).

pública às finanças, das questões sociais, da proteção da família aos problemas econômicos, com uma extensão sem precedentes na história da vida política nacional.

Salta aos olhos a narrativa política, valorizadora do regime e do presidente. A historiografia posterior vai retirar os excessos personalistas e, em regra, inverter os sinais do valor da política: em vez do "longânime" e "tolerante", vai enfatizar o ditador Vargas. Entretanto, os temas, como se perceberá nas análises adiante, permanecem os mesmos. A narrativa que se tem mantido nos textos escolares e nas sínteses acadêmicas sobre o Estado Novo até os dias atuais sublinha os direitos sociais e o desenvolvimento econômico, em particular a expansão industrial. Podemos então concluir que:

- a narrativa histórica sobre a "Segunda República", considerada como um novo período da história do Brasil, constituiu-se e foi difundida pelos ideólogos do Estado Novo, nos anos 1940;
- a literatura didática absorve, de imediato, até mesmo pela força das normas legais,[14] a nova narrativa;
- os temas aí propostos continuam balizando, nos dias atuais, as histórias desse período.

2. Os anos 1950

Para a década seguinte, selecionamos dois livros, escritos em conformidade com os programas de 1951 para o curso colegial.[15]

Basílio de Magalhães já escrevia compêndios e manuais didáticos há décadas, quando foi publicada a segunda edição de *História do Brasil*, em

[14] Além da rigidez das normas prescritas pelas portarias ministeriais, ressalte-se a criação da Comissão Nacional do Livro Didático, em 30 de dezembro de 1938 (ver Reznik, 1882:164-172).

[15] Corresponde, atualmente, ao ensino médio. A portaria ministerial padroniza os pontos programáticos que compõem um sumário geral. No entanto, à diferença das duas décadas anteriores, os itens que compõem cada "ponto"/capítulo são de livre escolha do autor.

1957,[16] ano de seu falecimento. Historiador e folclorista, autor de vasta bibliografia, pertencia aos quadros do Instituto Histórico e Geográfico Brasileiro (IHGB).[17]

O Brasil pós-1930 poderia estar presente nos dois últimos pontos do programa: IX — O desenvolvimento do Brasil republicano; X — O Brasil atual. O autor decide narrar a República de 1889 a 1945 no ponto IX. Das 23 páginas, apenas seis são dedicadas ao período Vargas (1930-45) — e, nestas, um enorme silêncio sobre o Estado Novo! No último ponto, o primeiro item de três páginas registra o fim do Estado Novo e a promulgação de uma nova Constituição. O segundo item refere-se à participação no conflito mundial, e os outros, ao período republicano como um todo: "3. A educação nacional; 4. Ciências, letras e artes; 5. Aspectos gerais e tendências da civilização brasileira". Trata-se de sublinhar a superioridade da vida republicana, em várias facetas. Nesse sentido, o livro guarda identidade com os didáticos publicados antes de 1937 — a República traz o progresso. É como se o Estado Novo devesse ser esquecido e silenciado.

Na contramão dos livros publicados no Estado Novo, esse é um manual didático antivarguista. Poderíamos mesmo afirmar que é tão político quanto os publicados na vigência do Estado Novo, mas com sinais trocados. É relevante o título do primeiro item do último tópico: "o regime democrático" — sem dúvida, uma contraposição à ditadura recente. Note-se, no entanto, que o livro "terminou de ser escrito" em 1953, em pleno governo Vargas, pouco antes da crise política que iria abalá-lo. Democracia era conceito forte no vocabulário político da época. Os significados

---

16 A primeira edição provavelmente é de 1953, pois o "compêndio" terminou de ser escrito em março do mesmo ano.

17 Em texto panegírico e ufanista, foi apresentado assim: "Basílio de Magalhães foi um grande intelectual mineiro, talvez um dos maiores do Brasil. Nascido aos 14 de junho de 1874, foi uma das mentes mais brilhantes deste país. Jornalista, professor, administrador, político, homem de cultura, poliglota, faleceu na cidade de Lambari-MG, aos 14 de dezembro de 1957, "esquecido e pobre, a ponto de ter que vender sua biblioteca para sobreviver". Câmara Cascudo dedicou a esse mestiço de classe social desfavorecida, filho natural de seu padrinho, um verbete no seu famoso *Dicionário do folclore brasileiro*". Disponível em: <www.usinadeletras.com.br>. Acesso em: 30 maio 2008.

conferidos ao conceito de democracia eram objeto das disputas entre os atores políticos que o manejavam conforme os seus projetos, trazendo do seu legado histórico os atributos que constituíam o seu horizonte de expectativas: democracia social, democracia liberal e democracia com participação.[18] Por isso, não é menos importante a explicação para a deposição de Vargas: "terminada a 2ª Grande Guerra com a vitória das potências democráticas, perante estas ficaria o Brasil em patente inferioridade moral, se, desobedecendo às suas gloriosas tradições liberais, continuasse sujeito a um governo caudilhesco".[19]

Essa interpretação, que associa a derrota do nazifascismo europeu à queda do ditador brasileiro, é legatária do discurso político udenista antivarguista de 1945. Podemos afirmar que a UDN perdeu as eleições, mas venceu a batalha das interpretações. Com variações, essa chave de compreensão sobre a deposição de 1945 foi canonizada pela historiografia, tanto a acadêmica quanto a escolar, até os dias atuais.[20]

No mesmo ano em que Basílio de Magalhães terminou seu livro, foi publicada a *História do Brasil* de Alfredo D'Escragnole Taunay e Dicamôr Moraes,[21] autores conhecidos pela publicação de compêndios e manuais didáticos para a escola e o ensino superior.[22]

A estrutura dos capítulos finais e as ênfases são bastante diferentes das do livro analisado anteriormente. O item IX percorre a República até 1930.

---

[18] Sobre a carga projetiva da enunciação conceitual, ver Koselleck (2006, esp. caps. 5 e 14).

[19] Magalhães, 1957:166.

[20] Mesmo a historiografia que realça a temática da inclusão social estado-novista insiste em associar a derrota do nazifascismo à queda de Vargas. Certamente essa é uma das interpretações mais enraizadas no senso comum dos historiadores. Para uma outra abordagem ver, entre outros, Gomes (1988) e Moura (1991).

[21] Taunay e Moraes, 1953.

[22] Alfredo Taunay publicou, entre os anos 1950 e 1970, diversos livros didáticos e compêndios universitários. Dicamôr Moraes nasceu no Pará em 1910 e bacharelou-se em direito. Após vir para Brasília, na década de 1960, tornou-se professor universitário de história no Ceub e analista de finanças do Tribunal de Contas da União. Disponível em: <www.anenet.com.br/biografias/biografia_dicamormoraes.htm>. Acesso em: 30 maio 2008.

Os autores retomam, aqui, a chave interpretativa de Joaquim Silva sobre a Revolução: tenentismo e crise econômica. Mas não nos enganemos. Há algo mais: rejeição ao "monopólio da política regional", descontentamento da "ala moça do Exército", "crise econômica que era um reflexo da situação internacional desde a [Primeira] Guerra". A explicação estrutural invade a narrativa e não se submete ao conjunto de eventos episódicos. A crise do regionalismo, como já havia apontado Barbosa Lima Sobrinho em 1933, veio somar-se a uma crise econômica que não é meramente um fenômeno ocorrido em 1929. Os autores estão antenados com a crítica socioeconômica latino-americana expressa nos argumentos da recém-criada (1948) Comissão Econômica para a América Latina (Cepal) ao apontarem a "principal causa da revolução brasileira de 1930": "tratando-se de países de economia exclusivamente agrária e, portanto, dependentes dos de economia industrial, lógico não pudessem suportar o desequilíbrio havido".[23]

E mais adiante, ao analisarem os "aspectos econômicos" do *Brasil atual*, enfatizam os esforços industrializantes feitos pelo Estado desde os anos 1930. O discurso é explicitamente nacionalista, na defesa da soberania nacional: "nossa principal jazida ferrífera está sendo explorada por uma empresa brasileira (a Cia. Vale do Rio Doce)"; "aí está a usina siderúrgica de Volta Redonda, cuja produção de ferro-gusa e aço já supre parte de nossas necessidades industriais, desde 1946"; "o caso do petróleo brasileiro já constitui uma das páginas mais significativas de nossa história econômica".

Em "aspectos sociais", sobressaem um elogio às ações varguistas para a inclusão das "classes trabalhistas" e uma longa digressão sobre os problemas da educação nacional, utilizando copiosamente Anísio Teixeira na defesa de uma educação "democrática" e não "bacharelesca".

Entre os "aspectos políticos", no parágrafo referente à deposição de Vargas fica evidente a oposição em relação ao outro livro publicado na época:

---

[23] Taunay e Moraes, 1953:196. Sobre a Cepal, nada melhor do que ler as memórias de Celso Furtado (1985).

> Embora naquele ano de 1945 o presidente Vargas procurasse restabelecer as liberdades democráticas (extinguiu a censura às manifestações do pensamento e marcou dia para as eleições), verificou-se o golpe de Estado de 29 de outubro, desferido por um grupo de generais com o apoio dos dois candidatos à presidência.[24]

A *História do Brasil* de Taunay e Moraes é uma expressão do que havia de mais contemporâneo: na política, o trabalhismo nacionalista; na educação, o antibacharelismo anisiano; na historiografia, a inovadora abordagem distinguindo a "realidade" entre os "aspectos" econômicos, sociais e políticos.

3. Os anos 1970

No início dos anos 1970, a Companhia Editora Nacional convidou professores universitários de São Paulo e do Rio de Janeiro para escreverem dois conjuntos de livros didáticos, tendo em vista os respectivos mercados escolares de suas cidades. A Coleção Sérgio Buarque de Hollanda[25] e *Brasil: uma história dinâmica*[26] marcaram uma inflexão na produção didática de história. Cada qual, à sua maneira, apresentou relevantes inovações estéticas, metodológicas e historiográficas.[27]

Coordenada por Sérgio Buarque de Hollanda, a *História do Brasil* "paulista" foi elaborada por Carla de Queiroz, Laima Mesgravis, Sylvia Barbosa Ferraz e Virgílio Noya Pinto, todos professores da USP.

A era Vargas foi abordada em dois capítulos: "A Segunda República (1930-45)" e "A República Nova (1946)". Nestes, a narrativa sobre a política é esva-

---

[24] Taunay e Moraes, 1953:210-211.

[25] Ver *História do Brasil 2...*

[26] Ver Mattos, Silva e Dottori (1972).

[27] Sobre a Coleção Sérgio Buarque foi defendida tese recente no programa de pós-graduação da PUC-SP. O autor enfatiza, entre outras características marcantes, o formato gráfico e a inovadora utilização das imagens, fazendo uma comparação com os manuais franceses (ver Másculo, 2008). Até onde sei, *Brasil: uma história dinâmica*, apesar de ser muito citado, não foi objeto de pesquisa específica na universidade.

ziada em tamanho e importância, em favor da economia e da cultura. Não creio que tenha sido uma opção teórico-metodológica. Nos capítulos precedentes, os três aspectos[28] são igualmente valorizados, estruturando a narrativa. Os autores parecem estar propositalmente evitando abordar as temáticas políticas, especialmente no último capítulo. Quando o fazem, são cautelosos:

> Os três anos que se seguiram [à Constituição de 1934] foram de relativa calma, com exceção de um movimento inspirado na ideologia política adotada pela Rússia (comunismo). (...)
>
> O período do Estado Novo, período de completa centralização do poder político e administrativo nas mãos de Getúlio Vargas. (...)
>
> Nesse período [pós-1945], o Brasil pôde entrar na vida administrativa normal, permitindo aos sucessivos governos concentrar esforços para a resolução dos problemas econômicos mais graves.[29]

Centralização substitui ditadura (conceito utilizado uma única vez); vida administrativa normal, democracia. Verifico aqui uma escolha: possivelmente para não ofender as suscetibilidades do regime e da censura, os autores evitaram utilizar os conceitos ditadura e democracia.

Há, entretanto, uma segunda escolha bem ao gosto do Brasil do "milagre econômico". Essa, no entanto, pareceu-me mais uma opção historiográfica: em quatro dos cinco capítulos, há um item intitulado "economia e desenvolvimento". No livro, desde o Segundo Reinado, o desenvolvimento econômico passa a ser uma marca da experiência histórica, assim como um

---

[28] Na linguagem dos anos 1970, "aspectos", "fatores" e "níveis" eram categorias, no mais das vezes, intercambiáveis — talvez, esta última categoria fosse mais utilizada pelos estruturalistas. Nos livros e nas aulas, na universidade e na escola, era lugar comum ler a realidade nesta divisão: política, economia, cultura, sociedade. Em outras palavras, enraizou-se no vocabulário de professores de história o jargão "aspectos políticos, sociais, econômicos e culturais".

[29] *História do Brasil 2...*, p. 103-104, 122 (grifos nossos).

ideal perseguido pelos atores sociais. O conceito de desenvolvimento havia penetrado vigorosamente no ambiente intelectual brasileiro dos anos 1950, evidenciando-se nos mais variados projetos nacionais. De conceito, tornou-se categoria para a narrativa da história brasileira nos séculos XIX e XX.[30]

Um ano antes, em 1972, Ilmar Rohloff de Mattos, José Luiz Werneck da Silva e Ella Grinsztein Dottori, professores da PUC-Rio, UFF e UFRJ, publicaram *Brasil: uma história dinâmica*. O tema que estamos analisando pertence à última unidade do livro: "A história que você vai fazer. A República Nova (1930-71)". A República Nova será narrada em quatro momentos (1930-37; 1937-45; 1945-64; 1964-71), dos quais os três primeiros nos interessam.

O capítulo é assim introduzido: "até agora nós o ajudamos a conhecer a história, através de nossa narrativa. A partir desse instante será você quem fará a história".[31] O pós-1930 é tratado como história do tempo presente.[32] Os autores convocam os alunos a pesquisarem letras de músicas, noticiário e entretenimentos do rádio e da televisão, fotografia, literatura e depoimentos orais.

Do ponto de vista estritamente historiográfico,[33] isto é, no que diz respeito às interpretações das experiências recentes vivenciadas pela sociedade brasileira, o livro é absolutamente inovador. Além de trazer as interpretações correntes no meio universitário de então, viria a ser uma referência para a chamada e reconhecida renovação dos didáticos de história que ocorre no final dos anos 1970 com a abertura política.[34]

---

[30] Ver Bielschowsky (1988).

[31] Mattos, Silva e Dottori, 1972:257.

[32] Os ventos internacionais relacionados às definições, controvérsias e polêmicas acerca da história do tempo presente ainda não haviam chegado ao Brasil. Não é possível afirmar uma "filiação" à escola francesa ou americana, nesse particular. Mais uma razão para sublinhar a originalidade desse livro.

[33] Vou fugir à tentação de discorrer sobre a proposta pedagógica do livro, que também é muito inovadora. Como já propus antes, esse livro carece de um trabalho analítico de maior fôlego.

[34] Cito, apenas como exemplo, um livro que, ao menos na cidade do Rio de Janeiro, foi um marco do momento de redemocratização: *História da sociedade brasileira*, de Alen-

O movimento militar de outubro de 1930 é tratado no tópico "o declínio da República Velha" — tudo começa a mudar após a I Guerra Mundial. Um conjunto de movimentos e eventos leva ao fim da República Velha: tenentismo, modernismo, movimento operário e crise de 1929. A narrativa encaminha os elementos que fizeram parte, nas décadas seguintes, de uma chave explicativa que se convencionou denominar "a crise dos anos 1920". Os autores não utilizam essa categoria, assim como não há referências bibliográficas.[35]

Vargas, no Estado Novo, é um ditador. A demarcação do aspecto autoritário e ditatorial do período voltava à baila, menos pela vertente udenista e, à medida que avançava a redemocratização nos anos 1970, mais pela vertente emedebista. A bem da verdade, uma redemocratização, a dos anos 1970, sublinhou a anterior, dos anos 1940.[36]

A República Nova de 1937 a 1945 tem 12 páginas, e entre os temas tratados no capítulo estão: a Constituição, o dirigismo econômico, o intervencionismo, a industrialização, a urbanização, o trabalho e a educação, a política externa, a guerra, a redemocratização. O Estado Novo não foi um tema muito visitado pela historiografia nos anos 1960, sendo retomado fortemente em fins dos anos 1970, especialmente após a fundação do Cpdoc, no Rio de Janeiro, em 1973. Os temas inscritos no texto didático, de 1972, são ao mesmo tempo legatários do desenvolvimentismo dos anos 1950 (industrialização, modernização e guerra) e do debate, ainda precário, sobre legislação social que vinha se anunciando nos anos 1960 e 1970. Não é por outra razão que o texto, no item concernente à República de

---

car, Carpi e Ribeiro (1979). Os autores eram professores das redes pública e particular no Rio de Janeiro e formados pela UFF.

35 A "crise dos anos 1920" está presente no texto de Bóris Fausto (1970), um clássico sobre a Revolução de 1930.

36 Aqui é importante fazer duas ressalvas. Primeiro, o discurso emedebista comportava uma pluralidade de projetos democráticos e, nesse sentido, não se confunde com o moralismo antivarguista udenista. O conceito de redemocratização foi cunhado no debate político dos anos 1940, assim como nos anos 1970 — aqui não cabe distinguir seus significados, apropriações e contextos. Segundo, a politização do discurso historiográfico não é atributo apenas da produção escolar.

1946 a 1964, sublinha — grifa e explica — três conceitos considerados relevantes: populismo, desenvolvimentismo e Terceiro Mundo. A historiografia dos anos 1980 e 1990 intensificaria a discussão sobre a legislação social, agora sob o signo das conquistas cidadãs e da ampliação dos direitos (trabalho, educação, saúde, moradia etc.).[37]

4. A historiografia escolar recente

A análise de dois livros recentes aponta para a consolidação de certas interpretações sobre a era Vargas. Em livro para o ensino médio publicado em 1990, Elza Nadai e Joana Neves[38] assumem que não é simples nem fácil escrever sobre o Estado Novo, especialmente sobre Getúlio Vargas:

> Getúlio Vargas, o ditador. A figura de Vargas está ainda hoje por ser definida e o período histórico por ele marcado está ainda por ser interpretado. Há, é verdade, um grande número de obras de história, de biografias, de relatos de contemporâneos, que fornecem muitos elementos para a visualização da sua figura e da sua atuação política. As tentativas de explicação da sua personalidade e da sua obra, porém, padecem ainda do efeito das paixões. (...) Não se pode pretender nos limites de um manual explicar ou relatar toda a gama de opiniões que existem a seu respeito. É preciso destacar os aspectos mais relevantes e indiscutíveis da sua ação governamental.[39]

[37] Refiro-me, particularmente, às polêmicas em torno do conceito de populismo que iriam se estabelecer na historiografia acadêmica e didática daqueles anos. Nos anos 1960, a principal referência é Francisco Weffort, que já havia publicado, entre 1963 e 1967, artigos em periódicos e defendera tese de doutorado em ciência política em 1968, na USP, intitulada *Classe populares e política*. O conjunto de suas reflexões encontra-se em Weffort (1978). A tese de doutorado de Angela de Castro Gomes (1988), *A invenção do trabalhismo*, traria uma decisiva inflexão na historiografia. Ver também Gomes (2001).

[38] Elza Nadai era professora de prática de ensino de história na Faculdade de Educação da USP e Joana Neves era professora de história na Universidade Federal da Paraíba. As duas eram militantes pioneiras do campo do "ensino de História".

[39] Nadai e Neves, 1990:223. Seja qual for o texto da primeira edição, ele parece ter sido efetivamente atualizado, pois contém a bibliografia dos anos 1980.

As autoras afirmam abertamente a polifonia do discurso historiográfico, em particular quando é ancorado nas múltiplas memórias ("relatos de contemporâneos", mas também as "biografias"), porque elas são sempre apaixonadas. Deixando as ambiguidades de lado, elas preferem, "nos limites de um manual", destacar o que é supostamente consensual ("aspectos indiscutíveis").[40] Nestes termos, os temas do Estado Novo vão-se tornando clássicos: a Constituição de 1937; as diretrizes econômicas; a questão social; o panorama internacional, aí incluída a "americanização" do Brasil (aspas no original); a campanha pela redemocratização.

O capítulo sobre o período entre a ditadura do Estado Novo e a militar intitula-se "A experiência democrática". A historiografia e a política contemporânea novamente caminham lado a lado. A democracia, sem adjetivos, está em marcha no Brasil de 1990, da Nova República. Nesses novos tempos, o populismo, enquanto categoria explicativa e globalizadora de um período histórico, vai sendo deixado de lado.[41] Quando muito, pode ser um conceito útil, uma ferramenta analítica.

> O período entre 1946 e 1964 assinalou-se pela tentativa, *inédita*, da sociedade brasileira, de desenvolver o processo político de acordo

---

[40] Afirmar a polifonia da operação historiográfica talvez seja uma novidade metodológica explicitada nos textos didáticos. No entanto, assumir que, dadas as dificuldades com as paixões na interpretação historiográfica, estas devem ser evitadas nos levam ao velho dilema do distanciamento temporal em relação ao objeto. Essa era uma máxima cara a vários dos autores anteriores. Por exemplo, Taunay e Moraes (1953:199): "alguns dos fatos a seguir objeto de sucinta apreciação só poderão sê-lo em seus aspectos gerais, dada a proximidade de sua ocorrência. Ao apreciá-los, segundo esse critério, cumpre-se um preceito estipulado pela ciência histórica, de vez que esta exige o decurso de 30 ou pelo menos 20 anos para que um acontecimento possa ser desapaixonadamente analisado. Nessas condições, os fatos atuais devem ser apenas registrados e, quando muito, pode-se tentar descobrir-lhes as tendências".

[41] Muitos livros didáticos dos anos 1980 intitulavam o capítulo sobre 1945-64 "A República Populista". Ver, por exemplo, Alencar, Carpi e Ribeiro (1979): "as contradições e os conflitos do Estado populista" (subtítulo da unidade referente ao período de 1946 a 1964).

> com um modelo democrático. Assim, o período foi marcado por um conjunto de características que representavam acentuados traços democráticos.[42]

Interessante é que as próprias autoras passam a questionar o conceito de *redemocratização*, utilizado por elas no capítulo anterior. Como afirmar restauração da democracia se ela é uma experiência inédita, pois "a principal característica da organização republicana no Brasil era o seu caráter oligárquico"? Importa sublinhar que um novo olhar se detém, positivamente, sobre a experiência que surge no pós-II Guerra Mundial.

Democracia também é o tema central do livro *História temática: o mundo dos cidadãos*.[43] Pretendendo ser uma "história temática",[44] o livro é dividido em quatro unidades, a última delas intitulada "autoritarismo e democracia". Essa unidade, por sua vez, é subdividida em três capítulos — 9: "As duas guerras"; 10: "Era Vargas"; e 11: "Brasileiros, mostrem suas caras" (um panorama geral de acontecimentos "políticos" no Brasil pós-1945).

Interessa-nos o capítulo 10 ("Era Vargas: retratos de uma nova ordem"), que começa com uma digressão provocativa para os estudantes:[45]

---

[42] Nadai e Neves, 1990:235 (grifo meu).

[43] Montellato, Cabrini e Catelli Jr., 2000. Pude registrar que Conceição Cabrini e Roberto Catelli Jr. graduaram-se na PUC-SP nos anos 1980 e terminaram seus mestrados no início dos anos 1990. Cabrini é atualmente professora de prática de ensino de ciências sociais na PUC-SP.

[44] A organização dos conteúdos por eixos temáticos foi muito valorizada nos debates para a reformulação do ensino da história nos anos 1980, assim como no texto final dos Parâmetros Curriculares Nacionais para o ensino fundamental. Das 19 coleções aprovadas no Plano Nacional do Livro Didático 2008 (PNLD), apenas quatro são consideradas "história temática": "neste conjunto, a proposta da coleção é organizada por temas. A esse respeito, os PCN de 5ª à 8ª séries (6º ao 9º anos do ensino fundamental) recomendam a organização dos conteúdos por eixos temáticos, cujo teor para as duas primeiras séries desta etapa é *História das relações sociais, da cultura e do trabalho* (3º ciclo do ensino fundamental) e, para as duas últimas, *História das representações e das relações de poder* (4º ciclo)". Ver *Guia de livros didáticos...*, p. 11.

[45] Boa parte dos livros atuais apresenta alguma introdução aos capítulos, já que o PNLD e o PNLEM orientam nessa direção. Entre os itens de avaliação, exige-se que as obras "problematizem passado e presente".

> Como construir uma sociedade livre e que garanta os direitos sociais e políticos do cidadão? Para responder à questão, devemos pensar que isso só é possível em uma sociedade democrática, na qual o cidadão participe plenamente das decisões políticas e tenha acesso aos bens produzidos por essa sociedade. Além disso, compreender, aceitar a diversidade cultural e lutar por ela deve ser um objetivo comum dos membros de todas as sociedades para assegurar a riqueza da humanidade. Neste e no capítulo 11, estudaremos dois momentos da sociedade brasileira — caracterizados pela ausência de democracia — que impediram a população de exercer seus plenos direitos de cidadania. O primeiro diz respeito ao período da ditadura de Getúlio Vargas (Estado Novo) e o segundo, à ditadura após o golpe militar de 1964. Com que intensidade foi praticado o autoritarismo em nosso país? Será que houve quem o criticasse ou resistisse a ele? Que memória os brasileiros têm dos períodos de ditadura?[46]

A despeito do caráter normativo dessa pequena digressão, ela incorpora temas fundamentais da historiografia recente, acadêmica e escolar. Democracia significa não apenas distribuição de bens, mas participação. Democracia é diversidade cultural, ou seja, tolerância não só política, mas étnica e racial. Democracia, na linguagem de fins do século XX — e do século XXI —, é cidadania: direitos políticos, sociais e culturais.

De volta ao ponto de partida

Elegemos alguns livros escolares publicados nos últimos 70 anos. O fato de reconhecê-los como representativos da produção didática de uma época não nos exime de uma análise mais extensiva, o que não cabe nos limites da pesquisa para este capítulo. As considerações que se seguem pretendem sistematizar o argumento já desfiado ao longo do texto.

---

[46] Montellato, Cabrini e Catelli, 2000:202.

- Em primeiro lugar, é preciso sublinhar a historicidade dos manuais escolares. Como todo e qualquer texto, devemos compreendê-los como produtos de seu tempo. São discursos constituintes dos valores contemporâneos. Logo, as interpretações se diferenciam no tempo e pela história.
- Como em todo e qualquer texto historiográfico, não há homogeneidade interpretativa para dois textos de uma mesma época. Basílio de Magalhães e Dicamôr Moraes, escritos e publicados na mesma década, apresentam narrativas bem diferenciadas. É importante lembrar que o texto historiográfico tem um alto teor de politização, e os livros didáticos de história não são exceção. Em contextos politizados e polêmicos como, por exemplo, os anos 1950, isso faz toda a diferença.[47]
- Note-se que também é significativa a diferença de abordagem entre a Coleção Sérgio Buarque de Hollanda e *Brasil: uma história dinâmica*, publicadas no mesmo ano, pela mesma editora. As ditaduras, como o senso comum costuma supor, não impuseram textos únicos, ainda que tenham balizado certos parâmetros. Certamente, a normalização do ensino no Estado Novo impôs temas, mas os autores podiam fazer digressões diferenciadas. Não mobilizei, para este capítulo, um contraponto a Joaquim Silva. Posso afirmar que nenhum dos autores, na época, se opôs ao cânone estado-novista sobre o significado da revolução e as realizações varguistas, mas, por vezes, apresentaram textos bastante sumários que, propositalmente ou não, teriam pouca eficácia retórica. Quanto à outra ditadura, creio que a distinção entre as duas obras citadas é esclarecedora da pouca normalização por ela exercida, efetivamente, nos conteúdos do ensino da história. Nada comparável ao Estado Novo, quando, diga-se de passagem, tudo estava para se fazer. Ainda são necessários muitos estudos sobre a historiografia escolar dos anos 1960 e 1970, anterior à chamada renovação gerada pela redemocratização.

[47] O discurso historiográfico, por trazer para si as razões e as paixões do seu objeto, está por definição imerso em valores. Isso o diferencia do livro de matemática ou de biologia.

- A historiografia didática acompanhou as interpretações que circulavam entre os historiadores de cada época. Não faz sentido falar em atraso ou simplificação, adjetivos que diminuem a produção escolar, colocando os seus autores como maus aprendizes de historiador. Entre os exemplos que trouxe, há uma grande maioria de historiadores e acadêmicos avalizados em sua época. Pode ser que não tenha sido a regra no conjunto da produção didática, mas também não era exceção.
- A historiografia didática é diferente porque tem finalidades próprias, isto é, dirige-se ao público escolar: deve ter um texto resumido, objetivo e visando à unidade da narrativa. Se as funções/finalidades mudam, as formas narrativas não podem ser as mesmas![48]

Mas creio que podemos avançar mais nas conclusões: até os anos 1950, os programas de ensino eram unificados, normalizados pelo governo central. A Lei de Diretrizes e Bases, de 1962, libertou os currículos dessa rigidez. No entanto, e não será possível demonstrá-lo aqui, ainda havia muitas afinidades e semelhanças entre os manuais didáticos, principalmente os destinados ao que hoje chamamos de ensino médio, e as boas sínteses universitárias.

O surgimento da pós-graduação em história no Brasil e a ampliação da pesquisa universitária, por um lado, e a crítica às grandes sínteses, por outro, levaram a uma separação maior entre manuais escolares e narrativas universitárias/acadêmicas, após os anos 1980. Enquanto a historiografia universitária avançou na profusão de temas, territórios e objetos, a historiografia didática precisou permanecer nas suas funções unificadoras. Certamente o movimento da "história temática" (e dos GTs, programas estaduais etc.) é uma tentativa de aproximação entre esses dois mundos. Tenho muitas dúvidas se esse movimento tem sido bem-sucedido, ou mesmo se é viável.[49]

---

[48] Ver Rüsen (2007).

[49] Para Kazumi Munakata (2000:284), "a proposta da história temática acarretou, ao menos entre os professores da rede paulista, uma consequência, embora involuntária: a produção em massa da ignorância".

É preciso atentar não apenas para o conteúdo *stricto sensu* do discurso historiográfico escolar, mas também para a sua forma didática, argumentativa. Se a historiografia didática está em questão, também a historiografia acadêmica está em xeque. Talvez seja o caso de voltarmos à questão recorrente: para que serve a história? Para que ensinar história?

Referências

A aula como texto: historiografia e ensino de história

BLOCH, Marc. *Apologia da história ou o ofício do historiador.* Rio de Janeiro: Jorge Zahar, 2001.

BOURNE, Dominique. Comunidade de memória e rigor crítico. In: BOUTIER, Jean; JULIA, Dominique. *Passados recompostos*: campos e canteiros da história. Rio de Janeiro: UFRJ/FGV, 1998. p. 133-141.

CALDAS, Pedro Spinola Pereira. O espírito dos papéis mortos: um pequeno estudo sobre o papel da verdade histórica em Leopold Von Ranke. *Emblemas — Boletim do Curso de História*, UFG, v. 1, n. 3, p. 23-38, 2007.

CATROGA, Fernando. *Memória, história e historiografia.* Coimbra: Quartetto, 2000.

CERTEAU, Michel de. A operação historiográfica. In: _____. *A escrita da história.* Rio de Janeiro: Forense Universitária, 1982. p. 65-119.

CHARTIER, Roger. A história entre narrativa e conhecimento. In: _____. *À beira da falésia.* A história entre certezas e inquietudes. Porto Alegre: UFRGS, 2002. p. 81-100.

CHERVEL, André. História das disciplinas escolares: reflexões sobre um campo de pesquisa. *Teoria & Educação*, Porto Alegre, n. 2, 1990.

CHEVALLARD, Yves. *La transposition didactique*: du savoir savant au savoir enseigné. Grenoble: La Pensée Sauvage, 1991.

DELACROIX, Christian. L'histoire entre doutes et renouvellements (les années 1980-1990). In: _____; DOSSE, François; GARCIA, Patrick. *Histoire et historiens en France depuis 1945.* Paris: ADPF, 2003.

GAGNEBIN, Jeanne-Marie. *Lembrar, escrever, esquecer.* São Paulo: Editora 34, 2006.

GINZBURG, Carlo. Representação: a palavra, a idéia, a coisa. In: _____. *Olhos de madeira.* Nove reflexões sobre a distância. São Paulo: Companhia das Letras, 2001. p. 85-103.

_____. Introdução. In: _____. *Relações de força.* História, retórica, prova. São Paulo: Companhia das Letras, 2002. p. 13-45.

GUIMARÃES, Manoel Salgado. O presente do passado: as artes de Clio em tempos de memória. In: ABREU, Martha; SOIHET, Rachel; GONTIJO, Rebeca (Orgs.). *Cultura política e leituras do passado*: historiografia e ensino de história. Rio de Janeiro: Civilização Brasileira, 2007. p. 23-41.

HARTOG, François. *Régimes de historicité.* Présentisme et expériences du temps. Paris: Seuil, 2003.

HEYMANN, Luciana Quillet. O *devoir de mémoire* na França contemporânea. In: GOMES, Angela de Castro (Org.). *Direitos e cidadania*: memória, política e cultura. Rio de Janeiro: FGV, 2007. p. 15-43.

HUMBOLDT, Wilhem von. *La tache d'historien.* Lille: Presses Universitaires de Lille, 1985.

HUYSSEN, Andreas. *Seduzidos pela memória.* Rio de Janeiro: Aeroplano/UCAM/MAM, 2000.

IGGERS, Georg G. The "linguistic turn": the end of history as a scholarly discipline? In: _____. *Historiography in the twentieth century*: from scientific objectivity to the post-modern challenge. New England: Wesleyan University Press, 1997.

KOSELLECK, Reinhart. *Futuro passado*: contribuição à semântica dos tempos históricos. Rio de Janeiro: PUC/Contraponto, 2006.

LIMA, Luiz Costa. *História, ficção, literatura.* São Paulo: Companhia das Letras, 2006.

LOPES, A. R. C. Conhecimento escolar: processos de seleção cultural e mediação didática. *Educação & Realidade*, v. 1, n. 22, p. 95-112, jan./jun. 1997.

MARROU, Henri-Irénée. A obra histórica. In: _____. *Do conhecimento histórico.* Viseu: Rei dos Livros [s.d.]. p. 255-265.

MATTOS, Ilmar Rohloff de. "Mas não somente assim!" Leitores, autores, aulas como texto e o ensino-aprendizagem de história. *Tempo — Dossiê Ensino de História*, Rio de Janeiro, UFF — Departamento de História, v. 11, n. 21, p. 15-26, jul./dez. 2006.

MONIOT, H. *Didactique de l'histoire*. Paris: Nathan, 1993.

NOIRIEL, Gérard. La formación de una disciplina cientifica. In: ______. *Sobre la crisis de la historia*. Valencia: Frónesis, 1997.

______. Recherche historique, mémoire collective et enseignement de l'histoire contemporaine. In: ______. *Qu'est-ce que l'histoire contemporaine?* Paris: Hachette Supérieur, 1998.

POMIAN, Krzysztof. De l'histoire, partie de la mémoire, à la mémoire, objet d'histoire. In: ______. *Sur l'histoire*. Paris: Gallimard, 1999a. p. 263-342.

______. Histoire et fiction. In: ______. *Sur l'histoire*. Paris: Gallimard, 1999b. p. 15-78.

PROCHASSON, Christophe. *L'Empire des émotions*. Les historiens dans la mêlée. Paris: Demopolis, 2008.

PROST, Antoine. A história se escreve. In: ______. *Doze lições sobre a história*. Belo Horizonte: Autêntica, 2008a. p. 235-252.

______. Criação de enredos e narratividade. In: ______. *Doze lições sobre a história*. Belo Horizonte: Autêntica, 2008b. p. 211-235.

RÉMOND, René (Dir.). *Être historien aujourd'hui*. Paris: Unesco, 1988.

RICOEUR, Paul. *Tempo e narrativa*. Campinas: Unicamp, 1994. 3v.

RÜSEN, Jörn. *Razão histórica*. Teoria da história: os fundamentos da ciência histórica. Brasília, DF: UnB, 2001.

SARLO, Beatriz. *Tempo passado*: cultura da memória e guinada subjetiva. São Paulo: Companhia das Letras, 2007.

SIRINELLI, Jean-François. De la demeure à l'agora. Pour une histoire culturelle du politique. In: MILZA, Pierre (Dir.). *Axes et méthodes de l'histoire politique*. Paris: PUF, 1998.

VEYNE, Paul. *Como se escreve a história*. Brasília, DF: UnB, 1998.

WHITE, Hayden. *Trópicos do discurso*: ensaios sobre a crítica da cultura. São Paulo: Edusp, 1994.

Capítulo 1

ASSMANN, Aleida. *Construction de la mémoire nationale*. Une brève histoire de l'idée allemande de Bildung. Paris: Maison des Sciences de L'homme, 1994.

DÉCULTOT, Elisabeth. *Johann Joachim Winckelmann*. Enquête sur la gênese de l'histoire de l'art. Paris: PUF, 2000.

FREI, Norbert. *1945 und Wir*. Munchen: C.H. Beck, 2005.

HARTOG, François. *Régimes d'historicité*. Présentisme et expériences du temps. Paris: Seuil, 2003.

MARCHAND, Suzanne. *Down from Olympus*. Archaeology and philhelenism in Germany, 1750-1970. Princeton: Princeton University Press, 2003.

POMMIER, Édouard. *Winckelmann, inventeur de l'histoire de l'art*. Paris: Gallimard, 2003.

PROCHASSON, Christophe. *L'Empire des émotions*. Les historiens dans la mêlée. Paris: Demopolis, 2008.

RÜSEN, Jörn. *História viva*. Teoria da história III: formas e funções do conhecimento histórico. Brasília, DF: UnB, 2007a.

_____. *Reconstrução do passado*. Brasília, DF: UnB, 2007b.

SARLO, Beatriz. *Tempo passado*: cultura da memória e guinada subjetiva. São Paulo: Companhia das Letras, 2007.

WEINRICH, Harald. *Lete*. Arte e Crítica do esquecimento. Rio de Janeiro: Civilização Brasileira, 2001.

Capítulo 2

BAUERLEIN, Mark. *The dumbest generation*; how the digital age stupefies young Americans and jeopardizes our future. New York: Tarcher, 2008.

BOWLER, Gerry. *Papai Noel, uma biografia*. Trad. de Cristina Cupertino. São Paulo: Planeta, 2007.

DARNTON, Robert. *O lado oculto da revolução*: Mesmer e o final do Iluminismo na França. Trad. de Denise Bottmann. São Paulo: Companhia das Letras, 1988.

EMERSON, Cary. *First hundred years of Mikhail Bakhtin*. Princeton: Princeton University Press, 2001.

GOULD, Stepen Jay. A corrente da razão e a corrente dos polegares. In: _____. *Viva o brontossauro*. Trad. de Denise Bottmann. São Paulo: Companhia das Letras, 1999.

GUIMARÃES, Manoel L. Salgado. Vendo o passado: representação e escrita da história. *Anais do Museu Paulista*, v. 15, n. 2, 2007.

JOHNSON, Steven. *Surpreendente!* Trad. de Reginaldo C. Lopes. Rio de Janeiro: Campus, 2007.

MacCALMAN, Iain. *O último alquimista*. Trad. de Geni Hirata. Rio de Janeiro: Rocco, 2005.

PASSERINI, Luiza. *Memoria y utopia*: la primacia de la intersubjetividad. Trad. de Josep Aguado. Granada: Universidad de Valencia, 2006.

ROBERTS, Andrew. *A batalha de Waterloo*: a última jogada de Napoleão. Trad. de Rosaura Machado. Rio de Janeiro: Ediouro, 2005.

SALIBA, Elias. A vida do Papai Noel em detalhes. *O Estado de S. Paulo*, 23 dez. 2007. Cultura, p. D-4.

SARLO, Beatriz. *Tempo passado*: cultura da memória e guinada subjetiva. São Paulo: Companhia das Letras, 2007.

Capítulo 3

BARCA, Isabel. Educação histórica: uma nova área de investigação. In: NETO, J. M. A. (Org.). *Dez anos de pesquisas em ensino de história*. Londrina: AtritoArt, 2005.

BITTENCOURT, Circe. *Ensino de história:* fundamentos e métodos. São Paulo: Cortez, 2004.

BLOCH, Marc. *Introdução à história*. Lisboa: Europa-América, 1997.

BRASIL. Parecer CNE/CP nº 9/2001. *Diário Oficial da União*, Conselho Nacional de Educação, Brasília, DF, 18 jan. 2002. p. 4.

CARRETERO, Mario; ROSA, Alberto; GONZÁLEZ, María Fernanda. Ensinar história em tempos de memória. In: CARRETERO, M. et al. *Ensino de história e memória coletiva*. Porto Alegre: Artmed, 2007.

DUBY, Georges. *Ano mil, ano 2000:* na pista de nossos medos. São Paulo: Unesp, 1999.

FURET, François. *A oficina da história*. Lisboa: Gradiva, s.d.

PIAGET, Jean. *A equilibração das estruturas cognitivas:* problema central do desenvolvimento. Rio de Janeiro: Zahar, 1976.

_____. *Fazer e compreender.* São Paulo: Edusp/Melhoramentos, 1978.

POZO, Juan Ignácio. *Aprendizes e mestres.* A nova cultura da aprendizagem. Porto Alegre: Artmed, 2002.

PRATS, Joaquín, Ensinar história no contexto das ciências sociais: princípios básicos. *Revista Educar,* Curitiba, p. 201-204, 2006.

ROSA, Alberto. Recordar, descrever e explicar o passado. O que, como e para o futuro de quem? In: CARRETERO, M. et al. *Ensino de história e memória coletiva.* Porto Alegre: Artmed, 2007.

SIMAN, Lana Mara de Castro. A temporalidade histórica como categoria central do pensamento histórico: desafios para o ensino. In: DE ROSSI, V. L. S.; ZAMBONI, Ernesta (Orgs.). *Quanto tempo o tempo tem!* 2. ed. Campinas: Alínea, 2005.

Capítulo 4

BAKHTIN, M. (Volochinov, V. N.). *Marxismo e filosofia da linguagem.* 6. ed. São Paulo: Hucitec, 1992.

BERNARDIN, J. *As crianças e a cultura escrita.* Porto Alegre: Artmed, 2003.

BERNSTEIN, Basil. *A estruturação do discurso pedagógico*: classe, códigos e controle. Petrópolis: Vozes, 1996.

BORNE, Dominique. Comunidade de memória e rigor crítico. In: BOUTIER, J.; Julia, D. (Orgs.). *Passados recompostos*: campos e canteiros da história. Rio de Janeiro: FGV/UFRJ, 1998.

BOURDIEU, Pierre. A escola conservadora: as desigualdades frente à escola e à cultura. In: NOGUEIRA, M. A.; CATANI, A. (Orgs.). *Escritos de educação.* 3. ed. Petrópolis: Vozes, 1998a.

_____. Os três estados do capital cultural. In: NOGUEIRA, M. A.; CATANI, A. (Orgs.). *Escritos de educação.* 3. ed. Petrópolis: Vozes, 1998b.

BRUNER, Jerome. *Cultura da educação.* Lisboa: Edições 70, 2000.

CERUTTI, Simona. A construção das categorias sociais. In: BOUTIER, J.; JULIA, D. (Orgs.). *Passados recompostos*: campos e canteiros da história. Rio de Janeiro: FGV/UFRJ, 1998.

DILTHEY, Wilhelm. *Introduction a l'etude des sciences humaines.* Paris, PUF, 1942.

GOULEMOT, Jean Marie. Da leitura como produção de sentidos. In: CHARTIER, Roger (Org.). *Práticas de leitura*. São Paulo: Estação Liberdade, 1996.

HÉBRARD, Jean. Três figuras de jovens leitores: alfabetização e escolarização do ponto de vista da história cultural. In: ABREU, Márcia. *Leitura, história e história da leitura*. São Paulo: Fapesp, 1999. p. 33-77.

HERZFELD, Michael. *Cultural intimacy*: social poetics in the nation-state. London: Routledge, 1997.

LAHIRE, Bernard. *Sucesso escolar nos meios populares*: as razões do improvável. São Paulo: Ática, 1997.

______. *Homem plural*. Petrópolis: Vozes, 2002.

LE GOFF, Jacques. *História e memória*. 5. ed. Campinas: Unicamp, 2003.

LIEURY, Alain. *A memória*: do cérebro à escola. São Paulo: Ática, 1997.

LIMA, Luiz Costa. Clio em questão: a narrativa na escrita da história. In: RIEDEL, D. C. (Org.). *Narrativa:* ficção e história. Rio de Janeiro: Imago, 1988.

MALINOWSKI, Bronislaw. Introdução. In: ______. *Argonautas do Pacífico ocidental*: um relato do empreendimento e da aventura dos nativos nos arquipélagos da Nova Guiné melanésia. 2. ed. São Paulo: Abril Cultural, 1976. p. 17-34.

MARROU, Henri-Irénée. *De la connaissance historique*. Paris: Seuil, 1975.

MATTOS, Ilmar Rohloff de. Mas não somente assim. Leitores, autores, aulas como texto e o ensino-aprendizagem de história. *Revista Tempo*, n. 21, jul./dez. 2006.

PERRENOUD, Phillip. *Ofício de aluno e sentido do trabalho escolar*. Porto: Porto, 1995.

PROST, Antoine. *Doze lições sobre a história*. Belo Horizonte: Autêntica, 2008.

ROCHA, Helenice A. B. *O lugar da linguagem no ensino de história*: entre a oralidade e a escrita. Tese (Doutorado em Educação) — Faculdade de Educação, Universidade Federal Fluminense, Niterói, 2006.

ROCHA, Helenice. A economia do trabalho docente no ensino fundamental: o que acontece na aula, entre o ensinar e o aprender? In: REUNIÃO ANUAL DA ANPED, 30. *Anais*... Caxambu, 2007.

RÜSEN, Jön. *Reconstruções do passado*. Teoria da história II: os princípios da pesquisa histórica. Brasília, DF: UnB, 2007.

SANTOS, Myriam Sepúlveda dos. Sobre a autonomia das novas identidades coletivas: alguns problemas teóricos. *Revista Brasileira de Ciências Sociais*, v. 13, n. 38, out. 1998.

SILVA, Marilda. Explicação do conteúdo: elemento estruturante da aprendizagem eficaz. *Cadernos de Pesquisa*, n. 115, p. 195-205, mar. 2002.

SOARES, Magda. *Letramento*: um tema em três gêneros. 2. ed. Belo Horizonte: Autêntica, 1998.

_____. A escrita no currículo e o "efeito Mateus". In: COLÓQUIO LUSO-BRASILEIRO SOBRE QUESTÕES CURRICULARES, 2. *Anais*... 2004. ms.

Capítulo 5

A Inconfidência e a semana Inconfidência Mineira. *Diário de Minas*, Belo Horizonte, 10 abr. 1963. p. 10.

A vida de Tiradentes. *Estado de Minas*, Belo Horizonte, 17 abr. 1949. Gurilândia. Seção 2, p. 4.

BARBOSA, Waldemar de Almeida. *História de Minas*. Belo Horizonte: Comunicação, 1979. v. 2.

BAUZÁ, Hugo Francisco. *El mito del héroe*. Morfología y semántica de la figura heroica. Buenos Aires: Fondo de Cultura Económica de Argentina, 1998.

BILAC, Olavo; COELHO NETTO. *Educação moral e cívica:* a pátria brazileira. Para os alumnos das escolas primarias. 17. ed. Rio de Janeiro: Francisco Alves, 1924.

CASASANTA, Lúcia Monteiro. Um herói: Tiradentes. In: *As mais belas histórias*. 15. ed. São Paulo: Brasil, 1958. v. 3.

Código philippino ou ordenações e leis do reino de Portugal. Recopiladas por mandado d'el Rey d. Philippe I. Organizado por Candido Mendes de Almeida. 14. ed. Rio de Janeiro: Typographia do Instituto Philomathico, 1870, p. 1153-1154.

Composição sobre os Inconfidentes. *Estado de Minas*, Belo Horizonte, 30 abr. 1939. Caderno Infantil Malazarte, p. 4, 6.

ELIADE, Mircea. *Mito e realidade*. 5. ed. São Paulo: Perspectiva, 1998.

FARIA, Helio. *Joaquim José:* a história de Tiradentes para crianças. Belo Horizonte: Secretaria de Estado da Educação de Minas Gerais, 2001.

FÉLIX, Loiva Otero; ELMIR, Cláudio P. (Orgs). *Mitos e heróis*. Construção de imaginários. Porto Alegre: UFRGS, 1998.

FONSECA, Thais Nivia de Lima e. *Da infâmia ao altar da pátria*: memória e representações da Inconfidência Mineira e de Tiradentes. Tese (Doutorado em História Social) — Faculdade de Filosofia, Letras e Ciências Humanas, USP, São Paulo, 2001.

______. A Inconfidência Mineira e Tiradentes vistos pela imprensa: a vitalização dos mitos (1930-60). *Revista Brasileira de História,*. v. 22, n. 44, p. 439-462, 2002.

______. *História e ensino de história*. Belo Horizonte: Autêntica, 2003.

______. Livro didático de história e identidade nacional. In: CONGRESSO LUSO-BRASILEIRO DE HISTÓRIA DA EDUCAÇÃO, 3. *Anais*... Coimbra: Sociedade Portuguesa de História da Educação, 2004. v. 2.

______. A exteriorização da escola e a formação do cidadão no Brasil (1930-1960). *Educação em Revista*, UFMG, n. 41, p. 43-57, jun. 2005.

GIRARDET, Raoul. *Mythes et mythologies politiques*. Paris: Seuil, 1986.

GUIMARÃES, Bernardo. *História e tradições da província de Minas Gerais*. Rio de Janeiro: Civilização Brasileira, 1976.

Héros et nation en Amérique Latine. *Caravelle. Cahiers du Monde Hispanique et Luso-Bresilien*, Toulouse, Presses Universitaires du Mirail, n. 72, 1999.

LIMA JÚNIOR, Augusto de. *Pequena história da Inconfidência de Minas Gerais*. Belo Horizonte: Imprensa Oficial, 1955.

MONTERO, Paula (Org.). *Entre o mito a história*. Petrópolis: Vozes, 1995.

Os amores do alferes. *Diário de Minas*, Belo Horizonte, 21 abr. 1954. p. 8.

SANTOS, Lúcio José dos. *A Inconfidência Mineira* — papel de Tiradentes na Inconfidência Mineira. Belo Horizonte: Imprensa Oficial, 1972.

SILVA, Joaquim Norberto de Souza. A cabeça do mártir. In: *Tiradentes — commemoração Annual*. Rio de Janeiro, 21 abr. 1882.

Tiradentes — sua perna está aqui. *O Cruzeiro*. Rio de Janeiro, 19 maio 1971. p. 88-91.

Tiradentes na *Hora do Brasil*. *Jornal do Brasil*, Rio de Janeiro, 19 abr. 1939. p. 6.

Tiradentes, herói sem medalhas. *Diário de Minas*, Belo Horizonte, 21 abr. 1954. p. 2, 8.

Tiradentes. *Estado de Minas*, Belo Horizonte, 21 abr. 1940, Caderno Infantil Malazarte. p. 12.

Uma grande data nacional. *Jornal do Brasil*, Rio de Janeiro, 20 abr. 1932. p. 11.

VIANA, Artur Gaspar. *História do Brasil para a 3ª série ginasial*. São Paulo: Brasil, 1944.

Capítulo 6

ALENCAR, José de. *O marquês de Caxias*. Rio de Janeiro: J. Villeneuve, 1867.

BITTENCOURT, Circe M. F. Identidades e ensino da história no Brasil. In: CARRETERO, Mário; ROSA, Alberto; GONZÁLES, Maria Fernanda (Orgs.). *Ensino da história e memória coletiva*. Porto Alegre: Artmed, 2007.

CAMPOS, Joaquim Pinto de. *A vida do grande cidadão brasileiro Luiz Alves de Lima e Silva*. Rio de Janeiro: Imprensa Nacional, 1878.

Cartas a Monte Alverne de Porto Alegre e Gonçalves de Magalhães. São Paulo: Conselho Estadual de Cultura, 1964.

CARVALHO, José Murilo de. As Forças Armadas na Primeira República: O poder desestabilizador. In: FAUSTO, Boris (Org.). *História geral da civilização brasileira*. São Paulo: Difel, 1974. t. 3, v. 2.

_____. *Os bestializados*. O Rio de Janeiro e a república que não foi. São Paulo: Companhia das Letras, 1999.

CASTRO, Celso. Entre Caxias e Osório. A criação do culto ao patrono do Exército brasileiro. *Estudos Históricos*, Rio de Janeiro, v. 14, n. 25, p. 103-117, 2000.

_____. *A invenção do Exército brasileiro*. Rio de Janeiro: Zahar, 2002.

COUTTO, Pedro do. *Pontos de história do Brasil*. Rio de Janeiro: Jacinto Ribeiro dos Santos, 1920.

FELICI, Luigi Bonafé de. Um herói em dois tempos: apontamentos para uma história da memória sobre Joaquim Nabuco. In: ABREU, Martha; SOIHET, Rachel; GONTIJO, Rebeca (Orgs.). *Cultura política e leituras do passado*: historiografia e ensino de história. Rio de Janeiro: Civilização Brasileira, 2007.

GONTIJO, Rebeca. Manoel Bomfim, "pensador da história" da Primeira República. *Revista Brasileira de História*, v. 23, n. 45, jul. 2003.

Grandes figuras do Brasil. Rio de Janeiro: Biblioteca Pátria, 1940. 2v.

GUIMARÃES, Manoel Luiz Salgado. Nação e civilização nos trópicos: o Instituto Histórico e Geográfico Brasileiro e o projeto de uma história nacional. *Estudos Históricos*, v. 1, n. 1, p. 5-27, 1988.

LIMA, José Inácio de Abreu e. *Compêndio da história do Brasil desde o seu descobrimento até o majestoso ato da coroação do sr. d. Pedro II*. Rio de Janeiro: Eduardo e Henrique Laemmert, 1843.

LIMA, Patrício Augusto da Câmara. *Reflexões sobre o generalato do conde de Caxias*. Porto Alegre: Isidoro José Lopes, 1846.

MAGALHÃES, Domingos José Gonçalves de. *Ode ao Pacificador do Maranhão o Ilmo. Exmo. sr. coronel Luiz Alves de Lima*. Maranhão: I. J. Ferreira, 1841.

______. *A revolução na província do Maranhão desde 1839 a 1840*. São Luís: Progresso, 1858.

MAGALHÃES, Marcelo. Repensando política e cultura no início da República: existe uma cultura política carioca? In: SOIHET, Rachel; BICALHO, Maria Fernanda; GOUVÊA, Maria de Fátima (Orgs.). *Culturas políticas*: ensaios de história cultural, história política e ensino de história. Rio de Janeiro: Mauad, 2005.

MATTOS, Hebe. O herói negro no ensino de história do Brasil: representações e usos das figuras de Zumbi e Henrique Dias nos compêndios didáticos brasileiros. In: ABREU, Martha; SOIHET, Rachel; GONTIJO, Rebeca (Orgs.). *Cultura política e leituras do passado*: historiografia e ensino de história. Rio de Janeiro: Civilização Brasileira, Faperj, 2007.

MATTOS, Selma Rinaldi de. *O Brasil em lições*. A história como disciplina escolar em Joaquim Manoel de Macedo. Rio de Janeiro: Access, 2000.

______. *Para formar os brasileiros*. O compêndio da história do Brasil de Abreu e Lima e a expansão para dentro do Império do Brasil. Tese (Mestrado em História Social) — Faculdade de Filosofia, Letras e Ciências Humanas da USP, São Paulo, 2007.

MOTA, Maria Aparecida Rezende. *Silvio Romero*. Dilemas e combates no Brasil da virada do século XX. Rio de Janeiro: FGV, 2000.

POMBO, José da Rocha. *Nossa pátria*. Narração dos fatos da historia do Brasil, através de sua evolução, com muitas gravuras explicativas. São Paulo: Weiszflog, 1917.

ROMERO, Silvio. *A história do Brasil ensinada pela biografia de seus heróis*. Rio de Janeiro: Alves & Cia., 1890.

______. *O duque de Caxias e a integridade do Brasil*. Rio de Janeiro: Laemmert, 1903.

SILVA, Joaquim. *História do Brasil para o quarto ano ginasial. De acordo com o programa oficial modificado pela portaria ministerial de 14 de março de 1949*. São Paulo: Nacional, 1950.

SOUZA, Adriana Barreto de. *O Exército na consolidação do Império*: um estudo histórico sobre a política militar conservadora. Rio de Janeiro: Arquivo Nacional, 1999.

_____. Osório e Caxias: os heróis militares que a República manda guardar. *Varia História*, Belo Horizonte, n. 25, p. 231-251, jul. 2001.

_____. *Duque de Caxias, o homem por trás do monumento.* Rio de Janeiro: Civilização Brasileira, 2008.

SÜSSEKIND, Flora. *O Brasil não é longe daqui.* São Paulo: Companhia das Letras, 1990.

Capítulo 7

ABREU, Martha; MATTOS, Hebe. Em torno das *Diretrizes Curriculares Nacionais para a Educação das Relações Étnico-Raciais e para o Ensino de História e Cultura Afro-Brasileira e africana*: uma conversa com historiadores. *Estudos Históricos*, v. 21, n. 41, p. 5-20, jan./jun. 2008.

GILROY, Paul. *O Atlântico negro.* Modernidade e dupla consciência. Rio de Janeiro: Ucam/Editora 34, 2001.

LIMA, Mônica. Fazendo soar os tambores: o ensino de história da África e dos africanos no Brasil. *Cadernos Penesb*, n. 4, p. 65-77, 2004.

PEREIRA, Júnia Sales. Reconhecendo e construindo uma polaridade étnico-identitária? Desafios do ensino de história no imediato pós-Lei nº 10.639. *Estudos Históricos*, v. 21, n. 41, jan./jun. 2008.

SACRISTÁN, Gimeno. Currículo e diversidade cultural. In: MOREIRA, Antônio Flávio (Org.). *Territórios contestados*: os currículos e os novos mapas políticos e culturais. Petrópolis: Vozes, 1995.

SANTOS, Sales Augusto: A Lei 10.693/03 como fruto da luta anti-racista do movimento negro. In: *Educação anti-racista: caminhos abertos pela Lei Federal 10.639/03.* Brasília, DF: Secad/MEC, 2005. p. 21-37.

SLENES, Robert. Malungo, Ngoma vem! África coberta e descoberta no Brasil. *Revista da USP*, n. 12, p. 48-67, dez./jan./fev. 1991/92.

_____. *Na senzala, uma flor.* Esperanças e recordações na formação da família escrava. Rio de Janeiro: Nova Fronteira, 1999.

Capítulo 8

ALENCASTRO, Luís Felipe de. *O trato dos viventes.* São Paulo: Companhia das Letras, 2000.

CASTRO, Yeda Pessoa de. *Falares africanos na Bahia*. Rio de Janeiro: Topbooks, 2001.

CURTIN, Philip D. Tendências recentes das pesquisas históricas africanas e contribuição à história em geral. In: KI-ZERBO, J. (Org.). *História geral da África I*. Metodologia e pré-história da África. São Paulo: Ática/Unesco, 1980. p. 73-89.

DUGARD, Martin. *No coração da África*. Rio de Janeiro: Record, 2004.

FLORENTINO, Manolo G. *Em costas negras*. Rio de Janeiro: Arquivo Nacional, 1995.

GUIMARÃES, Antônio Sergio. *Classes, raça e democracia*. São Paulo: Editora 34, 2002.

HOCHSCHILD, Adam. *O fantasma do rei Leopoldo*. São Paulo: Companhia das Letras, 1999.

KLEIN, Herbert S. *O tráfico de escravos no Atlântico*. São Paulo: Funpec, 2006.

LOVEJOY, Paul. *A escravidão na África*. Rio de Janeiro: Civilização Brasileira, 2002.

MacGAFFEY, Wyatt. African history, anthropology, and the rationality of natives. *History in Africa*, v. 5, p. 101-120, 1978.

PARES, Luis Nicolau. *A formação do candomblé*. Campinas: Unicamp, 2006.

REIS, João José. *Rebelião escrava no Brasil*. São Paulo: Companhia das Letras, 2003.

RODRIGUES, Jaime. *De costa a costa*. São Paulo: Companhia das Letras, 2005.

SCHWARCZ, Lilia Moritz. *O espetáculo das raças*. São Paulo: Companhia das Letras, 1993.

_____. Dando nome às diferenças. In: SÂMARA, Eni de Mesquita (Org.). *Racismo e racistas*. São Paulo: Humanitas, 2001. p. 9-43.

SILVA, Alberto da Costa e. *A manilha e o libambo*. Rio de Janeiro: Nova Fronteira/Fundação Biblioteca Nacional, 2002.

_____. A história da África e sua importância para o Brasil. In: _____. *Um rio chamado Atlântico*. Rio de Janeiro: Nova Fronteira, 2003. p. 229-240.

SLENES, Robert. *Na senzala, uma flor*. Rio de Janeiro: Nova Fronteira, 1999.

SOARES, Mariza Carvalho. *Devotos da cor*. Rio de Janeiro: Civilização Brasileira, 2000.

SOUZA, Marina de Mello e. *Reis negros no Brasil escravista*, Belo Horizonte: UFMG, 2002.

THORNTON, John. *A África e os africanos na formação do mundo atlântico, 1400-1800*. Rio de Janeiro: Campus/Elsevier, 2004.

Capítulo 9

ABREU, Martha. O espetáculo da diversidade. *O Globo*, Rio de Janeiro, 14 jul. 2006.

ABREU, Martha; MATTOS, Hebe (Orgs.). *Memórias do Cativeiro*, 2005.

_____; _____ (Orgs.). *Jongos, calangos e folias*: música negra, memória e poesia. 2007.

_____; _____. Em torno das *Diretrizes Curriculares para a Educação das Relações Étnico-Raciais e para o Ensino d História e Cultura Afro-Brasileira e Africana*: uma conversa com historiadores. *Estudos Históricos*, Rio de Janeiro, v. 21, n. 41, jan./jun. 2008.

AZEVEDO, Célia Maria Marinho de. Cota racial e Estado: abolição do racismo ou direitos de raça?. *Cadernos de Pesquisa*, v. 34, n. 121, jan./abr. 2004.

CARVALHO, José Murilo de. Genocídio racial estatístico. *O Globo*, Rio de Janeiro, 27 dez. 2004.

Diretrizes Curriculares para a Educação das Relações Étnico-Raciais e para o Ensino de História e Cultura Afro-Brasileira e Africana. Brasília, DF: 2004.

FRY, Peter. *A persistência da raça*: ensaios antropológicos sobre o Brasil e a África austral. Rio de Janeiro: Civilização Brasileira, 2005.

_____; MAGGIE, Yvonne. O debate que não houve: a reserva de vagas para negros nas universidades brasileiras. *Enfoques*, v. 1, n. 1, 2002.

GÓES, José Roberto Pinto de. O racismo vira lei. *O Globo*, Rio de Janeiro, 16 ago. 2004.

_____. Os manifestos e a escrava Inês. *O Globo*, Rio de Janeiro, 14 jul. 2006.

_____. Negros: uma história reparada. *Inteligência*, Rio de Janeiro, set. 2007.

GOMES, Angela de Castro. Cultura política e cultura histórica no Estado Novo. In: ABREU, Martha; SOIHET, Rachel; GONTIJO, Rebeca (Orgs.). *Cultura política e leituras do passado: historiografia e ensino de história.* Rio de Janeiro: Civilização Brasileira/Faperj, 2007.

GUIMARÃES, Antonio Sergio Alfredo. *Cotas, cores e raças*. Disponível em: <www.fflch.usp.br/sociologia/asag/cotas%20cores%20e%20racas.pdf >. Acesso em: maio 2009.

GUIMARÃES, Manoel Luiz Salgado. O presente do passado: as artes de Clio em tempos de memória. In: ABREU, Martha; SOIHET, Rachel; GONTIJO, Rebeca (Orgs.). *Cultura política e leituras do passado:* historiografia e ensino de história. Rio de Janeiro: Civilização Brasileira/Faperj, 2007.

HEYMANN, Luciana. O *devoir de mémoire* na França contemporânea: entre a memória, história, legislação e direitos. In: GOMES, Angela de Castro (Org.). *Direitos e cidadania*. Rio de Janeiro: FGV, 2007.

LEITÃO, Miriam. Teses e truques. *O Globo*, Rio de Janeiro, 11 jul. 2006.

MAGGIE, Yvonne. Em breve, um país dividido. *O Globo*, Rio de Janeiro, 27 dez. 2004.

______; FRY, Peter. A reserva de vagas para negros nas universidades brasileiras. *Estudos Avançados*, v. 18, n. 50, 2004.

MATTOS, Hebe. O silêncio da cor. *O Globo*, Rio de Janeiro, 6 jul. 2006.

______ et al. Personagens negros e livros didáticos: reflexões sobre a representação da cultura brasileira e a ação política dos afrodescendentes. In: ROCHA, Helenice Aparecida Bastos; REZNIK, Luís; Magalhães, Marcelo de Souza (Orgs.). *A história na escola*: autores, livros e leituras. Rio de Janeiro: FGV, 2009.

MINISTÉRIO DA JUSTIÇA. *Programa Nacional de Direitos Humanos*. Brasília, DF: Ministério da Justiça, 1996.

POLLAK, Michael. Memória, esquecimento e silêncio. *Estudos Históricos*, Rio de Janeiro, v. 2, n. 3, p. 3-15, 1989.

______. Memória e identidade social. *Estudos Históricos*, Rio de Janeiro, v. 5, n. 10, p. 200-215, 1992.

SANTOS, Ricardo Ventura; MAIO, Marcos Chor. Cotas e racismo no Brasil. *Jornal do Brasil*, Rio de Janeiro, 19 abr. 2004.

SILVA, Petronilha B. G. e; SILVÉRIO, V. R. (Orgs.). *Educação e ações afirmativas:* entre a injustiça simbólica e a injustiça econômica. Brasília, DF: Inep, 2003.

TOLEDO, Roberto Pompeu de. Não o remédio, mas a doença. *Veja*, 25 out. 2006.

VIANNA, Hermano. Mestiçagem fora de lugar. *Folha de S.Paulo*, São Paulo, 27 jun. 2004.

Capítulo 10

ABREU, Martha; MATTOS, Hebe. Em torno das *Diretrizes Curriculares Nacionais para a Educação das Relações Étnico-Raciais e para o Ensino de História e Cultura Afro-Brasileira e Africana*: uma conversa com historiadores. *Estudos Históricos*, Rio de Janeiro, v. 21, n. 41, jan./jun. 2008.

CARVALHO, José Murilo de. *A cidadania no Brasil*: o longo caminho. Rio de Janeiro: Civilização Brasileira, 2002.

_____ et al. *Dimensões da cidadania no século XIX*. Projeto apresentado ao Programa de Apoio de Núcleos de Excelência — Edital Pronex 2006. Rio de Janeiro, 2006.

FEBVRE, Lucien. *Combates pela história*. Lisboa: Estampa, 1985.

GINZBURG, Carlo. Sinais: raízes de um paradigma indiciário. In: _____. *Mitos, emblemas e sinais:* morfologia e história. São Paulo: Companhia das Letras, 1990.

HALL, Stuart. *Da diáspora, identidades e mediações culturais*. Belo Horizonte: Humanitas/ UFMG, 2003.

HOBSBAWM, Eric. *A era dos impérios*. São Paulo: Paz e Terra, 1987.

LAGOA, Ana; GRINBERG, Keila; GRINBERG, Lucia. *Oficinas de história*. Belo Horizonte: Dimensão, 2000.

LIMA, Mônica. Fazendo soar os tambores: o ensino de história da África e dos africanos no Brasil. *Cadernos Penesb*, n. 4, 2004.

LOPES, Alice Casimiro. A articulação entre conteúdos e competências em políticas de currículo para o ensino médio. In: *Políticas educativas e dinâmicas curriculares em Portugal e no Brasil*. Porto: Livpsic/CIEE/FCT, 2008. p. 153-172.

Capítulo 11

ABAURRE, M. B. M.; FIAD, R. S.; MAYRINK-SABINSON, M. L. T. *Cenas de aquisição da escrita*. Campinas: Mercado das Letras, 1997.

AGUIAR, W. M. J. Reflexões a partir da psicologia sócio-histórica sobre a categoria "consciência". *Cadernos de Pesquisa*, n. 110, p. 125-142, jul. 2000.

BAKHTIN, M. *Marxismo e filosofia da linguagem*. São Paulo: Hucitec, 1986.

CERRI, L. F. *Ensino de história e nação na publicidade do milagre econômico*. Brasil: 1969-73. Tese (Doutorado em Educação) — Faculdade de Educação da Unicamp, Campinas, 2002.

COLELLO, S. de M. G. *Alfabetização: do conceito à prática pedagógica*. Mandruvá: La Habana, 2001.

DIAS, Maria Aparecida Lima. *Relações entre língua escrita e consciência história em produções textuais de crianças e adolescentes*. Tese (Doutorado em Educação) — Faculdade de Educação da USP, São Paulo, 2007.

FIAD, R. S. Operações linguísticas presentes nas reescritas de textos. *O Foco*, Campinas, n. 4, jan. 1990.

FREITAS, M. T. de A. *Vygotsky e Bakhtin*. São Paulo: Ática, 2002.

GUINSBURG, C. *Mitos, emblemas e sinais*: morfologia e história. São Paulo: Companhia das Letras, 1989.

RICOUER, P. *Tempo e narrativa*. Campinas: Papirus, 1994.

ROCHA, H. A. B. *O lugar da linguagem no ensino de história*: entre a oralidade e a escrita. Tese (Doutorado em História) — Faculdade de Educação da UFF, Niterói, 2006.

RÜSEN, J. El desarrolo de la competencia narrativa en el aprendizaje histórico. Una hipótesis ontogenética relativa a la conciencia moral. *Propuesta Educativa*, Buenos Aires, n. 7, p. 27-36, 1992.

_____. *Study in metahistory*. Pretoria: Human Sciences Research Council, 1993.

_____. *History:* narration, interpretation, orientation. New York: Berghahn, 2005.

SAUTCHUK, I. *A produção dialógica do texto escrito*: um diálogo entre o escritor e o leitor interno. São Paulo: Martins Fontes, 2003.

SCHNEWLY, B. *Le langage ecrit chez l'enfant*: la production des texts informatifs et argumentatifs. Paris: Delachaux & Niestlé, 1988.

Capítulo 12

ANDRADE, M. R.; DI PIERRO, M. C. A construção de uma política de educação na reforma agrária. In: ANDRADE, M. R. et al. *A educação na reforma agrária em perspectiva*. Uma avaliação do Programa Nacional de Educação na Reforma Agrária. São Paulo: Ação Educativa, 2004.

BEGNAMI, João Batista. *Uma geografia da pedagogia da alternância no Brasil*. Brasília, DF: União Nacional das Escolas Famílias Agrícolas do Brasil — Unifab, 2004. (Coleção Documentos Pedagógicos).

BEHAR, Regina Maria Rodrigues; GOMES, Fabrício. Registros históricos contemporâneos e a parceria da UFPB com os movimentos sociais do campo. In: Encontro Nordestino de História, 5. *Anais*... Recife, out. 2004.

BOSI, Ecléa. *Memória e sociedade*. Lembranças de velhos. São Paulo: T. A. Queiroz, 1987.

CHARTIER, Roger. A nova história cultural existe? In: LOPES, A. H.; VELLOSO, M. P.; PESAVENTO, S. J. (Orgs.). *História e linguagens* — texto, imagem, oralidade e representações. Rio de Janeiro: 7Letras, 2006.

FABRIS, Annateresa (Org.). *Fotografia.* Usos e funções no século XIX. São Paulo: Edusp, 1998.

FERREIRA, Marieta de Moraes; AMADO, Janaína (Orgs.). *Usos e abusos da história oral.* Rio de Janeiro: FGV, 1998.

_____; FERNANDI, T. M.; VERENA, A. (Orgs.). *História oral* — desafios para o século XXI. Rio de Janeiro: Fiocruz/Casa de Oswldo Cruz/Cpdoc/FGV, 2000.

FERRO, Marc. Sobre três maneiras de escrever a história. In: _____. *Cinema e história.* Rio de Janeiro: Paz e Terra, 1992.

GOHN, Maria da Glória. *Movimentos sociais e educação.* 5. ed. São Paulo: Cortez, 2001a.

_____. *História dos movimentos e lutas sociais.* A constituição da cidadania dos brasileiros. 2. ed. São Paulo: Loyola, 2001b.

LEITE, Miriam Moreira. *Retratos de família.* Leitura da fotografia histórica. São Paulo: Edusp, 2000.

MAUAD. Ana Maria. Fotografia e história — possibilidades de análise. In: CIAVATTA, Maria; ALVES, Nida (Orgs.). *A leitura de imagens na pesquisa social:* história, comunicação e educação. São Paulo: Cortez, 2004. p. 19-37.

PERELMUTTER, Daisy; ANTONACCI, Maria Antonieta (Orgs.). Projeto História. *Revista do Programa de Estudos Pós-Graduados em História e do Departamento de História,* PUC-SP, v. 15, abr. 1997.

Capítulo 13

BENJAMIN, Walter. A obra de arte na época da sua reprodutibilidade técnica. In: LIMA, Luiz Costa (Org.). *Teoria da cultura de massa.* 6. ed. Rio de Janeiro: Paz e Terra, 2000. p. 217-254.

HARTOG, François. *Time, history and the writing of history*: the order of time. Disponível em: <www.fflch.usp.br/dh/heros/excerpta/hartog/hartog.html>. Acesso em: 1º jan. 2008.

HORKHEIMER, Max; ADORNO, Theodore. A indústria cultural: o iluminismo como mistificação da massa. In: LIMA, Luiz Costa (Org.). *Teoria da cultura de massa.* 6. ed. Rio de Janeiro: Paz e Terra, 2000.

KNAUSS, Paulo. O desafio de fazer história com imagens: arte e cultura visual. *ArtCultura*, Uberlândia, v. 8, n. 12, p. 97-115, jan./jun. 2006.

LE GOFF, J. Memória-história. In: *Enciclopédia Einaudi*. Lisboa: Imprensa Nacional/ Casa da Moeda, 1985. v. 1.

MENEZES, Ulpiano T. Bezerra de. Fontes visuais, cultura visual, história visual. Balanço provisório, propostas cautelares. *Revista Brasileira de História*, v. 23, n. 45, jul. 2003.

Capítulo 14

ACADEMIA BRASILEIRA DE LETRAS. *Cadeira 31. Correspondência ativa*. Pasta 420-C, 1889-1916.

BEAUCHAMP, Alphonse de. *L'Indépendance de l'Empire du Brésil*. Paris: Delaunay, 1824.

BELLEGARDE, Henrique Luís de Niemeyer. *Resumo de historia do Brasil até 1828*. Rio de Janeiro: Gueffier, 1831.

BITTENCOURT, Circe Maria F. *Livro didático e conhecimento histórico*: uma história do saber escolar. Tese (Doutorado em História) — Faculdade de Filosofia, Letras e Ciências Humanas da USP, São Paulo, 1993.

BRUTER, Annie. *Histoire enseignée au Grand Siècle*. Naissance d´une pédagogie. Paris: Belin, 1997.

CABRAL, Mario da Veiga. *Compendio de historia do Brasil*. 3. ed. Rio de Janeiro: Jacintho Ribeiro dos Santos, 1923.

CHOPPIN, Alain (Dir.) *Les manuels scolaires:* histoire et actualité. Paris: Hachette Éducatión, 1992.

______. História dos livros e das edições didáticas: sobre o estado da arte. *Educação e Pesquisa*, São Paulo, v. 30, n. 3, p. 549-566, set./dez. 2004.

COUTTO, Pedro do. *Pontos de história do Brasil*. Rio de Janeiro: Jacintho Ribeiro dos Santos, 1918.

DENIS, Ferdinand. *Resumé de l'histoire du Brésil*. Paris, 1826.

ESCARPIT, Robert. *La revolution del libro*. Madrid: Unesco/Alianza, 1968.

FLEIUSS, Max; MAGALHÃES, Basílio de. *Quadros de história pátria*. 2. ed. Rio de Janeiro: Imprensa Nacional, 1919. 153p.

GASPARELLO, Arlette M. *Construtores de identidades*: a pedagogia da nação nos livros didáticos da escola secundária brasileira. São Paulo: Iglu, 2004.

_____. Os professores e seu ofício: ensinar, escrever e fazer história. In: SIMPÓSIO NACIONAL DA ASSOCIAÇÃO DE PROFESSORES DE HISTÓRIA, 23. *Anais*... Londrina: Anpuh, 2005. CD-ROM.

_____; VILLELA, Heloisa de Oliveira Santos. Escrita de manuais: uma tarefa para professores. In: CONGRESO IBEROAMERICANO DE HISTORIA DE LA EDUCACIÓN LATINOAMERICANA, 7. *Anales*... Quito: Universidad Andina Simon Bolívar, 2005. CD-ROM.

GOMES, Angela de Castro. A "cultura histórica" do Estado Novo. *Luso-Brazilian Review*, v. 36, n. 2, p. 103-108, Winter 1999.

GUENÉE, Bernard. *Histoire et culture historique dans l'Occident médiéval*. Paris: Aubier, 1980.

GUIMARÃES, Lúcia Maria Paschoal. Debaixo da imediata proteção imperial: o Instituto Histórico e Geográfico Brasileiro (1838-89). *Revista do Instituto Histórico e Geográfico Brasileiro,* Rio de Janeiro, v. 156, n. 388, p. 459-613, jul./set. 1995.

GUIMARÃES, Manoel Luís Salgado. Nação e civilização nos trópicos: o Instituto Histórico e Geográfico Brasileiro e o projeto de uma história nacional. *Estudos Históricos*, Rio de Janeiro, n. 1, p. 5-27, 1988.

HALLEWELL, Laurence. *O livro no Brasil (sua história)*. 2. ed. São Paulo: USP, 2005.

IGLÉSIAS, Francisco. *Os historiadores do Brasil*: capítulos de historiografia brasileira. Rio de Janeiro: Nova Fronteira, 2000.

La Grande Encyclopédie. Societé de Savants et de Gens de Lettres. Paris: H. Lamurauet, s.d.

LAROUSSE, Pierre. *Grand dictionnaire universel du XIX siècle*. Paris: Administration du Grand Dictionnaire Universel, 1875. v. 14.

LE GOFF, Jacques. *História e memória*. 2. ed. Campinas: Unicamp, 1992.

LEÃO, Múcio. Apresentação. In: *João Ribeiro. Trechos escolhidos*. Rio de Janeiro: Agir, 1960.

LIMA, José Ignacio de Abreu e. *Compendio da historia do Brasil*. Rio de Janeiro: Eduardo e Henrique Laemmert, 1843. 2v.

MACEDO, Joaquim Manuel de. *Lições de historia do Brazil*. Para uso dos alumnos do Imperial Collegio de Pedro Segundo. Rio de Janeiro: J. M. N. Garcia, 1861. 143p.

______. *Lições de historia do Brazil* para uso dos alumnos do Imperial Collegio de Pedro Segundo. Rio de Janeiro: Domingos José Gomes Brandão, 1863. 300p.

MELO, Ciro Bandeira de. *Senhores da história:* a construção do Brasil em dois manuais didáticos de história na segunda metade do século XIX. Tese (Doutorado em Educação) — Faculdade de Educação da USP, São Paulo, 1997.

MUNAKATA, Kazumi. *Produzindo livros didáticos e paradidáticos.* Tese (Doutorado em História e Filosofia da Educação) — PUC-SP, São Paulo, 1997.

REIS, José Carlos. *As identidades do Brasil*: de Varnhagen a FHC. Rio de Janeiro: FGV, 1999.

RIBEIRO, João. *Historia do Brasil.* Adaptada ao ensino primário e secundário por João Ribeiro. Rio de Janeiro: Cruz Coutinho de Jacintho Ribeiro dos Santos, 1900. 314p.

RODRIGUES, José Honório. *História e historiadores do Brasil.* São Paulo: Fulgor, 1965.

______. Como nasceram os *Capítulos de história colonial.* In: ABREU, Capistrano de. *Capítulos de história colonial (1500-1800).* 7. ed. Belo Horizonte: Itatiaia, 2000.

SILVEIRA, Rosa Maria Godoy. A cultura histórica em representações sobre territorialidades. *Saeculum*, João Pessoa, v. 16, p. 33-46, jan./jun. 2007.

SODRÉ, Nelson Werneck. *História da imprensa do Brasil.* Rio de Janeiro: Civilização Brasileira, 1966.

SOUTHEY, Robert. *History of Brazil.* London: Longman, Hurst, Rees and Orme, 1810 e 1819.

VARNHAGEN, Francisco Adolpho de. Primeiro juízo. *Revista Trimestral do Instituto Historico e Geographico Brasileiro*, v. 7, n. 60, p. 60-83, 1844.

______. Carta. *Revista Trimestral do Instituto Historico e Geographico Brasileiro*, v. 32, n. 396, 1846.

______. *Historia geral do Brasil.* Madrid: V. Domingues, 1854.

VIANNA, Hélio. Ensaio biobliográfico. In: ABREU, Capistrano de. *O descobrimento do Brasil.* São Paulo: Martins Fontes, 1999.

Capítulo 15

A invenção da Argentina como inimigo. In: *Seminário La Invención del "Outro" en los Manuales Escolares*, Chaco: 29-30 out. 2007.

ARAÚJO, Luciana Telles. *O uso do livro didático no ensino de história*: depoimentos de professores de escolas estaduais de ensino fundamental situadas em São Paulo-SP. Dissertação (Mestrado em Educação) — PUC-SP, São Paulo, 2001.

BATISTA, Antonio Augusto Gomes. *Recomendações para uma política de livros didáticos*. Brasília, DF: MEC/SEF, 2001.

_____. Um objeto variável e instável: textos, impressos e livros didáticos. In: ABREU, Marcia (Org.). *Leitura, história e história da leitura*, Campinas: Mercado das Letras/Associação de Leitura do Brasil/Fapesp, 2002.

_____. Avaliação dos livros didáticos: para entender o Programa Nacional do Livro Didático (PNLD). In: ROJO, Roxane; BATISTA, Antônio Augusto Gomes (Orgs.). *Livro didático de língua portuguesa, letramento e cultura escrita*. Campinas: Mercado das Letras, 2003.

CASSIANO, Célia Cristina de Figueiredo. *Mercado do livro didático no Brasil:* do Programa Nacional do Livro Didático à entrada do capital internacional espanhol (1985 a 2007). Tese (Doutorado em Educação) — PUC-SP, São Paulo, 2007.

CHARTIER, Roger. Textos, impressos, leituras. In: _____. *A história cultural*. Entre práticas e representações. Lisboa: Difel, 1990.

CHERVEL, André. História das disciplinas escolares: reflexões sobre um campo de pesquisa. *Teoria e Educação*, Porto Alegre, n. 2, 1990.

DAMACENO-REIS, Ângela Maria. *O uso do livro didático de língua portuguesa por professores do ensino fundamental*. Dissertação (Mestrado em Educação) — PUC-SP, São Paulo, 2006.

DARNTON, Robert. O que é a história dos livros? In: _____. *O beijo de Lamourette*. Mídia, cultura e revolução. São Paulo: Companhia das Letras, 1990.

GIMENO SACRISTÁN, José. Materiales y textos: contadicciones de la democracia cultural. In: GARCÍA MÍNGUEZ, Jesús; BEAS MIRANDA, Miguel (Eds.). *Libro de texto y cosntrucción de materiales curriculares*. Granada: Proyecto Sur, 1995.

GINZBURG, Carlo. *Relações de força*. História, retórica, prova. São Paulo: Companhia das Letras, 2002.

LAVILLE, Christian. Em educação histórica, a memória não vale a razão! *Educação em Revista*, Belo Horizonte, n. 41, 2005.

MUNAKATA, Kazumi. *Produzindo livros didáticos e paradidáticos*. Tese (Doutorado em Educação) — PUC-SP, São Paulo, 1997.

PINEAU, Pablo. ¿Por qué triunfó la escuela? O la modernidad dijo: "Eso es educación" y la escuela respondió: "Yo me ocupo". In: PINEAU, P.; DUSSEL, I.; CARUSO, M. *La escuela como máquina de educar.* Tres escritos sobre un proyecto de la modernidad. Buenos Aires: Paidós, 2001.

PRADO, Eliane Mimesse. *As práticas dos professores de história nas escolas estaduais paulistas nas décadas de 1970 e 1980.* Tese (Doutorado em Educação) — PUC-SP, São Paulo, 2007.

RÜSEN, Jörn. Cultural currency. The nature of historical counsciousness in Europe. In: MacDONALD, Sharon (Ed.). *Approaches to European historical counciousness.* Reflexions and provocations. Hamburg: Körber-Stifung, 2000.

______. *Teoria da história.* Brasília, DF: UnB, 2001 e 2007. 3v.

SILVA, Ezequiel Theodoro da. *Criticidade e leitura.* Ensaios. Campinas: Mercado de Letras/Associação de Leitura do Brasil, 1998.

SPOSITO, Maria Encarnação Beltrão. *Livros didáticos de geografia e história*: avaliação e pesquisa. São Paulo: Cultura Acadêmica, 2006.

VOSS, James F.; CARRETERO, Mario (Eds.). Learning and reasoning in history. *Internacional Review of History Education*, London, Woburn, v. 2. 1998.

Capítulo 16

APPLE, Michael W. Cultura e comércio do livro didático. In: *Trabalho docente e textos.* Porto Alegre: Artes Médicas, 1995. p. 81-105.

BEZERRA, Holien Gonçalves; LUCA, Tânia Regina de. Em busca da qualidade: PNLD história — 1996-2004. In: SPOSITO, Maria Encarnação Beltrão (Org.). *Livros didáticos de história e geografia*: avaliação e pesquisa. São Paulo: Cultura Acadêmica, 2006.

BOURNE, Dominique. *Le manuel scolaire.* Paris: Ministére de l'Education Nationale, de la Recherche e de la Technologie/Institut Général de l´Education Nationale, 1998.

FONSECA, Selva Guimarães. *Caminhos da história ensinada.* Campinas: Papirus, 1993.

GATTI JÚNIOR, Décio. *A escrita escolar da história*: livro didático e ensino no Brasil (1970-1990). Uberlândia: UFU, 2004.

______. Estado e editoras privadas no Brasil: o papel e o perfil dos editores de livros didáticos (1970-1990). *Caderno Cedes — Ensino de História, Novos Horizontes*, Campinas, v. 25, n. 67, p. 365-377, set./dez. 2005.

_____. Estado, currículo e livro didático de história no Brasil. In: OLIVEIRA, Margarida Maria Dias de; STAMATTO, Maria Inês Sucupira (Orgs.). *O livro didático de história*: políticas educacionais, pesquisas e ensino. Natal: UFRN, 2007. p. 19-35.

História: catálogo do Programa Nacional do Livro para o Ensino Médio: PNEM/2008. Brasília, DF: MEC/SEB, 2007.

MIRANDA, Sonia Regina de; DE LUCCA, Tânia Regina de. O livro didático de história hoje: um panorama a partir do PNLD. *Revista Brasileira de História*, São Paulo, v. 24, n. 48, p. 123-144, 2004.

MUNAKATA, Kazumi. O livro didático e o professor: entre a ortodoxia e a apropriação. In: MONTEIRO, Ana Maria; GASPARELLO, Arlette Medeiros; MAGALHÃES, Marcelo de Souza (Orgs.). *Ensino de história*: sujeitos, saberes e práticas. Rio de Janeiro: Mauad, 2007. p. 137-147.

OLIVEIRA, Dalila Andrade de. A recente expansão da educação básica no Brasil e suas consequências para o ensino médio noturno. In: FRIGOTTO, Gaudêncio; CIAVATTA, Maria. *Ensino médio* — ciência, cultura e trabalho. Brasília, DF: MEC/Semtec, 2004. p. 157-179.

Sinopse estatística da educação básica do censo escolar de 2006. Disponível em: <www.inep.gov.br/basica/censo/Escolar/Sinopse/sinopse.asp>. Acesso em: 20 maio 2008.

SPOSITO, Marilia Pontes. Algumas reflexões e muitas indagações sobre as relações entre juventude e escola no Brasil. In: ABRAMO, Helena Wendel; BRANCO, Pedro Paulo Martoni. *Retratos da juventude brasileira*: análises de uma pesquisa nacional. São Paulo: Instituto Cidadania/Fundação Perseu Abramo, 2004. p. 87-127.

_____. A avaliação de livros didáticos no Brasil — por quê? In: _____. (Org.). *Livros didáticos de história e geografia*: avaliação e pesquisa. São Paulo: Cultura Acadêmica, 2006.

WAISELFISZ, Jacobo. *Mapa da violência II:* os jovens do Brasil. Brasília, DF: Unesco, 2000.

Capítulo 17

ABUD, Katia Maria. A história nossa de cada dia: saber escolar e saber acadêmico na sala de aula. In: MONTEIRO, Ana Maria; GASPARELLO, Arlette Medeiros; MAGALHÃES, Marcelo (Orgs.). *Ensino de história*: sujeitos, saberes e práticas, Rio de Janeiro: Mauad/Faperj, 2007.

ALVES, Eliseu et al. *História 8*. Porto: Porto, 2003.

CRISANTO, Natércia et al. *Olhar a história 8*. Porto: Porto, 2003.

CUNHA, Pedro Octávio Carneiro da. A fundação de um império liberal. In: HOLANDA, Sérgio Buarque de (Org.). *História geral da civilização brasileira*. São Paulo: Difel, 1985. t. 2, v. 1, p. 135-178.

DIAS, Maria Odila Leite da Silva. A interiorização da metrópole (1808-53). In: MOTA, Carlos Guilherme (Org.). *1822* — dimensões. São Paulo: Perspectiva, 1982. p. 160-184.

JANCSÓ, István; PIMENTA, João Paulo G. Peças de um mosaico: ou apontamentos para o estudo da emergência da identidade nacional brasileira. In: MOTA, Carlos Guilherme (Org.). *Viagem incompleta. 1500-2000:* a experiência brasileira. Formação: histórias. São Paulo: Senac, 2000. p. 127-175.

LAGARTIXA, Custódio et al. *Viver a história*. Santillana, 2006.

LIMA, Manuel Oliveira. *D. João VI no Brasil*. Rio de Janeiro: Topbooks, 1996.

MACEDO, Jorge Borges de. *História diplomática portuguesa*. Lisboa: Instituto da Defesa Nacional, 1995.

MALERBA, Jurandir. *A Corte no exílio*. São Paulo: Companhia das Letras, 2000.

MARQUES, A. H. de Oliveira. *História de Portugal*. Lisboa: Ágora, 1973. v. 1.

MARTINS, José Roberto. *História*. São Paulo: FTD, 1996.

MARTINS, Oliveira. *História de Portugal*. Lisboa: Guimarães, 1972.

MATTOSO, José (Org.). *História de Portugal*. Lisboa: Estampa, 1993. v. 5: O liberalismo (1807-1890).

MAXWELL, Kenneth. Por que o Brasil foi diferente? O contexto da Independência. In: MOTA, Carlos Guilherme (Org.). *Viagem incompleta. 1500-2000:* a experiência brasileira. Formação: histórias. São Paulo: Senac, 2000. p. 177-195.

MEDINA, João (Org.). *História de Portugal*. Amadora: Ediclube, 1993. v. 8.

MELLO, Leonel Itaussu de A.; COSTA, Luís César Amad. *História*. São Paulo: Scipione, 2006.

MIRANDA, Sônia Regina; LUCA, Tânia Regina de. O livro didático de história hoje: um panorama a partir do PNLD. *Revista Brasileira de História*, São Paulo, v. 24, n. 48, jul./dez. 2004.

MOCELIN, Renato; CAMARGO, Rosiane. *Passaporte para a história*, São Paulo: Brasil, 2007.

MONTEIRO, Ana Maria. *Professores de história*: entre saberes e práticas. Rio de Janeiro: Mauad X, 2007.

NEVES, Lucia Maria B. Pereira das; MACHADO, Humberto Fernandes. *O Império do Brasil*, Rio de Janeiro: Nova Fronteira, 1999.

NEVES, Pedro Almiro et al. *Ao encontro da história*. Porto: Porto, 1996.

_____. *Novo Clube da História 8*. Porto: Porto, 2003. v. 2.

NORTON, Luís. *A Corte de Portugal no Brasil*. Rio de Janeiro: *Nacional, 1938*.

OLIVEIRA, Ana Rodrigues et al. *História 8º ano*. Lisboa: Texto, 2000.

PERES, Damião (Org.). *História de Portugal*. Barcelos: Portucalense, 1934. v. 6.

PRADO JR., Caio. *Evolução política do Brasil e outros estudos*. São Paulo: Brasiliense, 1957.

PROJETO ARARIBÁ. *História*. São Paulo: Moderna, 2007.

SCHWARCZ, Lilia Moritz; AZEVEDO, Paulo César de; COSTA, Ângela Marques da. D. João e sua Corte do Rio de Janeiro: cumprindo o calendário. In: *A longa viagem da biblioteca dos reis:* do terremoto de Lisboa à Independência do Brasil, São Paulo: Companhia das Letras, 2002. p. 287-342.

SERRÃO, Joaquim Veríssimo. *História de Portugal*. Lisboa: Verbo, 1984. v. 7: A instauração do liberalismo (1807-32).

SOUZA, Iara Lis C. *A independência do Brasil*. Rio de Janeiro: Jorge Zahar, 2000.

TORGAL, Luís; Roque, João Lourenço. Introdução. In: MATTOSO, José (Org.). *História de Portugal*. Lisboa: Círculo de Leitores, 1993. v. 5.

TOTA, Antônio Pedro; LIMA, Lizanias. *História por eixos temáticos*. São Paulo: FTD, 2002.

VICENTINO, Cláudio. *Viver a história*. São Paulo: Scipione, 2002.

VINHOSA, Luiz Teixeira. Administração joanina no Brasil (1808-21): o processo de criação de um Estado independente. In: *Seminário Internacional dom João VI: um rei aclamado na América*. Rio de Janeiro: Museu Histórico Nacional, 1999.

Capítulo 18

ALBUQUERQUE, José M. de. *Pequena história da formação social brasileira*. Rio de Janeiro: Graal, 1981.

ALENCAR, Chico; VENÍCIO, Marcus; CECCON, Caudius. *Brasil vivo*: uma nova história da nossa gente. Petrópolis: Vozes, 1986.

ALVES, Kátia; BELISÁRIO, Regina Gomide. *Diálogos com a história*. Belo Horizonte: Dimensão, 2005.

ARRUDA, José Jobson. *História total* — Brasil: Império e República. São Paulo: Ática, 1998.

ASSUNÇÃO, Mathias Röhrig. *A guerra dos bem-te-vis*: a Balaiada na memória oral. São Paulo: Sioge, 1988.

______. "História do Balaio". Historiografia, memória oral e as origens da Balaiada. *História Oral*, v. 1, p. 67-89, 1998.

BASILE, Marcello O. N. de. O Império brasileiro: panorama político. In: LINHARES, Maria Yedda (Org.). *História geral do Brasil*. 9. ed. Rio de Janeiro: Campus, 1990. p. 188-301.

BITTENCOURT, Circe. Capitalismo e cidadania nas atuais propostas curriculares de história. In: ______ (Org.). *O saber histórico em sala de aula*. 7. ed. São Paulo: Contexto, 2002. p. 25.

BOULOS JR., Alfredo. *História sociedade e cidadania*. São Paulo: FTD, 2003.

BOURDIEU, Pierre. Campo intelectual e projeto criador. In: POUILLON, Jean et al. *Problemas do estruturalismo*. Rio de Janeiro: Zahar, 1968. p. 105-145.

CARVALHO, Carlota. *O Sertão*. Rio de Janeiro: Obras Científicas e Literárias, 1924.

CATELLI JR., Roberto; CABRINI, C.; MONTELLATO, A. *História temática*. São Paulo: Scipione, 2005.

DE DECCA, Edgard. Memoria y ciudadania. *Entrepasados*, n. 3, p. 111-120, 1993.

DIAS, Claudete Maria Miranda. Balaiada: a guerrilha sertaneja. *Estudos Sociedade e Agricultura*, Rio de Janeiro, n. 5, p. 73-88, nov. 1995.

ENGEL, Magali Gouveia. Povo, política e cultura: um diálogo entre intelectuais da Primeira República e livros didáticos atuais. In: ABREU, Martha; SOIHET, Rachel; GONTIJO, Rebeca (Orgs.). *Cultura política e usos do passado*: historiografia e ensino de história. Rio de Janeiro: Civilização Brasileira, 2007. p. 289-307.

FAUSTO, Boris. *História do Brasil*. 2. ed. São Paulo: Edusp, 1995.

FREIRE, Américo; MOTTA, Marly; ROCHA, Dora. *História em curso*: o Brasil e suas relações com o mundo ocidental. Rio de Janeiro: FGV/Brasil, 2004.

FURTADO, Joaci; VILLA, Marco Antonio. *Caminhos da história*. São Paulo: Ática, 2005.

GALZERANI, Maria Carolina B. Belas mentiras? A ideologia nos estudos sobre o livro didático. In: PINSKY, Jaime (Org.). *O ensino de história e a criação do fato*. 8. ed. São Paulo: Contexto, 2000.

JANOTTI, Maria de Lourdes. *João Francisco Lisboa:* jornalista e historiador. São Paulo: Ática, 1977.

_____. *A Balaiada*. 2. ed. São Paulo: Brasiliense, 1991.

_____. Balaiada: construção da memória histórica. *História*, São Paulo, v. 24, n. 1, p. 41-76, 2005.

LEÃO, Jorge. Balaiada: luta e resistência no Maranhão do século XIX. *Revista Nova Atenas de Educação Tecnológica*, São Luís, v. 9, n. 2, jul./dez. 2006.

LUCA, Tania R.; MIRANDA, S. R. O livro didático de história hoje: um panorama a partir do PNLD. *Revista Brasileira de História*, São Paulo, v. 48, n. 24, p. 123-144, 2004.

MAGALHÃES, Domingos José Gonçalves de. A revolução da província do Maranhão, desde 1839 até 1840, memória histórica e documentada. *Revista do Instituto Histórico Geográfico Brasileiro*, Rio de Janeiro, v. 11, p. 334-362, 1848.

MARQUES, Adhemar; BERUTTI, Flávio; FARIA, Ricardo. *Brasil:* história em construção. Belo Horizonte: Lê, 1996.

MARTINS, José Roberto. *História. Passado e presente*. São Paulo: FTD, 2005.

MATTOS, Ilmar R. de. "Mas não somente assim!" Leitores, autores, aulas como texto e o ensino-aprendizagem de história. *Tempo*, v. 11, n. 21, p. 15-26, 2006.

_____; GONÇALVES, M. de A. *O império da boa sociedade*. 13. ed. Rio de Janeiro: Atual, 1991.

MENDES JR., Antonio; MARANHÃO, Ricardo; RONCARI, Luiz. *Brasil. História.* Texto e consulta. São Paulo: Brasiliense, 1979. v. 2: Império.

MOURA, Clóvis, *Os quilombos e a rebelião negra*. São Paulo: Brasiliense, 1981.

MUNAKATA, Kazumi. Histórias que os livros didáticos contam, depois que acabou a ditadura no Brasil. In: FREITAS, Marcos C. (Org.). *Historiografia brasileira em perspectiva.* São Paulo: Contexto, 1998.

NEVES, Lúcia M. B. Pereira das; MACHADO, Humberto Fernandes. *O Império do Brasil*. Rio de Janeiro: Nova Fronteira, 1999.

PANAZZO, Sílvia; VAZ, Maria Luísa. *Navegando pela história*. São Paulo: Quinteto, 2005.

PILETTI, Nelson; PILETTI, Claudino. *História e vida integrada*. São Paulo: Ática, 2005.

PRADO JR., Caio. *Evolução política do Brasil*. 11. ed. São Paulo: Brasiliense, 1979.

REIS, Arthur C. Ferreira. O Grão-Pará e o Maranhão. In: HOLANDA, Sérgio Buarque de (Org.). *História geral da civilização brasileira*. 3. ed. São Paulo: Difel, 1972. t. 2, v. 2: O Brasil monárquico: dispersão e unidade. p. 71-172.

RODRIGUE, Joelza. *História em documento* — imagem e texto. São Paulo: FTD, 2005.

SANTOS, Maria Januária Vilela. *A Balaiada e a insurreição dos escravos no Maranhão*. São Paulo: Ática, 1983.

SCHMIDT, Mário. *Nova história crítica*. São Paulo: Nova Geração, 2005.

SERRA, Astolfo. *A Balaiada*. Rio de Janeiro: Bodeschi, 1946.

SODRÉ, Nelson Werneck. *As razões da independência*. 3. ed. Rio de Janeiro: Civilização Brasileira, 1978.

VIANNA, Hélio. *História do Brasil*. 7. ed. São Paulo: Melhoramentos, 1970. v. 2: Monarquia e República.

VILLALTA, Luiz Carlos. O livro didático de história no Brasil: perspectivas de abordagem. *Pós-História*, v. 9, 2001.

WERNET, Augustin. *O período regencial*. São Paulo: Global, 1982. (Coleção História Popular).

Capítulo 19

ABREU, Marcelo. Entre civismo e democracia. In: KNAUSS, Paulo (Org.). *Sorriso da cidade*. Imagens urbanas e história política de Niterói. Niterói: Niterói Livros, 2003. p. 83-127.

ALMEIDA, Antonio Figueira de. *Os fluminenses na história do Brasil*. Niterói: Jeronymo Silva, 1928.

_____. *História fluminense*. 1ª parte. Do início até a independência. Niterói: Jeronymo Silva, 1929a.

_____. *História fluminense*. 2ª parte. A província. 1822-89. Niterói: E. P. Washington Luís, 1929b.

_____. *Lições de história do Brasil para a 1ª série do curso primário*. Nictheroy: Jeronymo Silva, 1929c.

BOTELHO, André. *Aprendizado do Brasil*. São Paulo: Unicamp, 2002.

CARVALHO, Marta Chagas. *A escola e a República*. São Paulo: Brasiliense, 1989.

_____. Reformas da instrução pública. In: LOPES, Eliane Marta Teixeira; FARIA FILHO, Luciano Mendes; VEIGA, Cynthia Greive (Orgs.). *500 anos de educação no Brasil*. Belo Horizonte: Autêntica, 2003. p. 225-251.

COELHO NETO; BILAC, Olavo. *Terra fluminense*. Educação cívica. Rio de Janeiro: Nacional, 1898.

DÓRIA, Escragnolle. *Terra fluminense*. Rio de Janeiro: A Encadernadora, 1924.

Dossiê anos 20. *Estudos históricos*, Rio de Janeiro, v. 6, n. 11, 1993.

ESTADO DO RIO DE JANEIRO. *Programas de ensino da Escola Normal de Nitherohy para o anno lectivo de 1921*. Rio de Janeiro: Jornal do Commercio, 1921.

_____. *Programas de ensino da Escola Normal de Nictherohy para o anno lectivo de 1928*. Rio de Janeiro: Jornal do Commercio, 1928.

_____. *Programas de ensino da Escola Normal de Nictherohy para o anno lectivo de 1929*. Nictheroy: E. P. Washington Luís, 1929.

FERNANDES, Rui Aniceto Nascimento. Formar cidadãos republicanos fluminenses. A *Terra fluminense* de Coelho Neto e Olavo Bilac. In: ROCHA, Helenice; REZNIK, Luís; MAGALHÃES, Marcelo (Orgs.). *A história na escola*: autores, livros e leituras. Rio de Janeiro: FGV, 2009.

FERREIRA, Marieta de Moraes. (Org.). *A República na velha província*. Rio de Janeiro: Rio Fundo, 1989.

_____. A reação republicana e a crise política dos anos 20. *Estudos Históricos*, Rio de Janeiro, v. 6, n. 11, p. 9-23, 1993.

FORTE, José Mattoso Maia. *O estado do Rio de Janeiro*. Ensaio para o estudo de sua história. Rio de Janeiro: Jornal do Commercio, 1928.

LAMEGO, Alberto. *A terra goytacá*. À luz de documentos inéditos. Bruxelas: Édition D'Arts; Niterói: Diário Oficial, 1913-1947. 8v.

LEITE NETTO, Wanderlino Teixeira. *Passeio das letras na Taba de Araribóia*. A literatura em Niterói no século XX. Niterói: Niterói Livros, 2003.

MEDEIROS, Maurício de. O presidente Sodré e a Renascença Fluminense. In: BASTOS, Manoel Leite (Org.). *O estado do Rio de Janeiro e seus homens*. 2. ed. Niterói: s.n., 1928.

NUNES, Clarice. *Anísio Teixeira*: a poesia da ação. Bragança Paulista: Edusf, 2000.

OLIVEIRA JÚNIOR, Desidério de (Org.). *Indicador de leis, decretos, deliberações e mais atos relativos ao período de 1º de janeiro de 1922 a 31 de dezembro de 1925*. Rio de Janeiro: Jornal do Commercio, 1929.

PEIXOTO, Renato Amado. *A máscara da Medusa*. A construção do espaço nacional brasileiro através das corografias e da cartografia no século XIX. Tese (Doutorado em História) — UFRJ, Rio de Janeiro, 2005.

RIBEIRO, João. Crônica literária. In: ALMEIDA, Antônio Figueira de. *História fluminense*. 2ª parte. Niterói: E. P. Washington Luís, 1929

RIBEIRO, João Pinheiro. *História do estado do Rio de Janeiro*. Resumo didático para uso nas escolas primárias. Rio de Janeiro: Leuzinger, 1928. 55p.

ROCHA, José Duarte Gonçalves da. *Relatório apresentado pelo dr. José Duarte Gonçalves da Rocha, diretor da Instrução Pública ao exmo. sr. dr. secretario do Interior e Justiça em 31 de agosto de 1929*. Niterói: E. P. Washington Luís, 1930.

SILVA, Manuel de Mattos Duarte. *Mensagem apresentada à Assembleia Legislativa do estado do Rio de Janeiro no dia 1º de agosto de 1928 pelo presidente do estado*. Rio de Janeiro: s.n., 1928.

_____. *Mensagem apresentada à Assembleia Legislativa do estado do Rio de Janeiro no dia 1º de outubro de 1929 pelo presidente do estado*. Rio de Janeiro: s.n., 1929.

VASCONCELLOS, Clodomiro. *O estado do Rio de Janeiro*. 2. ed. Rio de Janeiro: Francisco Alves, 1928a.

_____. Congresso das Municipalidades. In: BASTOS, Manoel Leite (Org.). *O estado do Rio de Janeiro e seus homens*. 2. ed. Niterói: s.n., 1928b.

_____. *O estado do Rio de Janeiro*. Rio de Janeiro: Viúva Azevedo & Cia., 1907.

VIDAL, Diana. Escola Nova e processo educativo. In: LOPES, Eliane Marta Teixeira; FARIA FILHO, Luciano Mendes; VEIGA, Cynthia Greive (Orgs.). *500 anos de educação no Brasil*. Belo Horizonte: Autêntica, 2003. p. 497-517.

Capítulo 20

ABREU, Capistrano de. Livros e letras. In: _____. *Ensaios e estudos*: crítica e história. Rio de Janeiro: Civilização Brasileira, 1976a. p. 157-161.

_____. O Brasil no século XIX. In: _____. *Ensaios e estudos*: crítica e história. Rio de Janeiro: Civilização Brasileira; 1976b.

_____. Carta ao barão do Rio Branco, 17-4-1890. In: _____. *Correspondência*. Rio de Janeiro: Civilização Brasileira, 1977. v. 1.

ANDRADE, Vera Cabana de Queiroz. *Colégio Pedro II*: um lugar de memória. Tese (Doutorado) — UFRJ, Rio de Janeiro, 1999.

BATISTA, Antonio Augusto Gomes. Um objeto variável e instável: textos, impressos e livros didáticos. In: ABREU, Márcia (Org.). *Leitura, história e história da leitura*. São Paulo: Fapesp, 1999. p. 529-575.

BOMFIM, Manoel. *O Brasil na história*: deturpação das tradições, degradação política. Rio de Janeiro: Francisco Alves, 1930.

CERTEAU, Michel de. A operação historiográfica. In: _____. *A escrita da história*. Rio de Janeiro: Forense Universitária, 1982.

CEZAR, Temístocles. Presentismo, memória e poesia. Noções da escrita da história no Brasil oitocentista. In: _____; PESAVENTO, Sandra Jatahy (Orgs.). *Escrita, linguagem, objetos*: leituras de história cultural. Bauru: Edusc, 2004.

COUTTO, Pedro do. *Pontos de historia do Brasil*. Rio de Janeiro: Jacintho Ribeiro dos Santos, 1923.

DUQUE-ESTRADA, Osorio. *Noções de historia do Brasil*. 7. ed. Rio de Janeiro: Francisco Alves, 1930.

GOMES, Angela de Castro. Introdução. In: _____ (Org.). *Em família*: a correspondência de Oliveira Lima e Gilberto Freyre. Campinas: Unicamp, 2005.

GONTIJO, Rebeca. Manoel Bomfim, "pensador da história". *Revista Brasileira de História*, São Paulo, v. 23, n. 45, p. 129-154, 2003.

GUIMARÃES, Manoel Salgado. Nação e civilização nos trópicos: o Instituto Histórico e Geográfico Brasileiro e o projeto de uma história nacional. *Estudos Históricos*, Rio de Janeiro, n. 1, p. 5-27, 1988.

HALLEWEL, Laurence. *O livro no Brasil*: sua história. São Paulo: T. A. Queiroz/Edusp, 1985.

HANSEN, Patrícia Santos. *Feições e fisionomia*: a história do Brasil de João Ribeiro. Rio de Janeiro: Access, 2000.

HARTOG, François. *O espelho de Heródoto*: ensaio sobre a representação do outro. Belo Horizonte: UFMG, 1999.

KODAMA, Kaori. Uma missão para letrados e naturalistas: como se deve escrever a história do Brasil. In: MATTOS, Ilmar Rohloff de (Org.). *Histórias do ensino de história do Brasil*. Rio de Janeiro: Access, 1998. p. 9-65.

KOSELLECK, Reinhart. *L'experiénce de l'histoire*. Paris: Gallimard/Seuil, 1997.

LACERDA, Joaquim Maria de. *Pequena historia do Brazil por perguntas e respostas para uso da infancia brazileira*. Rio de Janeiro; Livraria Francisco Alves, 1919.

LEÃO, Múcio. *João Ribeiro*. Rio de Janeiro: Livraria São José, 1962.

MACEDO. *Lições de historia do Brazil*. Para uso das escolas de instrucção primaria. Rio de Janeiro: Garnier, s.d.

MATTOS, Selma Rinaldi. *O Brasil em lições*. A história como disciplina escolar em Joaquim Manuel de Macedo. Rio de Janeiro: Access, 2000.

NOIRIEL, Gérard. *Qu'est-ce que l'histoire contemporaine?* Paris: Hachette, 1998.

OLIVEIRA, Lucia Lippi de. *A questão nacional na Primeira República*. São Paulo: Brasiliense, 1990.

OLIVEIRA, Maria da Glória. Do testemunho à prova documentária: o momento do arquivo em Capistrano de Abreu. In: GUIMARÃES, Manoel Salgado (Org.). *Estudos sobre a escrita da história*. Rio de Janeiro: 7Letras, 2006. p. 216-239.

PEREIRA, Daniel Mesquita. *Descobrimentos do Brasil*: a história do Brasil a "grandes traços e largas malhas". Tese (Doutorado) — PUC-Rio, Rio de Janeiro, 2002.

PINTO, Alfredo Moreira. *Epítome da historia do Brasil*. 3. ed. Rio de Janeiro: Alves & Cia., 1892.

RIBEIRO, João. *Historia do Brasil*. Edição das escolas primárias. 2. ed. Rio de Janeiro: Francisco Alves, 1900.

_____. *Historia do Brasil — curso superior*. 2. ed. Rio de Janeiro: Francisco Alves, 1901.

_____. Discurso de posse de João Ribeiro no IHGB, em 10 de abril de 1915. *Revista do Instituto Histórico e Geográfico Brasileiro*, v. 78, 1915.

_____. *Historia do Brasil* — curso superior. 9. ed. Rio de Janeiro: Francisco Alves, 1920.

SILVEIRA, Alfredo Balthazar da. *Lições de historia do Brasil*. Rio de Janeiro: Francisco Alves, 1924.

TAUNAY, Alfredo D'Escragnolle; MORAES, Dicamôr. *História do Brasil*. Terceiro ano colegial. São Paulo: Nacional, 1953.

VAINFAS, Ronaldo. Capítulos de história colonial. In: MOTTA, Lourenço Dantas (Org.). *Um banquete nos trópicos*. São Paulo: Senac, 1999. p. 171-189.

WEHLING, Arno. *Estado, história, memória*. Varnhagen e a construção da identidade nacional. Rio de Janeiro: Nova Fronteira, 1999.

Capítulo 21

BERUTTI, Flávio. *Tempo e espaço*. História. São Paulo: Saraiva, 2004.

FERREIRA, Jorge (Org.). *O populismo e sua história*. Debate e crítica. Rio de Janeiro: Civilização Brasileira, 2001.

KOSHIBA, Luiz; PEREIRA, Denise Manzi Frayze. *História do Brasil no contexto da história ocidental*. São Paulo: Atual, 2003.

SCHMIDT, Mario. *Nova história crítica*. 8ª série. São Paulo: Nova Geração, 2005.

Capítulo 22

ALENCAR, Francisco; CARPI, Lúcia; RIBEIRO, Marcus Venício. *História da sociedade brasileira*. Rio de Janeiro: Ao Livro Técnico, 1979.

ANHORN, Carmen Teresa Gabriel. *Um objeto de estudo chamado história*: a disciplina de história nas tramas da didatização. Tese (Doutorado em Educação) — PUC-Rio, Rio de Janeiro, 2003.

BIELSCHOWSKY, Ricardo. *Pensamento econômico brasileiro*: o ciclo ideológico do desenvolvimentismo. Rio de Janeiro: Ipea/Inpes, 1988.

BITTENCOURT, Circe Maria Fernandes. *Ensino de história*: fundamentos e métodos. São Paulo: Cortez, 2004.

CERTEAU, Michel de. *A escrita da história*. Rio de Janeiro: Forense Universitária, 1982.

CHERVEL, André. História das disciplinas escolares: reflexões sobre um campo de pesquisa. *Teoria e Educação*, Porto Alegre, n. 5, p. 28-49, 1992.

CHEVALLARD, Yves. *La transposición didáctica*: del saber sabio al saber enseñado. Buenos Aires: Aique, 1991.

FAUSTO, Bóris. *A revolução de 30*. História e historiografia. São Paulo: Brasiliense, 1970.

FURTADO, Celso. *A fantasia organizada*. 5. ed. Rio de Janeiro: Paz e Terra, 1985.

GOMES, Angela de Castro. *A invenção do trabalhismo*. São Paulo: Vértice/Revista dos Tribunais, 1988.

______. O populismo e as ciências sociais no Brasil: notas sobre a trajetória de um conceito. In: FERREIRA, Jorge (Org.). *O populismo e sua história*: debate e crítica. Rio de Janeiro: Civilização Brasileira, 2001.

Guia de livros didáticos PNLD 2008: história. Brasília, DF: Ministério da Educação, 2007.

HALLEWELL, Lawrence. O livro no Brasil (sua história). São Paulo: T. A. Queiroz/Edusp, 1985.

História do Brasil 2 (da Independência aos nossos dias). São Paulo: Nacional, 1973. (Coleção Sérgio Buarque de Hollanda).

HOLLANDA, Guy de. *Um quarto de século de programas e compêndios de história para o ensino secundário brasileiro (1931-56)*. Rio de Janeiro: Inep/CBPE, 1957.

KOSELLECK, Reinhart. *Futuro passado*. Contribuição semântica dos tempos históricos. Rio de Janeiro: Contraponto/PUC-Rio, 2006.

LIMA SOBRINHO, Barbosa. *A verdade sobre a Revolução de Outubro*. São Paulo: Unitas, 1933.

MAGALHÃES, Basílio de. *História do Brasil*. Cursos clássico e científico, 3ª série. 2. ed. Rio de Janeiro: Francisco Alves, 1957.

MÁSCULO, José Cássio. *A Coleção Sérgio Buarque de Hollanda*: livros didáticos e ensino de história. Tese (Doutorado em Educação) — PUC-SP. São Paulo, 2008.

MATTOS, Ilmar Rohloff de; SILVA, José Luiz Werneck da; DOTTORI, Ella Grinsztein. *Brasil:* uma história dinâmica. São Paulo: Nacional, 1972. v. 2.

MONTEIRO, Ana Maria. *Professores de história*: entre saberes e práticas. Rio de Janeiro: Mauad, 2007.

MONTELLATO, Andrea; CABRINI, Conceição; CATELLI JR., Roberto. *História temática*: o mundo dos cidadãos. 8ª série. São Paulo: Scipione, 2000.

MOURA, Gérson. *Sucessos e ilusões*. Rio de Janeiro: FGV, 1991.

MUNAKATA, Kazumi. Histórias que os livros didáticos contam depois que acabou a ditadura no Brasil. In: FREITAS, Marcos Cezar. *Historiografia brasileira em perspectiva*. São Paulo: Contexto, 2000.

NADAI, Elza; NEVES, Joana. *História do Brasil:* da colônia à República. 13. ed. São Paulo: Saraiva, 1990.

OLIVEIRA, Lúcia Lippi de. Introdução. In: _____; GOMES, Eduardo; WHATELY, Maria Celina. *Elite intelectual e debate político nos anos 30*. Rio de Janeiro: FGV, 1980. p. 31-59.

REZNIK, Luís. *Tecendo o amanhã*. A história do Brasil no ensino secundário: programas e livros didáticos (1931-45). Dissertação (Mestrado) — UFF, Niterói, 1992.

RÜSEN, Jörn. *História viva:* teoria da história. Formas e funções do conhecimento histórico. Brasília, DF: UnB, 2007.

SANTA ROSA, Virgínio. *O sentido do tenentismo*. Rio de Janeiro: Schmidt, 1932.

SCHWARTZMAN, Simon; BOMENY, Helena; COSTA, Vanda. *Tempos de Capanema*. Rio de Janeiro: Paz e Terra, 1984.

SILVA, Joaquim. *História do Brasil*. Quarto ano ginasial. 11. ed. São Paulo: Nacional, 1944.

TAUNAY, Alfredo D'Escragnole; MORAES, Dicamôr. *História do Brasil*. Terceiro ano colegial. São Paulo: Nacional, 1953.

WEFFORT, Francisco. *O populismo na política brasileira*. Rio de Janeiro: Paz e Terra, 1978.

Sobre os autores

ADRIANA BARRETO DE SOUZA

Professora da Faculdade de Letras e Ciências Sociais e do Programa de Pós-Graduação em História da Universidade Federal Rural do Rio de Janeiro (UFRRJ). Doutora em história pela Universidade Federal do Rio de Janeiro (UFRJ). Autora do livro *Duque de Caxias: o homem por trás do monumento* (Civilização Brasileira, 2008) e de vários artigos e capítulos sobre o Exército no Império, cultura política, memória e biografia. Pesquisadora do Núcleo de Estudos da Política da UFRRJ.

ANA MARIA MAUAD

Professora do Departamento de História e do Programa de Pós-Graduação em História da Universidade Federal Fluminense (UFF). Doutora em história pela UFF. Bolsista de Produtividade em Pesquisa do Conselho Nacional de Desenvolvimento Científico e Tecnológico (CNPq). Autora do livro *Poses e flagrantes: ensaios sobre história e fotografias* (Eduff, 2008) e de vários artigos e capítulos sobre temas ligados à história visual, história da memória e história cultural. Pesquisadora do Laboratório de História Oral e Imagem da UFF.

ANA RITA LEITÃO

Professora do ensino público em Portugal desde 2002. Também leciona português para estrangeiros em cursos promovidos pelo Departamento de Língua e Cultura Portuguesa na Faculdade de Letras da Universidade de Lisboa. Atualmente cursa o doutorado em história do Brasil no Departamento de História desta mesma instituição com o tema Ensino do português junto dos ameríndios brasileiros: das práticas inacianas às reformas pombalinas (século XVIII).

ANITA CORREIA LIMA DE ALMEIDA

Professora do Departamento de História e do Programa de Pós-Graduação em História da Universidade Federal do Estado do Rio de Janeiro (UniRio). Doutora em história social pela Universidade Federal do Rio de Janeiro (UFRJ). É autora de artigos e capítulos que versam sobre a história do Rio de Janeiro, Goa e Macau nos séculos XVIII e XIX, orientalismo, vida urbana, patrimônio e ensino de história. Coordena o Núcleo de Documentação, História e Memória da UniRio. Pesquisadora do Pronex — Dimensões da Cidania no Século XIX.

ARLETTE MEDEIROS GASPARELLO

Professora do Programa de Pós-Graduação em Educação da Universidade Federal Fluminense (UFF). Doutora em educação pela Pontifícia Universidade Católica de São Paulo (PUC-SP). Autora do livro *Construtores de identidades: a pedagogia da nação nos livros didáticos da escola secundária brasileira* (Iglu, 2004). Publicou artigos e capítulos sobre o ensino da história, o livro didático, as disciplinas escolares, os intelectuais e a profissão docente. Líder do grupo de pesquisa História da Educação e Ensino de História: Saberes e Práticas da UFF.

CARLA DELGADO DE PIEDADE

Professora da rede de ensino público de Portugal. Sua dissertação de mestrado em história dos descobrimentos e da expansão portuguesa intitulada O contributo português na definição das rotas do Pacífico no século XVI — a viagem de Sebastião Rodrigues Soromenho foi distinguida pela Academia de Marinha com o prêmio Almirante Sarmento Rodrigues.

CAROLINA VIANNA DANTAS

Bolsista do Programa de Apoio a Projetos Institucionais com a Participação de Recém-Doutores (Prodoc) da Coordenação de Aperfeiçoamento de Pessoal de Nível Superior (Capes) no Departamento de História da UFF. Doutora em história pela UFF. Sua tese defendida em 2007 — O Brasil café com leite: história, folclore, mestiçagem e identidade nacional em periódicos — recebeu neste mesmo ano menção honrosa no concurso de teses da Fundação Casa de Rui Barbosa.

CÉLIA CRISTINA DA SILVA TAVARES

Professora do Departamento de Ciências Humanas e do Programa de Pós-Graduação em História Social da Universidade do Estado do Rio de Janeiro (Uerj). Doutora em história pela UFF. Bolsista do Programa Pró-Ciência da Uerj. Faz parte do grupo de pesquisa Pronex — Companhia das Índias. Autora do livro *Jesuítas e inquisidores em Goa: cristandade insular, 1540-1682* (Lisboa, Roma Editora, 2004).

CLAUDIA ENGLER CURY

Professora do Departamento de História e dos Programas de Pós-Graduação em História e em Educação da Universidade Federal da Paraíba (UFPB). Doutora em educação pela Universidade Estadual de Campinas (Unicamp). Autora de artigos e capítulos sobre a educação patrimonial, os intelectuais e a história da educação. Uma das organizadoras do livro *Múltiplas visões: cultura histórica oitocentista* (UFPB, 2009).

ELIAS THOMÉ SALIBA

Professor titular de teoria da história na FFLCH da Universidade de São Paulo (USP). Doutor em história pela mesma instituição. Entre suas publicações mais importantes estão os livros *Raízes do riso* (3. ed., Companhia das Letras, 2008); *As utopias românticas* (2. ed., Estação Liberdade, 2004); e os capítulos "A dimensão cômica da vida privada na República", que integra o volume III da *História da vida privada no Brasil* (11. ed., Companhia das Letras, 2008) e "História, memórias e dramas da identidade paulistana", que integra o volume 3 da *História da cidade de São Paulo* (Paz e Terra, 2006).

FLÁVIA ELOISA CAIMI

Professora de prática de ensino e estágios de história na Universidade de Passo Fundo (UPF/RS). Doutora em educação pela Universidade Federal do Rio Grande do Sul (UFRS). Autora dos livros *Aprendendo a ser professor de história* (UPF, 2008) e *Livros, conversas e controvérsias: o ensino de história no Brasil, 1980-1998* (UPF, 2001). Publicou artigos e capítulos sobre temas como o ensino de história, a aprendizagem, a formação de professores e os saberes escolares. Líder do Grupo de Estudos e Pesquisa em Educação da UPF.

HEBE MATTOS

Professora titular de história do Brasil da Universidade Federal Fluminense (UFF), onde atua na graduação e no Programa de Pós-Graduação em História. Doutora em história pela mesma instituição. Bolsista de Produtividade em Pesquisa do CNPq. Publicou *Das cores do silêncio. Os significados da liberdade no sudeste escravista — Brasil, séc. XIX* (Nova Fronteira, 1998), entre outros livros, artigos e capítulos publicados no Brasil e no exterior. Seus trabalhos versam sobre a escravidão, abolição, memória, história oral e identidade. Pesquisadora do Laboratório de História Oral e Imagem da UFF. Membro do Programa de Apoio a Núcleos de Excelência (Pronex) — Culturas Políticas e Usos do Passado.

HELENICE ROCHA

Professora do Departamento de Ciências Humanas e do Programa de Pós-Graduação em História Social da Universidade do Estado do Rio de Janeiro (Uerj). Doutora em educação pela Universidade Federal Fluminense (UFF). É uma das organizadoras do livro *A história na escola: autores, livros e leituras* (FGV, 2009). Autora de artigos e capítulos sobre o ensino da história, educação e linguagem. Membro do grupo de pesquisa Oficinas de História da Uerj. Pesquisadora vinculada ao Pronex — Culturas Políticas e Usos do Passado.

JORGE FERREIRA

Professor titular de história do Brasil da Universidade Federal Fluminense (UFF), onde atua na graduação e no Programa de Pós-Graduação em História. Doutor em história social pela Universidade de São Paulo (USP). Bolsista de Produtividade em Pesquisa do CNPq e pesquisador da Faperj. Autor de vários livros, entre eles *O imaginário trabalhista. Getulismo, PTB e cultura política popular, 1945-1964* (Civilização Brasileira, 2005). Organizou coleções como *O Brasil republicano* (Civilização Brasileira, 2003) e *As esquerdas no Brasil* (Civilização Brasileira, 2007). Coordenador do Núcleo de Pesquisas em História Cultural da UFF. Pesquisador do Pronex — Culturas Políticas e Usos do Passado.

KAZUMI MUNAKATA

Professor do Programa de Pós-Graduação em Educação: História, Política, Sociedade da Pontifícia Universidade de São Paulo (PUC-SP). Doutor em história e filosofia da educação pela mesma instituição. Publicou livros, artigos e capítulos sobre o livro didático, a história da educação, o ensino de história e a história das disciplinas escolares. Entre os títulos publicados, destaca-se o capítulo Histórias que os livros didáticos contam depois que acabou a ditadura no Brasil, incluído na coletânea organizada por Marcos Cezar de Freitas, *Historiografia brasileira em perspectiva* (Contexto, 1998).

KEILA GRINBERG

Professora do Departamento de História da Universidade Federal do Estado do Rio de Janeiro (UniRio), onde atualmente coordena o Programa de Pós-Graduação em História. Doutora em história pela UFF. Bolsista de Produtividade em Pesquisa do CNPq. Autora de *O fiador dos brasileiros: escravidão, cidadania e direito civil no tempo de Antonio Pereira Rebouças* (Civilização Brasileira, 2002), entre outros títulos publicados no Brasil e no exterior, que versam sobre temas como a escravidão no Brasil e no mundo atlântico, a história do direito e das instituições e o ensino de história. Pesquisadora do Pronex — Dimensões da Cidadania no Século XIX.

LUIS REZNIK

Professor do Departamento de História e do Programa de Pós-Graduação em História Social da Cultura da Pontifícia Universidade Católica do Rio de Janeiro (PUC-Rio). Professor do Departamento de Ciências Humanas e colaborador do Programa de Pós-Graduação em História Social da Universidade do Estado do Rio de Janeiro (Uerj). Doutor em ciência política pelo Instituto Universitário de Pesquisas do Estado do Rio de Janeiro (Iuperj). Autor de *Democracia e segurança nacional. A polícia política no pós-guerra* (FGV, 2004), entre outros livros, artigos e capítulos sobre temas como a história política e cultural, a história local e o ensino de história. É um dos organizadores da coletânea *A história na escola: autores, livros e leituras* (FGV, 2009). Membro do grupo de pesquisa Oficinas de História e do Pronex — Culturas Políticas e Usos do Passado.

MAGALI GOUVEIA ENGEL

Professora do Departamento de Ciências Humanas e do Programa de Pós-Graduação em História Social da Universidade do Estado do Rio de Janeiro (Uerj). Doutora em História pela Universidade Estadual de Campinas (Unicamp). Bolsista de Produtividade em Pesquisa do CNPq e do Programa Pró-Ciência da Uerj. Autora de *Crônicas cariocas e ensino de história* (7 Letras, 2008), entre outros livros, artigos e capítulos, que versam sobre a cidade do Rio de Janeiro, a literatura e os intelectuais, a educação e a saúde, as relações de gênero. É membro do Pronex — Culturas Políticas e Usos do Passado.

MANOEL LUIZ SALGADO GUIMARÃES

Professor do Departamento de História e do Programa de Pós-Graduação em História Social da Universidade Federal do Rio de Janeiro (UFRJ) e do Departamento de História da Universidade do Estado do Rio de Janeiro (Uerj). Doutor em história pela Freie Universität Berlin, na Alemanha. Pesquisador do CEO/Pronex-CNPq-Faperj. Seus estudos versam sobre teoria e filosofia da história, história da educação e historiografia. Autor de diversos artigos e capítulos, entre eles Nação e civilização nos trópicos: o Instituto Histórico e Geográfico Brasileiro e o projeto de uma história nacional (revista *Estudos Históricos*, 1988). Organizou a coletânea *Estudos sobre a escrita da história* (7 Letras, 2006).

MARCELO MAGALHÃES

Professor do Departamento de Ciências Humanas e do Programa de Pós-Graduação em História Social da Universidade do Estado do Rio de Janeiro (Uerj), que coordena desde 2008. Doutor em história pela Universidade Federal Fluminense (UFF). Bolsista do Programa Pró-Ciência da Uerj. Especialista em história do Brasil republicano, autor de artigos e capítulos sobre cidadania, história política do Rio de Janeiro e ensino de história. É um dos organizadores dos livros *A história na escola: autores, livros e leituras* (FGV, 2009) e *Ensino de história: sujeitos, saberes e práticas* (Mauad, 2007). Membro do Núcleo de Pesquisas em História Cultural da UFF e líder do grupo de pesquisa Oficinas de História da Uerj. Pesquisador do Pronex — Culturas Políticas e Usos do Passado.

MARIA LIMA

Professora de prática de ensino e pesquisa em história da Universidade Federal do Mato Grosso do Sul (UFMS). Doutora em educação pela Universidade de São Paulo (USP). Autora de artigos e capítulos que versam sobre as relações entre língua escrita, consciência histórica e ensino/aprendizagem de história; e da coleção didática de história do 2º ao 5º ano pela editora Ática. Coordenadora do Grupo de Estudos e Pesquisas sobre Ensino de História da UFMS/Campus Três Lagoas. Membro do grupo de pesquisa Oficinas de História da Uerj.

MARINA DE MELLO E SOUZA

Professora do Departamento de História e do Programa de Pós-Graduação em História Social da Universidade de São Paulo (USP). Doutora em história pela Universidade Federal Fluminense (UFF). Autora de *África e Brasil africano* (Ática, 2006) — vencedor do prêmio Jabuti para livros didáticos e paradidáticos em 2007 —, entre outros livros, artigos e capítulos publicados no Brasil e no exterior. Seus trabalhos versam sobre temas como a história da África, cultura e religiosidade afro-brasileiras e reis negros.

MARTHA ABREU

Professora do Departamento de História e do Programa de Pós-Graduação em História da Universidade Federal Fluminense (UFF). Doutora em história pela Universidade Estadual de Campinas (Unicamp). Bolsista de Produtividade em Pesquisa do CNPq. Autora de *O império do divino: festas religiosas e cultura popular no Rio de Janeiro, 1830-1900* (Nova Fronteira, 1999), entre outros livros, artigos e capítulos publicados no Brasil e no exterior. Seus trabalhos tratam de temas como a cultura popular, música negra, patrimônio cultural, identidade nacional e relações raciais. É uma das organizadoras do livro *Ensino de história: conceitos, temáticas e metodologias* (Casa da Palavra, 2003). Membro do Núcleo de Pesquisas em História Cultural da UFF. Pesquisadora do Pronex — Dimensões da Cidadania no Século XIX.

MÔNICA LIMA

Professora e atual coordenadora da área de história do Colégio de Aplicação da Universidade Federal do Rio de Janeiro (UFRJ). Doutora em história pela UFF. Organizadora de livros, autora de artigos e capítulos sobre a história da África publicados no Brasil e no exterior, entre os quais se destaca "Fazendo soar os tambores: o ensino de história da África e dos africanos no Brasil", publicado no *Cadernos Penesb* n. 5 (Eduff, 2000). Membro do Grupo de Estudos Africanos e do Laboratório de Etnografia e Estudos em Cultura, Comunicação e Cognição (LEECCC), ambos da UFF.

PAULO KNAUSS

Professor do Departamento de História e do Programa de Pós-Graduação em História da Universidade Federal Fluminense (UFF). Diretor-geral do Arquivo Público do Estado do Rio de Janeiro (Aperj). Doutor em história pela UFF. Autor de artigos e capítulos sobre temas como memória e patrimônio cultural, história da arte, história e imagem, história oral, história urbana e historiografia. Organizou o livro *Cidade vaidosa: imagens urbanas do Rio de Janeiro* (7 Letras, 1999). Pesquisador do Laboratório de História Oral e Imagem da UFF. Membro do Pronex — Culturas Políticas e Usos do Passado.

REBECA GONTIJO

Professora do Departamento de História da Universidade Federal Rural do Rio de Janeiro (UFRRJ). Autora de artigos e capítulos sobre a história da historiografia brasileira, história social da memória, história intelectual, história da educação e história do livro. Membro do Núcleo de Pesquisas em História Cultural da UFF, do grupo de pesquisa Oficinas de História da Uerj e do Laboratório de Teoria da História e História da Historiografia (Labteo) da USP.

RUI ANICETO NASCIMENTO FERNANDES

Professor da rede pública de ensino do Rio de Janeiro. Doutor em história pela Pontifícia Universidade Católica do Rio de Janeiro (PUC-Rio). Autor do livro *Um santo nome: histórias de São Gonçalo do Amarante* (2004) e de artigos e capítulos sobre historiografia fluminense, manifestações culturais (folclore) e história da cidade de São Gonçalo. Membro do grupo de pesquisa Oficinas de História.

THAIS NIVIA DE LIMA E FONSECA

Professora de história da educação do Programa de Pós-Graduação em Educação da Universidade Federal de Minas Gerais (UFMG). Doutora em história pela USP. Bolsista de Produtividade em Pesquisa do CNPq. Autora de *História & ensino de história* (Autêntica, 2003), entre outros livros, artigo e capítulos sobre história da educação e história do ensino de história. É uma das organizadoras dos livros *História e historiografia da educação no Brasil* (Autêntica, 2003) e *Inaugurando a história e construindo a nação: discursos e imagens no ensino de história* (Autêntica, 2001). Membro do Grupo de Estudos e Pesquisas em História da Educação da UFMG.